Christoph-Dornier-Stiftung für Klinische Psychologie

Die Christoph-Dornier-Stiftung hat es sich in enger Zusammenarbeit mit der Philipps-Universität Marburg zur Aufgabe gemacht, die Klinische Psychologie in Praxis und Forschung zu fördern. Sie soll dazu beitragen, die Behandlungsmethodik durch sorgfältige Grundlagen- und Anwendungsforschung zu verbessern und wichtige Ergebnisse der klinisch-psychologischen Forschung der Öffentlichkeit zugänglich zu machen.
Die Christoph-Dornier-Stiftung verfolgt das Ziel, das Wissen über die Entstehung und Aufrechterhaltung psychischer und psychisch mitbedingter körperlicher Störungen systematisch zu erweitern und für die Therapie nutzbar zu machen. In modellhaften Einrichtungen werden klinisch-psychologische Behandlungen durchgeführt und evaluiert.
Zur Förderung des wissenschaftlichen Nachwuchses im Bereich der Klinischen Psychologie werden u. a. Promotionsstipendien vergeben.
Nicht zuletzt soll die Stiftung die internationale und interdisziplinäre Zusammenarbeit fördern.
Um eine qualitativ hochwertige Arbeit sicherzustellen, hat die Stiftung einen internationalen wissenschaftlichen Beirat, der sich aus namhaften Vertretern der Klinischen Psychologie und Medizin zusammensetzt.
Im Sinn der Stiftungsverfassung soll auch die vorliegende Veröffentlichung einen Beitrag zur Nutzbarmachung der Ergebnisse der klinisch-psychologischen Forschung für die Öffentlichkeit leisten.

Wolfgang Fiegenbaum   Jürgen Margraf
Irmela Florin   Anke Ehlers   (Hrsg.)

Zukunftsperspektiven der Klinischen Psychologie

Mit 30 Abbildungen

Springer-Verlag
Berlin Heidelberg New York
London Paris Tokyo
Hong Kong Barcelona
Budapest

PD Dr. Wolfgang Fiegenbaum
Fachbereich Psychologie der Philipps-Universität Marburg
und Christoph-Dornier-Stiftung für Klinische Psychologie
Ernst-Giller-Straße 20, W-3550 Marburg

Prof. Dr. Jürgen Margraf
Institut für Psychologie der Freien Universität Berlin
und Christoph-Dornier-Stiftung für Klinische Psychologie
Ernst-Giller-Straße 20, W-3550 Marburg

Prof. Dr. Irmela Florin
Fachbereich Psychologie der Philipps-Universität Marburg
und Christoph-Dornier-Stiftung für Klinische Psychologie
Ernst-Giller-Straße 20, W-3550 Marburg

Prof. Dr. Anke Ehlers
Institut für Psychologie der Georg-August-Universität Göttingen
und Christoph-Dornier-Stiftung für Klinische Psychologie
Ernst-Giller-Straße 20, W-3550 Marburg

ISBN 3-540-54774-6 Springer-Verlag Berlin Heidelberg New York

Die Deutsche Bibliothek – CIP-Einheitsaufnahme
Zukunftsperspektiven der Klinischen Psychologie / Wolfgang Fiegenbaum ... (Hrsg.). – Berlin ; Heidelberg ; New York ; London ; Paris ; Tokyo ; Hong Kong ; Barcelona ; Budapest : Springer, 1992
ISBN 3-540-54774-6
NE: Fiegenbaum, Wolfgang [Hrsg.]

Satz: Reproduktionsfertige Vorlage vom Autor
26/3145 – 5 4 3 2 1 0 – Gedruckt auf säurefreiem Papier

Vorwort

Die Klinische Psychologie hat in den letzten Jahren einen rapiden Aufschwung genommen. So konnten bedeutende Fortschritte in der Grundlagenforschung und der Behandlung psychologischer (z.B. Angststörungen) und somatischer Störungen (z.B. neurologische Erkrankungen) gemacht werden. Das vorliegende Buch soll neue Leistungen der Klinischen Psychologie vorstellen und Perspektiven für zukünftige Anwendungen in Forschung und Praxis aufzeigen. Das einleitende Kapitel von Florin und Fiegenbaum zeigt, daß der Wirkungsbereich der Klinischen Psychologie breiter ist, als oft angenommen wurde. Die weiteren Kapitel erörtern 3 große Bereiche, in denen Mißverständnisse über die moderne Klinische Psychologie vorlagen, im Lichte neuer Forschungsergebnisse:

- Die Klinische Psychologie wurde oft mit therapeutischen Interventionen identifiziert, die wenig störungsspezifische Inhalte hatten und keine feste Verankerung in der Grundlagenforschung hatten. Dies hat sich in den letzten beiden Jahrzehnten deutlich verändert. Heutzutage arbeiten Klinische Psychologen verstärkt in der Grundlagenforschung an der Aufklärung der physiologischen und kognitiven Mechanismen psychischer und somatischer Störungen. Diese Entwicklung wird durch mehrere Kapitel des vorliegenden Buches exemplarisch dargestellt. So haben etwa neue Befunde zu den chemischen Sinnen und besonders zum Geruchssinn direkte Bedeutung für Klinische Phänomene im Zusammenhang mit Organtransplantationen oder Schwangerschaft (Kapitel von Ferstl und Eggert). Neue Befunde zur kognitiven Verarbeitung körperlicher Empfindungen bei Patienten mit Paniksyndromen haben die Entwicklung hocheffektiver und spezifischer Kurztherapien für diese schwere Angststörung ermöglicht (Kapitel von Ehlers und Margraf). Weiterhin erlaubt eine verbesserte und zuverlässigere Klassifikation psychischer Störungen die Erstellung spezifischer Behandlungsprogramme (Kapitel von Barlow und Moras). Von ganz besonderer Bedeutung gerade auch im Gesundheitswesen ist schließlich die Qualitätskontrolle der Versorgungsleistungen. Das Kapitel von Marks schildert neueste Entwicklungen, die eine routinemäßige Qualitätskontrolle auch in der alltäglichen Praxis ermöglichen.
- Die Klinische Psychologie wurde v.a. mit der Erforschung emotionaler Beschwerden wie Angst oder Depression in Verbindung gebracht. Inzwischen

ist jedoch gezeigt worden, daß die moderne Klinische Psychologie bedeutende Beiträge auch zur Theorie und Therapie somatischer Probleme wie Infertilität, Epilepsie und kardiovaskulären Krankheiten leisten kann. Beispiele aus dem vorliegenden Buch zeigen, daß der Abbau von Partnerschaftsproblemen durch eine psychologische Therapie eine effektive Behandlung für organisch gesunde unfruchtbare Männer darstellt (Kapitel von Hellhammer und Kirschbaum), daß Biofeedback einen wichtigen Beitrag zur Epilepsiebehandlung leisten kann (Kapitel von Birbaumer et al.) und daß behaviorale Faktoren von großer Bedeutung für die Ätiologie und Therapie des Bluthochdrucks sind, der einen der Hauptrisikofaktoren für koronare Herzkrankheiten darstellt (Kapitel von Steptoe und Molineux).

• Die Klinische Psychologie wurde oft mit der Erforschung und Behandlung leichterer psychischer Beschwerden wie mangelndem Selbstwert oder Schüchternheit identifiziert. Neue Forschungen belegen, daß psychologische Interventionen auch in der Behandlung mancher schwerer psychischen Störungen von großer Bedeutung sind. So konnte gezeigt werden, daß eine gezielte Familienbetreuung entscheidend zur Rückfallprävention in der Schizophrenie beiträgt (Kapitel von Hahlweg). Andere Studien belegen die Effektivität kognitiv-behavioraler Methoden in der Behandlung des Paniksyndroms (Kapitel von Ehlers und Margraf), der Agoraphobie (Kapitel von Roth), der posttraumatischen Belastungsreaktion (Kapitel von Foa) und des Zwangssyndroms (Kapitel von Emmelkamp und Visser).

Die Veröffentlichung dieses Buches ist Teil der Arbeit der Christoph-Dornier-Stiftung für Klinische Psychologie in Marburg/Lahn. Der Zweck der Stiftung ist die Förderung der Klinischen Psychologie in Praxis und Forschung. Die Stiftung soll Einrichtungen zur praktischen Anwendung heilbehandelnder Psychologie schaffen und bereithalten. Sie soll ferner dazu beitragen, die Behandlungsmethodik durch geeignete Grundlagen- und Anwendungsforschung zu verbessern und wichtige Ergebnisse der Klinisch-psychologischen Forschung der Öffentlichkeit zugänglich zu machen. Um diesem letzten Ziel zu dienen, wurden in das vorliegende Buch 2 Arten von Beiträgen aufgenommen. In der 1. Art von Kapiteln geben jeweils führende Experten einen kurzen Überblick zu den Fortschritten, die in ihrem Forschungsfeld gemacht wurden, und zeigen Zukunftsperspektiven auf ("Überblicksdarstellungen"). Diese Beiträge bieten den Lesern die Möglichkeit, sich einen raschen Überblick zu den neuesten Entwicklungen zu verschaffen. Ein gründlicheres Verständnis wird durch die 2. Art von Beiträgen ermöglicht, in denen dieselben Experten empirische Studien aus ihrem eigenen Arbeitsfeld diskutieren, um daran die in den Überblicksdarstellungen angeschnittenen Punkte genauer zu erläutern ("Vertiefende Darstellungen").

Die Arbeit der Herausgeber wurde von einer Reihe von Personen tatkräftig unterstützt. Wir danken besonders Frau Dipl.-Psych. Gabriele Fünfstück, die das Projekt koordinierte und die Manuskripte für den Druck vorbereitete. Bedanken möchten wir uns auch bei Frau Dipl.-Psych. Christiane Zimmer, die die Übersetzungen mehrerer Kapitel überarbeitete und wichtige Arbeiten für die Drucklegung leistete. Weiterhin danken wir Frau Dipl.-Psych. Anne Dessloch, Frau Mechthild Kappenberg, Frau Dipl.-Psych. Kerstin Komischke, Frau Rose Shaw und Frau Sonja Stolp für ihre Unterstützung.

Nicht zuletzt gilt unser Dank Herrn Christoph Dornier, der mit der Gründung der Christoph-Dornier-Stiftung einen besonderen Beitrag zur Förderung der Klinischen Psychologie in Deutschland geleistet hat.

Wolfgang Fiegenbaum
Jürgen Margraf
Irmela Florin
Anke Ehlers

Inhaltsverzeichnis

Einleitung

Klinische Psychologie: Erfolge und Perspektiven

I. Florin und W. Fiegenbaum

Die Klinische Psychologie ist ein Teilgebiet der Psychologie, das sich in den letzten 20 Jahren zu einer besonders leistungsstarken Disziplin ausgebildet hat. Sie ist aus der Gesundheitsforschung nicht mehr wegzudenken und hat - wie noch zu zeigen sein wird - wissenschaftliche Beiträge geleistet, die für die Gesundheitsversorgung von eminenter Bedeutung sind. Dennoch mögen sich viele Menschen, wahrscheinlich auch manche Leser dieses Buches, fragen, was Klinische Psychologie eigentlich ist.

Mit welchen Inhalten beschäftigt sie sich? Welcher Methoden bedient sie sich? Welche Erfolge hat sie zu verzeichnen? Diese Fragen sollen im folgenden beantwortet werden. Die Klinische Psychologie beschäftigt sich zum einen - dies mag bekannt sein - mit psychischen Störungen. Sie versucht, zum besseren Verständnis dieser Störungen beizutragen und wirksame Behandlungsmethoden bereitzustellen. Die Klinische Psychologie beschäftigt sich aber auch - und dies ist möglicherweise weniger geläufig - mit körperlichen Funktionsstörungen und Erkrankungen und mit körperlichen Beschwerden. Auch hier trägt sie zur Erforschung der pathogenen Mechanismen bei. Auch hier versucht sie, ihr Wissen zur Verbesserung der Behandlungserfolge nutzbar zu machen. In beiden Fällen, ob sie sich mit psychischen oder mit körperlichen Problemen beschäftigt, berührt sie klassische Domänen der Medizin und kooperiert eng mit der Medizin.

Wie die Klinische Psychologie arbeitet, darüber herrschen in der Öffentlichkeit weithin unklare Vorstellungen oder Fehlannahmen. So wird häufig ein Bild gezeichnet, das die Klinische Psychologie eher als eine diffus einfühlende und abgehobene denn als wissenschaftlich fundierte, pragmatisch orientierte Disziplin erscheinen läßt. Dieses Bild ist unrichtig.

Die Klinische Psychologie ist ein wissenschaftlich begründetes Fach. Sie orientiert sich an den Ergebnissen systematischer - und zwar vorwiegend naturwissenschaftlicher - Forschung. Sie ist zielstrebig und hat mit dieser Ausrichtung in den letzten 2 Jahrzehnten für eine Reihe von zuvor therapieresistenten Krankheits- und Beschwerdebildern hochwirksame Behandlungsmethoden bereitgestellt.

Wie ist die Arbeitsweise der Klinischen Psychologie, und worin besteht ihr möglicher Beitrag zur Gesundheitsforschung und Gesundheitsversorgung? Zwei Punkte erscheinen hier besonders erwähnenswert:

1. Die Klinische Psychologie trägt durch systematische Beobachtung mit dazu bei, detailliertes Wissen über einzelne psychische Störungsbilder zu erarbeiten. Sie untersucht - übrigens weitgehend mit experimentellen Forschungsmethoden -, wie die Störungen im Denken, im Erleben, im äußeren Verhalten oder auch in physiologischen Reaktionsmustern bei Patienten bestimmter Diagnosegruppen genau aussehen. Sie untersucht darüber hinaus, unter welchen inneren oder äußeren Bedingungen diese Störungen oder Auffälligkeiten auftreten und unter welchen Bedingungen sie abwesend sind. Das Einkreisen nicht nur der gestörten Funktionsabläufe selbst, sondern auch der kritischen Bedingungen, unter denen die Störung manifest wird, ist also ein wesentliches Kennzeichen der Art, wie die Klinische Psychologie zur Vermehrung des Störungs- oder Krankheitswissens beiträgt.

2. Die Klinische Psychologie verfügt über einen soliden Fundus an Veränderungswissen: Sie weiß, wie man Lernprozesse anbahnt. Und sie weiß, wie man das Verhalten, das Denken oder auch physiologische Reaktionsmuster beeinflussen kann. Dieses Veränderungswissen gibt ihr die Möglichkeit, entweder in die gestörten Funktionsabläufe selbst korrigierend einzugreifen oder aber die Bedingungen zu verändern, unter denen es zu Störungen des Denkens, Verhaltens oder Erlebens oder zu störungsrelevanten physiologischen Reaktionen kommt.

Dies sei zunächst am Beispiel *psychischer* Störungen verdeutlicht: Patienten mit Zwangssyndromen (das sind Menschen, die wie unter einem Zwang bestimmte Verhaltensmuster, z.B. Händewaschen, oder bestimmte unliebsame Gedanken immerzu wiederholen müssen) können bisher medikamentös nur wenig erfolgreich behandelt werden (Foa et al. 1985).

Welche Beobachtungen können dem Klinischen Psychologen bei dieser Symptomatik weiterhelfen? In systematischen Forschungsarbeiten zeigten sich bei Zwangskranken folgende Auffälligkeiten: Das physiologische Grunderregungsniveau (gemessen an der Hautleitfähigkeit) ist bei diesen Patienten recht hoch. Wenn sie, im Fall eines Reinigungszwanges, glauben, mit Bazillen o.ä. in Berührung gekommen zu sein, kommt es zu einem weiteren Erregungsanstieg und zugleich zu einer quälenden Angst vor den Gefahren einer Infektion. Die Patienten suchen Zuflucht in Reinigungsritualen; während sie diese Rituale ausführen, nimmt die physiologische Erregung und zugleich auch die Angst der Patienten deutlich ab. Sie fühlen sich wieder wohler. Hindert man sie am Waschen oder Desinfizieren oder unterbricht man die Reinigungsrituale, so steigen die Angst und die physiologische Erregung nicht weiter an. Vielmehr sinken sie, dies allerdings nur sehr, sehr langsam (Rachman u. Hodgson 1980). Die Patienten müßten also, wenn sie nicht zum Reinigungsritual Zuflucht nähmen, lange in dem für sie so unangenehmen Angstzustand verharren.

Bereits diese wenigen aber präzisen Informationen geben dem Klinischen Psychologen wichtige Hinweise für die Planung des therapeutischen Vorgehens. Er kann davon ausgehen, daß das Reinigungsritual eine Art Fluchtverhalten darstellt, mit dessen Hilfe der Patient versucht, dem unangenehmen physiologischen Erregungszustand so schnell wie möglich zu entkommen. Er weiß auch, daß in einem solchen Fall die Angstsymptomatik am schnellsten dauerhaft zu beheben ist, wenn man den Patienten wiederholt und langanhaltend in die ängstigende Situation führt und jegliches Fluchtverhalten unterbindet, so lange, bis die Angst abgeklungen ist. Je öfter sich der Patient den ängstigenden Bedingungen ohne Flucht stellt, desto geringer wird der Erregungsanstieg sein, desto schneller wird auch die Angst abklingen, und desto eher erübrigt sich das Zwangsverhalten.

Die Erfolge mit übenden Verfahren, die auf diesen Grundregeln aufbauen, sind recht gut: 51% der Patienten haben nach 10-15 Sitzungen keine oder fast keine Symptome mehr. Bei weiteren 36% sind immerhin mittelgute Erfolge zu verzeichnen (Foa et al. 1985).

Handelt es sich hierbei um eine oberflächliche Behandlung? Brechen die Erfolge bald wieder in sich zusammen? Nein. Es ist erwiesen, daß sie in etwa 90% der Fälle stabil sind (Foa et al. 1985). Offensichtlich hat also das veränderte Verhalten Rückwirkungen auf den zentralen Störungsmechanismus, der noch nicht genau bekannt ist. Daß es Rückmeldeschleifen vom Verhalten zu biochemischen Prozessen im Zentralnervensystem gibt, ist erwiesen. Hirnforscher wissen, daß das äußere Verhalten sogar substantielle Spuren im Sinne neuer struktureller Verbindungen im Gehirn hinterlassen kann. Es ist also nach neueren wissenschaftlichen Erkenntnissen in der Tat möglich, durch eine Beeinflussung des Verhaltens eines Menschen auf das Zentralnervensystem Einfluß zu nehmen.

Nicht nur das äußere Verhalten, sondern auch das Denken kann biochemische Prozesse verändern und das Entstehen neuer struktureller Verbindungen im Gehirn bewirken. In diesem Zusammenhang sind Forschungsergebnisse interessant, die zeigen, daß eine bestimmte Art des Denkens, insbesondere eine bestimmte Art, sich Mißerfolge oder negative Ereignisse selbst zuzuschreiben, nicht nur ein Begleitmerkmal der Depression ist, sondern daß dieses Denken auch die Anfälligkeit für Depressionen erhöht (Peterson u. Seligman 1984). So erscheint es naheliegend, zum Zwecke der Therapie - und auch zur Rückfallprophylaxe - mit depressiven Patienten eine andere Denkungsart systematisch einzuüben. Tatsächlich erbrachten solche kognitiven Therapien eindrucksvolle Erfolge. Sie zeigen nicht nur, daß sich Patienten mit der Diagnose "primäre Depression" nach kurzer Behandlungszeit wesentlich weniger depressiv fühlen, sondern daß zugleich auch die begleitenden körperlichen Symptome (Appetitmangel, Schlafstörungen, motorische Verlangsamung) verschwinden. Die Erfolge können sich bei Depressionen mittleren Schweregrades mit den Effekten antidepressiver Medikation durchaus messen, und sie haben dabei nicht den Nachteil unerwünschter Nebenwirkungen, wie sie bei der Pharmakotherapie doch häufig eintreten (Murphy et al. 1984). Langfristig schützt die kognitive Therapie offenbar sogar besser gegen Rückfälle als die Pharmakotherapie (Simons et al. 1986).

Auch die Beeinflussung von problematischen Bedingungen in der Umgebung des Patienten kann einen entscheidenden Beitrag zur Prävention von schweren psychischen Störungen und zur Rückfallprophylaxe leisten. Dies soll am Beispiel der Schizophrenie verdeutlicht werden. Schizophrenien stellen für den Patienten selbst ebenso wie für seine engsten Angehörigen eine starke Belastung dar, die die Frustrationstoleranz aller Beteiligten senken und die Interaktion innerhalb der Familie stark verändern kann. Systematische Auswertungen von Interviews mit Angehörigen schizophrener Patienten und auch Analysen von Gesprächen zwischen Patient und Angehörigen zeigten, daß bestimmte Auffälligkeiten im Verhalten der engsten Bezugspersonen und auch ein bestimmter Kommunikationsstil zwischen den Patienten und ihren Angehörigen das Rückfallrisiko der Patienten drastisch erhöhen können, wenn sie nach der Klinikentlassung in die Familie zurückkehren. Zu diesen problematischen Merkmalen gehören u.a. eine spezielle Art von affektiver Kritik, emotionales Überengagement und lange eskalierende Sequenzen negativer Kommunikation zwischen Patienten und Angehörigen (Brown et al. 1972; Vaughn u. Leff 1976; Vaughn et al. 1984; Hahlweg et al. 1989). Dieser Kommunikationsstil, zu dem auch die Patienten selbst maßgeblich beitragen, wirkt also offenbar auf den Schizophrenen als eine Quelle der Belastung, die ihn anfällig macht für ein Wiederaufflammen der akuten Symptomatik.

Konsequent aufbauend auf den geschilderten Untersuchungsergebnissen erarbeitete man nun psychologische Trainingsprogramme für solche Familien, in denen die kritischen Merkmale gehäuft auftreten. Emotionales Überengagement oder affektive Kritik der Bezugspersonen und negative Eskalationen im Umgang der Patienten mit ihren Angehörigen sollten dabei vor allem durch eine Verbesserung der Problemlösefähigkeiten innerhalb der Familie verringert werden. Die Ergebnisse solcher Trainings sind ebenfalls eindrucksvoll: Wenn Schizophrene aus Familien mit den genannten Merkmalen nach ihrer Entlassung aus der Klinik lediglich medikamentös behandelt werden, liegt das Rückfallrisiko in den ersten beiden Jahren nach der Entlassung bei 78%. Führt man zusätzlich zur Behandlung mit Neuroleptika ein Problemlösetraining mit der gesamten Familie durch, so sinkt das Rückfallrisiko auf 14% (Leff et al. 1985). Allgemeinere Betreuungsmaßnahmen mit vergleichbarem Personal- und Zeitaufwand haben keinen vergleichbaren Effekt (Leff et al. 1985). Die Orientierung des therapeutischen Vorgehens an den Ergebnissen der Grundlagenforschung erscheint also essentiell.

Wie bereits erwähnt, sind die psychischen und körperlichen Funktionen des Menschen durch das Gehirn miteinander vernetzt. Billionen von Informationskanälen mit einer Gesamtlänge, daß man damit einige Male den Äquator umwickeln könnte, verbinden die verschiedenen Gehirnareale miteinander und stellen eine rege Kommunikation zwischen jenen Bereichen sicher, die psychischen Verarbeitungsprozessen dienen, und jenen, die für die Steuerung von Organfunktionen oder etwa für Reaktionen des Immunsystems zuständig sind. So können sich psychische oder soziale Faktoren, aber auch etwa bestimmte Denk- oder Verhaltensgewohnheiten, über das Gehirn auf körperliche Funktionsabläufe auswirken. Umgekehrt kann natürlich auch durch wiederholte Signale, die von einem bestimmten Organsystem an das Zentralnervensystem gesendet werden, nachhaltiger Einfluß auf psychische Prozesse ausgeübt werden. Psychische und körperliche Reaktionen sind also aufs engste miteinander verzahnt. Sie sind so dicht miteinander vernetzt, daß man die klassisch gewordene Kontrastierung von psychischen, psychosomatischen und somatischen Erkrankungen wird neu überdenken müssen.

Angesichts dieser Tatsachen wird es nicht verwundern, daß auch psychische und körperliche *Probleme* oft nah beieinander liegen. In einer internistisch-psychosomatischen Fachklinik in der Bundesrepublik wurde kürzlich eine Untersuchung an Patienten durchgeführt, die wegen chronischer körperlicher Beschwerden zur stationären Behandlung überwiesen worden waren. Hierbei zeigte sich, daß mehr als 70% der Patienten zusätzlich zu der körperlichen Symptomatik an mindestens einer schweren psychischen Störung litten. Bei mehr als 30% lagen (bei Anwendung strengster Diagnosemaßstäbe) sogar 3 oder mehr schwere psychische Störungen gleichzeitig vor, allen voran generalisierte Angstsyndrome, Paniksyndrom, Agoraphobien oder depressive Syndrome (Margraf et al. 1988). Diese psychischen Beschwerdebilder sind mittlerweile mit Methoden der Klinischen Psychologie sehr gut behandelbar. Erste Forschungsergebnisse sprechen dafür, daß die chronischen körperlichen Beschwerden dieser auch psychisch erkrankten Patienten in vielen Fällen verschwinden, wenn die psychischen Syndrome behandelt werden.

Psychische Faktoren können übrigens nachweislich auch die Widerstandskraft gegen Infektionen senken. In Examenszeiten kann man immer wieder feststellen, daß viele Studenten wegen schwerer Infekte krankgeschrieben werden. Dabei handelt es sich keinesfalls nur um Drückebergerei. In systematischen psychoimmunologischen Untersuchungen zeigte sich, daß es unter dem Einfluß von Belastungen, wie sie bei Prüfungen auftreten, z.T. zu starken Beeinträchtigungen in der Abwehrkraft des Immunsystems kommt. Interessanterweise wurde außerdem deutlich, daß die Immundepression ausgeprägter ist, wenn die betreffenden Personen mehr Hinweise auf psychische Störungen und damit auch auf einen vermutlich wenig erfolgreichen Umgang mit Belastungen zeigen (Locke et al. 1984).

Aber psychische Faktoren haben auch dann einen Einfluß auf körperliche Vorgänge, wenn keinerlei psychische Störungen vorliegen. Nehmen wir einmal das Beispiel der Kurzsichtigkeit. Kurzsichtigkeit ist sicherlich kein Indiz dafür, daß bei jemandem eine psychische Störung vorliegt. Gleichwohl läßt sich nachweisen, daß psychischer Streß bei Kurzsichtigen den Augeninnendruck erhöht und damit potentiell zur Steigerung der Kurzsichtigkeit führt (Sauerborn et al. 1989).

Oder denken wir an chronische Rückenschmerzen ohne organischen Befund. Auch hier geht man primär nicht davon aus, daß die Betroffenen psychische Störungen haben, die ihre Symptomatik bedingen. Folglich wird man auch einen therapeutischen Ansatz nicht in der Behandlung psychischer Probleme suchen. Psychologische Untersuchungen zeigen jedoch, daß die Muskelanspannung im Schmerzbereich, die wohl wesentlich für die Schmerzen verantwortlich ist, bei einem Teil der Betroffenen zunimmt, wenn sie an persönlich belastende Erlebnisse denken. Hier bietet es sich an, die Patienten unter Anwendung klinisch-psychologischen Wissens gezielt zur Entspannung der problematischen Muskelgruppen anzuleiten und speziell auch die Aufrechterhaltung der Entspannung unter psychisch belastenden Bedingungen zu üben. Eine systematische Untersuchung aus der Bundesrepublik zeigt, daß die Schmerzintensität und Schmerzdauer bei chronischen Rückenschmerzpatienten nach einem entsprechend aufgebauten, kurzen Training entscheidend und dauerhaft abgenommen hatte (Flor 1987).

Die Vielfalt der körperlichen Probleme, zu deren Behandlung die Klinische Psychologie einen Beitrag leisten kann, ist groß. Betrachten wir als letztes Beispiel den Fall des antizipatorischen Erbrechens. Es handelt sich dabei um eine sehr quälende Symptomatik, die gelegentlich unter dem Einfluß von Chemotherapien auftritt, wie sie bei Krebserkrankungen oft durchgeführt werden. Den Patienten wird dabei insbesondere in den letzten 24 h vor der nächsten Infusion übel, und sie erbrechen, wenn sie nur an die Klinik denken, einen Krankenwagen sehen oder im Auto auf der Straße fahren, die zur Klinik führt. Es handelt sich dabei um einen gelernten Effekt. Nach der Chemotherapie wird - bedingt durch die chemischen Substanzen - den meisten Patienten übel. Bei einigen von ihnen koppelt sich diese Übelkeitsreaktion offensichtlich an optische, olfaktorische, geschmackliche oder akustische Eindrücke, die in enger zeitlicher Verbindung mit dem Erlebnis der Übelkeit standen. Dieses Erbrechen und die Übelkeit sind mitunter so unerträglich, daß die Patienten die für ihr Überleben notwendige Chemotherapie abbrechen. Aus der klinisch-psychologischen Forschung weiß man, daß man erlernte aversive Reaktionen in Analogie zu Angstreaktionen behandeln kann, indem man die Patienten z.B. systematisch anleitet, sich die aversiven Situationen vorzustellen und gleichzeitig körperliche Entspannung herbeizuführen, und zwar so oft, bis die Entspannung verläßlich an die Stelle der Übelkeitsreaktion getreten ist. Vorgehensweisen, die sich an diesem Grundschema orientieren, haben sich zur Überwindung des antizipatorischen Erbrechens bei der Chemotherapie in fast allen Fällen als sehr erfolgreich erwiesen. Bei einem therapeutischen Zeitaufwand von nur 2 h verringerten sich nicht nur die Dauer und Intensität der Übelkeit, sondern auch die Häufigkeit des Erbrechens drastisch und nachhaltig (Morrow u. Morrell 1982).

Die genannten Beispiele sollten die Bedeutung der Klinischen Psychologie für das Verständnis und die Behandlung psychischer und körperlicher Krankheiten und Beschwerden veranschaulichen. Sie sollten verdeutlichen, daß die bioverhaltenswissenschaftliche Orientierung der Klinischen Psychologie in kurzer Zeit zu eindrucksvollen Erkenntnis- und Behandlungsfortschritten geführt hat.

Aber es gibt auch Hindernisse, die die Nutzung der speziellen Kenntnisse und Kompetenzen der Klinischen Psychologie erschweren. So ist es in der Praxis z.B. behindernd, daß eine angemessene legale Basis für die eigenverantwortliche diagnostische und therapeutische Tätigkeit des Klinischen Psychologen in der Bundesrepublik Deutschland fehlt. Auch ist es behindernd, daß für weite Bereiche der diagnostischen und therapeutischen Tätigkeit des Klinischen Psychologen die finanzielle Basis brüchig ist, da die Abrechnungsmöglichkeiten über die Kassen unzureichend sind. So finanzieren die Kassen z.B., wenn überhaupt, nur die Behandlung *psychischer* Störungen. Für psychologische Interventionen bei Krankheiten und Beschwerden, deren Behandlung nicht über eine Beeinflussung *psychischer* Störungen läuft, sind seitens der Kassen bisher keine Leistungen vorgesehen.

Wir müssen uns dafür einsetzen, daß solche Hindernisse überwunden werden. Wir müssen mit den Ergebnissen der Klinischen Psychologie an die Öffentlichkeit treten. Wir müssen dafür Sorge tragen, daß das Konzept der Klinischen Psychologie in das Bewußtsein aller verantwortungstragenden Persönlichkeiten im Gesundheitswesen dringt; denn es besteht kein Zweifel daran: Die Klinische Psychologie wird dringend gebraucht.

Literatur

Brown GW, Birley JLT, Wing JF (1972) Influence of family life on the course of schizophrenic disorders: A replication. Br J Psychiat 121:241-258

Flor H (1987) Die Rolle psychologischer Faktoren bei der Entstehung und Behandlung chronischer Wirbelsäulen-Syndrome. Med Psychol 37:424-429

Foa EB, Steketee GS, Ozarow BJ (1985) Behavior therapy with obsessive-compulsives. In: M Mavissakalian (ed.) Obsessive-compulsive disorder: psychological and pharmacological treatment. Plenum Press, New York, pp 49-129

Hahlweg K, Goldstein MJ, Nuechterlein KH, Magana AB, Mintz J, Doane JA, Miklowitz DJ, Snyder KS (1989) Expressed emotion and patient-relative interaction in families of recent onset schizophrenics. J Cons Clin Psychol 57:11-18

Leff J, Kuipers L, Berkowitz R, Sturgeon D (1985) A controlled trial of social intervention in the families of schizophrenic patients: two-year follow-up. Br J Psychiat 146:594-600

Locke SE, Kraus L, Leserman J, Hurst RW, Heisel S, Williams RM (1984) Life change stress, psychiatric symptoms, and natural killer cell activity. Psychosom Med 46:441-453

Margraf J, Heidmeier K, Spörkel H (1988) Psychische Störungen bei Patienten einer verhaltensmedizinischen Klinik. Referat anläßlich des Symposiums für Klinisch-Psychologische Forschung, Salzburg, Mai 1988

Morrow GF, Morrell C (1982) Behavioral treatment for the aticipatory nausea and vomiting induced by cancer chemotherapy. N Engl J Med 307:1476-1480

Murphy GE, Simons AD, Wetzel RD, Lustman PJ (1984) Cognitive therapy and pharmacotherapy for depression. Arch Gen Psychiat 41:33-41

Peterson C, Seligman MEP (1984) Causal explanations as a risk factor for depression. Theory and evidence. Psychol Rev 91:347-374

Rachman SJ, Hodgson RJ (1980) Obsessions and Compulsions. Prentice Hall, New York

Sauerborn G, Schmitz M, Franzen U, Florin I (1989) Streß und Augeninnendruck bei Myopie. 2. Kongreß der Deutschen Gesellschaft für Verhaltensmedizin und Verhaltensmodifikation, München, März 1989

Simons AD, Murphy GE, Levine JL, Wetzel RD (1986) Cognitive threapy and pharmacotherapy for depression. Arch Gen Psychiat 43:43-48

Vaughn C, Leff J (1976) The influence of family and social factors on the course of psychiatric illness. Br J Psychiat 129:125-137

Vaughn C, Snyder KS, Jones S, Freeman WB, Falloon IRH (1984) Family factors in schizophrenic relapse. Arch Gen Psychiat 41:1169-1177

Überblicksdarstellungen

Diagnose, DSM-IV und dimensionale Klassifikationsansätze

D.H. Barlow

Klassifikation steht im Zentrum jeder Wissenschaft. Ohne die objektive Einordung und Benennung von Gegenständen oder Erfahrungen wären Forscher nicht in der Lage, sich auszutauschen, und unser Wissen würde sich nicht weiterentwickeln. Jedes Individuum würde dann seine persönliche Wissenschaft entwickeln müssen, die aber nicht über die eigene subjektive Erfahrung hinaus anwendbar wäre. Bei der wissenschaftlichen Beschäftigung mit Steinen oder Insekten sind Klassifikationsfragen von grundlegender Bedeutung. Ist jedoch menschliches Verhalten, insbesondere emotionale Störungen, der Untersuchungsgegenstand, so wird diese Frage höchst kontrovers diskutiert - bis hin zu der grundsätzlichen Frage, ob eine Klassifikation überhaupt versucht werden sollte (Barlow 1988). Im Bereich emotionaler Störungen gab es z.B. große Kontroversen darüber, was ein normaler und was ein abnormaler Ausdruck emotionalen Geschehens sei. Weiterhin gab es Differenzen über die Grenzziehung zwischen den einzelnen vorgeschlagenen Kategorien und/oder darüber, welche Merkmale einer emotionalen Störung gemessen oder skaliert werden sollten, um mehr Informationen oder ein vollständigeres Bild der Störung zu erhalten.

Menschen - zu ihrem Vor- oder Nachteil - zu kategorisieren, ist eine Eigenschaft, die wir alle kennen. Diese starke Bereitschaft betrifft natürlich auch die Kategorisierung emotionaler Ausdrucksformen. Niemand beschreibt eigene Emotionen oder die von Freunden auf einem einzigen Kontinuum positiven und negativen Affekts, obwohl dies anscheinend möglich ist (Tellegen 1985). Dagegen sprechen wir über uns und andere als glücklich, traurig, wütend, depressiv, ängstlich usw. Ähnliches gilt für den Bereich der emotionalen Störungen. So gehen z.B. bei den Angststörungen Beobachtungen phobischer, zwanghafter oder anderer Phänomene im Zusammenhang mit den Konstrukten Angst oder Furcht auf die frühesten Beschreibungen menschlichen Verhaltens zurück, obwohl diese Probleme erst in neuerer Zeit definiert und in nosologische Systeme eingeordnet wurden (Marks 1969; Jablensky 1985). Mangelndes Wissen bezüglich Phänomenologie und Klassifikation erschwert die Kategorisierung oder dimensionale Einordnung des Spektrums von Problemen, das unter dem Begriff emotionale Störungen oder anderen Arten von Verhaltens- oder kognitiven Störungen zusammengefaßt ist. Nur mit dieser Art von Informationen ist es uns möglich, die große Zahl derjenigen Menschen, die in den Praxen der Ärzte und Psychologen über Mißstimmung, nervöse Probleme oder andere "Symptome" klagen, akkurat zu identifizieren und genau zu bestimmen, worunter sie leiden.

Jedes brauchbare Klassifikationssystem, ob dimensional oder kategorial angelegt, sollte einige wichtige Anforderungen erfüllen (Barlow 1988). Zunächst sollte es spezifische Symptomgruppen oder Verhaltensdimensionen anhand operationaler Definitionen so beschreiben, daß verschiedene Beobachter diese unabhängig voneinander leicht identifizieren können (Reliabilität). Weiterhin sollte es von Nutzen sein, diese Symptomgruppen oder Verhaltensdimensionen zu identifizieren (Validität). Im Bereich der emotionalen und Verhaltensstörungen besteht dieser Nutzen in der Vorhersage des Erfolgs bestimmter Behandlungen, des Verlaufs der Störung und möglicherweise für die Klärung deren Ätiologie. Dies bedeutet, daß z.B. jemand mit einer sozialen Phobie sich von jemanden mit einer einfachen Phobie nicht nur definitionsgemäß unterscheidet, sondern auch eine andere Ätiologie aufweist, die wiederum eine andere psychologische oder pharmakologische Behandlung erfordert. Auch der Krankheitsverlauf ist unterschiedlich, ebenso die Möglichkeit einer Spontanremission. Werden die hauptsächlichen Charakteristika aller oben genannten Angststörungen eher dimensional als kategorial klassifiziert, dann sollten die Unterscheidungen sich auf Individuen anwenden lassen, deren Symptome auf manchen Dimensionen ernster und auf anderen weniger ernsthaft sind. Zusammenfassend sollten diagnostische Kategorien also Definitionsmerkmale verwenden, die zwischen den Kategorien differenzieren und möglichst Unterschiede in Ätiologie, Verlauf, Prognose oder Wahl des Behandlungsverfahrens bzw. allen oben genannten Faktoren aufzeigen. Forscher, die auf diesem Gebiet arbeiten, sprechen bei der erfolgreichen Kategorisierung natürlicher Objekte oder Ereignisse von "cutting nature at the joints" (die Natur an ihren Verbindungsstellen trennen; z.B. Kendall 1975).

ICD-9, DSM-III und DSM-IV

Gegenwärtig gibt es 2 Hauptsysteme zur Klassifikation psychischer Störungen: die Internationale Klassifikation Psychischer Störungen, 9. Auflage (ICD-9, WHO 1977) und das Diagnostische und Statistische Manual Psychischer Störungen der American Psychiatric Association, 3., Revidierte Auflage (DSM-III-R, APA 1987). Im Moment sind Sondergruppen beider Organisationen mit der Arbeit an den neuen Fassungen ICD-10 und DSM-IV beschäftigt. Der hauptsächliche Grund für den schnellen Beginn der Arbeiten am DSM-IV, kurz nach der Veröffentlichung des DSM-III-R, ist das angekündigte Erscheinen des ICD-10. Alle Beteiligten beschlossen, daß angestrebt werden solle, alle unnötigen Unterschiede zwischen den Systemen zu eliminieren, um damit beiden Arbeitsgruppen Gelegenheit zu Diskussion und gegenseitiger Beeinflussung zu geben.

In vielerlei Hinsicht war das DSM-III und seine Revision eine radikale Neuerung gegenüber seinen Vorgängern in den USA. Genauer gesagt, verkörperte es ein deskriptives, theorieunabhängiges nosologisches System, das zumindest im Prinzip für Kliniker und Forscher verschiedenster theoretischer Überzeugungen verwendbar ist. Historisch gesehen bilden die Arbeit Kraepelins und sein Bemühen um die Darstellung des Verlaufs emotionaler und Verhaltensstörungen ebenso wie die deskriptive Phänomenologie die Grundlage für das DSM-III (Kraepelin 1917). Trotz der zahlreichen Bedenken hinsichtlich der Theorieunabhängigkeit des DSM-III und des Mangels an empirischen Befunden für viele der Kategorien ist das System mit seinen präzisen Definitionen von großem heuristischen Wert für klinische Forscher, die es eher als einen Schritt zur Wahrheit, nicht aber als die Wahrheit selbst bezeichnen.

Der Zweck dieses Artikels ist es, das Anliegen des DSM-IV, indem es dimensionale und kategoriale Herangehensweisen vereinigt, als eine mögliche Methode für den Fortschritt unserer Wissenschaft und der klinischen Praxis auszuführen. In dem Maße, in dem es gelingt, dieses System in enger Koordination mit ICD-10 zu entwickeln, stellt diese Arbeit den vielversprechenden Anfang einer weltweiten Taxonomie psychischer Erkrankungen dar. Diese Möglichkeit wird im weiteren exemplarisch durch neue Forschungsergebnisse dargestellt, die die Beziehung von Angst und Depression belegen und die Möglichkeit einer gemischten Angst-Depressions-Kategorie in beiden Systemen unterstützen.

Das DSM-IV weicht von jedem bisherigen nosologischen System durch seine Forderung nach expliziter Dokumentation und empirischen Belegen ab (Frances et al. 1989). Die am DSM-IV beteiligten Arbeitsgruppen gehen in 3 Etappen vor. Zunächst wird eine ausführliche, systematische Sammlung von Überblicksreferaten über die zu Klassifikationsfragen publizierte Literatur angelegt. Die Referate werden sowohl die kontroversen Aspekte als auch Fragen der Abgrenzung verschiedener Störungen und der Bestimmung angemessener Schwellenwerte zum Inhalt haben. Hier geht es darum festzustellen, anhand welcher Anhaltspunkte man zwei eng verwandte Störungsbilder voneinander unterscheidet oder auch, wie man beide gemeinsam von nicht ausreichend stark ausgeprägten leichteren Varianten derselben Phänomene abgrenzt. Ausgehend von diesen Referaten und deren Diskussion werden im zweiten Schritt bereits vorhandene Daten, die für Klassifikationsfragen von Belang sind, reanalysiert. Dies sind z.B. Datenbanken, die ursprünglich zu anderen Zwecken angelegt wurden, aber nichtsdestotrotz für dieses Unterfangen von Bedeutung sind. Ein Beispiel ist die große epidemiologische Studie zur Prävalenz der häufigsten psychischen Erkrankungen in den

USA. Nach der Entwicklung der neuen Definitionen wird schließlich eine Reihe von Felduntersuchungen durchgeführt, um die Reliabilität und Validität verschiedener Aspekte der neuen Definitionen wie auch die der diagnostischen Kategorien selbst zu untersuchen. Vorläufige Entscheidungen für jede Gruppe von Hauptstörungen (z.B. Angststörungen) wie auch die Koordination der ersten 3 Schritte werden von einer aus 4-8 Mitgliedern bestehenden Arbeitsgruppe durchgeführt. Diese Arbeitsgruppen wiederum werden von Untergruppen oder speziellen Teams beraten, deren ca. 50-100 Mitglieder das breite Spektrum der Fachleute aus dem Bereich psychischer Gesundheit repräsentieren. Die Arbeitsgruppen tragen ihre Vorschläge einem Komitee vor, das in allen praktischen Fragen beraten, eine Übereinkunft erzielen und die endgültige Entscheidung hinsichtlich der Klassifikation treffen wird. Niemals zuvor ist bei der Entwicklung eines nosologischen Systems dem Nachweis der psychometrischen Eigenschaften der Kategorien an umfangreichen Datensätzen so großes Gewicht zugekommen. Diese Betonung führt unweigerlich zu der Überlegung, Psychopathologie außer in Kategorien auch auf kontinuierlichen Dimensionen abzubilden. Dies läßt sich - wie bereits erwähnt - recht gut am Zusammenhang von Angst und Depression illustrieren.

Angst, Depression und die Mischkategorie "Angst/Depression"

Neuere Ergebnisse aus epidemiologischen und klinischen Studien zeigen, daß viele Menschen, die formal nicht die diagnostischen Kriterien für eine Angststörung oder Depression erfüllen, dennoch Symptome solcher Störungen sowie eine erhöhte medizinische Morbidität und Beeinträchtigungen ihrer sozialen Funktion erleben (z.B. Klerman 1989). Fragen nach dem Zusammenhang von Angst und Depression zwingen dazu, das Wesen dieser eher lockeren kognitiv-affektiven Strukturen grundsätzlich zu ergründen. Zu dieser Unterscheidung gibt es viele unterschiedliche Meinungen. Einige Theoretiker kamen zu dem Schluß, daß Angst und Depression variable Ausdrucksformen derselben Pathologie sind, andere dagegen halten diese Störungen für grundverschiedene und unabhängige Phänomene. Andere wiederum liegen zwischen diesen beiden Ansätzen, indem sie z.B. eine allgemeine Diathese mit nachfolgenden, aus verschiedenartigen Gründen auftretenden Divergenzen propagieren (Weissmann 1985). Und schließlich legen weitere Forscher Variationen dieser grundsätzlichen Positionen dar (Barlow 1988). Aus der Sicht der Neurobiologie z.B. scheint die Entwicklung der Störungen sehr ähnlich, wenn nicht sogar identisch zu sein. Gray (1985), der sich auf Befunde von Tierstudien stützt, weist darauf hin, daß die gelernte Hilflosigkeit als Erklärungsmodell zur Depression, in ihren neurobiologischen Grundlagen mit den zur Angst entwickelten Modellen identisch ist. Besonders die erhöhten hippokampischen Funktionen als Ergebnis der höheren Noradrenalinausschüttung in diese oder andere Regionen des Vorderhirns scheinen sowohl der Angst als auch der Depression zugrunde zu liegen. Interessanterweise fanden Breier et al. (1985) dieselbe stark erhöhte noradrenerge Aktivität sowohl in klinischen Populationen mit Paniksyndrom als auch mit depressiver Störung.

Neuere Studien zeigen, daß Patienten mit einer relativ reinen Symptomatik des generalisierten Angstsyndroms oder Paniksyndroms im Vergleich zu Fällen von schwerem depressiven Syndrom gleich häufig eine fehlende Hemmung im Dexamethasontest aufweisen (z.B. Schweizer et al. 1986, Coryell et al. 1985, Avery et al. 1985).

Zusätzlich zu diesen Befunden legen Daten von Familienstudien einen engen Zusammenhang von Angst, Depression und Panik nahe. Je mehr Symptome von Angst und Depression bei einem gegebenen Patienten vorliegen, desto größer ist die Rate an Angst- und depressiven Störungen oder beidem bei Angehörigen ersten Grades und Kindern (Puig-Antich u. Rabinovich 1986, Weissman 1985, Leckman et al. 1983).

Schließlich gibt es aus pharmakologischen Behandlungen Anhaltspunkte, daß trizyklische Antidepressiva die Methode der Wahl zu sein scheinen. Obwohl diese Medikamente als Antidepressiva bekannt sind, scheint es jetzt klar, daß sie bei der Behandlung des Paniksyndroms und nicht nur bei Panikstörungen mit begleitender Depression wirken (Mavissakalian u. Michelson 1986, Mavissakalian 1987). Weiterhin belegen Befunde die Wirksamkeit von Trizyklika, wie z.B. Imipramin, bei Angststörungen ohne Panikattacken wie bei der generalisierten Angst (Kahn et al. 1986b, Klein et al. 1985). Eine genaue Analyse der Literatur zeigt, daß die Wirksamkeit der Trizyklika beim Paniksyndrom nicht unbedingt einer direkten panikverhindernden Wirkung zuzuschreiben ist, sondern eher auf einen therapeutischen Effekt auf die mit der Panik einhergehenden ängstlichen Befürchtungen zurückgeht (Barlow 1988). Die Befunde neurobiologischer Grundlagenstudien und von Medikamentenstudien sprechen also dafür, Angst und Depression als Einheit zu sehen.

Bieten Fragebogenstudien Hilfe bei der Unterscheidung von Angst und Depression? Tatsächlich beweist eine Untersuchung anhand geläufiger Angst- oder Depressionskalen die hohe Korrelation der Meßwerte für Angst und Depression. Dobson (1985) prüfte z.B. das State Trait Anxiety Inventory (Spielberger et al. 1970) und die Self Rating Depression Scale von Zung (1965). Die Korrelation der beiden Angstskalen betrug 0,66, die der Depressionsskalen 0,69 und zwischen den Angst- und Depressionsskalen 0,61. Der Anteil der gemeinsamen Varianz für jede Korrelation war hoch, nämlich zwischen 0,37 und 0,47. Dieses Ausmaß gemeinsamer Varianz deutet darauf hin, daß die Fragebögen für eine Messung der Intensität der beiden unterschiedlichen affektiven Zustände, nämlich Angst und Depression, nicht brauchbar sind; sie messen im Grunde die gleichen oder sehr ähnliche affektive Zustände.

Dennoch scheint es eine Vielzahl von *Symptomen* zu geben, die ängstliche und depressive Patienten unterscheiden (zumindest in ihren Reinformen). Zu diesen zählen typische depressive Symptome wie z.B. psychomotorische Verlangsamung oder Inaktivität und Rückzug. Angstsymptome hingegen, wie hohes Aktivations- und Erregungsniveau, verbunden mit negativem Affekt, scheinen *nicht* zwischen den Störungsbildern zu unterscheiden. Diese Daten stimmen mit einer eingehenden Untersuchung der Komorbidität in unserer Klinik sehr gut überein. Diese belegt, daß Patienten mit Angststörungen nicht unbedingt eine gleichzeitige Depressionsdiagnose aufweisen, jedoch Klienten mit diagnostitizierbarer depressiver Störung sehr häufig unter Angststörungen leiden (z.B. Di Nardo u. Barlow, im Druck). Diese und eine Anzahl anderer Befunde führen zu folgendem Schluß: Anzeichen und Symptome einer Depression, *nicht* aber Zeichen und Symptome für Angst sind in der Lage, zwischen Gruppen ängstlicher und depressiver Patienten zu differenzieren. Anders ausgedrückt sind fast alle depressiven Patienten ängstlich, nicht aber alle ängstlichen Patienten depressiv. Diese Informationen, zusammen mit dem oft beobachteten Befund, daß Angst einer depressiven Episode oft vorausgeht, läßt den Schluß zu, daß zumindest einige Arten von depressiven Störungen eine Komplikation von Angststörungen darstellen, die bei manchen Patienten unter bestimmten Umständen auftreten.

Diese Beobachtungen haben zu einer neuen Angst- und Depressionstheorie geführt, die die *dimensionale* Beziehung dieser beiden Gefühlszustände betont (Barlow 1988). Dies bedeutet: Bestimmte Erfahrungen, die möglicherweise einen Beitrag zur Krankheitsentstehung leisten, wie z.B. frühe Erfahrungen von Kontrollverlust, schaffen eine psychologische Bereitschaft, mit Angst zu reagieren. Wenn diese Angstbereitschaft mit einer allgemeinen biologischen Vulnerabilität zusammentrifft, die durch den Streß negativer Lebensereignisse aktiviert wird, kann es zu klinisch relevanten Angstsymptomen und später möglicherweise zu einer Depression kommen. Die Depression spiegelt demnach eine extreme psychische Anfälligkeit für Erfahrungen mit Unvorhersehbarkeit oder Unkontrollierbarkeit wieder. Mit anderen Worten: ob man ängstlich wird und bleibt oder auch eine depressive Symptomatik entwickelt, hängt ab vom Ausmaß der psychischen Vulnerabilität, von der Schwere des momentan wirksamen Stressors und von den Bewältigungsmöglichkeiten, die man zu Verfügung hat. Aus dieser Sicht können Angst und Depression am besten dimensional aufgefaßt werden, sowohl hinsichtlich der Abgrenzung untereinander als auch bezüglich des Ausprägungsgrades, ab dem ein klinisch relevantes Ausmaß an Beeinträchtigung vorliegt.

Aus diesem Grund könnte eine dimensionale Darstellung von Angst und Depression nützlich sein, die auch leichtere Symptomausprägungen einschließt, die nichtsdestotrotz mit funktionalen Einschränkungen verbunden sind (Klerman 1989). Ein anderer Gesichtspunkt jedoch verlangt die Integration einer kategorialen Herangehensweise in diese Dimensionen. So erfahren Menschen kurze Episoden der Angst, des Schreckens oder auch der Trauer, die keine erkennbare Ursache oder zumindest keinen ausreichenden Auslöser haben, um eine solche emotionale Reaktion hervorzurufen. Im Falle der Angst wird dieses Phänomen, das kaum bleibende Konsequenzen zu haben scheint, mit "nichtklinischer Panik" bezeichnet (Norton et al. 1986). Menschen können ebenfalls Perioden der Trauer in ähnlicher Weise wie z.B. bei einer Trauerreaktion erfahren (s. auch Teasdale 1983). Trotzdem scheinen diese Erfahrungen nicht problematisch zu sein; sie führen erst dann zu einer depressiven Störung, wenn sie als unkontrollierbar erlebt werden und die Befürchtung, solche Gefühle wiederzuerleben, zu Angst, Depression oder einer Kombination von beidem führt.

Befürchtet man, einen weiteren Panikanfall zu bekommen, erfüllt man definitionsgemäß die Kriterien für das Paniksyndrom. Ebenso ist es, wenn die Vorstellung, eine weitere Episode unkontrollierbarer Trauer (schweres depressives Syndrom) zu erleben, Angst oder depressive Verstimmung auslöst. Dies verschlimmert nicht nur das depressive Syndrom, sondern führt sogar in extremen Fällen zum Phänomen doppelter Depression.

Wenn sich diese Annahmen als richtig erweisen, könnten Panikanfälle oder schwere depressive Episoden zunächst kategorial identifiziert werden und daraufhin das Ausmaß von Angst oder Dysphorie im Zusammenhang mit diesem Geschehen dimensional bestimmt werden. Diese zusätzlichen Informationen könnten dazu beitragen, Krankheitsverlauf, Prognose und Behandlungserfolg besser vorauszusagen.

Literatur

American Psychiatric Association (1987) Diagnostic and statistical manual of mental disorders, Third Edition-Revised (DSM-III-R). American Psychiatric Press, Washington, DC

Avery DH, Osgood TB, Ishiki DM, Wilson LG, Kenny M, Dunner DL (1985) The DST in psychiatric outpatients with generalized anxiety disorder, panic disorder, or primary affective disorder. Am J Psychiat 142:844-848

Barlow DH (1988) Anxiety and its disorders: the nature and treatment of panic and anxiety. Guilford, New York

Breier A, Charney DS, Heninger GR (1985) The diagnostic validity of anxiety disorders and their relationship to depression illness. Am J Psychiat 142:787-797

Coryell W, Noyes R, Clancy J, Crowe R, Chaudhry D (1985) Abnormal escape from dexamethasone suppression in agoraphobia with panic attacks. Psychiat Res 15:301-311

Di Nardo PA, Barlow DH (1990) Syndrome and symptom comorbidity in the anxiety disorders. In: JD Maser, CR Cloninger (Hg) Comorbidity of anxiety and mood disorders. American Psychiatric Press, Washington DC

Dobson KS (1985) The relationship between anxiety and depression. Clin Psychol Rev 5:307-324

Frances A, Widiger T, Pincus, A (1989) The development of DSM-IV. Arch Gen Psychiat 46: 373-375

Gray JA (1985) Issues in the neuropsychology of anxiety. In: AH Tuma, JD Maser (eds) Anxiety and the anxiety disorders. Erlbaum, Hillsdale, NJ

Jablensky A (1985) Approaches to the definition and classification of anxiety and related disorders in European psychiatry. In: AH Tuma, JD Maser (eds) Anxiety and the anxiety disorders. Erlbaum, Hillsdale, NJ

Kahn RJ, McNair DM, Lipman RS, Covi L, Rickels K, Downing R, Fisher S, Frankenthaler LM (1986) Imipramine and chlordiazepoxide in depressive and anxiety disorders. Arch Gen Psychiat 43:79-85

Kendall RE (1975) The role of diagnosis in psychiatry. Blackwell, London

Klein DF, Rabkin JG, Gorman JM (1985) Etiological and pathophysiological inferences from the pharmacological treatment of anxiety. In: AH Tuma, JD Maser (eds) Anxiety and the anxiety disorders. Erlbaum, Hillsdale, NJ

Klerman GL (1989) Depressive disorders: Further evidence for increased medical morbidity and impairment of social functioning. Arch Gen Psychiat 46:856-858

Kraepelin E (1917) Lectures on clinical psychiatry, 3rd ed. William, Wood, New York

Leckman JF, Merikangas KR, Pauls DL, Prusoff BA, Weissman MM (1983) Anxiety disorders associated with episodes of depression: Family study data contradict DSM-III convention. Am J Psychiat 140:880-882

Marks IM (1969) Fears and phobias. Heineman, London

Mavissakalian M (1987) Initial depression and response to imipramine in agoraphobia. J Nerv Ment Dis 175:358-361

Mavissakalian M, Michelson L (1986) Agoraphobia: relative and combined effectiveness of therapist-assisted in vivo exposure and imipramine. J Clin Psychiat 47:117-122

Norton RG, Dorward J, Cox BJ (1986) Factors associated with panic attacks in non-clinical subjects. Behav Ther 17 239-252

Puig-Antich J, Rabinovich H (1986) Relationship between affective and anxiety disorders in childhood. In: RG Heilman (Ed) Anxiety disorders of childhood. Wiley, New York

Schweizer EE, Swenson CM, Winokur A, Rickels K, Maislin G (1986) The dexamethasone suppression test in generalized anxiety disorder. Br J Psychiat 149:320-322

Spielberger CD, Gorsuch RL, Lushene RE (1970) Manual for the State-Trait Anxiety Inventory. Consulting Psychologist, Palo Alto, CA

Teasdale JD (1983) Negative thinking and depression: cause, effect or reciprocal relationship. Adv Behav Res Ther 5:3-25

Tellegen A (1985) Structures of mood and personality and their relevance to assessing anxiety, with an emphasis on self-report. In: AH Tuma, JD Maser (eds) Anxiety and the anxiety disorders. Erlbaum, Hillsdale, NJ

Weissman MM (1985) The epidemiology of anxiety disorders: rates, risks and familial patterns. In: AH Tuma, JD Maser (eds) Anxiety and the anxiety disorders. Erlbaum, Hillsdale, NJ

World Health Organization (1977) International classification of diseases (9th rev). Geneva: Author

Zung WW (1965) A self-rating depression scale. Arch Gen Psychiat 12:63-70

Qualitätssicherung im Gesundheitswesen: ein Modell zur routinemäßigen Behandlungsauswertung*

R. McDonald und I.M. Marks

Eine problemorientierte Methode der Qualitätssicherung im Gesundheitswesen wurde bei 1384 Patienten angewandt. Die Patienten wurden über 8 Jahre von 41 in therapeutischer Ausbildung stehenden Krankenschwestern und -pflegern untersucht und behandelt. Die klinische Kontrolle ergab eine zufriedenstellende Verbesserung der meisten diagnostizierten Patienten. Obwohl das System entwickelt wurde, um den Fortschritt von Patienten mit Angst- und Sexualstörungen sowie Suchterkrankungen während einer Verhaltenstherapie festzustellen, ist es auch für einen Einsatz bei anderen Störungen, wie z.B. Depressionen, und bei anderen psychotherapeutischen Behandlungen geeignet. Die Methode ist einfach genug für den routinemäßigen Gebrauch, und ihre computergestützte Anwendung würde sie für die Angestellten der meisten Kliniken und Ausbildungsprogramme im psychotherapeutischen Bereich verfügbar machen.

Einführung

Qualitätssicherung wird in der Industrie schon lange ausgeübt und gilt als wesentliche Komponente der industriellen Entwicklung. Im Dienstleistungsgewerbe wächst das Bewußtsein dafür, daß Qualitätssicherung unverzichtbar ist, wenn es gilt, Leistungen mit höchsten Ansprüchen an Effektivität, Effizienz und Kostengünstigkeit im Rahmen eines festgelegten Budgets und in Übereinstimmung mit empfohlenen Standards zu erreichen. Konzepte und Methoden der Qualitätssicherung im Gesundheitswesen sind daher für Organisatoren, Anbieter und Konsumenten von Versorgungsleistungen von zentraler Bedeutung.

Obwohl in der psychiatrischen und psychologischen Forschung der klinische Behandlungserfolg regelmäßig erhoben wird, ist dieses Vorgehen noch nicht routinemäßig in den praktischen Anwendungsbereich übernommen worden. Die hier dargestellte Methode der Qualitätskontrolle in den öffentlichen Zentren für psychische Gesundheit ist eine Ausnahme. Dort werden einfache und

---

*Übersetzt aus dem Englischen und veröffentlicht mit Genehmigung von: The Controller of Her Britannic Majesty's Stationery Office.
Originaltitel: Quality Assurance of Outcome in Mental Health Care: A Model for Routine Use in Clinical Settings by R McDonald and I M Marks.

Übersetzt von Christiane Zimmer und Gabriele Fünfstück.

zuverlässige Meßinstrumente verwendet, um die Qualität der psychologischen Routineversorgung fortlaufend zu dokumentieren und zu überprüfen. Anhand dieser standardisierten Meßinstrumente kann eine kumulative Datenbank erstellt werden, die den Behandlungserfolg von Klientenpopulationen unter Alltagsbedingungen verfolgt. Damit werden Maßstäbe gesetzt, wie bestimmte Patientengruppen auf bestimmte Behandlungsverfahren ansprechen und wieviel therapeutischer Aufwand notwendig ist, um das gewünschte Ergebnis zu erzielen. Anhand dieser Maßstäbe können Kliniker und Verwaltungspersonal Probleme identifizieren und korrigieren. Ein solche Qualitätssicherung erleichtert eine effektive Versorgung zu vertretbaren Kosten.

In diesem Beitrag berichten wir von einer problemorientierten Methode, den Behandlungserfolg großer Patientengruppen mit Angststörungen, sexuellen Funktionsstörungen und Verhaltensstörungen zu dokumentieren. Dieses Konzept wird schon seit 16 Jahren regelmäßig eingesetzt. Es entstand aus der Notwendigkeit, den Behandlungserfolg von Patienten zu ermitteln, die an einem 18monatigen verhaltenstherapeutischen Training teilnahmen, das von in therapeutischer Ausbildung stehendem Krankenpflegepersonal angeleitet wurde. Ursprünglich wurde die Methode zur Kontrolle des Fortschritts einzelner Patienten angewandt. Weiterhin sollte sie einen Vergleich der Ergebnisse der Auszubildenden mit denen von Psychiatern und Psychologen ermöglichen, die mit ähnlichen Fällen arbeiteten. Nach und nach wurde dieser Ansatz auch für die Dokumentation der Qualität der Betreuung in sukzessiven Kohorten von Auszubildenden und Patienten eingesetzt.

Der Behandlungserfolg der ersten beiden Kurse und die Reliabilität und Validität der Meßinstrumente werden an anderer Stelle beschrieben (Marks et al. 1977; Marks et al. 1978; Marks 1985). Die Meßinstrumente selbst wurden erst kürzlich vollständig veröffentlicht (Marks 1986). Im vorliegenden Artikel werden die Erfahrungen der letzten acht Jahre zusammengefaßt. Es wird gezeigt, wie bei großen Patientengruppen über mehrere Jahre hinweg die Qualität der Betreuung, der für diese Qualität notwendige therapeutische Einsatz und die Merkmale von aufeinanderfolgenden Patientengruppen kontrolliert werden können und welche Möglichkeiten bestehen, die Merkmale von aufeinanderfolgenden Patientengruppen zu erfassen.

Meßinstrumente

Erfassung des Behandlungserfolgs: Die Meßskalen sind so angelegt, daß der Wert 0 auf einen unauffälligen Befund hinweist, während alle höheren Werte einen bestimmten Grad von Erkrankung anzeigen.

Für alle Patienten wurden festgestellt:

1. Hauptprobleme: Dies sind die wesentlichen Probleme, wegen derer eine Person Behandlung sucht. Die Hauptprobleme werden gemeinsam mit dem Therapeuten festgelegt. Solche Probleme könnten z.B. sein:
   - für einen Agoraphobiker: "Vermeiden der täglichen Fahrt im überfüllten Bus zum Oxford Circus";
   - für einen Patienten mit Zwangsritualen: "meine Hände 100mal am Tag zu waschen";
   - für einen Patienten, der unter vorzeitiger Ejakulation leidet: "Unfähigkeit, den Koitus länger als 1 min bis zur Ejakulation zu vollziehen".

   Diese Probleme werden auf einer Neunpunkteskala (0-8) vom Patienten und vom Therapeuten jeweils unabhängig voneinander eingestuft. Da sich gezeigt hat, daß Selbst- und Fremdeinschätzungen hoch korrelieren (0,8-0,9), ist es ausreichend, für die Qualitätskontrolle des Behandlungserfolgs bei Angststörungen, sexuellen Funktionsstörungen und Verhaltensstörungen ausschließlich die Selbsteinschätzung zu verwenden.

2. Soziale Anpassung im beruflichen und häuslichen Bereich, soziale Kontakte und Freizeitaktivitäten: Von jedem der Patienten liegen auf einer Skala von 0-8 sowohl eine Selbsteinschätzung als auch eine Beurteilung vom Therapeuten vor.

3. Fragebogen zur Ängstlichkeit (FQ): Dieser ist hauptsächlich für Phobiker vorgesehen, wurde aber allen Patienten mit diagnostizierter Störung vorgelegt. Er enthält a) 15 Angstitems, die zusammengenommen einen allgemeinen Phobiewert ergeben (0-120); b) 5 Angst-Depressions-Items (Gesamtwert von 0-40); c) 1 Item zur Globaleinschätzung der Phobie (0-8).

Zusätzliche Meßinstrumente:

- für das Zwangssyndrom: Tagebuch über Zeitaufwand und Unbehagen bei den Zwängen;
- für sexuelle Probleme: sexuelle Aktivität und Einstellung zur Sexualität;
- für andere Probleme: spezielle Messungen wie z.B. das Gewicht bei Eßstörungen, Prozentsatz der Stockungen des Sprachflusses beim Stottern, Anzahl der Tics/10 min bei Ticpatienten.

Therapeutischer Aufwand: Die Anzahl der Stunden und Sitzungen, in denen der Therapeut mit dem Patienten in persönlichem oder telefonischem Kontakt stand. Weiter wurde erfaßt, wieviel von der Gesamtzeit in der häuslichen Umgebung des Patienten aufgewendet wurde.

Demographische und andere Daten: Alter und Geschlecht des Patienten, Informationen zu stationärer oder ambulanter Behandlung, Familienstand, Diagnose, Dauer der Störung und angewandte Behandlungsmethoden.

Datengewinnung: Die Therapeuten übertrugen die Selbsteinschätzungen jedes Patienten auf standardisierte Bögen. Jeder Therapeut benötigte ca. 2 h, um alle Selbsteinschätzungen der eigenen Patienten zu übertragen (30 pro Trainingsphase) und in den Computer einzugeben. Nach dieser einmaligen Strukturierung sind nur wenige Minuten notwendig, um die Daten in bestimmten Zeitabständen zu aktualisieren. Dieser Zeitaufwand entspricht nur einem geringen Teil der Gesamtzeit, die für den Patienten aufgewendet wird, und ist daher kein kostspieliges Unterfangen.

Zukünftige Datenerhebungen könnten noch vereinfacht werden, wenn die Patienten selbst ihre Beurteilungen in einen Computer eingeben würden (Hierzu gibt es Programme von Dr. David Forshaw). Dabei sehen sie jede Frage einzeln auf dem Bildschirm und geben ihre Selbsteinschätzungen per Tastendruck ab, statt sie auf einem Fragebogen anzukreuzen. Der Computer stellt die Einschätzung der einzelnen Patienten graphisch dar und ermöglicht so eine Beurteilung des therapeutischen Fortschrittes. Jedes Rating wird gespeichert und automatisch einer Datenbank zugeführt. Mit dieser Methode kann der Fortschritt der Patientengruppe anhand von Computerausdrucken und Graphiken leicht und übersichtlich dargestellt werden. Die oben beschriebene computergestützte Datenerhebung und Analyse wird ständig weiterentwickelt, um sie für den allgemeinen Gebrauch verfügbar zu machen.

Gebrauch der Datenbank für die Qualitätssicherung

Wenn die Datenbank einmal eingerichtet ist und routinemäßig aktualisiert wird, können viele wichtige Fragen in kurzer Zeit beantwortet werden. Beispiele dazu wurden der Datenbank von 1384 Patienten entnommen, die im Zeitraum von acht Jahren während fünf Trainingskursen von 1978 bis 1986 (angeleitet von insgesamt 41 in therapeutischer Ausbildung stehenden Krankenschwestern und -pflegern) angelegt wurde. Jeder Kurs bestand aus 8-9 Patienten und dauerte 18 Monate; zwischen den Kursen lagen Pausen von 1-2 Monaten (die Kurse fanden statt: Kurs 4-1978/80, Kurs 5-1980/1, 6-1981/3, 7-1983/4, 8-1985/6). Diagnose, Alter und Geschlechterzusammensetzung der Patienten, das Alter zu Beginn der Störung und die Dauer der Störung sind in Tabelle 1 abgetragen.

Die Patienten der Auszubildenden hatten eine durchschnittliche Störungsdauer von 11 Jahren. Dies ist die übliche Chronifizierungsdauer bei Patienten, die eine Verhaltenstherapie beginnen. Die Geschlechterverteilung, das Alter

Tabelle 1. Basisdaten für alle diagnostischen Gruppen

	n	Davon weiblich [%]	Alter zu Beginn (Jahre)	Dauer (Jahre)
Agoraphobie	396	(73)	29	8
Soziale Phobie	213	(42)	20	12
Einfache Phobien	273	(75)	18	16
Zwangshandlungen	194	(65)	25	9
Zwangsgedanken	40	(55)	28	8
Sexuelle Funktionsstörung	85	(41)	27	6
Sexuelle Abweichungen	46	(2)	20	16
Verhaltensstörungen	68	(37)	18	15
Andere	96	(56)	23	11

zu Beginn der Störung und bei Therapiebeginn liegen bei den diagnostizierten Subgruppen im Normbereich. Lediglich bei den Patienten mit sozialer Phobie liegt der weibliche Anteil etwas unterhalb der Norm.

Merkmale der Patientengruppen in den aufeinanderfolgenden Trainingskursen

Ein Vergleich von Behandlungsergebnissen ist besonders aussagekräftig, wenn möglichst ähnliche Patientengruppen miteinander verglichen werden. Tabelle 2 zeigt, daß die meisten Patienten unter Angststörungen oder Zwangssyndromen litten. Die diagnostische Zusammensetzung der Kohorten, die von den Teilnehmern der Ausbildungskurse behandelt wurden, war ungefähr gleich. Lediglich Kurs 4 hatte weniger Patienten mit sozialer Phobie, und Kurs 7 hatte weniger Zwangspatienten, da zu dieser Zeit viele Patienten mit einem solchen Störungsbild an Forschungsbehandlungen außerhalb der Kurse teilnahmen. Die Patienten der Kategorie "Andere" hatten Probleme wie Trauerreaktionen, Tics und generalisierte Angst.

Prozentsätze der Patienten, die eine vollständige Behandlung durchgeführt, abgelehnt oder abgebrochen haben

Wichtig ist die Akzeptanz einer Behandlung. Ist eine Behandlung z.B. sehr effektiv, wird aber nur von einer Minderheit vollständig abgeschlossen, dann ist ihr Nutzen entsprechend gering. Tabelle 3 zeigt, daß unter den Patienten, die aufgrund ihrer Befunde für eine Verhaltenstherapie in Frage kamen (2/3 der Patienten), 64-80% aus den 5 Kursen die Behandlung abschlossen (Mittelwert 74%). 26% der Patienten brachen einen Behandlungsversuch ab. Diese Quote ist mit der Abbruchsrate von 25-50% bei Drogenabhängigen in herkömmlichen Suchtkliniken gut vergleichbar.

Tabelle 2. Diagnostische Gruppen in den 5 Kursen

	Kurs					
	4 [%]	5 [%]	6 [%]	7 [%]	8 [%]	x [%]
Agoraphobie	30	26	28	23	24	26
Soziale Phobie	10	18	17	19	13	15
Einfache Phobien	21	20	18	18	21	20
Zwangssyndrom	17	18	16	10	22	17
Sexuelle Störungen	11	9	10	11	7	10
Andere	11	9	11	19	13	12
Gesamt						100

Tabelle 3. Anzahl der Patienten, die eine Behandlung abschlossen, ablehnten oder abbrachen

	Abgeschlossen n [%]	Abgelehnt n [%]	Abgebrochen n [%]	G
Kurs 4	168 (64)	38 (15)	56 (22)	262
Kurs 5	173 (73)	20 (09)	44 (19)	237
Kurs 6	195 (80)	15 (06)	33 (14)	243
Kurs 7	180 (76)	17 (07)	41 (17)	238
Kurs 8	260 (28)	28 (08)	49 (15)	337
Gesamt	976 (74)	118 (9)	223 (17)	1317

Die kleinere Gesamtzahl als in Tabelle 1 ist durch fehlende Daten bedingt.

Therapieerfolg

Das strengste Bewertungskriterium für jedes klinische Behandlungsprogramm ist der Erfolg beim Patienten, auf den wir uns hier konzentrieren. Tabelle 4 und Abb. 1 zeigen den Behandlungserfolg für jede diagnostische Gruppe anhand einer Selbsteinschätzung bezüglich des Hauptproblems (die Therapeutenbeurteilungen ergaben ein ähnliches Bild).

Tabelle 4. Behandlungserfolg bezüglich des Hauptproblems in jeder diagnostischen Gruppe

	Vorher	Nachher	1 Monat
Agoraphobie	7,3	2,6	2,4
Soziale Phobie	7,1	2,8	2,6
Einfache Phobien	7,0	2,2	1,9
Zwangshandlungen	7,3	2,5	2,4
Zwangsgedanken	7,1	3,9	3,7
Sexuelle Funktionsstörungen	6,6	2,8	2,5
Sexuelle Abweichungen	6,8	1,4	1,0
Verhaltensstörungen	7,1	2,7	2,7
Andere	6,9	3,9	3,2
Mittelwert	7,1	2,6	2,4

(8 = maximale Pathologie, 0 = keine Störung)

Die Besserung des Hauptproblems spiegelt sich in den Skalen zur sozialen und beruflichen Anpassung wider (Abb. 2). Die Angst-Depressions-Items des Angstfragebogens zeigten ebenfalls eine Besserung (Tabelle 5). Auf der von 0-8 reichenden Skala zum Hauptproblem wird der Zustand derjenigen Patienten, die sich um 4 oder mehr Punkte gebessert haben, als "stark gebessert", bei 2-4 Punkten als "etwas gebessert" und bei weniger als 2 Punkten Besserung als "nicht gebessert" betrachtet (Tabelle 6). Der Fortschritt auf der Skala zum Hauptproblem wird auch durch die anderen Messungen, die sich auf die jeweilige Diagnose bezogen, widergespiegelt. Diese bestanden aus dem Gesamtphobiewert (FQ, hauptsächlich für Phobiker relevant), den Angaben über Zeitaufwand und erlebtes Unbehagen bei Zwangshandlungen, und weiterhin aus der Erfassung der sexuellen Probleme.

Die (selbsteingeschätzte) Besserung des Hauptproblems vom Behandlungsbeginn bis zur Katamnese nach einem Monat war für alle diagnostischen

Tabelle 5. Behandlungserfolg bezüglich der Angst-Depressionssymptomatik in jeder diagnostischen Gruppe

	(0-40 Skala FQ)		
	Vorher	Nachher	1 Monat
Agoraphobie	22,4	10,1	9,8
Soziale Phobie	19,9	9,3	8,9
Einfache Phobien	15,4	6,7	6,2
Zwangshandlungen	22,0	10,2	10,1
Zwangsgedanken	24,3	17,8	16,9
Sexuelle Funktionsstörungen	14,8	7,2	5,9
Sexuelle Abweichungen	15,8	8,6	8,0
Verhaltensstörungen	14,0	8,4	7,6
Andere	20,3	10,9	10,3
Mittelwert	19,6	9,4	8,9

Tabelle 6. Prozentsätze der Besserung des Hauptproblems in jeder diagnostischen Gruppe (1-Monats-Katamnese)

	Stark verbessert [%]	Etwas verbessert [%]	Nicht verbessert [%]
Agoraphobie	71	15	14
Soziale Phobie	59	24	17
Einfache Phobien	79	13	8
Zwangshandlungen	67	21	12
Zwangsgedanken	63	8	29
Sexuelle Funktionsstörungen	69	10	21
Sexuelle Abweichungen	87	9	4
Verhaltensstörungen	63	23	14
Andere	48	25	27
Mittelwert	68	17	15

Weitere Erklärungen s. Text

Gruppen (Phobien, Zwangssyndrom, sexuelle Funktionsstörungen, sexuelle Abweichungen) hochsignifikant ($p<0{,}001$).

In herkömmlichen Kliniken sind die Katamnesezeiträume eher kurz. Üblicherweise werden Katamnesen nach 1-3 Monaten und spätestens nach 6-12 Monaten erhoben. Der einfache Grund dafür ist die Tatsache, daß Auszubildende ihre Gruppe nach 18 Monaten verlassen und das übrige Klinikpersonal viel zu beschäftigt ist, diese Aufgabe zu übernehmen. Längerfristige Katamnesen sind nicht möglich, da spezielles Personal notwendig ist, um die Spuren der Patienten weiterzuverfolgen, deren weiterer stationärer Aufenthalt klinisch nicht mehr zu rechtfertigen ist. Deshalb können wir aus einer Klinik wie der unseren keine Langzeitkatamnesen berichten. Jedoch kann aus den Ergebnissen anderer Untersuchungen extrapoliert werden: Beispielsweise aus der 2- bis 8-Jahres-Katamnese, die am Maudsley Hospital von einem der Autoren (I.M.M.) mit ähnlichen Patientengruppen und ähnlichen Behandlungsprogrammen durchgeführt wurde. Weiterhin aus mindestens 5 weiteren Katamnesestudien anderer Autoren in Oxford, Lancashire, Schottland, Holland und Griechenland. Jeder dieser Autoren fand, daß die Besserung der Patienten mit Angst- und Zwangssyndrom nach der Konfrontationstherapie (die für diese Störungen wichtigste angewandte Behandlungsform) über die 2-8 Jahre des Follow-up aufrechterhalten oder sogar noch weiter gefestigt wurde.

Therapeutischer Aufwand

Die Effizienz eines Therapeuten wird nicht nur an der Besserung seiner Patienten gemessen, sondern auch an der Zeit, die er für das gewünschte Ergebnis benötigt. Tabelle 7 zeigt den Gesamtzeitaufwand pro Patient (persönlicher Kontakt und Telefonkontakt) für jeden Kurs und jede Diagnose. Innerhalb der diagnostischen Kategorien zeigte sich eine leichte Variation des

Tabelle 7. Therapeutischer Aufwand in Stunden pro Patient, Diagnose und Kurs

	Agoraphobie	Einfache Phobie	Soziale Phobie	Zwangsstörungen
Kurs 4	10,1	9,9	9,5	22,4
Kurs 5	11,0	11,2	8,8	12,4
Kurs 6	13,5	10,9	14,7	16,2
Kurs 7	13,8	10,5	12,9	11,7
Kurs 8	10,7	8,2	10,1	17,8

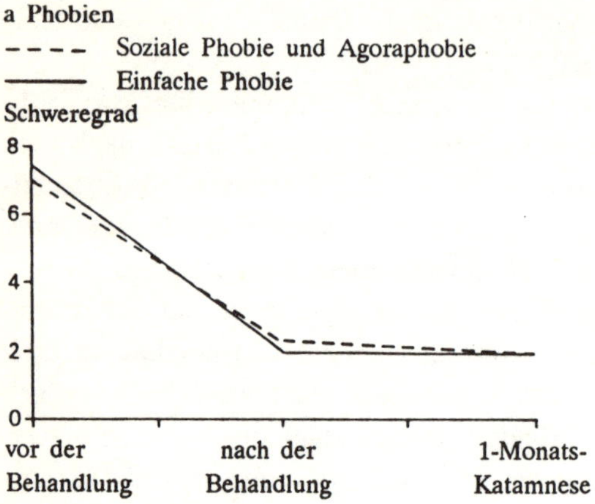

Das Behandlungsergebnis bei Agoraphobie und sozialer Phobie war sehr ähnlich.

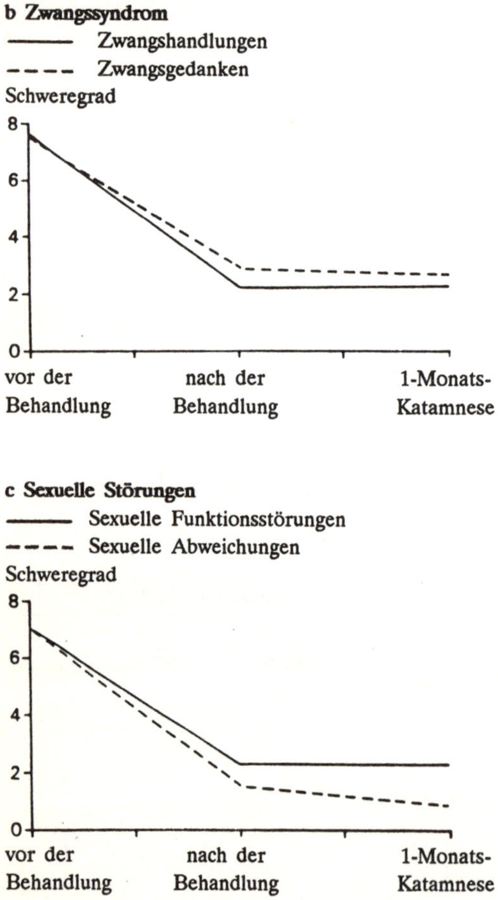

Abb.1. a,b,c. Behandlungserfolg bezüglich des Hauptproblems in den diagnostischen Gruppen Phobien, Zwangssyndrom und sexuelle Störungen.

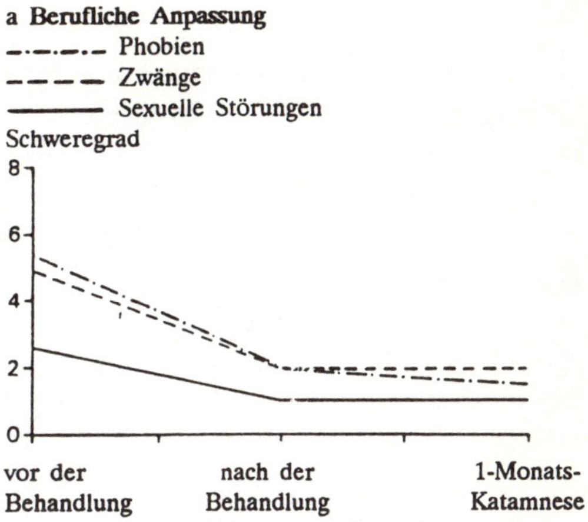

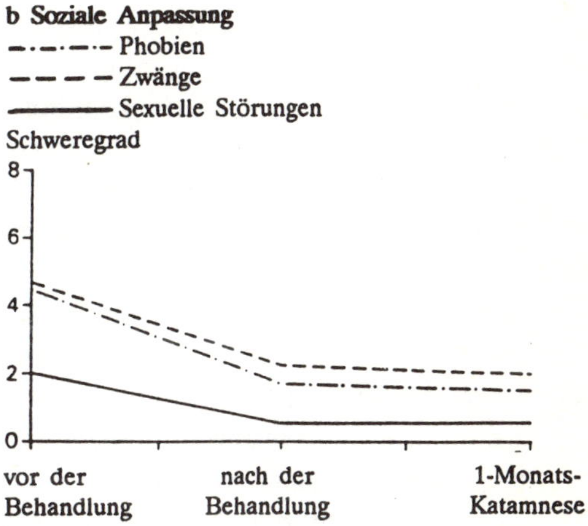

Abb.2 a,b. Skala für die berufliche und soziale Anpassung

Zeitaufwandes über die aufeinanderfolgenden Kurse. Die durchschnittlich längste Zeit wurde für Patienten mit Zwangsproblematik, der geringste Zeitaufwand für Patienten mit einfacher Phobie benötigt. Die Abbildungen berücksichtigen noch nicht die Reduktion des therapeutischen Einsatzes, die seit neuestem durch eine Verlagerung des Schwerpunktes der klinischen Praxis von therapeutisch begleiteter Exposition auf Selbstkonfrontationsübungen erzielt werden konnte.

Diskussion

Die Ablehnungs- und Abbruchrate blieb mit 25% über die Kurse 5-8 beachtlich konstant. Standardisierte problemorientierte Messungen des Behandlungserfolgs zeigten bei den 976 Patienten, die ihre Behandlung abgeschlossen hatten, in jedem der 5 aufeinanderfolgenden Kurse eine hochsignifikante kontinuierliche Verbesserungsrate etwa gleichen Ausmaßes. Die Ergebnisse waren vergleichbar oder sogar besser als die Resultate in den zwei vorhergehenden Kursen, bei denen die Krankenschwestern und -pfleger etwa den gleichen Behandlungserfolg erzielten wie Psychiater und Psychologen. Über einen Zeitraum von 14 Jahren (1972-1986) wurde von therapeutisch geschulten Krankenschwestern und -pflegern also eine angemessene Qualitätskontrolle realisiert.

Die Daten zeigen außerdem, daß der therapeutische Aufwand für einen guten Behandlungserfolg bei Patienten über die Jahre hinweg etwa gleich geblieben ist. Auch der Prozentsatz von Patienten, die die Behandlung abschlossen, die Zusammensetzung der Störungsbilder, Schweregrad und Chronifizierungsdauer der Störung veränderten sich nicht wesentlich. Der von den unterschiedlichen Auszubildenden erzielte Behandlungserfolg variierte i.allg. wenig. Im Gegensatz dazu war bei den verschiedenen diagnostischen Gruppen die Variation des Behandlungserfolgs recht groß. Während die meisten Phobiker und Zwangspatienten gute Resultate zeigten, verzeichneten spielsüchtige Patienten keine Erfolge. Von den 10 Patienten führte kein einziger die vorgesehene Anzahl an Sitzungen durch. Daher gibt es für diese Fälle bisher noch keine Ergebnisse zum Behandlungserfolg.

Das vorgestellte Datenbanksystem kann im weiteren dazu verwendet werden, Fragen zu klären, die über das Anliegen dieses Artikels hinausgehen (z.B. welche demographischen, klinischen und therapeutischen Merkmale den Behandlungserfolg voraussagen). Ferner könnten diesem Ansatz noch weitere Messungen zur Qualitätssicherung hinzugefügt werden, sofern sie einfach und zuverlässig sind, wie z.B. Zufriedenheit der Patienten, der Angehörigen und des klinischen Personals, Familienbelastung und Nutzung der Ressourcen.

Prinzipiell ist es möglich, daß Patienten ihre demographischen Daten und Selbsteinschätzungen in den Computer eingeben, der die Informationen automatisch einer kumulativen Datenbank zuführt. Die hier beschriebene Methode der Qualitätssicherung ist somit für viele psychotherapeutische Kliniken geeignet. Für eine allgemeine Qualitätssicherung sind drei Zeitpunkte der Datenerhebung ausreichend: vor und nach der Behandlung und ein beliebiger Katamnesezeitpunkt. Um die Datenbank und ihre Auswertung in ihrer Größe für den routinemäßigen Gebrauch handhabbar zu halten, sollten die Skalen zur Kontrolle des Behandlungserfolgs möglichst einfach, kurz und selbstverständlich auch reliabel sein.

Die Selbsteinschätzungen bezüglich der Angst korrelieren für gewöhnlich sehr hoch mit den Beurteilungen von Therapeuten und unabhängigen klinischen Experten. Obwohl Selbstbeurteilungen für die Qualitätskontrolle bei den meisten Angststörungen ausreichen, ist es doch unter manchen Bedingungen (z.B. bei forensischen Fragen) wünschenswert, über unabhängige Messungen zu verfügen. Die einzige Begrenzung ist hier der Aufwand, der in die Erhebungen investiert werden kann. Selbstbeurteilungen können weiterhin auch die Qualitätssicherung bei anderen klinischen Störungen, wie z.B. Depressionen, unterstützen.

Bis vor kurzem hielten die Schwierigkeiten der Erhebung, Speicherung und Analyse der Daten des Behandlungserfolgs der Patienten viele Klinikbeschäftigte davon ab, sich mit dieser Angelegenheit näher zu befassen. Standardisierte problemorientierte Skalen und der Einsatz von Computern erleichtern diese Aufgabe. Die Betreuung und Verwaltung der Patienten könnte weiter verbessert werden, wenn der Behandlungserfolg überprüft und mit dem sich ständig weiterentwickelnden Standard - unter Berücksichtigung der Diagnose des Patienten, dem Schweregrad und der Chronifizierungsdauer der Störung - verglichen würde.

Zur Zeit wird in den meisten Kliniksstatistiken nur die Anzahl der Patienten, die Dauer des stationären Aufenthalts oder der ambulanten Behandlung berichtet. Diagnose und allgemeine demographischen Daten werden mitgeteilt, nicht aber, wie es den Patienten tatsächlich ging. Wenn das Behandlungsziel sein soll, den Gesundheitszustand der Patienten zu verbessern oder zumindest eine Verschlechterung zu verhindern, sind aber noch mehr bedeutungsvolle klinische Indikatoren notwendig.

Eine Qualitätsprüfung anhand des Behandlungserfolgs kann verschiedenste Verwendung finden. Sie kann aufzeigen, ob bestimmte Patientengruppen in bestimmten Kliniken genauso gut untergebracht sind wie in anderen, und wie es ihnen mit bestimmten Therapeuten und Behandlungsmethoden geht. Sie kann die therapeutische Ausbildung unterstützen, indem sie es ermöglicht, die therapeutische Kompetenz ebenso wie das klinische Wissen zu überprüfen. Eine solche Kontrolle kann zeigen, ob die erworbenen Kenntnisse tatsächlich dazu verwandt werden, den Patienten zu helfen.

Bei der praktischen Anwendung einer solchen Qualitätssicherung bestehen jedoch auch offensichtliche Gefahren. Allzuleicht wird die Genauigkeit der "magischen Zahlen" überbewertet, was zu falschen Schlußfolgerungen verleitet. Es macht nicht viel Sinn zu behaupten, eine Klinik A oder ein Therapeut B sei besser, da deren/dessen depressive und phobische Patienten sich 4 Punkte, anderswo aber nur drei Punkte auf einer Skala von 0-8 verbessert haben. Hier wäre es angebracht zu wissen, ob die zu vergleichenden Depressiven oder Phobiker einer vergleichbaren Population entstammen. Die hier beschriebene Form der Qualitätssicherung bietet eine grobe Richtlinie für die routinemäßige

Evaluation. Sie stellt jedoch keinen Ersatz für präzisere kontrollierte Studien dar, die bei weitem kostspieliger sind. Vorsichtig interpretiert, können Methoden der klinischen Qualitätskontrolle klinischem und Verwaltungspersonal jedoch ermöglichen, Probleme zu entdecken, die sonst völlig unbemerkt bleiben würden. Darüber hinaus besteht heutzutage die Möglichkeit, eine Qualitätssicherung der therapeutischen Betreuung ohne große Kosten zu erreichen.

Literatur

Fishman DB (1980) A computerised cost-effectiveness methodology for Community Mental Health Centers. In: Sidowski JB, Johnson JH, Williams TA (eds) Technology in mental health care delivery systems. Ablex, Norwood, NJ, pp 43-63

Marks IM, Connolly JC, Hallam R, Philpott R (1977) Nursing in behavioural psychotherapy: an advanced clinical role for nurses. Royal College of Nursing, London (research series)

Marks IM, Bird J, Lindley P (1978) Behavioural nurse therapists 1978 - developments and implications. Behav Psychother 6:25-36

Marks IM (1985) Psychiatric nurse therapists in primary care. Royal College of Nursing, London (research series)

Marks IM (1986) Behavioural psychotherapy. Wright, Bristol (Maudsley pocketbook of clinical management)

Marks IM, Mathews AM (1979) Brief standard self-rating for phobic patients. Behav Res Ther 17:263-267

Marks IM (1987) Fears, phobias and rituals. Oxford University Press, New York

Das Paniksyndrom und seine Behandlung*

J. Margraf und A. Ehlers

Gesundheitspolitische Bedeutung psychischer Störungen

In den Industriestaaten ist die Gesundheitsversorgung der Bevölkerung im Laufe dieses Jahrhunderts entscheidend verbessert worden. So stellen etwa infektiöse und parasitäre Krankheiten in der Bundesrepublik Deutschland heute nur noch 0,6% der Todesursachen dar. Zu den wichtigsten Aufgaben des Gesundheitssystems gehört daher heute nicht mehr die Behandlung akuter, monokausaler Krankheiten, sondern die Therapie chronischer, eher multifaktoriell bedingter Syndrome. Es ist durch die neuere Forschung deutlich geworden, daß bei solchen Störungen psychische Aspekte eine entscheidende Rolle spielen. Dies äußert sich zum einen im Einfluß einer gesundheitsschädigenden Lebensführung an vielen Erkrankungen. So zeigt beispielsweise die Forschung zu koronaren Herzkrankheiten, der weitaus häufigsten Todesursache, daß die wichtigsten Risikofaktoren in vermeidbaren Verhaltensweisen wie Rauchen oder falscher Ernährung bestehen.

Zum anderen ist in den letzten Jahren immer deutlicher geworden, daß ein Großteil von Patienten, die wegen körperlicher Beschwerden Fachleute konsultieren, ohne daß sich eine organische Ursache der Symptome feststellen ließe, unter psychischen Störungen leiden. In einer Untersuchung an 210 nichtpsychiatrischen Patienten einer internistisch-psychosomatischen Fachklinik stellten wir eine sehr hohe Prävalenz psychischer Störungen fest (Margraf et al. 1988). Fast 3/4 der Patienten hatten zum gegenwärtigen Zeitpunkt psychische Beschwerden in einem solchen Ausmaß, daß sie selbst strengste Diagnosekriterien erfüllten. Dabei handelte es sich in den meisten Fällen um Angststörungen und Depressionen. Diese Störungen waren auch klinisch von besonderer Bedeutung, da sie mit einer erheblich schlechteren Befindlichkeit der Patienten einhergingen.

Wenngleich von den Patienten der untersuchten Fachklinik nicht problemlos verallgemeinert werden kann, so zeigen unsere Befunde doch, daß auch bei nichtpsychiatrischen Patienten ein erheblicher Bedarf für die Erkennung und Behandlung psychischer Störungen besteht. Besonders wichtig ist dabei

* Die in diesem Beitrag dargestellten eigenen Untersuchungen wurden zum Teil durch die Deutsche Forschungsgemeinschaft unterstützt (Eh 97/1-1 bis 1-3, Ma 1116/1-1 bis 1-4).

das sog. Paniksyndrom, da es in der Regel mit scheinbar unerklärlichen somatischen Beschwerden einhergeht und die Betroffenen mehr als alle anderen psychischen Störungen dazu veranlaßt, um professionelle Hilfe zu ersuchen (Boyd 1986). Dabei verursachen sie durch die Vielzahl konsultierter Spezialisten sowie aufwendige und oft wiederholt durchgeführte differentialdiagnostische Laboruntersuchungen (z.B. Computertomogramm oder Herzkatheter) besonders hohe Kosten. Der enorme Bedarf der Betroffenen nach Hilfe kommt auch in dem explosionsartigen Anstieg der Verschreibungen von Anxiolytika zum Ausdruck. Neue Erkenntnisse zu Erscheinungsformen, Ursachen und Behandlung des Paniksyndroms haben die Prognose für Patienten mit dieser besonders schweren Angststörung inzwischen drastisch verbessert.

Erscheinungsbild des Paniksyndroms

Das Paniksyndrom äußert sich v.a. in Anfällen außerordentlichen Unwohlseins, die scheinbar wie "aus heiterem Himmel" auftreten. Die Betroffenen verspüren starkes Herzklopfen, Schwindel, Brustschmerzen, Hitzewallungen oder andere körperliche Mißempfindungen. Sie haben das Gefühl, keine Luft mehr zu bekommen, stehen vorübergehend Todesängste aus oder befürchten, verrückt zu werden. Dabei ergibt die ärztliche Untersuchung keine körperliche Ursache für diese Symptome. Erst die sorgfältige psychologische Diagnostik zeigt, daß es sich um typische Panik- bzw. Angstanfälle** handelt. Zuerst treten die Anfälle meist vereinzelt auf, werden in vielen Fällen dann aber häufiger, bis es zu einer dauerhaften Beeiträchtigung durch die Panikanfälle und die Furcht vor neuen Anfällen kommt. Untersuchungen mit Hilfe standardisierter Tagebücher und hochmoderner, tragbarer Meßgeräte zur Erfassung der körperlichen Reaktionen im Alltagsleben zeigen, daß die Anfälle in der Regel akut verlaufen. Viele Symptome erreichen bereits innerhalb weniger Minuten die maximale Stärke (Margraf et al. 1987).

Oft können Patienten mit einem Paniksyndrom keine Auslöser für ihre Angst angeben, sondern haben den Eindruck, ihre Anfälle kämen plötzlich und ohne erkennbare Ursache über sie. Die Betroffenen ändern häufig ihre Lebensgewohnheiten und beginnen, Situationen aus dem Weg zu gehen, in denen es besonders unangenehm oder gefährlich sein könnte, einen Angstanfall zu haben. Viele geben das Autofahren auf, gehen nur noch selten in große Kaufhäuser und vermeiden öffentliche Verkehrsmittel, Fahrstühle, Schlangestehen oder den Besuch von Kinos, Theatern oder Gaststätten. Bei diesen Patienten spricht man von einer "Agoraphobie". Wörtlich übersetzt bedeutet dieses griechische Wort "Angst vor Plätzen öffentlicher Versamm-

---

** Die Begriffe "Panikanfall" und "Angstanfall" werden von uns synonym verwendet.

lung". Heute wird damit die phobische Vermeidung all der oben aufgeführten Situationen aus Angst vor Panikanfällen oder ihren befürchteten Folgen bezeichnet.

Die epidemiologischen Daten sind alarmierend. Etwa 10% der Bevölkerung leiden im Laufe ihres Lebens an "spontanen" Angstanfällen. Bei rund 5% nehmen sie ein behandlungsbedürftiges Ausmaß an. Zwar zeigt die Störung oft starke Fluktuationen, aber langfristig ist der unbehandelte Verlauf ungünstig und völlige Spontanremissionen sind sehr selten, sobald die Problematik eine gewisse Zeit angehalten hat (Schapira et al. 1972; Coryell et al. 1983; Wittchen 1988). Die Gefahr der Entwicklung von sekundärem Alkoholismus, Medikamentenmißbrauch und schweren Depressionen ist immer wieder festgestellt worden. Eine bedeutende Zahl von alkoholabhängigen Patienten hat mit dem Trinken offenbar zunächst zur Bekämpfung ihrer Ängste begonnen. Durch solche Verhaltensweisen und die Einschränkung der Lebensqualität kommt es oft zu einer sich selbst verstärkenden "Abwärtsspirale" (Barlow u. Shear 1988), an deren Ende starke Beeinträchtigungen für die Betroffenen und ihre Angehörigen stehen. Retrospektive Studien zeigen zudem eine erhöhte Selbstmordquote bei Patienten mit einem Paniksyndrom (Coryell et al. 1982, 1986; Weissman et al. 1989).

In vielen Fällen treten die körperlichen Symptome so stark in den Vordergrund, daß das dahinterstehende Angstproblem erst spät oder gar nicht erkannt wird. Die Betroffenen vermuten, eine körperliche Krankheit zu haben und suchen daher oft die falsche Art von Behandlung. In einer Untersuchung an rund 800 Patienten, die sich wegen Panikanfällen und Agoraphobien an uns wandten, mußten wir feststellen, daß zwar etwa 70% der Patienten bereits eine oder meist sogar mehrere Behandlungen hinter sich hatten, daß aber nur 4% die nach den heutigen Erkenntnissen angemessene Form von Behandlung erhalten hatte (Taylor et al., im Druck). Viele der Patienten hatten eine jahrelange Leidensgeschichte unsinniger und fehlgeschlagener Behandlungsversuche hinter sich, was manche von ihnen sehr pessimistisch über ihre Heilungschancen gemacht hatte. Obwohl erfolgreiche Therapieverfahren vorliegen, finden sie bisher noch nicht hinreichend Anwendung. Dies mag zum Teil an der mangelnden Information über die Erkennung psychischer Störungen sowie die Verfügbarkeit und die praktische Durchführung der Therapieverfahren liegen.

Ursachen des Paniksyndroms

Angst- oder Panikanfälle sind seit dem Altertum bekannt. Das Wort "Panik" ist vom Namen des altgriechischen Hirtengottes Pan abgeleitet. Pan zeichnete sich durch ein solch häßliches Äußeres aus, daß seine Mutter aufsprang und ihn verließ, als sie sah, was für ein Wesen sie in die Welt gesetzt hatte. Trotz seines eher fröhlichen Wesens war Pan gelegentlich schlecht aufgelegt. Am meisten zürnte er, wenn man ihn im Schlaf störte, sei es nachts oder mittags. Dann neigte er dazu, Menschen ebenso wie seine Herden in plötzlichen Schrecken zu versetzen. Die dergestalt Überraschten flohen in "panischer" Angst und viele von ihnen vermieden den Ort des Geschehens fortan. Glaubt man jedoch nicht an griechische Götter, so ist die Ursache plötzlicher Panikanfälle weniger klar. Sie treten bei vielen Menschen auf, auch bei Kerngesunden. Zu den Betroffenen gehören so berühmte Menschen wie Johann Wolfgang Goethe, der Naturforscher Charles Darwin oder Sigmund Freud, der Begründer der Psychoanalyse. Obwohl das Paniksyndrom also schon seit langem bekannt ist, beschäftigen sich Forschung und therapeutische Praxis überraschenderweise erst seit kurzem intensiv mit diesem Problem.

Panikanfälle treten oft scheinbar "spontan" auf, ohne daß die Betroffenen Angstauslöser wahrgenommen hätten. Die Ungewißheit über die Ursachen solcher Erfahrungen belastet die Patienten ganz besonders. Ein wichtiger Fortschritt für die Erforschung und Behandlung des Paniksyndroms wurde erzielt, als man bestimmte Angstauslöser bei diesen Patienten identifizieren konnte. Man stellte fest, daß innere Reize Panikanfälle auslösen. Dies sind in der Regel einfache körperliche Empfindungen wie z.B. Herzklopfen oder Atembeschwerden. Seltener können auch Gedanken oder Vorstellungen Auslöser sein (z.B. "ich bin allein, niemand kann mir helfen"). Wie kommt es nun zu dem merkwürdigen Widerspruch, daß die Patienten bedrohliche Körpersymptome bei sich wahrnehmen und dennoch kein körperlicher Befund erhoben werden kann? Meistens handelt es sich bei den Körperwahrnehmungen um normale Vorgänge, die nur nicht mit den richtigen Ursachen in Verbindung gebracht werden. Häufig ist etwa körperliche Anstrengung die eigentliche Ursache der 1. Symptome. Wenn diese harmlose Ursache aber nicht erkannt wird, bekommen die Betroffenen Angst. Sie interpretieren die Symptome als Anzeichen einer drohenden Gefahr wie etwa einer schweren Krankheit. Die dadurch ausgelöste Angst führt zu einer Verstärkung der Symptome, die wiederum mehr Angst bewirkt. So befinden sich die Betroffenen in einer sich selbst verstärkenden Spirale von Körpersymptomen und angstvollen Gedanken über deren Bedeutung.

Bei Menschen, die an plötzlichen, scheinbar unerklärlichen Angstanfällen leiden, hat sich in aller Regel zwischen den verschiedenen Bestandteilen der normalen Angstreaktion ein solcher Teufelskreis herausgebildet (Ehlers u. Margraf 1989). Dieser Teufelskreis kann durch Wahrnehmungen, Gedanken, physiologische Veränderungen oder körperliche Symptome in Gang gesetzt werden - wobei entscheidend ist, daß innere Reize (v.a. körperliche Veränderungen) als Gefahrensignale bewertet werden. Erst dadurch kommt der Aufschaukelungsprozeß in Gang. Panikanfälle klingen von selbst wieder ab, weil körperliche und psychische negative Rückkopplungsprozesse und Bewältigungsstrategien, die die Patienten bewußt einsetzen, der Aufschaukelung entgegenwirken.

Inzwischen liegen eine ganze Reihe empirischer Belege für diese Erklärung der Panikanfälle vor. So berichten Patienten regelmäßig, daß sie bei ihren Angstanfällen zuerst körperliche Symptome, wie etwa Herzklopfen, wahrnehmen. In Fragebögen zur Messung von "Angst vor der Angst" oder "Angst vor körperlichen Symptomen" weisen Patienten mit Paniksyndrom oder Agoraphobien höhere Werte auf als klinische oder normale Kontrollgruppen. Wird Panikpatienten suggeriert, ihre Herzfrequenz sei stark angestiegen, so löst das, anders als bei Kontrollpersonen ohne Angstanfälle, erhöhte Angst und physiologische Erregung aus (Ehlers et al. 1988b).

Weiterhin konnte gezeigt werden, daß Patienten mit Angstanfällen Informationen über eine mögliche Gefährdung ihrer körperliche oder seelische Gesundheit selektiv aufnehmen, d.h. ihre Aufmerksamkeit auf solche Informationen lenken. Auch interpretieren sie körperliche Symptome als gefährlicher als dies Kontrollpersonen oder erfolgreich behandelte Patienten tun (Ehlers et al. 1988a). Neben körperlicher Anstrengung kann auch Hyperventilation (zu schnelles oder tiefes Atmen) eine wichtige Rolle als Auslöser für Angstanfälle spielen. Willkürliche Hyperventilation löst bei der Mehrzahl der agoraphobischen Patienten, aber kaum bei gesunden Kontrollpersonen, Angst und körperliche Symptome von Panikanfällen aus. Ganz allgemein hat sich herausgestellt, daß eine ganze Reihe von Maßnahmen, die zu Herzklopfen, Atemnot, Schweißausbrüchen und ähnlichen körperlichen Symptomen führen, bei den Patienten Angstanfälle auslösen können. Bei vielen Betroffenen wird das Auftreten von Panikanfällen zudem dadurch wahrscheinlicher, daß sie häufig ihre Aufmerksamkeit nach innen lenken: Sie suchen ihren Körper nach möglichen Anzeichen drohender Gefahr ab. So konnten wir zeigen, daß viele Menschen mit Angstanfällen besser in der Lage sind, ihren Herzschlag wahrzunehmen, als Kontrollpersonen ohne Angstanfälle (Ehlers 1989). Menschen mit Panikanfällen können also offensichtlich besser tatsächlich oder scheinbar gefährliche Veränderungen in ihrem Körper wahrnehmen und könnten aus diesem Grund häufiger Angstreaktionen zeigen.

Behandlung des Paniksyndroms

Eine Ursache für die langjährige Vernachlässigung des Paniksyndroms in Forschung und Praxis könnte in dem Mangel an erfolgversprechenden Behandlungsansätzen gelegen haben. Angstanfälle und Agoraphobien galten lange Zeit als kaum behandelbar. Freud (1917) hatte in seinem einflußreichen Aufsatz "Wege der psychoanalytischen Therapie" verdeutlicht, daß die von ihm entwickelte Behandlungsmethode bei phobischem Vermeidungsverhalten nicht sehr erfolgreich ist. Richter und Beckmann schrieben noch 1973: "Eine große Psychoanalyse kommt für die allermeisten Herzneurotiker nicht in Frage, worüber weitgehend Einigkeit unter den Kennern dieses Krankheitsbildes herrscht" (S. 142). Auch Verhaltenstherapeuten hatten lange keine Methoden für die Behandlung von Angstanfällen. Sie beschäftigten sich v.a. mit der Therapie von Phobien und Zwängen, für die sie erfolgreiche Therapieverfahren entwickelten und überprüften. Dabei konnte eine außerordentliche Dauerhaftigkeit der Therapieerfolge nachgewiesen werden (vgl. Marks 1987, Hand u. Wittchen 1988; Fiegenbaum 1988). Aber die Methode der Wahl bestand in der Konfrontation in vivo mit den angstauslösenden Reizen, wie Kaufhäusern, Fahrstühlen oder Verkehrsmitteln. Da die Betroffenen beim Paniksyndrom meist keine auslösenden Reize für ihre Angstzustände angeben können, herrschte Unklarheit darüber, ob die Konfrontation in vivo bei Patienten ohne Agoraphobie angewandt werden konnte.

Aufgrund der neuen Forschung zum Paniksyndrom kam es inzwischen zu einer sprunghaften Verbesserung psychologischer Behandlungsmethoden. Als Beispiel dieser Methoden soll kurz das an der Universität Marburg von unserer Arbeitsgruppe entwickelte Therapieprogramm für das Paniksyndrom dargestellt werden (Margraf u. Schneider 1989). Mit Hilfe dieses Programmes konnten innerhalb von 15 Sitzungen fast alle bisher behandelten Patienten von ihren Angstanfällen befreit werden. Die meisten dieser Patienten hatten dabei schon mehrere fehlgeschlagene Therapieversuche ihrer meist jahrelang vorliegenden Ängste hinter sich. Ein Schwerpunkt der Behandlung ist die Vermittlung von Informationen zur Erklärung der Angstanfälle. Es wird gezeigt, wie sowohl "spontan" auftretende Anfälle als auch starke Angstreaktionen in phobischen Situationen das Ergebnis eines Teufelskreises aus den individuell relevanten körperlichen Symptomen (z.B. Herzrasen, Schwindel), Gedanken (z.B. "Ich könnte verrückt werden") und Verhaltensweisen (z.B. Hyperventilation) sind. Darauf aufbauend wird erläutert, wie dieser Teufelskreis durch Methoden zur Konfrontation und Bewältigung von Angstsymptomen durchbrochen werden kann. Die zentralen Fehlinterpretationen körperlicher Symptome werden identifiziert und korrigiert. Neben gründlichen Informationen über die Natur von Angst und Angstanfällen werden praktische Übungen zur Bewältigung angstauslösender Situationen und zur Überprüfung falscher Annahmen über die Bedeutung und Folgen körperlicher Symptome durchgeführt.

Bei solchen Therapieprogrammen handelt es sich um überprüfte Verfahren, deren Wirksamkeit nicht nur durch unsere persönliche Erfahrung, sondern auch durch gründliche Untersuchungen belegt ist. Auch die Erfahrungen anderer Arbeitsgruppen mit ähnlichen Therapiemethoden sind äußerst positiv (vgl. Margraf 1989). So konnte ein Team an der Universität Oxford die Dauerhaftigkeit der Therapieerfolge in Katamnesen über 2 Jahre nachweisen

(Clark et al. 1985). Auch der Vergleich zu anderen Behandlungsverfahren fällt günstig aus, wie die Untersuchungen von der Gruppe um Barlow in den USA zeigen (z.B. Klosko et al. 1988). Die neuen Kurzzeittherapieprogramme sind grundsätzlich für alle Menschen mit Angstanfällen im Sinne des Paniksyndroms geeignet, setzen allerdings die Anwendung durch Fachleute voraus. Diese Voraussetzungen bieten in der Regel nur entsprechend qualifizierte Klinische Psychologen. In der Entwicklung solcher Verfahren auch für andere psychische Störungen liegt eine weitere Zukunftsperspektive der Klinischen Psychologie.

Literatur

Barlow DH, Shear MK (1988) Panic disorders. Foreword. In: AJ Frances, RE Hales (eds) Rev Psychiat, vol 7. American Psychiatric Press, Washington, DC

Boyd JH (1986) Use of mental health services for the treatment of panic disorder. Am J Psychiat 143:1569-1574

Clark DM, Salkovskis PM, Chalkley AJ (1985) Respiratory control as a treatment for panic attacks. J Behav Ther Exp Psychiat 16:23-30

Coryell W, Noyes R, Clancy J (1982) Excess mortality in panic disorder. Comparison with primary unipolar depression. Arch Gen Psychiat 39:701-703

Coryell W, Noyes R, Clancy J (1983) Panic disorder and primary unipolar depression. J Aff Dis 5:311-317

Coryell W, Noyes R, House JD (1986) Mortality among outpatients with anxiety disorders. Am J Psychiat 143:508-510

Ehlers A (1989, im Druck) Interaction of psychological and physiological factors in panic disorder. In: Lovibond PF, Wilson P (eds) Proceedings of the 24th International Congress of Psychology. Elsevier, Amsterdam

Ehlers A, Margraf J, Davies S, Roth WT (1988a) Selective processing of threat cues in subjects with panic attacks. Cog Emot 2:201-219

Ehlers A, Margraf J, Roth WT, Taylor CB, Birbaumer N (1988b) Anxiety induced by false heart rate feedback in patients with panic disorder. Behav Res Ther 26:1-11

Fiegenbaum W (1988) Longterm efficacy of ungraded vs. graded massed exposure in agoraphobics. In: I Hand, HU Wittchen (eds) Panic and Phobias, 2nd ed. Springer, Berlin Heidelberg New York Tokyo

Freud S (1917) Wege der psychoanalytischen Therapie. In: S Freud (1947) Gesammelte Werke, Bd 1. Imago, London

Hand I, Wittchen HU (eds) (1988) Panic and phobias 2. Springer, Berlin Heidelberg New York Tokyo

Klosko JS, Barlow DH, Tassinari RB, Cerny JA (1988) Comparison of alprazolam and cognitive behavior therapy in the treatment of panic disorder: a preliminary report. In: I Hand, HU Wittchen (eds) Panic and phobias, 2nd ed. Springer, Berlin Heidelberg New York Tokyo

Margraf J (1989) Behavior therapy for panic and agoraphobia. In: AS Bellak, M Hersen (eds) Comparative handbook of treatments for adult disorders. Wiley, New York

Margraf J, Schneider S (1989) Panik. Angstanfälle und ihre Behandlung. Springer, Berlin Heidelberg New York Tokyo

Margraf J, Spörkel H, Heidmeier K (1988) Diagnostik psychischer Störungen bei Patienten einer verhaltensmedizinischen Klinik. Vortrag auf dem 6. Symposium für Klinisch-Psychologische Forschung, Salzburg, Mai 1988

Margraf J, Taylor CB, Ehlers A, Roth WT, Agras WS (1987) Panic attacks in the natural environment. J Nerv Ment Dis 175:558-565

Marks I (1987) Fears, phobias, and rituals. Panic, anxiety, and their disorders. Oxford University Press, New York

Richter HE, Beckmann D (1973) Herzneurose, 2. Aufl. Thieme, Stuttgart

Schapira K, Kerr TA, Roth M (1972) Phobias and affective illness. Br J Psychiat 117:25-32

Taylor CB, King RJ, Margraf J, Ehlers A, Telch MJ, Roth WT, Agras WS (im Druck) Utilization of imipramine and exposure therapy for the treatment of panic and avoidance - results from a community sample. Am J Psychiat

Weissman MM, Klerman GL, Markowitz JS, Ouellette R (1989) Suicidal ideation and suicide attempts in panic disorder and attacks. N Engl J Med 321:1209-1214

Wittchen, HU (1988) Natural course and spontaneous remissions in untreated anxiety disorders In: I Hand, HU Wittchen (eds) Panic and phobias 2. Springer, Berlin Heidelberg New York Tokyo

Zwangsstörungen: Die Beiträge eines experimentell-klinischen Ansatzes

P.M.G. Emmelkamp

Ich möchte mit einer kurzen Beschreibung der klinischen Merkmale von Zwangsstörungen beginnen. Danach werde ich neue Entwicklungen in der psychologischen Behandlung dieser Patienten darstellen, z.B. Selbstbehandlungsprogramme und kognitive Therapie. Abschließend gehe ich auf Beziehungsprobleme im Zusammenhang dieser Störung ein und berichte über neueste katamnestische Ergebnisse.

Klinische Beschreibung

Die geläufigsten Zwangshandlungen sind Wasch-, Putz-, Zähl-, Kontroll- und Berührungszwänge. Reinigungszwänge treten i.allg. zusammen mit Ansteckungsängsten auf. Die Patienten befürchten, sich zu infizieren, und reinigen deshalb ihr Haus, sich selbst, ihre Kinder. Wann immer solche Patienten irgend etwas berühren, was infiziert sein könnte (z.B. Türklinken, andere Menschen, Nahrungsmittel), müssen sie ihre Hände und Arme waschen, oft viele Minuten lang, oder ein Bad nehmen. Bei einigen Patienten können schon Gedanken allein Wasch- und Reinigungsrituale auslösen. In Kontrollritualen wird z.B. überprüft, ob Türen und Fenster geschlossen sind oder ob das Gas abgedreht ist. Viele Patienten mit Kontrollzwängen gehen beim Verlassen ihres Hauses mehrmals zurück, um zu überprüfen, ob alles in Ordnung ist. Kontrollieren kann auch in anderen Situationen auftreten: z.B. mit dem Auto umkehren, um nachzusehen, ob ein Unfall passiert ist; ins Büro zurückgehen, um sich zu vergewissern, daβ niemand im Schrank eingeschlossen ist usw.

In der Regel versuchen Patienten mit Zwangsgedanken und -handlungen, die Situationen zu vermeiden, die diese hervorrufen könnten. Zwischen der Art der Zwangsstörung und des Vermeidungsverhaltens bestehen deutliche Zusammenhänge. Patienten mit Kontrollzwängen werden alle Arten von Situationen vermeiden, die Kontrollrituale auslösen können; d.h. sie werden vermeiden, allein zu sein, mit dem Auto zu fahren, Streichhölzer zu benutzen, als letzter zu Bett zu gehen. In ähnlicher Weise treffen Patienten mit Waschritualen umfangreiche Vorkehrungen, um eine Infektion zu verhüten. Wenn die zwanghaften Handlungen und -gedanken sich beispielsweise auf den Tod beziehen, werden diese Patienten alle Situationen vermeiden, die Gedanken an den Tod hervorrufen können, wie z.B. Zeitunglesen (die Todesnachrichten), Fernsehen, zum Friedhof gehen. Die in solchen Fällen auftretenden Rituale (aktive Vermeidung) sind oft sehr subtil und können z.B. darin bestehen, bestimmte Gegenstände zu berühren, bestimmte Zahlen oder Wörter auszusprechen oder ständig zu wiederholen, womit man gerade beschäftigt war.

Der experimentell-klinische Ansatz

Für die Entwicklung und Auswertung von Behandlungen für bestimmte Störungen wie z.B. Phobien, sozialen Ängsten und Zwangsstörungen hat sich das experimentell-klinische Vorgehen bisher als sehr produktiv erwiesen.

In den frühen 70er Jahren wurden in England von Rachman u. Hodgson (1980) und in den Niederlanden von der Forschungsgruppe um Emmelkamp experimentelle Studien durchgeführt, um zu untersuchen, ob Zwangspatienten durch Konfrontation mit den belastenden Reizen und durch Reaktionsverhinderung behandelt werden können.

In unseren eigenen Studien mit Zwangspatienten besteht die Konfrontation in vivo darin, Patienten allmählich den angstauslösenden Reizen oder Situationen auszusetzen, die Zwangsverhalten provozieren. Die Behandlung findet beim Patienten zu Hause, in seiner natürlichen Umgebung statt. Die Konfrontation kann entweder in Anwesenheit des Therapeuten oder unter Selbstkontrolle durchgeführt werden. Im Falle selbstkontrollierter Konfrontation führen Patienten die Behandlung selbst durch, indem sie sehr genau beschriebene Hausaufgaben erfüllen. In einer früheren Studie fanden wir keinerlei Unterschied in der Wirksamkeit von therapeuten- und selbstkontrollierter Konfrontation (Emmelkamp u. Kraanen 1977). Auch in einer kürzlich durchgeführten Replikation dieser Studie (Emmelkamp et al. 1989) traten im Hinblick auf Zwangsverhalten, dem Maudsley-Fragebogen für Zwangsverhalten (MOCI) und depressive Stimmung wiederum keine Unterschiede auf. Damit kann als gesichert angesehen werden, daß die Behandlung von Zwangsstörungen vom Patienten selbst durchgeführt werden kann, vorausgesetzt, daß der Therapeut sehr genaue Anweisungen für die Hausaufgaben gibt.

Als weitere Frage interessierte uns, ob es notwendig ist, die Konfrontation am Stück (massiert) durchzuführen, oder ob weniger häufige Konfrontationssitzungen (z.B. 2 Sitzungen pro Woche) auch wirksam sind. Massierte Sitzungen haben theoretisch den Vorteil, daß zwischen den Behandlungssitzungen weniger Möglichkeit zu einer Steigerung der Angst besteht. In einer neuen Studie (Emmelkamp et al. 1989) verglichen wir 10 Sitzungen massierten Vorgehens mit 10 über einen längeren Zeitraum verteilten Sitzungen. Beim massierten Vorgehen wurde die Behandlung 4mal pro Woche durchgeführt, im anderen Fall nur 2mal pro Woche. Die Ergebnisse zeigten, daß über einen längeren Zeitraum verteilte Sitzungen gleich wirksam waren wie massiertes Vorgehen. In einer weiteren Studie (Van den Hout et al. 1988) verglichen wir stationäre und ambulante Konfrontationsbehandlung und fanden, daß beide Behandlungsformen gleich effektiv waren. Dies ist für die Klinische Psychologie mit Sicherheit vielversprechend. Wenn unsere Ergebnisse repliziert werden, bedeutet dies, daß die meisten Zwangspatienten nicht - wie meist üblich - hospitalisiert werden müssen, da eine verhaltenstherapeutische Behandlung 2mal pro Woche zu Hause, entweder allein oder in Gegenwart des Therapeuten, auch zu klinisch bedeutsamen Ergebnissen führt. Die Umsetzung dieser Programme würde zu einer erheblichen Kostenreduzierung führen und gleichzeitig der Stigmatisierung entgegenwirken, die oft auf einen Aufenthalt in einer psychiatrischen Klinik folgt.

Kognitive Therapie

Kognitionen spielen wahrscheinlich für offenes Zwangsverhalten eine wichtige Vermittlerrolle. Zum Beispiel werden die meisten Waschrituale durch unrealistische Überzeugungen von der Möglichkeit, sich zu infizieren, ausgelöst; Kontrollrituale werden oft durch den Gedanken provoziert, daß einem selbst oder jemand anderem etwas zustoßen könnte. Obwohl Konfrontation in vivo nicht direkt auf die Veränderung angstauslösender Gedanken abzielt, führt diese Behandlungsmethode dennoch bei einigen Patienten zu kognitiven Veränderungen. Ähnliche kognitive Veränderungen finden sich auch bei phobischen Patienten, die mit Konfrontation in vivo behandelt werden. Während jedoch bei Phobikern die während der Konfrontationssitzungen erfahrene Angstreduktion oft ausreicht, um ihre unproduktiven Gedanken zu verändern, erweist sich dieses Vorgehen bei einer Reihe von Zwangspatienten als unzureichend. Anscheinend kann man kaum erwarten, daß ein Patient, der glaubt, daß jemand, den er nicht kennt, sterben könnte, wenn er nicht Kontrollrituale ausführt, diese irrationalen Überzeugungen verändert, wenn er durch Konfrontation in vivo eine Angstreduktion erfährt. Die neuesten Weiterentwicklungen kognitiver Theorie und Therapie sind daher auch für Zwangsstörungen vielversprechend.

In einer früheren Studie (Emmelkamp et al. 1980) fanden wir, daß Selbstinstruktionstraining - eine kognitiv-behaviorale Behandlungsmethode, die darauf abzielt, negative Selbstkommentare durch produktivere zu ersetzen - die Effektivität von Konfrontation in vivo und Reaktionsverhinderung nicht steigern konnte. Vielmehr bezweifelten mehrere Patienten die Nützlichkeit des Selbstinstruktionstrainings, da sie die positiven Selbstkommentare während der Konfrontation in vivo nicht als hilfreich empfanden. Trotz der Versuche, ihre Ängstlichkeit zu kontrollieren, wurden sie genauso ängstlich wie zuvor.

Vor relativ kurzer Zeit untersuchten wir, welche Bedeutung ein rationaler Disput der irrationalen Überzeugungen von Zwangspatienten hat (Emmelkamp et al. 1988). Zwangspatienten wurden entweder mit Konfrontation in vivo oder rational-emotiver Therapie nach Ellis behandelt. Die Therapie besteht im wesentlichen aus der Bestimmung der irrationalen Gedanken, die Ängstlichkeit und Unwohlsein vermitteln, der Konfrontation mit ihnen und deren Modifikation, so daß unangemessene Ängstlichkeit nicht mehr erlebt wird. In der Bedingung "kognitive Therapie" forderte der Therapeut die irrationalen Überzeugungen des Patienten durch einen Sokratischen Dialog heraus. Die Ergebnisse dieser Studie sprechen dafür, daß die beschriebene kognitive Therapie in bezug auf verschiedene Messungen des Zwangsverhaltens, wie z.B. Ängstlichkeit/Unwohlsein und den Maudsley-Fragebogen für Zwangsstörungen (MOCI), annähernd gleich effektiv war wie die Konfrontation in vivo. Darüber hinaus generalisierten die Effekte der kognitiven Therapie auf soziale Ängstlichkeit und Depression. Die kognitive Therapie erwies sich also hinsichtlich der Veränderung irrationaler Überzeugungen der Patienten als erfolgreich.

Diese Ergebnisse können als sehr ermutigend bezeichnet werden. Jedoch ist anzumerken, daß die mit kognitiver Therapie behandelte Stichprobe relativ jung war, einen hohen Bildungsstand aufwies und keine chronischen Beschwerden hatte. Daher war es notwendig, diese Studie zu replizieren. Nach einer 1monatigen Wartezeit erhielt die Hälfte der Patienten 6 Sitzungen kognitiver Therapie, während die andere Hälfte mit Konfrontation in vivo behandelt wurde; nach einer 2. Warteperiode erhielten alle Patienten Konfrontation in vivo. Die Ergebnisse der Zwischenuntersuchung zeigen also an, ob kognitive Therapie und Konfrontation vergleichbare Effekte haben, während die Ergebnisse der letzten Nachuntersuchung angeben, ob ein Kombinationsprogramm aus Konfrontation und kognitiver Therapie wirksamer ist als Konfrontation allein.

Bei den meisten Messungen verbesserten sich beide Gruppen im Behandlungsverlauf. Da bei Messungen von Zwangsverhalten und Depressivität keine signifikanten Unterschiede gefunden wurden, können beide Behandlungsverfahren als gleich effektiv angesehen werden. Der einzige signifikante Unterschied trat im IBT, einem Meßverfahren für irrationale Überzeugungen, auf: Patienten, die mit kognitiver Therapie behandelt worden waren, änderten ihre irrationalen Überzeugungen, während die nur mit Konfrontation behandelten Patienten dies nicht taten. Die Ergebnisse dieser Studie zeigen, daß sowohl die kognitive Therapie als auch die Konfrontation in vivo Zwangspatienten etwas anzubieten haben; die kognitive Therapie steigerte jedoch nicht die Effekte der Konfrontation in vivo.

Die Ergebnisse der vergleichenden Studien zur kognitiven Therapie bei Zwangsstörungen können wie folgt zusammengefaßt werden. Weder Selbstinstruktionstraining noch rational-emotive Therapie steigerten die Effekte von

Konfrontation in vivo; jedoch erwies sich Konfrontation in vivo als gleich wirksam wie rational-emotive Therapie. Eine andere kognitive Therapie, die kognitiv-behaviorale Therapie nach Beck, hat sich bei Panikpatienten als sehr wirksam erwiesen. Es besteht ein klarer Bedarf danach, diesen spezifischen kognitiven Ansatz bei Zwangspatienten zu untersuchen.

Beziehungsprobleme

Einige Therapeuten nehmen an, daβ Partnerschaftsprobleme bei der Entwicklung und Aufrechterhaltung von Angststörungen eine bedeutende Rolle spielen. Von Zwangspatienten wird häufig berichtet, daβ ihre Partner den Behandlungserfolg behindern oder ins Gegenteil verkehren - oder selbst psychiatrische Symptome entwickeln. Weiterhin wird vermutet, daβ die therapiebedingte Veränderung der Zwangssymptomatik einen negativen Einfluβ auf die Partnerschaft des Klienten hat. Auf der Basis solcher klinischen Beobachtungen wird ein systemtheoretischer, interaktionaler Ansatz zum Verständnis der Entstehung und Aufrechterhaltung von Zwangsstörungen gefordert.

In 2 Studien untersuchten wir die Effekte partnerunterstützter Konfrontationsbehandlung bei Zwangspatienten. Eine Studie von Emmelkamp u. de Lange (1983) zeigte, daβ vom Patienten allein durchgeführte Konfrontation weniger wirksam war als mit Unterstützung durch den Partner; angesichts der kleinen Patientenzahl (n = 12) war es jedoch notwendig, die Studie mit einer gröβeren Anzahl von Zwangspatienten zu wiederholen. In der Studie wurden 50 Zwangspatienten, deren Partner kooperationswillig waren, nach Zufall entweder der Behandlungsgruppe mit oder ohne Partnerunterstützung zugeteilt. Die Konfrontation in vivo bestand darin, Patienten allmählich den angstauslösenden Reizen oder den Situationen auszusetzen, die Zwangsverhalten auslösen. Die Behandlung bestand im Bearbeiten von Hausaufgaben. In der Bedingung "ohne Partnerunterstützung" wurde der Partner nur zu den Meβzeitpunkten gesehen. In der "Paar"bedingung hatte der Partner die Aufgabe, den Patienten durch jede Behandlungssitzung zu begleiten. Der Patient führte seine Hausaufgaben in Gegenwart seines Partners aus. Die Aufgabe des Partners bestand darin, den Patienten zur Reizkonfrontation zu ermutigen, bis er sich daran gewöhnt hatte. Weiterhin wurde der Partner instruiert, dem Patienten auch auf sein Bitten hin keine Rückversicherung zu geben. Wie in der Bedingung ohne Partnerunterstützung wurde auch hier dem Patienten nicht erlaubt, seine Rituale auszuführen.

Im Gegensatz zu dieser Pilotstudie erwiesen sich in der Studie von Emmelkamp et al. (1989) beide Behandlungsbedingungen i.allg. als gleich effektiv. Sowohl unglückliche als auch glückliche Paare erzielten in Messungen des Zwangsverhaltens und im MOCI signifikante Verbesserungen, dies bestätigten auch Ergebnisse aus Studien mit Agoraphobikern (Emmelkamp 1988). Wie die Ergebnisse des Maudsley Marital Questionnaire (MMQ) und eines Meßinstruments für interaktionales Problemlösen zeigten, traten bei den unglücklichen Paaren sogar leichte Verbesserungen der Partnerbeziehung auf. Anhand dieser Ergebnisse ist die Behandlung des Patienten ohne Partner gleich effektiv wie die Behandlung mit Unterstützung des Partners.

Wir sahen uns die Beschwerden des Partners noch genauer an. Wenn überhaupt, zeigten die Partner leichte Verbesserungen bei Ärger und einer Befindlichkeitsliste, SCL-90, statt sich zu verschlechtern, wie aus systemtheoretischer Sicht zu erwarten gewesen wäre. Zwischen den beiden Therapiebedingungen (mit/ohne Partner) bestanden wiederum keine Unterschiede.

Obwohl die vorliegenden Ergebnisse zeigen, daß die Einbeziehung des Partners die Effekte der Konfrontationstherapie nicht steigert, bedeutet dies nicht, daß eine Therapie der Partnerbeziehung von Zwangspatienten generell überflüssig wäre. Angesichts der großen Zahl von Zwangspatienten, die im Fragebogen ihre Partnerschaft als belastet schilderten, ist es notwendig, Studien durchzuführen, in denen die Effekte von Paartherapie, Kommunikationstraining und Problemlösen auf das Zwangsproblem und auf die Paarbeziehung dieser Patienten untersucht werden.

Zusammengefaßt sprechen die Ergebnisse dafür, daß es nicht notwendig ist, Partner von Zwangspatienten in die Behandlung einzubeziehen. Obwohl sich gezeigt hat, daß eine erhebliche Zahl dieser Patienten Beziehungsprobleme hat, hat auf das Zwangsverhalten gerichtete Verhaltenstherapie - unabhängig von der Qualität der Paarbeziehung und von der Einbeziehung des Partners in die Therapie - zu einer Verbesserung der Symptomatik geführt.

Katamnestische Ergebnisse

In sehr wenigen Studien ist versucht worden, die Langzeiteffektivität von Verhaltenstherapie bei Zwangspatienten zu untersuchen. Wir haben kürzlich eine frühere Katamnesestudie (Emmelkamp et al. 1985) über verhaltenstherapeutische Behandlung bis etwa 3 $^1/_2$ Jahre (2-6 Jahre) nach der Behandlung weitergeführt. An dieser Studie nahmen 49 Zwangspatienten teil, die in verschiedenen Behandlungsstudien an unserem Institut mit Konfrontation in vivo und Reaktionsverhinderung behandelt worden waren. Diese Patienten waren in den experimentellen Studien nicht mit kognitiver Therapie behandelt worden.

Die Hauptveränderungen zeigten sich innerhalb des bemerkenswert kurzen Zeitraums von *1 Monat* intensiver Verhaltenstherapie. Im allgemeinen wurden die Ergebnisse sowohl für Zwangsverhalten als auch im MOCI nach der Behandlung über den Katamnesezeitraum hinweg beibehalten. Ein leichter

Rückfall war im Hinblick auf depressive Stimmung nach 1 Monat des Katamnesezeitraums zu verzeichnen. Jedoch kam es zu weiteren Verbesserungen zwischen 1 und 6 Monaten des Katamnesezeitraums, während dessen die meisten Patienten weitere Verhaltenstherapie erhielten. Es sei angemerkt, daß während des Zeitraums zwischen der Nachuntersuchung und 1 Monat der Katamnese keine Behandlung stattfand. Nach 3 $^1/_2$ Jahren war kein Rückfall zu verzeichnen. Dieses Muster weist eindeutig darauf hin, daß die Verbesserung in der Depressivität mit der Verhaltenstherapie zusammenhängt, die die Patienten bekamen. Um eine Vorstellung über die Verbesserungen im Katamnesezeitraum zu geben, sei gesagt, daß 28 Patienten als "stark verbessert", 9 Patienten als "verbessert" und 7 Patienten als "Mißerfolg" eingestuft wurden.

Schlußbemerkungen

Ich hoffe, daß ich zeigen konnte, daß der klinisch-experimentelle Ansatz zu wichtigen Innovationen in der Behandlung von früher unbehandelbaren Fällen geführt hat. Obwohl viele Zwangspatienten heute mit kostengünstigen Selbstkontrollprogrammen behandelt werden können, kann gegenwärtig noch nicht allen Patienten damit geholfen werden. Auch bei jenen, die mit den genannten Methoden erfolgreich behandelt werden konnten, ist die Remission oft nicht vollständig. Ein vielversprechender Ansatz für die weitere klinisch-psychologische Forschung scheint zu sein, frühkindliche Lernbedingungen und Persönlichkeitsmerkmale von Zwangspatienten als Prädiktoren des Behandlungserfolgs (Visser et al. 1989; Emmelkamp 1989) zu untersuchen.

Literatur

Emmelkamp PMG (1988) Marital quality and treatment outcome in anxiety disorders. In: I Hand, HU Wittchen (eds) Panic and phobias, 2nd ed. Springer, Berlin Heidelberg New York Tokyo, pp 233-239

Emmelkamp PMG (1989) Obsessive-compulsive disorder in adulthood. In: Last CG, Hersen M (eds) Handbook of child and adult psychopathology. Pergamon, New York

Emmelkamp PMG, Kraanen J (1977) Therapist controlled exposure in vivo versus self-controlled exposure in vivo: a comparison with obsessive-compulsive patients. Behav Res Ther 15:491-495

Emmelkamp PMG, de Lange I (1983) Spouse involvement in the treatment of obsessive-compulsive patients. Behav Res Ther 21:341-346

Emmelkamp PMG, de Haan E, Hoogduin CAL (oJ) Marital adjustment and obsessive-compulsive disorder. Br J Psychiat

Emmelkamp PMG, Van der Helm M, Van Zanten B, Plochg I (1980) Contributions of self-instructional training to the effectiveness of exposure in vivo: a comparison with obsessive-compulsive patients. Behav Res Ther 18:61-66

Emmelkamp PMG, Hoekstra RJ, Visser S (1985) Behavioral treatment of obsessive-compulsive disorder: Prediction of outcome at 35 years follow-up In: Brenner A, Pichot (eds) Psychiatry: the state of the art, vol 4. Plenum Press, New York, pp 265-270

Emmelkamp PMG, van Linden van den Heuvell C, Rüphan M, Sanderman R (1989) Home-based treatment of obsessive-compulsive patients: intersession interval and therapist involvement. Behav Res Ther 27:89-93

Emmelkamp PMG, Visser S, Hoekstra R (1988) Cognitive therapy vs exposure in the treatment of obsessive-compulsives. Cog Ther Res 12:103-114

Rachman SJ, Hodgson RJ (1980) Obsessions and compulsions. Prentice Hall, Englewood Cliffs, NJ

Visser S, Hoekstra RJ, Emmelkamp PMG (1989) Follow-up study on behavioral treatment of obsessive-compulsive disorders. Br J Psychiat

Van de Hout M, Emmelkamp PMG, Kraaykamp J, Griez E (1988) Behavioural treatment of obsessive-compulsives: Inpatient versus outpatient. Behav Res Ther 26:331-332

Die Posttraumatische Belastungsreaktion: Klinische Merkmale und Behandlung

E.B. Foa

Unter Bezeichnungen wie Kompensationsneurose, Nervenschock, Hysterie und Kriegsneurose findet sich die posttraumatische Belastungsreaktion seit mehr als 100 Jahren in der Literatur zur Psychopathologie. Wir alle kennen Beschreibungen von Soldaten, die einen "Nervenzusammenbruch", auch Kampfstreßreaktion genannt, während oder unmittelbar nach der Teilnahme an einem Gefecht erlitten. Diese Soldaten berichten typischerweise von starken Gefühlen von Überwältigung, Verwirrung, Angst und Entsetzen sowie von Weinkrämpfen, Schweißausbrüchen, Zittern und Beben. Viele von ihnen leiden auch weiterhin an bedeutenden psychischen Problemen, die in einer chronischen Funktionsstörung resultieren. Ähnliche Symptome lassen sich ebenfalls bei Menschen beobachten, die andere Traumen, wie eine Vergewaltigung, einen schweren Überfall, einen Autounfall oder Naturkatastrophen, durchlebt haben.

Das Beispiel von Sarah, einer 23jährigen, alleinstehenden Frau, die etwa 3 Jahre nach einer Vergewaltigung um Behandlung ersuchte, verdeutlicht, wie schwerwiegend und dauerhaft die Folgen eines solchen traumatischen Erlebnisses sein können. Die Tat wurde verübt, während Sarah frühmorgens auf ihren Bus wartete, um zur Arbeit zu fahren. Ein Mann in einem Auto hielt neben ihr und zwang sie mit vorgehaltener Pistole einzusteigen. Er hielt den Wagen auf einem verlassenen Baugrundstück an, schlug sie auf die Brust und ins Gesicht, vergewaltigte sie und raubte ihr Schmuck und Geld. Im Aufnahmegespräch äußerte Sarah folgende Beschwerden: Nervosität ("ich fühle mich paranoid"), Depressionen, Schlafstörungen, ständig wiederkehrende Gedanken und Alpträume von der Vergewaltigung. Weiterhin gab sie an, daß es ihr schwerfalle, über die Vergewaltigung zu sprechen, daß sie den Kontakt zu Männern ebenso vermeide wie öffentliche Bäder und Toiletten, zu Hause allein zu sein und am Abend oder in der Dunkelheit auszugehen. Als weitere Probleme nannte sie Antriebslosigkeit, vermindertes Interesse an Aktivitäten, Arbeitsunfähigkeit, erhöhten Alkoholkonsum und die Entwicklung eines blutenden Magengeschwürs. All diese Symptome entstanden in der Zeit nach der Vergewaltigung und blieben seither bestehen. Über Nacht wurde aus Sarah, die bisher in ihren sozialen Beziehungen und im Beruf sehr erfolgreich gewesen war, ein verstörter, leidender Mensch. Wie die Beschreibung zeigt, können posttraumatische Reaktionen dauerhaft und chronisch sein und zu einer außerordentlichen psychischen Belastung führen. Viele Opfer von traumatischen Ereignissen büßen ihre normale Funktionsfähigkeit ein und bleiben oft zeitlebens von staatlicher Unterstützung abhängig.

Im Jahr 1980 wurde das posttraumatische Syndrom unter der Bezeichnung "Posttraumatische Belastungsreaktion" in die Gruppe der Angststörungen des offiziellen diagnostischen Manuals der American Psychiatric Association (DSM-III) aufgenommen. Die charakteristischen Symptome wurden in 3 Klassen eingeteilt: 1) Symptome erhöhter physiologischer Erregung wie z.B. Schlafstörungen, Konzentrationsschwierigkeiten, Hypervigilanz und übersteigerte Schreckreaktionen; 2) Vermeidungsreaktionen, darunter Vermeidung von Gedanken, Gefühlen und mit dem traumatischen Ereignis zusammenhängenden Aktivitäten, des weiteren eingeschränktes Gefühlsleben und Abkapselung von anderen sowie eine negative Sicht der Zukunft; 3) erneutes Durchleben des traumatischen Ereignisses in Form von immer wiederkehrenden, quälenden Erinnerungen, Alpträumen oder "Flashbacks". Dies sind auch tatsächlich die Symptome, die Sarah seit der Vergewaltigung durchmachte.

Die Ergebnisse epidemiologischer Studien zeigen, daß die posttraumatische Belastungsreaktion ein schwerwiegendes Gesundheitsproblem darstellt. In den Vereinigten Staaten wird die Lebenszeitprävalenz in der Bevölkerung auf 2,5% geschätzt, dies sind etwa 6 Mio. Menschen. Die Verbreitung in den Risikogruppen ist alarmierend. In einer Stichprobe von Mitgliedern der australischen Buschfeuerbekämpfung traten bei 30% innerhalb von zweieinhalb Jahren posttraumatische Belastungsreaktionen auf; 15% der Vietnamveteranen in den USA leiden momentan unter dieser Störung. Rund 57% (Lebenszeitprävalenz) der Vergewaltigungsopfer sind von posttraumatischen Belastungsreaktionen betroffen, und 16,5% berichten von posttraumatischen Belastungsreaktionen noch nach durchschnittlich 17 Jahren nach der Vergewaltigung. In einer Studie an Schulkindern, die einem Brandanschlag ausgesetzt waren, zeigten nach einem Monat 77% der Kinder akute posttraumatische Belastungsreaktionen, 74% waren noch 14 Monate nach dem Anschlag davon betroffen. Hat eine Person erst einmal eine chronische posttraumatische Belastungsreaktion entwickelt, so bleibt diese Störung mit hoher Wahrscheinlichkeit bestehen, wenn keine Behandlung erfolgt. Was wissen wir über die psychosoziale Behandlung dieser Störung?

Da die posttraumatische Belastungsreaktion eine verhältnismäßig neue diagnostische Kategorie ist, wußte man über ihre Behandlungsmöglichkeiten ziemlich wenig. In den letzen 5 Jahren haben wir jedoch durch Studien zur Wirksamkeit von kognitiv-behavioralen Behandlungsmethoden bei Vergewaltigungsopfern mit chronischer posttraumatischer Belastungsreaktion einige Fortschritte erzielt. Bei der Behandlung von Angststörungen sind 2 verhaltensorientierte Vorgehensweisen allgemein üblich: Reizkonfrontationsverfahren und

Techniken zur Angstbewältigung. Die Konfrontation besteht aus einer Reihe von Techniken, deren Ziel es ist, Patienten so lange den gefürchteten Situationen auszusetzen, bis ihre Angst nachläßt. Diese Techniken können nach der Art der Konfrontation (in sensu vs. in vivo), ihrer Dauer (kurz vs. lang) und dem Aktivationsniveau während der Konfrontation (hoch vs. niedrig) unterschieden werden. Werden die verschiedenen Konfrontationsmethoden auf diesen Dimensionen angeordnet, so bildet die systematische Desensibilisierung, bei der die Konfrontation in sensu erfolgt, kurz ist und nur eine geringe Aktivation auslöst, die eine Extremposition. Das andere Extrem stellt die Reizüberflutung in vivo dar, bei der über einen längeren Zeitraum mit realen Lebenssituationen, die möglichst hohe Angst auslösen sollen, konfrontiert wird.

Während Konfrontationsmethoden darauf abzielen, spezifische Ängste und Vermeidungsverhalten abzubauen, sollen Angstbewältigungstechniken - auch Streßimpfungstraining genannt - die allgemeine Angst vermindern, indem den Patienten vermittelt wird, wie sie diese kontrollieren können. Zu diesen Methoden gehören das Entspannungstraining, das Streßimpfungstraining, die kognitive Umstrukturierung, das Atemtraining, das Training sozialer Kompetenz, Ablenkungstechniken, positive Selbstgespräche und Selbstsicherheitstraining. Das Muskelentspannungstraining ist von diesen Methoden am weitesten verbreitet. Es bewirkt im autonomen Nervensysten eine Abschwächung sympathischer Reaktionen, wobei z.B. Herzrate und Blutdruck sinken und die Atmung langsamer wird.

Konfrontationstechniken werden bei Patienten angewandt, die exzessives Vermeidungsverhalten zeigen. Das Behandlungsziel besteht hierbei in einer Reduktion der spezifischen Ängste. Ein Streßimpfungstraining hingegen wird dann eingesetzt, wenn die Angst das tägliche Funktionieren außer Kraft setzt; Ziel ist, dem Patienten beizubringen, wie er mit seinen Ängsten umgehen kann. Da bei Patienten mit posttraumatischer Belastungsreaktion sowohl chronische Angst als auch spezifische Ängste und Vermeidungsverhalten auftreten, sind beide - Konfrontationstechniken und auch das Streßimpfungstraining - als Behandlungsmöglichkeiten indiziert.

In unserem Behandlungszentrum in Philadelphia haben wir eine Studie durchgeführt, in der Streßimpfungstraining, Konfrontationsbehandlung und unterstützende Beratungsgespräche hinsichtlich ihrer Effekte mit einer unbehandelten Kontrollgruppe verglichen wurden. Alle Behandlungsformen bestanden aus neun Sitzungen von je 90 min Dauer, die 2mal wöchentlich stattfanden. In den ersten beiden Sitzungen wurde die Anamnese erhoben, die Grundprinzipien der Therapie erklärt und der Behandlungsplan aufgestellt. In den verbleibenden sieben Sitzungen fand die eigentliche Therapie statt.

Streßimpfungstraining

In der 1. Sitzung wurde zur Datensammlung ein strukturiertes Interview durchgeführt. Daran schloß sich eine kurze Atementspannung an, um möglichen Ängsten entgegenzuwirken, die durch das Interview hervorgerufen sein könnten. Die 2. Sitzung beinhaltete vor allem Informationsvermittlung. Hier erfolgte eine Beschreibung der Behandlungsmethode, deren Grundprinzipien den Patientinnen verdeutlicht wurden, bevor eine Erklärung für die Ursache der Angst und Furcht vorgestellt wurde. Auf diese Phase der Informationsvermittlung folgte ein Training von Bewältigungsstrategien. Für jede Art von Angstreaktionen wurden spezifische Bewältigungsmethoden vermittelt. Den Patientinnen wurden Muskelentspannung und Atemkontrolle beigebracht, besonders das verlangsamte Atmen wurde betont. Des weiteren wurde verdecktes Modellernen eingeübt, indem die Patientinnen den erfolgreichen Umgang mit angsterregenden Situationen visualisierten. Ein Selbstsicherheitstraining wurde durchgeführt, bei dem Situationen, in denen die Patientinnen sich unsicher fühlten, im Rollenspiel eingeübt wurden. Die Technik des Gedankenstops wurde angewandt, um dem Grübeln und zwanghaften Nachdenken des Betroffenen entgegenzuwirken. Durch kognitive Umstrukturierung und Selbstgespräche lernten die Patientinnen, irrationale und negative Selbstaussagen durch rationale und positive Alternativen zu ersetzen. Die Gespräche konzentrierten sich ausschließlich auf die Vermittlung von Bewältigungsmethoden für die im Zusammenhang mit den jeweiligen traumatischen Situationen auftretende Angst. Die Hausaufgaben bestanden in der täglichen Übung der Fertigkeiten in der normalen Umgebung der Patientinnen.

Konfrontationsbehandlung

In den ersten beiden Sitzungen wurde eine Hierarchie der von der Patientin gefürchteten und vermiedenen Situationen aufgestellt. Diese Liste wurde für die Hausaufgaben zur In-vivo-Konfrontation verwendet, die eine Annäherung an zuvor gefürchtete und vermiedene Situationen beinhaltete, die von Patientin und Therapeuten übereinstimmend als sicher beurteilt wurden. Die In-vivo-Konfrontation wurde mit Situationen begonnen, die relativ wenig Angst auslösten, und schritt zu stärker angstauslösenden Situationen fort. In den nächsten 7 Sitzungen wurden die Patientinnen instruiert, sich die traumatische Szene so lebhaft wie möglich vorzustellen und sie laut zu beschreiben. Sie wurden unterstützt, die Vergewaltigung vollständig zu beschreiben und dies mehrere Male 60 min lang in jeder Sitzung zu wiederholen. Sie wurden gebeten, die äußeren Umstände, die eigenen Reaktionen während des

Überfalls und die Reaktionen anderer Leute, besonders die des Vergewaltigers, zu beschreiben. Die Schilderungen der Patientinnen wurden aufgenommen und sie wurden angewiesen, sie mindestens einmal täglich anzuhören. In der letzten Sitzung wurden die Patientinnen darauf hingewiesen, daß das Vermeiden von ungefährlichen Situationen oder von im Zusammenhang mit der Vergewaltigung stehenden Gedanken die Symptome der Belastungsreaktion verstärken kann und daher gebeten, die Konfrontation in ihrem täglichen Leben weiter zu praktizieren.

Unterstützende Beratungsgespräche

Diese Behandlungsmethode zielte darauf ab, den Patientinnen bei der Lösung alltäglicher Probleme zu helfen, ob diese im Zusammenhang mit der Vergewaltigung standen oder nicht. Damit sollte die Wahrnehmung von Selbstkontrolle gefördert werden. Gespräche über das Ereignis selbst wurden vermieden; die Patientin wurde angeleitet, sich auf ihre alltäglichen Probleme zu konzentrieren. Der Therapeut nahm dabei eine indirekte und bedingungslos unterstützende Rolle ein. Die Hausaufgaben bestanden im Führen eines Tagebuchs über tägliche Probleme und ihre Lösungsversuche.

Vorläufige Ergebnisse

Nach ersten Auswertungen haben sich Streßimpfungstraining und Konfrontation gegenüber Beratungsgesprächen und Nichtbehandlung hinsichtlich der posttraumatischen Belastungsreaktion, Depression und Angst als überlegen erwiesen. Insbesondere fanden wir, a) daß Konfrontationsbehandlung und Streßimpfungstraining bei der Verbesserung der Symptomatik der posttraumatischen Belastungsreaktion effektiver waren als unterstützende Beratungsgespräche, obwohl bei einigen Symptomen der posttraumatischen Belastungsreaktion auch die Beratungsgespräche hilfreich waren; b) daß bei der Nachuntersuchung unmittelbar bei Therapieende das Streßimpfungstraining als die beste Behandlungsform erschien; c) daß zum Katamnesezeitpunkt die Konfrontation am wirksamsten erschien und d), daß durch Konfrontation und Streßimpfungstraining Depressivität und spezifische Ängste reduziert wurden, während unterstützende Beratungsgespräche diese negativen Gefühlszustände nicht verbessern konnten.

Dies sind recht ermutigende Ergebnisse. Mit einem kurzen, nur 5wöchigen Behandlungsprogramm war es uns möglich, eine bemerkenswerte Verbesserung bei einer chronischen Angststörung wie der posttraumatischen Belastungsreaktion zu erzielen. Damit ist es uns möglich, mit vergleichsweise geringem

Kostenaufwand und hoher Effizienz Millionen von Leidtragenden zu helfen. Es soll jedoch angemerkt werden, daß eine Untergruppe der Patientinnen, die an dieser Studie teilnahmen, auch noch nach der Behandlung eine beträchtliche Symptomausprägung der posttraumatischen Belastungsreaktion aufwiesen. Zur Zeit führen wir eine neue Studie durch, in der die Effekte einer Behandlung untersucht werden, die sowohl Konfrontation als auch Streßimpfungstechniken umfaßt. Wir hoffen, daß die Kombination dieser Behandlungsformen unseren Behandlungserfolg steigern wird und damit einer noch größeren Zahl von Leidenden geholfen werden kann.

Biologische und psychologische Perspektiven bei Angststörungen

W.T. Roth

Das Fortbestehen zweier Perspektiven

Die Aufrechterhaltung der cartesianischen Leib-Seele-Dualität erscheint in der modernen Welt anachronistisch. Heute glaubt niemand mehr daran, daß Seelenwanderungen oder das scheinbare Besessensein von einer fremden Persönlichkeit als gültige Beweise für die Unabhängigkeit des Geistes (oder der Seele) vom Körper angesehen werden können. Heutzutage sucht und findet eine materialistisch orientierte Hirnforschung die den geistigen Phänomenen zugrundliegenden Mechanismen. Psychoanalyse und kognitive Klinische Psychologie untersuchen psychische Prozesse, gehen jedoch davon aus, daß diese eine körperliche Grundlage haben. Der Behaviorismus streitet nicht ab, daß sein Untersuchungsgegenstand auf der Manifestation neuronaler Prozesse beruht, versucht jedoch im Interesse der Praktikabilität, Gesetzmäßigkeiten auf den Ebenen zu finden, die zwischen den mentalen und biologischen Polen liegen, und damit vor einer allzu mentalen als auch einer allzu biologischen Sichtweise zurückschreckend). Nur im religiösen Bereich ist die Unterscheidung zwischen persönlichem Bewußtsein und Körper weiterhin populär, da der Trost der Unsterblichkeit im Angesicht körperlichen Zerfalls und körperlicher Auflösung für viele Gläubige schließlich eine vollständige Trennung von Geist und Körper beinhaltet.

Zumindest in Universitäten, Krankenhäusern und ärztlichen Praxen herrscht philosophische Übereinstimmung darin, Körper und Seele als Einheit zu betrachten. Doch weshalb existieren dann wie im Mittelalter intellektuelle und professionelle Fronten zwischen der Behandlung der Seele und der des Körpers? Zumindest sind die Ausübenden dieser Berufe heute andere: statt Priestern und Ärzten - wobei die letzteren vom modernen Standpunkt aus Quacksalberei betrieben, genauso irrational, wie die Freidenker der Aufklärung die Doktrinen der Kirche erachteten - haben wir heute Ärzte und Psychologen, deren Kompetenzansprüche bezüglich der Behandlung psychischer Störungen noch immer mit Skepsis betrachtet werden.

In den USA manifestieren sich die Spannungen der, wie ich sie nenne, "psychologischen" und "biologischen" Perspektiven in dramatischen Gerichtsverfahren, bei denen Anwälte diese Streitfragen vor Richtern und Geschworenen debattieren, und eine Reihe von Experten mit großer Selbstsicherheit die Gültigkeit jeweils genau entgegengesetzter Ansichten bezeugen. So kam es, daß 1984 im Staat Maryland ein privates Krankenhaus mit einer psychoanalytisch orientierten Belegschaft von einem Patienten mit der Begründung verklagt wurde, ihm sei absichtlich eine korrekte Behandlung seiner Depression vorenthalten worden. Seine Diagnose lautete auf narzißtische Persönlichkeitsstörung, und die analytisch orientierte Psychotherapie, die sich auf seine Gedanken, Gefühle und Phantasien konzentrierte, verlief wenig erfolgreich. Innerhalb weniger Wochen nach der Überweisung in ein anderes Krankenhaus verbesserte sich sein Zustand drastisch infolge der antidepressiven Medikation, die von biologisch orientierten Psychiatern verschrieben worden war, welche seine Krankheit als somatisch begründet erkannten. Der Patient erhielt 250 000 Dollar Schadensersatz. Aufgrund einer Klage gegen eine staatliche Psychiatrie wurde ein Gesetz erlassen, das jegliche Behandlung als inadäquat bezeichnete, bei der stationären Patienten keine Medikamente verabreicht wurden. Andererseits entschied der Staat Kalifornien im Juli 1989, daß psychiatrische Patienten nur medikamentös behandelt werden können, wenn ihre schriftliche Einwilligung vorliegt. Dies gilt selbst im Falle einer unfreiwilligen Einweisung des Patienten aufgrund von Selbst- oder Fremdgefährdung. Diesem Gesetz liegt die Auffassung zugrunde, daß eine medikamentöse Behandlung so schädlich sein kann, daß die Gesellschaft eher dazu berechtigt ist, Patienten in Zwangsjacken oder Gummizellen zu stecken, als ihnen Tranquilizer zu injizieren. Entsprechend verbot die Stadt Berkeley, eine Universitätsstadt in Kalifornien, die Elektrokrampftherapie innerhalb ihrer Stadtgrenzen gesetzlich.

Die Zeit vor der Durchsetzung der Berufe im Bereich psychischer Gesundheit

Die Polarisierung der Perspektiven ist nicht der Verwirrung zuzuschreiben, die durch den akademischen oder den religiösen Standpunkt entstand. Die Öffentlichkeit glaubte lange sowohl an die ätiologische Bedeutung von krankhaften Erbanlagen für körperliche Krankheiten als auch an psychischen Streß und falsche Erziehung. Diese Überzeugung erlaubte die pseudobiologische Behandlung mit patentierten Medikamenten ebenso wie Erholungskuren und die mehr psychologische Behandlung nach religiösen oder pädagogischen Grundprinzipien. Zwei besonders interessante Beispiele aus der amerikanischen Kultur sind die Christian Science, eine religiöse Richtung, die von Mary Baker Eddy (1821-1910) gegründet wurde und sich in den ersten Jahrzehnten des 20. Jahrhunderts rasch verbreitete, sowie das von Dale Carnegie (1989-1975) in den 20er Jahren entwickelte Trainingsprogramm.

Die Christian Science ist eine Mischung aus protestantischem Christentum und den Mesmerschen Methoden der geistigen Heilung, wie sie in den USA von Phineas Quimby (1802-1866) verbreitet wurden. Frau Eddys Buch *Wissenschaft und Gesundheit* ist die maßgebliche Grundlage der Lehren der christlichen Wissenschaft. Anders als bei traditionellen christlichen Heilungsmethoden, die in den Evangelien beschrieben werden, ist die Christian Science bestrebt, die gnostische Auffassung der metaphysischen Natur der Realität zu verbreiten, die den materiellen Körper und den sterblichen Verstand als Illusion sieht. Diese Ansicht fördert ein Gefühl der Ruhe und Freiheit von Krankheit. Medikamente und Ärzte sollten gemieden werden, da sie der Wichtigkeit des Physischen zu viel Glauben schenken. Wenn Medikamente zu heilen scheinen, so nur durch die Veränderung der Gedanken. Negative Gedanken haben nur so lange Kraft, wie man an sie glaubt, und die Anhänger der Christian Science werden darin unterrichtet, diese Effekte zu neutralisieren. Frau Eddy entwickelte einerseits eine kirchliche Struktur mit Sonntagsgottesdiensten und bildete andererseits eine Gruppe angesehener Therapeuten aus, die privat zahlende Patienten behandelten. Priester, die eher der protestantischen Hauptrichtung angehören, vor allem der Presbyterianer Norman Vincent Peale, Autor des populären Buches *Die Kraft des positiven Denkens* (1952), haben einige Standpunkte der christlichen Wissenschaft übernommen.

Dale Carnegie schuf ein äußerst einflußreiches und erfolgreiches Unternehmen, um die Menschen in der Steigerung ihrer persönlichen Effektivität zu unterrichten. Sein populäres Buch *Wie man Freunde gewinnt* (1936) verkaufte sich bis 1986 15 Millionen Mal. Obwohl seine Methoden von Gebildeten aufgrund ihrer Naivität und von den Moralisten aufgrund der Ermutigung der Menschen zu einer hohlen persönlichen Popularität oder zu unseriösen und manipulativen Beziehungen abgelehnt wurden, sind sie tatsächlich eine ausgezeichnete Behandlung dessen, was in letzter Zeit als "soziale Phobie" bezeichnet wird. Sie stellen eine Verbindung von interpersonellem Kompetenztraining, Einstellungsänderung und gradueller Konfrontation mit angstbesetzten Situationen dar. Seine ersten Kurse, die er 1912 in den Räumen des YMCA in New York City hielt, bezogen sich auf die "am weitesten verbreitete Angst in Amerika", nämlich öffentliches Sprechen. Studenten übten öffentliches Reden vor einer Gruppe von Studenten, indem sie zunächst lernten, sich selbst vorzustellen, dann kurze Referate und schließlich eine freie Rede zu halten, während ihre Kommilitonen sie durch Zwischenrufe störten und mit Zeitungen nach ihnen schlugen. Carnegie begann früh damit, sein Programm an die Wirtschaft zu vermarkten, um Verkäufer und Führungskräfte zu trainieren. 1987 meldeten sich 150 000 Menschen aus 68 Ländern zu den Kursen der von ihm gegründeten Organisation an; er verdiente ein Vermögen von 100 Mio. Dollar. Carnegie war ein Mann, dessen

Ideen so offenkundig hilfreich für Menschen waren, daß er keinerlei Unterstützung durch akademische Institutionen, eine Klinik oder die Regierung benötigte, um sie in die Praxis umzusetzen.

Die Entwicklung der beruflichen Ideologien

Vor der Entwicklung der Insulinschockbehandlung wurden von Ärzten verschiedene somatische Behandlungsmethoden für psychische Störungen vorgeschlagen, doch keine war allgemein anerkannt. Wirksame Medikationen beschränkten sich auf Beruhigungsmittel mit möglichen schweren Nebenwirkungen, wie Barbiturate oder Bromide. Psychische Behandlungen wie die Hypnose stießen auf geringes professionelles Interesse. Weder im theoretischen noch im praktischen Bereich existierte eine ernstzunehmende Konkurrenz, die die weite Akzeptanz der Psychoanalyse in den USA in den 40er und 50er Jahren als die einzige wissenschaftlich anerkannte psychologische Behandlungsmethode hätte behindern können. Nicht nur die Fachleute aus dem immer weiter expandierenden Bereich der Psychiatrie und der Klinischen Psychologie, sondern auch die breite Öffentlichkeit hieß diesen mitteleuropäischen Import begeistert willkommen. Psychiater und Psychologen stimmten darin überein, daß die psychoanalytische Therapie sich fast ausschließlich auf psychische Prozesse richtet, obwohl die Theorie sowohl psychische als auch biologische Vorgänge umfaßt. Meinungsverschiedenheiten zwischen Psychiatern und Psychologen über die Psychoanalyse, die auch heute noch nicht ausgeräumt sind, rankten sich weniger um ideologische und empirische Fragen als um rein berufspolitische Probleme. Ärzte versuchten mit beträchtlichem Erfolg, sich das Monopol auf die psychoanalytische Methode zu verschaffen, indem sie Psychologen und andere nichtärztliche Anwärter aus ihren Organisationen und Ausbildungsprogrammmen ausschlossen und indem sie die klassische, mehrmals pro Woche stattfindende Therapie fast ausschließlich sich selbst vorbehielten. Psychiater, die nicht psychoanalytisch arbeiteten oder in Institutionen angestellt waren, die somatische Behandlungsformen wie beispielsweise die Elektrokrampftherapie anwendeten, waren sowohl bei ihrer Berufsgruppe als auch in der Öffentlichkeit schlecht angesehen. Klinische Psychologen hatten mit der Beschränkung ihrer Aufgabe auf die langweilige und schlechtbezahlte Durchführung von alten Standardtestbatterien - wie Rorschach, MMPI und WAIS - zu kämpfen, die von Psychiatern gnädigerweise angeordnet wurden. Sogar Sozialarbeiter fühlten sich zu einer psychoanalytischen Orientierung ihres Berufes gedrängt, obwohl sie nie Analytiker hätten werden können.

Die Vorherrschaft der Psychoanalyse in der akademischen Psychiatrie wurde während der letzten 20 Jahre in den USA durch eine Kombination ökonomischer und kultureller Faktoren gestürzt, und die Ausrichtung der nichtakademischen psychosozialen Berufe wurde einer radikalen Neuorientierung unterzogen. Dies würde ganz natürlich und unausweichlich erscheinen, wäre es vorher nicht anders gewesen. Psychiater wandten sich daraufhin immer mehr biologischen Perspektiven zu und verordneten wieder Medikamente, während Klinische Psychologen rein verhaltenstherapeutisch arbeiteten und jede Bedeutung geistiger Prozesse leugneten, um nicht als unwissenschaftlich bezeichnet zu werden. Später, als Kognitionen durch die experimentelle Psychologie rehabilitiert wurden, kam der Bedeutung von Einstellungen und Gedanken in der "kognitiven" Therapie erneute Bestätigung zu. Nichtakademische Psychiater konnten in wirtschaftlicher Hinsicht mit der steigenden Zahl Klinischer Psychologen, Eheberater und anderen Beratern sehr gut konkurrieren, da sie die alleinige Berechtigung zur medikamentösen Behandlung besaßen. Psychiater konnten kaum erwarten, ein ähnliches Einkommen wie Internisten zu erzielen, indem sie, nach Ansicht der Versicherungsgesellschaften, eine Tätigkeit verrichteten, für die schlechter bezahlte Psychologen oder Sozialarbeiter genauso gut oder sogar besser qualifiziert waren. Die Kosten des Gesundheitswesens stiegen, und aus Angst, dafür aufkommen zu müssen, billigte die Öffentlichkeit Krankenversicherungspläne, die diese Kosten in Grenzen halten sollten. Diese Pläne stellen in zunehmendem Maße die Kosten-Nutzen-Relation aller Behandlungsverfahren, außer vielleicht den kürzesten, in Frage. Sie argwöhnen, daß Patienten mit weniger schwerwiegenden Störungen gar keine Therapie benötigen und daß schwer kranke Patienten nie wieder gesund werden. Mittlerweile ist das Amerika der Mittelklasse es nicht mehr gewöhnt, gesundheitliche Dienstleistungen direkt zu bezahlen.

Das letztendliche Resultat dieser beruflichen Umstrukturierung vergrößerte die Verwirrung der Öffentlichkeit darüber, wer denn eigentlich ihre psychischen Probleme behandeln sollte. Zwischen der biologischen und psychologischen Perspektive wurde die Kluft immer größer mit lautstarken Verunglimpfungen der jeweils entgegengesetzten Ansicht. Im Bereich der Angststörungen, in dem seit dem Aufkommen der Psychoanalyse die psychologische Perspektive unangefochten blieb, ist der Konflikt besonders deutlich. Nur für die Schizophrenie und die bipolaren Störungen wurden öffentliche Zugeständnisse an den biologischen Ansatz gemacht, mit Ausnahme von militanten Psychoanalytikern und Behavioristen.

Überwindet der Empirizismus die Quacksalberei?

Die jüngste Geschichte der Behandlung von Angststörungen wird von den medikamentös behandelnden Ärzten wie auch von der neuen Generation kognitiver Verhaltenstherapeuten als Beispiel für den Fortschritt der Wissenschaft und als Triumph der Empirie über die Quacksalberei angesehen. Die Entthronung der Psychoanalyse war die Konsequenz aus Anhaltspunkten für die Unhaltbarkeit ihrer wissenschaftliche Theorie und Therapie (Zimmer, 1986). Obwohl beide Seiten darin übereinstimmen, haben sie widersprüchliche Ansichten darüber, in welche Richtung die Wissenschaft nun weiter voranschreiten soll. Angsttherapeuten lassen sich entweder dem biologischen oder dem psychologischen Lager zuordnen, wobei jede Richtung die wissenschaftliche Rechtfertigung des eigenen Ansatzes für sich beansprucht. Wie aus Tabelle 1 ersichtlich wird, besitzt jedes Lager eine Liste mutmaßlicher spezifischer Ursachen von Angststörungen sowie spezifische Behandlungsmethoden für einige dieser Ursachen. Jede Ursache der Tabelle wird durch eine Anzahl von Forschungsstudien zugunsten der jeweiligen Sichtweise angeblich unterstützt und, wenn nicht als die einzige Ursache für alle Fälle, so doch als die bedeutendste Ursache für einige oder ein kausaler Faktor für viele Menschen angesehen.

Doch gibt es ernstzunehmende Einwände gegen jede der beiden Positionen. Margraf et al. (1986a, b) zeigten die empirischen Unzulänglichkeiten genereller Argumente zugunsten einer auschließlich biologischen Betrachtungsweise von Panikanfällen auf: Die Befunde aus Familienstudien hinsichtlich einer genetischen Weitergabe der Panikstörung sind uneindeutig, da die Möglichkeit sozialen Lernens nicht ausgeschlossen werden kann. Befunde aus chemischen Provokationstests, die auf eine biologische Sensitivität hinweisen, sind irreführend, da psychologische Reaktionen auf diese Tests von entscheidender Bedeutung sind. Schließlich kann weiterhin die Unterscheidung zwischen Panik und anderen Angststörungen auf der Grundlage unterschiedlicher Medikamentenreaktionen nicht aufrechterhalten werden. Einige der in Tabelle 1 aufgeführten biologischen Theorien, wie die kardiale Theorie (s. Margraf et al. 1988 zum Mitralklappenprolaps) oder metabolische Theorien sind meiner Meinung nach überzeugend wiederlegt worden, während andere, die beispielsweise Abnormitäten von Neurotransmittern oder der Atmung postulieren, ernstzunehmende Ansätze bleiben. Alle aufgeführten psychologischen Theorien liefern plausible Erklärungen zumindest für einige der Angststörungen; eine psychologische Kausalität eindeutig nachzuweisen, ist jedoch nahezu unmöglich.

Was wir von der Zukunft erwarten können

Meines Erachtens werden weder die Philosphie noch die Wissenschaft jemals eine einzige Sichtweise der Ursache und Behandlung von Angststörungen oder anderen psychischen Problemen durchsetzen können. Eine philosophisch motivierte Verbannung der Bezeichnungen "pychologisch" und "biologisch" ist

Tabelle 1. Verschiedene Perspektiven bei Angststörungen

	Biologisch		Psychologisch	
	Ursache	**Behandlung**	**Ursache**	**Behandlung**
1. Stoffwechsel	a. Laktatmetabolismus	Vermeidung von Anstrengung	1. Überaktivierung	Entspannungstraining
	b. Hypoglykämie	Ernährung	2. Fehlkonditionierung	Desensibilisierung, Reizüberflutung
2. Hormonhaushalt	a. Schilddrüse	Thyreostatika	3. Interozeption/ Katastrophisieren	Kognitive Therapie
	b. Nebennierenrinde	Streßvermeidung	4. Unbewußte Konflikte	Psychoanalytische Therapie
3. Herzfunktion	a. Neurozirkulat. Asthenie	Ruhe, Streßvermeidung		
	b. Mitralklappenprolaps	Propranolol	5. Soziales Lernen	Training sozialer Fertigkeiten
4. Atmung	a. Hyperventilation	Atemtraining	6. Interpersonelle Konflikte	Familien-, Gruppentherapie
	b. CO_2 Sensitivität	Atemtraining		
5. Neurotransmitter und deren Rezeptoren				
	a. Adrenerg	ß-Blocker, trizyklische Antidepressiva		
	b. GABA	Benzodiazepine		
	c. Adenosin	Vermeidung von Koffein		
	d. Serotonerg	Fluoxetin, Clomipramin etc.		
	e. Opiate	Opiate		
6. Epilepsie		Antikonvulsiva		

nicht sinnvoll, da sie sich zur Kennzeichnung der Extrempole eines Kontinuums von Phänomenen und Interventionen innerhalb der Komplexität des Zntralnervensystems eignen. Körperwahrnehmungen sind auf der untersten und Gedanken auf der höchsten Ebene anzusiedeln, erstere gehören zum Bereich des Körpers, letztere zum Bereich des Geistes. Der Körper ist das Substrat für Medikamente, während der Geist durch verbale Kommunikation und komplexe Erfahrungen beeinflußt wird. Medikamentös hervorgerufene mentale Effekte sind in diesem Sinn nicht psychologisch zu nennen, da Medikamente den Geist nichts lehren können, so wie es mit Worten oder Erfahrungen der Fall ist. Die bisher bei Angststörungen angewandten Interventionen wirken anscheinend hauptsächlich auf die Extrempunkte des Kontinuums, entweder auf einer sehr niedrigen Ebene, wie z.B. Medikation, oder einer sehr hohen Ebene, wie beispielsweise die Modifiktion von Einstellungen und Kognitionen. Obwohl man sehr lange geglaubt hat, daß Konfrontation eine Form von Konditionierung sei, die auf einer mittleren Ebene zwar unterhalb des Bewußtseins, jedoch oberhalb der neuronalen Wege arbeite, unterliegt ihre therapeutische Wirksamkeit kognitiven Veränderungen auf einer hohen Ebene.

In diesem Sinne sollten Wörter wie "psychologisch" und ähnliche Begriffe als Kürzel betrachtet werden, die nicht leugnen, daß Gedanken ausschließlich vom Gehirn abhängig sind. Dieser Gebrauch hebt lediglich die erlernten Aspekte des geistigen Lebens hervor, die nicht durch die Gehirnstruktur vorgegeben sind. Eine Sprachreform wird nicht notwendig sein, solange Forscher und Therapeuten ihr Denken durch diese Kürzel nicht vereinfachen. Eine differenzierte Herangehensweise bedeutet nicht, daß alle Schlußfolgerungen auf die nüchterne Feststellung zu reduzieren sind, daß Faktoren auf vielen Ebenen zum Endergebnis beitragen. Vielmehr müssen wir lernen, die Gewichtung jedes Faktors zu quantifizieren sowie die Ebenen zu bestimmen, auf denen eine Intervention möglich ist. Es ist durchaus denkbar, daß unter bestimmten Umständen eine rein psychologische oder eine rein biologische Intervention optimal wäre.

Zukunftsperspektiven der Klinischen Psychologie

Sowohl biologische als auch psychologische Betrachtungsweisen psychischer Störungen wird es weiterhin geben. Jede Behandlungsanalyse ist notwendigerweise oberflächlich, wenn sie nur eine Perspektive in Betracht zieht. Die kritische Spannung zwischen den beiden Perspektiven, die durch die gegenwärtige berufliche Ausrichtung als Psychiater oder Psychologe genährt wird, war tatsächlich für beide Seiten bereichernd. Der Wettbewerb der unterschiedlichen Perspektiven führte beispielsweise zu biologischen Tests, die mit geeigneten psychologischen Kontrollbedingungen untersucht werden (s. hierzu die Empfehlungen von Margraf et al. 1986c) sowie zu psychotherapeutischen Erfolgsstudien, in denen die breite Phänomenologie psychischer Beschwerden und relevante biologische Variablen erfaßt werden.

Zumindest an den Universitätsinstituten für Psychiatrie und Klinische Psychologie kommt empirischen Befunden große Bedeutung zu, während dogmatischen theoretischen Standpunkten eher mit Mißtrauen begegnet wird. Im letzten Jahrzehnt hat sich diese Haltung noch verstärkt, und die Qualität der Daten hat sich verbessert. Die Klinische Psychologie hat zur Verbesserung der Methodologie in der neueren Angstforschung sehr viel beigetragen. Des weiteren wurden in der psychologischen Behandlung von Angststörungen in den letzten 10 Jahren außerordentliche Fortschritte gemacht. Die Infragestellung der Konventionen der Psychodynamik und der allzu bereitwilligen Akzeptanz potentiell schädlicher Medikation von seiten der Psychologen sind ebenfalls wichtige Beiträge, obwohl auch Mitglieder anderer Berufsgruppen zu diesen und anderen Fortschritten beigetragen haben.

Die Definition der Berufsrollen ist nicht für ewig festgeschrieben. In welche Richtung sich Klinische Psychologie und Psychiatrie in Zukunft entwickeln werden, könnte sich erheblich von dem unterscheiden, was sie heute sind. An der Universität von Berkeley, Kalifornien, wurde beispielsweise ein Pilotprojekt für Doktoranden entwickelt, das sowohl medizinische als auch psychologische Kurse beinhaltet. Studienabgänger erhielten jene Auszüge aus einem medizinischen Training, die für die Behandlung von psychischen Störungen relevant sind, so daß sie für eine medikamentöse Behandlung qualifiziert waren. Leider erhielt das Programm keine rechtliche Zulassung, und seine Teilnehmer waren gezwungen, zu einem traditionellen psychologischen oder medizinischen Kurrikulum zurückzukehren. Dennoch könnte sich zukünftig ein solches Programm in den USA oder einem anderen Land durchsetzen.

Als grundsätzliches Ziel sollte die Klinische Psychologie ihren Studenten eine breit angelegte Ausbildung zukommen lassen, die Forschung und Praxis sowie biologische und psychologische Modelle umfaßt. Die Anbindung der Weiterbildungsprogramme an die Universitäten ist wichtig für die Aufrechterhaltung ihres intellektuellen Standards - leider ist die weniger zufriedenstellende Alternative der nicht an die Universität angebundenen Ausbildung für Psychologen in den USA die Regel. Eine gewisse Differenzierung und Spezialisierung zwischen Psychologie und Psychiatrie wird wahrscheinlich erhalten bleiben, da ein kombiniertes Training sehr lange dauert. Dies ist für manche Menschen, die mit Leib und Seele bei der Sache sind, kein Hindernis: 1/5 der Auszubildenden in der Psychiatrie besitzen neben dem medizinischen auch einen psychologischen Doktortitel. Meines Erachtens ist sogar dieser faustische Ehrgeiz nicht ausreichend. Solch vereinzelte Gelehrte, wie gut sie auch immer ausgebildet waren, wurden nicht zu fruchtbaren

Forschern auf dem Gebiet der psychischen Störungen. Als höchst produktiv hat sich die interdisziplinäre Zusammenarbeit zwischen Angehörigen komplementärer Berufe, die über Grundkenntnisse der jeweils anderen Gebiete verfügen, erwiesen. Zumindest sollte der Klinische Psychologe der Zukunft die Methoden psychologischer und medizinischer Forschung so gut verstehen, um ihre Grenzen zu erkennen, aber auch die vielversprechenden und aufregenden Möglichkeiten der Zusammenarbeit zu sehen.

Literatur

Conniff R (1987) The so-so salesman who told millions how to make it big. Smithsonian 18:82-93

Dakin EF (1929) Mrs. Eddy. Charles Schribner's Sons

Frank JD (1961) Persuasion and Healing. Johns Hopkins Press, Baltimore

Klein DF (1980) Anxiety reconceptualized. Compt Psychiat 21:411-427

Klerman GI, Ballenger JC, Burrows GD, DuPont RL, Noyes R Jr, Pecknold JC, Rofkin A, Rubin RT, Swinson RP In reply [to Marks et al. (1989)] Arch Gen Psychiat 46:670-672

Margraf J, Ehlers A, Roth WT (1986a) Panic attacks: theoretical models and empirical evidence. In: I Hand and HU Wittchen (eds) Panic and phobias. Springer, Berlin Heidelberg, New York Tokyo, pp 31-43

Margraf J, Ehlers A, Roth WT (1986b) Biological models of panic disorder and agoraphobia: A review. Behav Res Ther 24:553-567

Margraf J, Ehlers A, Roth WT (1986c) Sodium lactate infusions and panic attacks: a review and critique. Psychosom Med 48:23-51

Margraf J, Ehlers A, Roth WT (1988) Mitral valve prolapse and panic disorder: a review of their relationship. Psychosom Med 50:93-113

Stone AA (1984) The new paradox of psychiatric malpractice. New Eng J Med 311:1384-1387

Zimmer DE (1986) Tiefenschwindel. Die endlose und die beendbare Psychoanalyse. Rowohlt, Reinbek bei Hamburg

Psychoendokrinologie: Hirn, Hormone und Verhalten

D. Hellhammer

Psychologie und Neurowissenschaften beschäftigen sich, wenngleich auf vollkommen unterschiedliche Weise, mit Funktionen des zentralen Nervensystems. Unterschiedlich sind nicht nur die methodischen Zugangswege, sondern auch die Sprache, mittels welcher wissenschaftliche Befunde und Hypothesen ausgetauscht werden. In jüngster Zeit kann man ein zunehmendes Interesse an interdisziplinären Forschungsarbeiten auch in der Klinischen Psychologie beobachten. Die nachstehenden Ausführungen sollen nun für diesen Bereich an 3 Beispielen illustrieren, wie hilfreich schon jetzt eine konsequente interdisziplinäre Forschung sein kann.

1. Beispiel: Macht CRH uns Angst?

Fast monatlich wird derzeit ein neues Peptidhormon in unserem Organismus entdeckt, welches an der Kommunikation zwischen Gehirn und Körperorganen partizipiert. CRH (Kortikotropin-releasing-Hormon) ist eines dieser neu entdeckten Peptide, und es soll hier beispielhaft erwähnt werden.

Seit der Arbeitsgruppe um W. Vale vor wenigen Jahren die Isolierung und Synthese von CRH gelang, versucht man herauszufinden, in welcher Weise dieses Peptid psychische und körperliche Funktionen moduliert. Zunächst beobachtete man, daβ CRH gerade in jenen Hirnarealen aufzufinden sind, welche an der Regulation von emotionalen, autonomen und endokrinen Reaktionen beteiligt sind. Als man dann im nächsten Schritt künstlich hergestelltes CRH Versuchstieren zentralnervös verabreichte, beobachtete man eine breite Palette von Verhaltensweisen und Körperreaktionen, wie sie für Angst charakteristisch sind: Der Blutdruck und die Herzrate stiegen rasch an, die Plasmaspiegel von Adrenalin, Noradrenalin und Glukose erhöhten sich, und die Hirnanhangsdrüse setzte das Hormon ACTH frei, welches dafür sorgt, daβ Kortisol aus den Nebennierenrinden in die Blutbahn freigesetzt wird. CRH simulierte also ein komplettes Muster an physiologischer Aktivierung, wie wir es als psychosomatische Begleiterscheinung bei Angst kennen.

Aus psychologischer Sicht waren die Verhaltenseffekte besonders interessant, denn CRH intensivierte angstähnliches Verhalten in Abhängigkeit vom jeweiligen situationalen Kontext. Im Hauskäfig induzierte es explorative

Bewegungsaktivität, in einem offenen Feld dagegen bewegungsloses Verharren. CRH scheint also seine verhaltensmodulierenden Eigenschaften unter Einbeziehung des jeweiligen situationalen Kontextes auszuüben. Heute geht man davon aus, daβ CRH eine sehr zentrale und integrative Steuerfunktion bei der Anpassung an neue, mehrdeutige, unvorhersagbare und unkontrollierbare Situationen zukommt. Die Areale nämlich, in welchen CRH derartige Aufgaben erfüllt, empfangen nicht nur zahlreiche kognitive und emotionale Informationen, sondern auch Rückmeldung über den endokrinen und hormonellen Aktivierungszustand des Organismus.

Beim Angsterleben scheinen CRH-Neuronen, wohl insbesondere im Hippokampus, in enger Kooperation mit dem sogenannten Benzodiazepin-GABA-Rezeptor-Komplex zu agieren. Benzodiazepine sind Anxiolytika, wie etwa Valium, Librium, Adumbran. Bei der Suche nach ihren Wirkmechanismen entdeckte man zunächst spezifische Bindungsstellen an GABAergen Nervenzellen und dann, daβ sie die Tätigkeit dieser Zellen potenzieren. Durch diesen Effekt wirken Benzodiazepine anxiolytisch, antikonvulsiv und muskelrelaxierend. Man geht nun davon aus, daβ im Hippokampus CRH und die anxiolytischen Benzodiazepin1-(BZ1-)Rezeptoren funktionell gegenläufig arbeiten: Bei Angst kann wahrscheinlich ein Zuwenig an BZ1-Aktivität und/oder ein Zuviel an CRH-Aktivität das uns bekannte Spektrum psychischer und körperlicher Reaktionen begünstigen. Blockiert man etwa die BZ1-Rezeptoren, so kommt es bei Menschen und Tieren zu massiver Angst - wahrscheinlich, weil körpereigene Benzodiazepine nicht mehr wirksam werden können. Stimuliert man die BZ1-Rezeptoren, so reduziert man die autonomen, endokrinen und behavioralen Effekte von CRH. Wohl erst durch diesen Antagonismus scheint CRH seine anxiogene Wirkung ausüben zu können.

Die klinische Relevanz dieser Befunde zeichnet sich bereits ab, denn CRH steht seit diesem Jahr zur klinischen Diagnose zur Verfügung. Peripher appliziertes CRH kann zwar nicht die Blut-Hirn-Schranke passieren, wohl aber die ACTH-haltigen Zellen der Hypophyse erreichen. Dort bewirkt es eine markante Freisetzung von ACTH und dadurch mittelbar die Freisetzung von Kortisol. Erste klinische Beobachtungen an Patienten mit Angststörungen zeigen nun, daβ diese auf eine derartige CRH-Stimulierung weniger ACTH freisetzen. Wahrscheinlich haben derartige Patienten eine ständige Aktivierung von körpereigenem CRH, mit der Folge, daβ die ACTH-Zellen bereits relativ unempfindlich auf eine derartige Stimulation reagieren. Sie sind "downreguliert", wie die Pharmakologen sagen. Diese ersten Beobachtungen lassen die Hoffnung zu, daβ sich CRH-Provokationstests gut für eine objektivere Diagnostik von Angststörungen eignen könnten.

Beim Menschen lösen zumeist assoziative Reize Angst aus, und so muβ man sich fragen, ob sich die beobachteten CRH-Effekte ebenfalls entsprechend induzieren lassen. Wir sind kürzlich dieser Frage im Tierexperiment nachgegangen und haben zeigen können, daß sich die endokrinen und autonomen Effekte von CRH tatsächlich konditionieren lassen. So wird zunehmend deutlich, in welcher Weise das Gehirn Angsterleben moduliert, und auch unsere psychologischen Modelle werden zunehmend transparenter. Psychische Elemente wie Unvorhersagbarkeit, Unkontrollierbarkeit und Neuigkeit scheinen besonders wirksam CRH-Neuronen im Gehirn zu aktivieren, während Erlebnisse wie Bedrohlichkeit und Furcht wohl eher durch BZ1-Rezeptoren moduliert werden. Beide biologischen Mechanismen scheinen dann selbst psychische und körperliche Aktivierung zu regulieren, um so eine optimale Anpassung an Belastungssituationen zu ermöglichen.

CRH wurde hier nur als Beispiel für *ein* Peptid von vielen genannt, welche wir in den vergangenen Jahren kennengelernt haben. Schon jetzt haben wir eine erste Vorstellung davon, in welch erheblichem Ausmaß diese Signalstoffe recht spezifische Verhaltensweisen mit kardiovaskulären, gastrointestinalen, immunologischen oder endokrinen Reaktionen integrieren. Die Psychologie und gerade auch die Klinische Psychologie wird es sich nicht leisten können, auf diese Informationen zu verzichten.

2. Beispiel: Psychogene Sterilität

Etwa 15 % aller Paare sind ungewollt kinderlos. Wir wissen recht viel über die weibliche, wenig aber über die männliche Sterilität. Im Bereich der Klinischen Psychologie interessiert man sich für psychogene Ursachen der Sterilität - konkret für die Frage, ob psychische Belastung die Fortpflanzungsfähigkeit beeinflussen kann. In eigenen Untersuchungen sind wir der Frage nachgegangen, ob derartige Zusammenhänge beim Mann diagnostizierbar sind und wenn ja, ob sie sich mit psychotherapeutischen Maßnahmen beeinflussen lassen.

Zunächst führten wir 2 größere Untersuchungen an 218 Männern durch; gemessen wurden 5 Hormone, verschiedene Werte des Spermiogramms und das Antwortverhalten in einigen psychologischen Fragebögen. Wir machten eine überraschende Entdeckung: Männer, die sich selbst als aktiv, handlungsorientiert und selbstsicher schilderten, hatten eine signifikant erniedrigte Spermienzahl und niedrigere Werte des Geschlechtshormons Testosteron. Depressive Männer hatten dagegen ausgezeichnete Fertilitätsparameter.

Aus diesen korrelativen Ergebnissen ließen sich natürlich noch keine kausalen Zusammenhänge entnehmen. Wir untersuchten daher im Tiermodell, ob spezifischer Umgang mit Streß jeweils unterschiedliche Effekte auf die Fortpflanzungsorgane nehmen kann. Die Ergebnisse waren gleichlautend: Passiver Umgang mit Streß hatte eher einen günstigen Einfluß, aktives Verhalten dagegen führte zu einer deutlichen Beeinträchtigung der Reproduktionsorgane. Es zeigte sich dann auch, wie aller Voraussicht nach aktiver Umgang mit Streß die Sterilität begünstigen kann. Bei einem entsprechenden Verhalten beobachteten wir zunächst eine Vasokonstriktion der testikulären Blutgefäße, mit der Folge einer Minderdurchblutung des Hodens. Da die Leydig-Zellen des Hodens nun nicht mehr ausreichend hormonell stimuliert werden können, stellen sie ihre Testosteronproduktion graduell ein. Durch den Testosteronmangel wiederum degenerieren heranwachsende Spermien und zwar nur in den Phasen ihrer 2monatigen Reifezeit, in welchen sie Testosteron benötigen. Dadurch kommt es zu einer Verminderung der Spermienanzahl.

Nachdem wir Hinweise auf derartige kausale Zusammenhänge zwischen aktiver Streßbewältigung und Sterilität gefunden hatten, wählten wir 15 Männer aus der Sprechstunde aus, welche eben die hier beschriebenen biologischen und psychologischen Besonderheiten aufwiesen. Sie mußten zudem mindestens 5 Jahre unerfüllten Kinderwunsch haben und die medizinische Therapie seit einem Jahr abgebrochen haben. Diesen Männern wurde dann mit psychologischen Maßnahmen ein angemessenerer Umgang mit Streß vermittelt. Der Erfolg war frappierend: In der 3monatigen Zeit nach der psychologischen Behandlung erhöhte sich die Spermienzahl signifikant, und es traten 6 Schwangerschaften ein.

Dieses Beispiel illustriert, daß es schon jetzt möglich ist, psychobiologische Grundlagenforschung erfolgreich in die Klinische Psychologie einzubeziehen. Erst die Kenntnis über psychobiologische Kausalzusammenhänge erlaubt eine konkrete psychologische *und* biologische Diagnostik mit spezieller Indikationsstellung für die Psychotherapie.

3. Beispiel: Selbstregulation des Wohlbefindens über Ernährung

Konsum von kohlenhydratreicher Kost bei Streß kennzeichnet zahlreiche Störungen, welche sich bei psychischer Belastung intensivieren, wie z. B. Migräne, prämenstruelle Beschwerden oder auch Hypertonie. Da kohlenhydratreiche Nahrung in aller Regel kalorienreich ist, bleibt langfristig Übergewicht nicht aus. Neuere Befunde der Neurobiologie haben nun erste Ideen geliefert, welche die Zusammenhänge zwischen körperlichen Beschwerden und Verhalten erhellen.

In unserem zentralen Nervensystem existiert ein großes System von Nervenbahnen, welche ihre Ursprungszellen im verlängerten Mark haben und in nahezu alle höher gelegenen Hirnareale projizieren. Aktiviert man dieses Bahnensystem, so beobachtet man erwartungsgemäß eine Palette an verschiedenen Reaktionen, u. a. verringerte Aufmerksamkeit und Konzentrationsfähigkeit, erhöhte Affektschwelle, Müdigkeit und Inaktivität, dann aber auch erhöhte parasympathische Aktivität im Körper. Es scheint so, als ob dieses

Bahnensystem die Aktivität des zentralen und autonomen Nervensystems dämpft und so der Regeneration und Rekonstitution dient. Der in diesem Bahnensystem aktive Neurotransmitter ist Serotonin. Serotonin wird aus der Aminosäure Tryptophan synthetisiert, die wir mit eiweißhaltiger Nahrung aufnehmen.

Gibt man Tryptophan in konzentrierter Form, so stellen sich schon bald deutliche Folgen ein: Initiativlosigkeit, Ruhegefühl, Müdigkeit, geringe affektive Ansprechbarkeit, wiederum aber auch erhöhte parasympathische Aktivität mit Dämpfung von Herzrate und Blutdruck. Tryptophan ist als quasi diätetisches Präparat im Handel und wird zumeist bei Schlafstörungen benutzt. Da man prinzipiell vergleichbare Mengen an Tryptophan auch über gezielte einseitige eiweißreiche Ernährung aufnehmen kann, stellte sich die Frage, ob vergleichbare Effekte bei entsprechend einseitiger Kost zu beobachten sind. Allerdings: Man fand das Gegenteil.

Ein Glas Milch hat beispielsweise recht viel Tryptophan, aber eben nicht nur Tryptophan, sondern viele andere sog. langkettiger neutraler Aminosäuren (LNAS). Alle diese Aminosäuren erreichen die Blutbahn und haben somit die Chance, das Gehirn zu erreichen. Sie müssen allerdings erst die Blut-Hirn-Schranke passieren und benötigen zu diesem Zweck einen aktiven Transportmechanismus, eine Art Taxi sozusagen. Da es nur relativ wenige dieser Taxis gibt, geraten die LNAS in Konkurrenz zueinander. In anderen Worten: Je mehr konkurrierende LNAS, um so *weniger* LNAS erreicht das Gehirn. Das wußte die Werbung wohl schon lange - denn bekanntlich macht Milch ja müde Männer munter.

Aber da gibt es noch eine andere Volksweisheit, nämlich die, daß ein Glas Milch mit Honig beruhigt und eine Einschlafhilfe sein kann. Was bewirkt der Honig? Honig, aber auch jede andere Art von Kohlenhydraten, führt zu einer Erhöhung des Glukosespiegels im Blut. Das bewirkt sehr rasch die Freisetzung von Insulin, welches die Glukosewerte normalisiert. Insulin hat aber darüber hinaus maßgeblichen Einfluß auf die Aminosäuren. Kurz gesagt: Alle Konkurrenten von Tryptophan verlassen die Blutbahn und werden zur Proteinsynthese in die Muskulatur aufgenommen. In anderen Worten: Tryptophan hat viele freie Taxis verfügbar und erreicht in großen Mengen das Gehirn.

Wohl durch diesen Mechanismus gelingt es uns, über gezielte Aufnahme von Kohlenhydraten selbst einen fühlbaren mentalen und autonomen Entspannungszustand zu induzieren. Auffälliger Kohlenhydrathunger in Kombination mit Reizbarkeit, Unruhe und Nervosität kann von daher immer ein Hinweis auf ein Serotoninmangelsyndrom sein. Ein derartiges interdisziplinäres Verständnis der psychobiologischen Zusammenhänge könnte der Diagnostik und Therapie von entsprechenden Störungen sehr dienlich sein. Erstens besteht die Annahme, daß über psychologische Entspannungsverfahren, also über Verhalten, ebenfalls serotonerge Aktivität induziert werden kann. Zweitens wissen wir, daβ über sinnvoll ausbalancierte Diätpläne die Aufnahme von Tryptophan reguliert werden kann. Und 3. kann konzentrierte Gabe von Tryptophan gegebenenfalls therapeutisch eingesetzt werden, wohl gerade wenn Übergewicht ein zusätzlicher Risikofaktor ist und kalorienarme Kost indiziert ist. Eine Kombination und individuelle Abstimmung aller 3 Verfahren ist wahrscheinlich effizienter als eine der 3 Therapieformen allein.

Klinische Gesundheitspsychologie und Herz-Kreislauf-Erkrankungen

A. Steptoe

Einführung

Dieses Kapitel beschäftigt sich mit dem Beitrag, den die klinische Gesundheitspsychologie zum Verständnis und zur Bewältigung von koronaren Herzerkrankungen und Bluthochdruck (Hypertonie) leistet. Herz-Kreislauf-Erkrankungen sind in den westlichen Nationen die Haupttodesursache. Statistiken der Weltgesundheitsorganisation (1987) zeigen, daβ 1986 53% aller weiblichen und 46% aller männlichen Todesfälle in der Bundesrepublik auf Herz-Kreislauf-Erkrankungen zurückzuführen waren; die entsprechenden Daten in England und Wales betrugen 49% bei Frauen und 48% bei Männern. Zum Vergleich: An Krebs starben in der Bundesrepublik im selben Zeitraum lediglich 24% aller Männer und 22% der Frauen.

Das Kernproblem bei koronaren Herzerkrankungen ist die Einengung der Herzkranzgefäβe durch Verdickung der Gefäβwände (Arteriosklerose) und Bildung von Blutgerinnseln (Thromben). Mögliche Folgen dieser fortschreitenden Erkrankung sind Herzinfarkt, plötzlicher Herztod und Angina pectoris. Ähnliche Prozesse der Arterienverengung und Gerinnselbildung liegen Schlaganfällen zugrunde. Ein Hauptrisikofaktor für koronare Herzerkrankungen und Schlaganfall ist die Hypertonie.

Neben der hohen Sterblichkeitsrate sollten wir nicht das durch nicht tödlich verlaufende Herz-Kreislauf-Erkrankungen verursachte Leid übersehen. Herzinfarkte treten häufig während der aktiven und produktiven mittleren Jahre auf und können das familiäre und berufliche Leben völlig zerstören. Die Probleme, auf die Opfer von Schlaganfällen und ihre Angehörigen stoβen, bedürfen keiner weiteren Erläuterung. Hypertonie ist in Bevölkerungsgruppen und Regionen weit verbreitet. Eine kürzlich an Männern im Alter zwischen 40 und 59 Jahren in verschiedenen Teilen der britischen Inseln durchgeführte Untersuchung zeigte, daβ Hypertonie bei mehr als 20% vorlag (Shaper et al. 1988). In den Vereinigten Staaten wurden sogar noch höhere Werte erhoben (Roccella 1985).

Die Prävention und Bewältigung von Herz-Kreislauf-Erkrankungen ist ein drängendes Problem der modernen Medizin. In den letzten Jahren ist deutlich geworden, daβ hierbei auch klinischen Gesundheitspsychologen eine bedeutende Rolle zukommt. Die Gründe hierfür werden in der folgenden Beschreibung der oft innovativen und hochinteressanten Forschung neuerer Zeit deutlich. Zuvor sollten jedoch zwei allgemeine Punkte geklärt werden:

1. Die Hauptrisikofaktoren für Herz-Kreislauf-Erkrankungen liegen im Verhalten und nicht in biologischen Gegebenheiten. Neben der familiären Vorgeschichte sind Rauchen, hoher (z.T. ernährungsbedingter) Cholesterinspiegel des Blutes und Bluthochdruck wichtige Prädiktorvariablen für koronare Herzerkrankungen. Weitere Faktoren, die eine geringere Rolle spielen, sind sportliche Betätigung, Übergewicht und psychosozialer Streß. Bluthochdruck wiederum wird stark beeinflußt durch Faktoren wie Körpergewicht, Sport, Alkohol- sowie Salzkonsum und Streß. Hierbei wird offensichtlich, daß das Problem der Herzerkrankungen nur durch einen multidisziplinären Ansatz gelöst werden kann, der das Verständnis für die der Entwicklung und Aufrechterhaltung von Verhalten zugrundeliegenden Prozesse mit einschließt.

2. Der Rehabilitationserfolg nach einem Herzinfarkt hängt nicht allein vom Schweregrad der Erkrankung ab. Zahlreiche Studien haben gezeigt, daß Erfolge, wie Wiederaufnahme der Berufstätigkeit, normales Sozialleben und ein zufriedenstellender psychischer Zustand 6-12 Monate nach dem Herzinfarkt, in weit höherem Maß durch psychologische Reaktionen in den Wochen nach dem Infarkt als durch das Ausmaß der Herzschädigung bestimmt werden. Wichtig ist des weiteren das Ausmaß der erlebten sozialen Unterstützung nach dem Infarkt (Mayou 1989).

Die klinische Gesundheitspsychologie hat wichtige Beiträge zum Verständnis und zur Bewältigung der verschiedenen Stufen von Herz-Kreislauf-Erkrankungen geleistet.

Streß und die Entwicklung von Herz-Kreislauf-Erkrankungen

Der erste Punkt betrifft die Beteiligung von psychologischen und sozialen Faktoren an der Ätiologie von kardiovaskulären Erkrankungen (Steptoe 1981). Streß wurde zwar schon seit Jahrhunderten mit Herzerkrankungen in Verbindung gebracht, erst in den letzten Jahren jedoch wurden anekdotische und klinische Beobachtungen durch systematische Untersuchungen unterstützt, die deutlichere Schlußfolgerungen erlauben. In diesen Studien wurde eine Vielzahl verschiedener Forschungsstrategien angewendet: Ein Ende des Spektrums stellen epidemiologische Erhebungen dar, die sich am besten anhand von Untersuchungen zum Einfluß bestimmter Arbeits- bedingungen schildern lassen. Es konnte festgestellt werden, daß eine Kombination von 2 spezifischen Arbeitsbedingungen zu erhöhtem Streß und damit zu einem erhöhten Infarktrisiko führt. Diese Bedingungen sind hohe erlebte Arbeitsbelastung, verbunden mit einem geringen Entscheidungsspielraum bzw. eingeschränkte

Möglichkeit der Fortbildung und geringe Mitbestimmung des Arbeitsmusters (Karasek 1989). Johnson u. Hall (1988) fügten als 3. Faktor soziale Unterstützung hinzu und zeigten, daβ die Kombination von hohen Anforderungen, wenig Entscheidungsspielraum und geringer sozialer Unterstützung das kardiovaskuläre Risiko deutlich erhöht.

Das andere Ende des Spektrums stellen Laborexperimente mit Herz-Kreislauf-Kranken dar. Diese Patienten reagieren auf experimentell erzeugten psychischen Streβ mit Episoden akuter Hypertonie, myokardialer Ischämie und potentiell schädlichen Herzrhythmen (Rozanski et al. 1988). Diese gestörten Streβreaktionen sind eine interessante Entdeckung, da sie auch bei Personen mit erhöhtem Risiko für Herz-Kreislauf-Erkrankungen nachweisbar sind und vor der Krankheitsmanifestation auftreten. Es könnte sein, daβ eine erhöhte kardiovaskuläre Reaktivität aufgrund psychischen Stresses zukünftige Herz-Kreislauf-Erkrankungen vorhersagen kann (Falkner et al. 1981).

Studien dieser Art tragen sowohl zum besseren Verständnis der Entstehungsbedingungen von Herz-Kreislauf-Erkrankungen als auch zum Verständnis der Interaktion von Umweltfaktoren wie z.B. Arbeitsanforderungen und psychologischen Charakteristika (z.B. Copingstil) bei. Sie bieten die Möglichkeit, Individuen mit hohem Krankheitsrisiko besser zu identifizieren, und erhöhen die Wahrscheinlichkeit der Entwicklung präventiver Maβnahmen.

Primärprävention: Streβbewältigung und Verhaltensänderung

Die traditionelle Rolle der Klinischen Psychologie besteht eher im Patientenmanagement als in der Durchführung von Untersuchungen zur Krankheitsentstehung. Ein eindrucksvolles Beispiel dieser Arbeit im Bereich kardiovaskulärer Erkrankungen betrifft den Einsatz von Streβbewältigungsstrategien bei Hypertoniepatienten. Während der letzten 15 Jahre wurden über 25 kontrollierte Studien veröffentlicht, in denen Streβbewältigungstechniken auf der Basis von Entspannung mit kognitiv-behavioralen Methoden und mit Kontrollbedingungen verglichen wurden (s. Johnston 1987). Es zeigte sich, daβ Streβbewältigung den Blutdruck sowohl bei Patienten mit als auch ohne medikamentöse Behandlung senken kann. Dieser Effekt zeigt sich nicht nur in der Klinik, sondern auch im Alltag, und bleibt über einige Jahre hinweg bestehen. Klinische Psychologen sind auch bei allgemeineren Verhaltensprogrammen für Hypertoniker wie der Modifizierung des Salz- und Alkoholkonsums, Gewichtskontrolle und Erhöhung der sportlichen Aktivität beteiligt. Die weitere Vorgehensweise besteht nun darin, diese Strategien in die medizinische Praxis zu integrieren. In Marburg wurde ein wichtiger Schritt in diese Richtung unternommen, indem Entspannungstechniken und Programme zur Gewichtskontrolle bei übergewichtigen Hypertonikern entwickelt wurden, die jetzt landesweit in

Praxen von Allgemeinmedizinern getestet werden (Basler 1988). Hier wird deutlich, wie wissenschaftlich entwickelte verhaltenstherapeutische Methoden modifiziert werden können, um eine breite Anwendung von Gesundheitspersonal ohne psychologische Ausbildung zu finden (Johnston u. Steptoe 1989).

Techniken zur Streßbewältigung und zur Verhaltensänderung fanden auch bei anderen kardiovaskulären Risikofaktoren Anwendung. Eine vielversprechende Weiterentwicklung wurde von Ornish und Mitarbeitern (1989) geleistet, die unter Verwendung von quantitativer koronarer Angiographie zeigen konnten, daß die Durchführung eines intensiven multimodalen Verhaltensprogrammes zu einem tatsächlichen Rückgang arteriosklerotischer Prozesse in den Herzkranzgefäßen führte. Dies ist die erste Demonstration einer direkten Einwirkung auf die Koronargefäße. Sie kann der Weiterentwicklung klinisch-psychologischer Ansätze neue Impulse geben.

An dieser Stelle soll erwähnt werden, daß der Beitrag der klinischen Gesundheitspsychologie als ein wesentlicher Bestandteil eines umfassenden, multidisziplinären Behandlungskonzeptes angesehen werden kann, das als *Verhaltensmedizin* bezeichnet wird. Bei diesem Ansatz kooperieren nicht nur behandelnde Ärzte und Psychologen, sondern auch Pädagogen, Soziologen, Ernährungswissenschaftler und sogar Marketingexperten. Die Erkenntnis, daß wir unser Verhalten zugunsten unserer Gesundheit ändern müssen, wird nämlich nur dann auch in der breiten Öffentlichkeit Fuß fassen, wenn sie in einer ebenso attraktiven Form verpackt und vermarktet wird wie Zigaretten, Alkohol, cholesterinhaltige Nahrungsmittel und arbeitserleichternde Hilfsmittel, durch die ein träger Lebensstil gefördert wird.

Rehabilitation und Sekundärprävention

Nachdem die Ätiologie von Herz-Kreislauf-Erkrankungen sowie die Reduktion von Risikofaktoren betrachtet wurde, besteht nun der nächste Schritt in der Hilfe für Menschen, die bereits eine schwerwiegende Krankheit wie z.B. einen Herzanfall erlitten haben. Klinische Psychologen tragen zum Rehabilitationsprozeß bei, indem sie den Patienten helfen, sich bestmöglich an die mit einer bedrohlichen Erkrankung verbundenen Lebenseinschränkungen anzupassen und durch Sekundärprävention in Form von Modifikation der Risikofaktoren bei Menschen, die bereits manifest erkrankt sind. Die europäischen Länder investieren unterschiedlich viel in den Rehabilitationsprozess, wobei die BRD und Italien Rehabilitationszentren eingerichtet haben, in denen Klinische Psychologen in multidisziplinären Teams mitarbeiten. So können Probleme der emotionalen und sozialen Anpassung, effektive Kommunikation sowie Medikationsberatung, Aktivitäten und Risikofaktoren innerhalb einer organisierten

Struktur erörtert werden. Da Großbritannien nicht über derartige Einrichtungen verfügt, sind die Rehabilitationsdienste sehr schlecht koordiniert.

Im Zusammenhang mit der Risikoverringerung eines Reinfarkts sind Ansätze zur Veränderung des "Typ-A"-Verhaltens von besonderer Bedeutung. Einige Leser haben sicherlich bemerkt, daß das "Typ-A"-Konzept - nach dem ein Verhaltensmuster von Konkurrenz, Aggressivität und ständigem Zeitdruck für Koronarerkrankungen prädisponiert - in dem vorliegenden Artikel bisher nicht erwähnt wurde. Der Grund hierfür ist, daß die Literatur über den Zusammenhang zwischen Typ-A-Verhalten und Herzerkrankungen sehr widersprüchlich ist. Auf die ursprünglichen epidemiologischen Studien, die Typ-A-Verhalten als unabhängigen Risikofaktor etablierten, folgten sowohl in Europa als auch in den USA gut kontrollierte Studien, in denen kein Zusammenhang gefunden wurde (z.B. Shekelle et al. 1985; Kittel 1986). Tatsächlich widerlegten langfristige Katamnesen der Originalstudie der "Western Collaborative Group" die Annahmne, daß Typ-A-Verhalten die Sterblichkeit vorhersagen könne (Ragland u. Brand 1988).

Es wurden trotzdem Versuche unternommen, herauszufinden, ob eine Modifikation des Typ-A-Verhaltens das Rückfallrisiko bei Infarktpatienten reduzieren kann. Das Recurrent Coronary Prevention Project ist ein guten Beispiel für diesen Ansatz. Dieses Projekt wurde in San Francisco mit knapp 900 Infarktpatienten durchgeführt (Friedman et al. 1984). Die Teilnehmer erhielten nach dem Zufallsprinzip entweder nur kardiologische Beratung oder zusätzliche Beratung zu Typ-A-Verhalten. Beide Gruppen trafen sich regelmäßig. Es wurden Informationen über Herzerkrankungen und damit zusammenhängendes Verhalten vermittelt. Die Gruppe mit zusätzlicher Beratung zu Typ-A-Verhalten wurde mit einem multimodalen behavioral-kognitiven Therapieprogramm behandelt, bei dem verschiedene klinisch-psychologische Techniken zur Gedanken- und Verhaltensmodifikation zur Anwendung kamen (z.B. Entspannung, Rollenspiel, kognitive Umstrukturierung).

Mit diesem Programm konnte das Typ-A-Verhalten effektiv reduziert werden. Darüber hinaus war eine erhebliche Reduktion der Inzidenzrate von Reinfarkten zu verzeichnen, die nicht durch Unterschiede im klinischen Zustand oder der Medikation zwischen den beiden Gruppen erklärt werden kann. Diese Untersuchung zeigt, daß eine Vielzahl von Techniken, die von Klinischen Psychologen für andere Probleme entwickelt wurde, auf Koronarpatienten übertragbar ist, wobei sich die Ergebnisse in Form einer erhöhten Lebenserwartung erfassen lassen. Die zukünftige Forschung muß entscheiden, ob diese Ergebnisse auf die Reduktion des Typ-A-Verhalten zurückzuführen sind, ob sie auf der Erkenntnis beruhen, daß ein ständig feindseliges Konkurrenzverhalten zu persönlichen und sozialen Einbußen führt, oder ob die Ergebnisse auf eine Umbewertung von Lebenszielen zurückgehen, die vermehrt das Gewicht auf Freizeit, Familie und soziale Beziehungen anstelle von beruflicher Leistung legt.

Schlußfolgerung

Anhand dieses kurzen Überblicks dürfte das große Potential der klinischen Gesundheitspsychologie auf dem Gebiet der Herz-Kreislauf-Erkrankungen deutlich geworden sein. Zukünftige Studien werden helfen, genaueren Aufschluß über die Rolle psychologischer und sozialer Faktoren bei Hypertonie und koronarer Herzkrankheit zu erhalten, und den Stellenwert von Verhaltenstechniken bei der Krankheitsbewältigung und -prävention zu bestätigen. Allen beschriebenen Interventionsmethoden liegt die fundamentale Auffassung zugrunde, daß die Anwendung psychologischer Methoden sowohl vom Arzt als auch von der Öffentlichkeit eine neue Sichtweise der Herzerkrankungen verlangt. Psychologische Techniken beruhen auf der Annahme, daß Herz-Kreislauffunktionen und diesbezügliche Erkrankungsrisiken maßgeblich durch Verhalten und Gefühle mitbestimmt werden und daß die Therapiewirksamkeit entscheidend von den Bemühungen des Patienten abhängt. Um die Probleme und das damit zusammenhängende Leid kardiovaskulärer Patienten lösen zu können, bedarf es einer therapeutischen Beziehung, bei der Therapeut und Patient auf gleichberechtigter Basis zusammenarbeiten.

Literatur

Basler H-D (1988) Group treatment with obese essential hypertensive patients in a general practice setting: results of six years research. In: T Elbert, W Langosch, A Steptoe, D Vaitl (eds) Behavioural medicine in cardiovascular disorders. Wiley, Chichester pp 129-137

Falkner B, Kushner H, Onesti G, Angelakos ET (1981) Cardiovascular characteristics in adolescents who develop essential hypertension. Hypertension 3:521-527

Friedman M, Thoresen CE, Gill JJ, Powell LH, Ulmer D, Thompson L, Price VA, Rabin DD, Breall WS, Dixon T, Levy R, Bourg E (1984) Alteration of type A behaviour and reduction in cardiac recurrences in post-myocardial infarction patients. Am Heart J 108:237-248

Johnson JE, Hall FM (1988) Job strain, workplace social support, and cardiovascular disease: a cross-sectional study of a random sample of the Swedish working population. Am J Publ Health 78:1333-1341

Johnston DW (1989) Prevention of cardiovascular disease by psychological methods. Br J Psychiat 154:183-194

Johnston D, Steptoe A (1989) Hypertension. In: Pearce S, Wardle J (eds) The Practice of behavioural medicine. Oxford University Press, pp 1-25

Karasek R (1989) Control in the workplace and its health-related aspects. In: Sauter SL, Hurrell JJ, Cooper CL (eds) Job control and worker health. Wiley, Chichester, pp 129-159

Kittel F (1986) Type A and other social factors in relation to coronary heart disease. In: Schmidt TH, Dembroski TM, Blümchen G (eds) Biological and psychological factors in cardiovascular disease. Springer, Berlin Heidelberg New York Tokyo, pp 63-84

Mayou R (1989) Cardiac rehabilitation. In: Lacey JH, Burns T (eds) Psychological management of the physically ill. Churchill Livingstone, Edinburgh, pp 95-113

Ornish DM, Brown SE, Scherwitz LW, Billings JH, Armstrong WT, Ports TA, McLanahan SM, Kirkeeide RL, Brand RJ, Gould KL (1989) Can lifestyle changes reverse coronary atherosclerosis? Paper to 2nd International Conference on Preventive Cardiology, Washington DC

Ragland DR, Brand RJ (1988) Coronary heart disease mortality in the Western collaborative group study: follow-up experience of 22 years. Am J Epidemiol 127:462-475

Rocella EJ (1985) Hypertension prevalence and the status of awareness, treatment and control in the US. Hypertension 7:457-468

Rozanski A, Bairey M, Krantz DS, Friedman J, Resser KJ, Morell M, Hilton-Chalfen S, Hestrin L, Bietendorf J, Burman DS (1988) Mental stress and the induction of silent myocardial ischemia in patients with coronary artery disease. N Engl J Med 318:1005-1012

Shekelle RB, Billings JH, Borhani NO, Gerace TA, Hulley SB, Jacobs DR, Lasser NL, Mittlemark MB, Neaton JD, Stamler J (1985) The MRFIT Behavior Pattern Study: II. Type A behavior and incidence of coronary heart disease. Am J Epidemiol 122:559-570

Shaper AG, Ashby D, Pocock SJ (1988) Blood pressure and hypertension in middle-aged British men. J Hypertens 6:367-374

Steptoe A (1981) Psychological factors in cardiovascular disorders. Academic Press, London

World Health Organisation (1987). World Health Statistics Annual. WHO, Geneva

Wahrnehmung von Geruch und Geschmack als Forschungsfeld der Klinischen Psychologie

R. Ferstl

Losgelöst von der Psychologie im allgemeinen und von der Klinischen Psychologie im besonderen hat sich in den letzten Jahrzehnten eine interdisziplinäre Forschungsrichtung etabliert, die als Chemical Senses Research die Untersuchung der Wahrnehmung von Geruch und Geschmack in ihren grundlagenwissenschaftlichen und anwendungsorientierten Aspekten betreibt. Physiologen, Neuroanatomen, Verhaltensforscher, Lebensmitteltechniker, Biologen, Zoologen und einige wenige Psychologen arbeiten auf diesem Gebiet an so unterschiedlichen Fragestellungen wie der Entdeckung des Rezeptors an den Zilien der Nasenschleimhaut oder den klinischen Problemen von Patienten mit Geschmacks- oder Geruchsstörungen. Während die Psychophysik oder die Neuropsychologie der audiovisuellen Wahrnehmung einen zentralen Stellenwert auch in der Klinischen Psychologie besitzt - man denke etwa an die Arbeiten zur neuropsychologischen Rehabilitation von Patienten mit Gesichtsfeldläsionen - haben Untersuchungen der Veränderung des Riechens und Schmekkens eine bislang untergeordnete, ja nahezu unbedeutende Rolle.

Ohne im weiteren auf die historischen Gründe dieser Entwicklung einzugehen, soll im folgenden anhand einiger grundsätzlicher neuroanatomischer Überlegungen und gedächtnispsychologischer Befunde sowie an einigen Beispielen aus dem klinisch-psychologischen Bereich die Bedeutung der chemischen Sinne demonstriert werden.

Chemosensorische Wahrnehmung und Gedächtnisprozesse

Seit langem ist bekannt, daß die "primitiven" Sinneseindrücke, die vom Bulbus olfactorius, Glossopharyngeus und Trigeminus an das zentrale Nervensystem übermittelt werden, in enger Verbindung zu stammesgeschichtlichen alten Gehirnregionen stehen. Dies ist insbesondere für die Geruchswahrnehmung der Fall, deren Nervensignale nach einer einzigen Umschaltung im Bulbus olfactorius über das Septum und die Amygdala in das limbische System gelangen und für die bislang nur wenige kortikale Repräsentationen bekannt sind. Diese und die enge Verbindung mit den Strukturen des Hippokampus spricht für eine große Bedeutung von olfaktorischen Signalen für emotionale und Gedächtnisprozesse. Fast jedem unter uns ist bekannt, daß Gerüche sehr eng mit oft sehr frühen Kindheitserfahrungen assoziiert sind und unser Gedächtnis an diese Erfahrungen durch die damit gekoppelten Gerüche jederzeit reaktiviert werden kann. Die Stärke der Verbindung von Gerüchen mit verbalen, aber auch motorischen Gedächtnisinhalten kann in der Klinischen Psychologie dazu genutzt werden, Bewältigungsstrategien wie z.B. muskuläre Entspannungsreaktionen oder kognitive Neubewertungen von Situationen leichter und effektiver aus dem Gedächtnis abzurufen. Arbeiten hierzu (Hanisch 1975; Paccosi 1985) weisen eindeutig auf den unterstützenden Charakter therapeutisch eingesetzter Duftsubstanzen hin. Bislang fehlt jedoch eine systematische Analyse der dabei ablaufenden physiologischen und Verhaltensprozesse (Cann u. Ross 1989).

Veränderung der Geruchswahrnehmung im Rahmen neuropathologischer Prozesse

Obwohl in der neurologischen und ortholaryngologischen Praxis Geruchsproben für die Diagnose des Riechvermögens seit langem verwendet werden, gibt es bislang keine objektive Olfaktometrie, die eine Schwellenbestimmung z.B. aus der elektroenzephalographisch registrierbaren Gehirnantwort auf Gerüche ermöglicht. Vor allem methodische Probleme bei der exakten Kontrolle der Reizvorgabe erschweren die Entwicklung eines solchen Diagnostikinstruments (Kobal 1981). Daß eine genaue Erfassung von Reiz- und Unterschiedsschwellen der Geruchswahrnehmung von besonderer Bedeutung für die Frühdiagnose von degenerativen Hirnerkrankungen ist, zeigen gerade in jüngster Zeit erschienene Arbeiten zur Schwellenveränderung bei Alzheimer-Patienten. So wiesen Jensen u. Murphy (1988) korrelativ nach, daß mit fortschreitender Demenz dieser Patienten eine zunehmend höhere Geruchsschwelle zu beobachten ist. In Risikopopulationen könnte die frühzeitige Diagnose der Geruchsschwellenveränderung ein hervorragendes diagnostisches Kriterium für die Einleitung eines Tages vielleicht existierender therapeutischer Maßnahmen sein.

Ein ähnlicher Befund liegt auch für Parkinson-Patienten vor. Doty et al. (1988) berichten, daß bei 73% der von ihnen untersuchten 81 Parkinson-Erkrankten ein generelles olfaktorisches Defizit vorlag, das unabhängig von der Erkrankungsdauer und vom Krankheitsstadium war. Dieses unterschied sich in keiner Weise von der verminderten Geruchswahrnehmung der von ihnen ebenfalls untersuchten Alzheimer-Patienten und könnte nach Meinung der Autoren ebenfalls ein Kriterium der Frühdiagnose sein. Die Entwicklung einer neuropsychologischen Diagnostik der olfaktorischen Funktion würde auch hier einen entscheidenden klinisch-psychologischen Schritt in Richtung einer verbesserten Früherkennung darstellen.

Geschmack, Geruch und Immunsystem

Ein Teil der Arbeiten auf dem Gebiet der Psychoneuroimmunologie, die die vielfältigen Wechselwirkungen zwischen zentralem Nervensystem und Immunsystem erforscht, beschäftigt sich mit der Frage, inwieweit Immunreaktionen im Sinne der klassischen Konditionierung unter die Kontrolle von assoziativen Lernprozessen gelangen können (Ader u. Cohen 1985). Ein Überblick über die in den letzten 10 Jahren dazu entstandenen experimentellen Arbeiten (Kusnecov et al. 1989) zeigt, daβ die dabei verwendeten konditionierten Reize ausschlieβlich Geruchs- und Geschmackssubstanzen waren. Werden diese Reize ein- oder mehrmals mit immunmodulierenden Pharmaka verabreicht, so genügt im Testfall die Präsentation des Geruchs oder Geschmacks allein, um entsprechende Veränderungen der Immunsystemaktivität auszulösen. Gleichzeitig entsteht eine massive Geruchs- oder Geschmacksaversion gegenüber der verwendeten Substanz. Dies Phänomen kennt man im Humanfall als antizipatorische Übelkeit, die häufig im Verlauf einer Zytostatikabehandlung auftritt. Hierbei wird der Geschmack von Speisen oder der Geruch des Behandlungszimmers offensichtlich mit der immunsuppressiven Wirkung des Pharmakons assoziiert und führt beim Patienten zu einer starken Vermeidungstendenz.

Interessant ist m.E. bei diesem Phänomen nicht nur die Modifizierbarkeit von Immunreaktionen durch Lernvorgänge, sondern auch die Tatsache, daβ offensichtlich chemosensorische Signale vorzugsweise die Eigenschaft von Auslösern übernehmen können. Meine eigenen tier- und humanexperimentellen Arbeiten weisen darüber hinaus darauf hin, daβ auch die Wahrnehmung und Expression von individualspezifischen Körpergerüchen an bestimmte genetische Marker des Immunsystems gekoppelt sind. Ob der Zusammenhang von Geruch und Geschmack mit Immunsystemeigenschaften oder der Modifikation der Immunreaktion aufgrund ähnlicher Struktureigenschaften besteht - in beiden Fällen handelt es sich ja prinzipiell um molekulare Detektorsysteme - müssen zukünftige Arbeiten zeigen.

Ausblick

Obwohl die Beispiele aus so unterschiedlichen Bereichen wie der Gedächtnispsychologie, der Neuropsychologie und der Psychoimmunologie stammen, weisen sie eindeutig auf die Tatsache hin, daβ die Berücksichtigung chemosensorischer Prozesse bei der grundlagenwissenschaftlichen Erforschung sowie bei der Diagnose und Therapie einer Reihe von Erkrankungen immer unumgänglicher wird. Als zwar nicht vollständig neues Forschungsfeld, aber als wichtiger Bestandteil der klinisch-psychologischen Arbeit sollte daher der Analyse der Wahrnehmung von Geruch und Geschmack ein neuer Stellenwert zugewiesen werden.

Literatur

Ader R, Cohen N (1985) CNS-immune system interaction: conditioning phenomena. Behav Brain Sci 8:379-394

Cann A, Ross DA (1989) Olfactory stimuly as context cues in human memory. Am J Psychol 102:91-102

Doty RL, Deems DA, Riklan M, Stellar S (1988) Olfactory dysfunction in Parkinsonism: a general deficit unrelated to neurological signs, disease stage, disease duration and cognitive factors. Chem Senses 13:685

Hanisch E (1975) Furchtreduktion durch angenehme Düfte und "selbstkonditionierte" Gefühlsreaktionen. Dissertation, Universität Salzburg

Jensen MM, Murphy C (1988) Olfactory thresholds in Alzheimer's disease are correlated with neuropsychological assessment of dementia. Chem Senses 13:700

Kobal G (1981) Elektrophysiologische Untersuchungen des menschlichen Geruchssinns. Thieme, Stuttgart

Kusnecov A, King MG, Husband AJ (1989) Immunomodulation by behavioral conditioning. Biol Psychol 28:25-39

Paccosi S (1985) Hypnosis and olfactory mechanisms. Rivista Internazionale di Psicologia e Ipnosi 26:177-180

Vertiefende Darstellungen

Dimensionale Diagnose und das Problem von Angst und Depression

K. Moras und D.H. Barlow

Klassifikation im Bereich psychischer Gesundheit

Für jedes Gebiet wissenschaftlicher Forschung, das sich in der Entwicklung befindet, ist eine allgemein anerkannte Methode der Klassifikation unterschiedlicher Phänomene nötig. In den USA ist die vorherrschende Methode zur Klassifikation von Problemen, die Menschen zu einer psychotherapeutischen Behandlung veranlassen, das Diagnostische und Statistische Manual Psychischer Störungen, 3. revidierte Auflage (DSM-III-R) der American Psychiatric Association (1987). Das DSM-III-R ist in erster Linie ein kategoriales System, es beinhaltet aber auch dimensionale Komponenten (z.B. die Ratings der Achse V zur Einschätzung des Anpassungsniveaus). In einer kategorialen Nosologie werden eine Reihe von Kriterien benutzt, um zu bestimmen, welcher diagnostischen Kategorie die Probleme einer Person am besten zuzuordnen sind. Dabei wird davon ausgegangen, daß die Kategorien diskontinuierlich und qualitativ unterschiedlich sind.

Die wichtigste Alternative zu einem kategorialen ist ein dimensionales Klassifikationssystem. Ein solches System setzt voraus, daß die Unterschiede zwischen Patienten im Hinblick auf das interessierende Phänomen quantitativ, kontinuierlich und linear sind. Betrachtet man die emotionalen und verhaltensbezogenen Merkmale, die psychotherapeutisches Eingreifen nötig machen, so sind die wichtigsten Maßeinheiten auf einem dimensionalen Kontinuum meist Intensität, Schweregrad und Auftretenshäufigkeit (z.B. eines Symptoms).

Relativer Nutzen und "Richtigkeit" kategorialer bzw. dimensionaler Klassifikationsansätze im Bereich psychischer Störungen sind stark umstritten. Kendell (1975) stellte fest, daß die Kontroverse um dieses Thema - zumindest in der Vergangenheit - oftmals zwischen den Disziplinen Psychiatrie und Psychologie ausgetragen wurde, wobei die Psychiatrie kategoriale Ansätze bevorzugte, während die Psychologie eher dimensionale Ansätze favorisierte (z.B. Eysenck 1970). Kendell (1975) diskutierte weiterhin die relativen Vor- und Nachteile der beiden Ansätze in einer eingehenden Studie. Auch Lorr (1986) legte die Vorteile jedes der beiden Ansätze dar.

Die Wahl bzw. Entwicklung einer Nosologie wird wesentlich erleichtert, wenn die Natur des zu klassifizierenden Phänomens bekannt ist (vgl. Meehl

u. Golden 1982). Die Grundfrage könnte folgendermaßen lauten: Worin besteht unsere Aufgabe, wenn wir ein System zur Klassifikation von Phänomenen konstruieren wollen, die sich als Störungen von Gefühl und Verhalten manifestieren? Liegt sie darin, die Struktur zu entdecken, die den Phänomenen zugrundeliegt, oder geht es um die Schaffung einer Struktur, anhand derer diese Phänomene nutzbringend eingeordnet werden können (z.B. mittels derer wir dann effektive Interventionsmethoden auswählen können)? Die beiden hier angesprochenen Aufgaben stehen im Einklang mit den von Pepper (1966) so benannten "formistischen" bzw. "kontextualistischen" Positionen.

Die Ansicht, daß es unsere Aufgabe sei, existierende Strukturen offenzulegen (formistische Position), stimmt weitestgehend mit derjenigen von Kendell (1975) überein, daß es nämlich das Ziel einer kategorialen Nosologie sei, die "Natur an den Nahtstellen aufzutrennen". Eine kategoriale Nosologie basiert auf der Annahme, daß eine tiefere Struktur mit klaren Grenzen zwischen den einzelnen Kategorien den zu klassifizierenden Phänomenen zugrundeliegt. Was aber, wenn keine "Nahtstellen" gefunden werden können? Eine Möglichkeit ist es dann, solche Nahtstellen zu schaffen. Eine zweite Möglichkeit ist, daß ein anderer nosologischer Ansatz, etwa ein dimensionales System, den Phänomenen eher gerecht wird und als dessen natürliches Nebenprodukt in bedeutender Weise (z.B. therapeutisch, theoretisch oder ätiologisch) von Nutzen sein könnte.

Der oben beschriebene kategoriale Klassifikationsansatz basiert auf dem *klassischen Modell*, dessen grundlegende Voraussetzungen nach Frances und Widiger (1986) darin bestehen, daß die Kategorien qualitative und diskrete Entitäten darstellen, die sich deutlich voneinander unterscheiden. Zusätzlich sind die Kategorien durch Merkmale definiert, die einzeln jeweils notwendig und zusammen hinreichend sind (Frances u. Widiger 1986). Notwendige und hinreichende Definitionsmerkmale führen zu einer homogenen Kategoriengruppe.

Dem klassischen Modell wird das *prototypische Modell* gegenübergestellt (Cantor et al. 1980; Rosch 1978). Diesem liegt die Beobachtung zugrunde, daß die meisten spontan entwickelten Klassifikationssysteme nicht Kategorien mit Merkmalen enthalten, die einzeln notwendig und gemeinsam hinreichend sind (Frances u. Widiger 1986). Statt dessen neigen die einer Kategorie zugeordneten Gegenstände dazu, ein oder mehrere Merkmale mit einem prototypischen Beispiel der Kategorie gemeinsam zu haben. Die Unterscheidung zwischen dem prototypischen und dem klassischen Modell der Klassifikation ist wichtig, weil die Annahmen des prototypischen Modells über die Art und Weise des Klassifikationsprozesses bei der Einordnung problematischer Emotionen und Verhaltensweisen angemessener sein könnten (s. Skinner 1986).

Ein weiterer Gesichtspunkt, der bei der Wahl und der Entwicklung eines Klassifikationssystems eine Rolle spielt, ist sein Zweck. Lorr (1986) benannte verschiedene Zielsetzungen einer Klassifikation im Bereich psychischer Gesundheit, einschließlich Weiterentwicklung der Theorie, Sprachregelung für die Kommunikation und Entscheidungsfindungskriterien, z.B. bezüglich der in Frage kommenden Behandlung. Die Vielfalt möglicher Klassifikationszwecke und die Frage, ob ein System für verschiedene Zielsetzungen entwickelt werden könnte, waren das zentrale Thema der Konferenz über "Bedeutung und Methode von Klassifikation in Psychiatrie und Psychopathologie", die 1965 am National Institute of Mental Health (Katz et al. 1968) stattfand. Unter den von den Teilnehmern erörterten Problemen spielte auch die Frage eine Rolle, ob *ein* diagnostisches System sowohl für die Zwecke von Psychologen, die im wesentlichen Richtlinien für Behandlungsentscheidungen brauchen, als auch für Psychopathologen, deren Hauptinteresse in der Identifizierung ätiologischer Faktoren besteht, ausreichen würde.

Die hier zur Diskussion stehenden nosologischen Probleme lassen sich anhand der Forschung zur Klassifikation von Angst und Depression illustrieren. Die nachstehenden Ausführungen konzentrieren sich auf Forschungsergebnisse zum Kategoriensystem des DSM-III und DSM-III-R (APA 1980 bzw. 1987) zur Klassifizierung von Angststörungen und affektiven Störungen und auf die Bedeutung dieser Ergebnisse für die Debatte über kategoriale vs. dimensionale Systeme. Die Angst- und Depressionsforschung wird herangezogen, weil sie a) die Probleme beim Versuch der Entwicklung einer Nosologie verdeutlicht, die eine effektive Intervention bei emotionalen und verhaltensmäßigen Störungen ermöglichen soll, und b) gegenwärtig ein großes theoretisches und diagnostisches Interesse an der Beziehung zwischen Angst und Depression besteht (z.B. Kendall u. Watson 1989; Maser u. Cloninger, im Druck).

Richtlinien für einen Überblick zur Angst- und Depressionsforschung

Über die Beziehung zwischen Angst und Depression gibt es eine außerordentlich umfangreiche theoretische und Forschungsliteratur. Allein in den letzten Jahren sind mehrere Überblicksartikel (z.B Dobson 1985; Stavrakaki u. Vargo 1986) und mindestens 4 Buchveröffentlichungen zu diesem Thema erschienen oder im Druck (Becker u. Kleinman, im Druck; Maser u. Cloninger, im Druck; Racagni u. Smeraldi 1987; Kendall u. Watson 1989). Die Fülle der Literatur kann zu einem undurchdringlichen Dickicht werden, wenn nicht bestimmte Leitlinien für einen Überblick zugrundegelegt werden.

Eine präzise Betrachtung der Phänomene "klinische Depression" und "Angst" setzt Kenntnisse der unterschiedlichen operationalen Definitionen von Depression und Angst voraus, die in klinischen Studien gewöhnlich benutzt werden. Drei grundsätzliche Definitionsarten lassen sich unterscheiden:

a) Diagnosen, die bestimmte Kriterien beinhalten (z.B. verschiedene Symptome einer bestimmten Dauer) und die entworfen wurden um festzustellen, wie sich Depression und Angst in klinischen Populationen manifestieren, b) Definitionen von Syndromen, wie die Hamilton Anxiety Rating Scale (HARS, Hamilton 1959) und die Hamilton Rating Scale for Depression (HRSD, Hamilton 1960). Diese Skalen operationalisieren Angst und Depression jeweils als Summe der Ratings, die eine Person für einen Symptomkomplex erhält, der als charakteristisch für diese klinischen Phänomene anzusehen ist. Die dritte Definition (c) gilt für diskrete Symptome, wie z.B. ein Item auf der Hamilton-Skala. (Um Irrtümer zu vermeiden, sei angeführt, daß die Begriffe "Diagnose" und "Syndrom" manchmal synonym verwendet werden, beispielsweise im DSM-III-R. Dies gilt nicht für den vorliegenden Text.)

Die allgemeinen Operationalisierungsformen von Depression und Angst sind als "Definitionsebene" (Hiller et al. 1989) oder als "Bedeutungsebene" (Clark 1989) bezeichnet worden. Es ist wichtig, diese unterschiedlichen Niveaus im Gedächtnis zu behalten, denn Schlußfolgerungen zur Beziehung zwischen Depression und Angst, die sich auf die Daten des einen Niveaus stützen, können sich von den Folgerungen aus den Daten eines anderen Niveaus unterscheiden (s. Clark 1989; Stavrakaki u. Vargo 1986).

Forschungsergebnisse zur Beziehung zwischen Angst und Depression

Diagnostische Ebene. Seit der Einführung des DSM-III haben einige Forscher die Reliabilität und Validität der Nomenklatur untersucht. Ein großer Teil der Forschung zu Angststörungen nach dem DSM-III und dessen revidierter Fassung DSM-III-R wurde an unserer Phobia and Anxiety Disorders Clinic an der State University von New York in Albany durchgeführt. Fünf Studien an dieser Einrichtung berichteten über a) die diagnostische Komorbidität, b) Syndrom- und/oder c) Symptommuster von Angststörungen und affektiven Störungen nach DSM-III und DSM-III-R (Barlow et al. 1986; Benshoof et al. 1989; Di Nardo u. Barlow 1989, im Druck; McCauley et al. 1987; Sanderson et al., im Druck). Bei den Angststörungen nach DSM-III-R handelt es sich um: Paniksyndrom mit Agoraphobie, Agoraphobie ohne Panikattacken in der Vorgeschichte, generalisiertes Angstsyndrom, Zwangssyndrom, posttraumatische Belastungsreaktion, einfache Phobie und soziale Phobie. Die in allen 5 Studien untersuchten affektiven Störungen sind das schwere depressive Syndrom (SDS) und das dysthyme Syndrom (DS). Die bipolare Störung nach dem DSM-III-R wurde nicht untersucht.

Der Begriff "diagnostische Komorbidität" bezeichnet das gleichzeitige Auftreten von mindestens 2 DSM-Störungsbildern zum Zeitpunkt der diagnostischen Erhebung. Der Komorbiditätsindex besagt, in welchem Ausmaß verschiedene Störungen gewöhnlich zusammen auftreten und wie die diskriminante Validität eines Klassifikationssystems einzuschätzen ist (z.B. könnten hohe Prozentzahlen in der Komorbidität anzeigen, daß das Klassifikationssystem künstlich solche Phänomene trennt, die häufig zusammen auftreten, mit anderen Worten, daß das System "die Natur nicht an ihren Nahtstellen teilt" (Blashfield, im Druck). Die Komorbidität wird üblicherweise in Prozent angegeben, so wird z.B. der Prozentsatz der Patienten ermittelt, auf die die Hauptdiagnose eines DSM-III-R-Paniksyndroms zutrifft und die gleichzeitig die diagnostischen Kriterien eines SDS erfüllen. (Der Ausdruck "Hauptdiagnose" bezieht sich auf diejenige Störung, die im Vordergrund der Behandlung steht und/oder zum Zeitpunkt der Untersuchung den Patienten am meisten beeinträchtigt bzw. beunruhigt. Die "Hauptdiagnose" ist von der "Primärdiagnose" zu unterscheiden, die sich häufig auf die chronologisch zuerst feststellbare Störung bezieht; s. Sanderson und Beck 1989.)

Komorbidität kann in Quer- oder in Längsschnittstudien (d.h. Lebenszeitkomorbidität) ermittelt werden. In Querschnittstudien festgestellte Komorbidität bezeichnet diejenigen Diagnosen, deren Kriterien ein Patient zu einem bestimmten Zeitpunkt gleichzeitig erfüllt. In Längsschnittuntersuchungen diagnostizierte Komorbidität weist auf alle Diagnosen hin, deren Kriterien bei einer Person innerhalb einer definierten Zeitspanne zutreffen. Anhand von Querschnittstudien gewonnene Komorbiditätsdaten sind für die Feststellung der diskriminanten Validität eines Klassifikationssystems relevanter.

In einem Überblick neueren Datums überprüfte Moras (1989) die anhand von Querschnittstudien festgestellten Komorbiditätsdaten von Stichproben mit diagnostizierten Angststörungen und ausgewählten affektiven Störungen (SDS und DS) nach DSM-III und DSM-III-R. Neun diesbezügliche Studien wurden erfaßt (Angst et al., im Druck; Barlow et al. 1986; De Ruiter et al. 1989; Di Nardo u. Barlow, im Druck; Harris et al. 1983; Lesser et al. 1988; Riskind et al. 1987; Sanderson u. Beck 1989; Sanderson et al., im Druck). Angesichts der Fülle von Symptomniveaudaten, die darauf hinweisen, daß Angst und Depression die Tendenz haben, zusammen aufzutreten (für einen Überblick s. Clark 1989; Dobson 1985; Gotlib u. Cane 1989), wurden die Daten teilweise überprüft, um die diskriminative Validität der DSM-Kategorien Angststörungen und affektive Störungen festzustellen.

Moras (1989) wichtigste Schlußfolgerung war, daß die mittleren Prozentsätze der Komorbidität für die DSM-III- und die DSM-III-R-Angststörungen (mit Ausnahme des Zwangssyndroms) relativ niedrig sind, was die Annahme der diskriminanten Validität der diagnostischen Kategorien Angststörungen und der beiden affektiven Störungen SDS und DS (s. Tabelle 1, 2) unterstützt. Die Streubreite der mittleren Komorbiditätsprozentsätze für SDS und DS mit spezifischen Angststörungen reichte von 0%-33% (ausgenommen Zwangssyndrom). Diese Werte deuten darauf hin, daß Angst und Depression bei der

Tabelle 1. Zusammenfassung: Komorbiditätsprozentsätze für Depressionen und Angststörungen[a]

	Hauptdiagnose Angststörung mit komorbider depressiver Störung						
	Ag mit Dep	PS mit Dep	GAS mit Dep	Z mit Dep	Soz Ph mit Dep	Ein Ph mit Dep	PTSD mit Dep
Streubreite der Komorbiditätsprozentsätze	7-50%	7-24%	0-42%	7-67%	0-25%	0-12%	(0%)
Median der Komorbiditätsprozentsätze	15%	12%	15.5%	33%	8%	8%	
n	742	101	98	36	94	51	1
	Hauptdiagnose depressive Störung mit komorbider Angststörung[a]						
	Dep mit Ag	Dep mit PS	Dep mit GAS	Dep mit Z	Dep mit Soz Ph	Dep mit Ein Ph	Dep mit PTSD
Streubreite der Komorbiditätsprozentsätze	0-33%	0-18%	17-60%	0-7%	0-44%	2-50%	0%
Median der Komorbiditätsprozentsätze	9%	11%	25%	0%	27%	27%	0%
n	316	316	341	316	316	316	260

Anmerkung. Ag = Paniksyndrom mit Agoraphobie o. Agoraphobie ohne Panikattacken in der Vorgeschichte; PS = Paniksyndrom ohne Agoraphobie; GAS = Generalisiertes Angstsyndrom; Z = Zwangssyndrom; Soz Ph = Soziale Phobie; Ein Ph = Einfache Phobie; PTSD = Posttraumatische Belastungsreaktion; Dep = schweres depressives Syndrom oder Dysthymie. Aus Moras, K. (1989). Diagnostic comorbidity in the DSM-III and DSM-III-R Anxiety and Mood Disorders: Implications for the DSM-IV. Review paper for the DSM-IV Generalized Anxiety Disorder and Mixed Anxiety Depression Workgroup. State University of New York, Albany.

[a] depressive Störungen = nach DSM-III (American Psychiatric Association, 1980) und DSM-III-R (American Psychiatric Association, 1987) schweres depressives Syndrom und Dysthymie

Tabelle 2. Zusammenfassung: Komorbiditätsprozentsätze für Depressionen und Angststörungen (die verschiedenen Depressionsdiagnosen des DSM-III-R wurden zusammengefaßt)[a]

	Hauptdiagnose Angststörung mit komorbider depressiver Störung						
	Ag mit Dep	PS mit Dep	GAS mit Dep	Z mit Dep	Soz Ph mit Dep	Ein Ph mit Dep	PTSD mit Dep
Streubreite der Komorbiditätsprozentsätze	11-50%	17-44%	12-42%	14-67%	0-29%	0-18%	(0%)
Median der Komorbiditätsprozentsätze	24%	27%	33%	66%	24%	16%	
n	742	101	98	36	94	51	1
	Hauptdiagnose depressive Störung mit komorbider Angststörung						
	Dep mit Ag	Dep mit PS	Dep mit GAS	Dep mit Z	Dep mit Soz Ph	Dep mit Ein Ph	Dep mit PTSD
Komorbiditätsprozentsätze	5-33%	3-17%	17-60%	0-6%	0-33%	2-50%	0%
Mittlere Komorbidität	6.5%	10.5%	23%	1.5%	21.5%	25%	0%
n	316	316	341	316	316	316	260

Anmerkung. Die Prozentsätze in den Tabellen wurden berechnet, indem Patienten mit schwerem depressiven Syndrom (SDS) und Dysthymie (D) in einer Studie (siehe z.B. Tabelle 1, 15% SDS + 24% D bei Agoraphobikern = 39% Patienten mit komorbider affektiver Stöung in Barlow et al., 1986) zusammengefaßt wurden. Ag = Agoraphobie mit und ohne Panik, PS = Paniksyndrom ohne Agoraphobie; GAS = Generalisiertes Angstsyndrom; Z = Zwangssyndrom; Soz Ph = Soziale Phobie; Ein Ph = Einfache Phobie; PTSD = Posttraumatische Belastungsreaktion; Dep = schweres depressives Syndrom oder Dysthymie. Aus Moras, K. (1989). Diagnostic comorbidity in the DSM-III and DSM-III-R Anxiety and Mood Disorders: Implications for the DSM-IV. Review paper for the DSM-IV Generalized Anxiety Disorder and Mixed Anxiety Depression Workgroup. State University of New York, Albany.

[a] depressive Störungen = nach DSM-III (American Psychiatric Association, 1980) und DSM-III-R (American Psychiatric Association, 1987) schweres depressives Syndrom und Dysthymie

Mehrzahl der untersuchten Patienten nicht gemeinsam auftraten. Dieses Ergebnis legt nahe, daß mit dem gegenwärtigen kategorialen System Angst und Depression als unterschiedliche Störungen identifiziert werden können.

Symptomebene. Die Komorbiditätsprozentsätze für Angst und Depression auf dem diagnostischen (d.h. kategorialen) Niveau ergeben ein anderes Bild der Beziehung zwischen Angst und Depression als Daten, die auf dem Syndrom- bzw. Symptomniveau gewonnen wurden. Clark (1989) überprüfte Studien, in denen das gemeinsame Auftreten von Angst- und Depressions-Symptomen bei Patienten (entweder durch klinische Beurteilungen oder durch eigene Angaben) erhoben worden war, welche die diagnostischen Kriterien entweder einer Angststörung oder einer Depression erfüllten. In den von ihr überprüften Studien waren verschiedene diagnostische Systeme zur Diagnosefindung benutzt worden.

Die Ergebnisse zeigen, daß nur wenige Symptome in konsistenter Weise (d.h. über alle Untersuchungen, über Selbst- und Fremdbeurteilungen hinweg) Patienten mit vorrangiger Angststörung von solchen mit vorrangiger depressiver Störung unterschieden. Zu dem gleichen Ergebnis kam eine in unserer Klinik durchgeführte Untersuchung, in der Benshoof et al. (1989) fanden, daß Patienten mit der Hauptdiagnose einer DSM-III-Angststörung (ausgewählt waren Paniksyndrom, Agoraphobie mit Paniksyndrom, generalisierte Angststörung) im Vergleich zu Patienten mit depressiven Störungen nach dem DSM-III (SDS, DS) sich in der Schwere einer ganzen Reihe von Symptomen, die normalerweise mit Angst und Depression verbunden sind, meist nicht signifikant voneinander unterschieden. Als Einwand gegen die Ergebnisse von Benshoof et al. (1989) sei erwähnt, daß die diagnostizierten Gruppen nicht "rein" waren. Einige der Patienten mit Angststörung erfüllten gleichzeitig Kriterien einer depressiven Störung und umgekehrt.

Clarks (1989) Literaturübersicht und das Ergebnis von Benshoof et al. (1989), nach denen das gemeinsame Auftreten von Angst- und Depressionssymptomen in diagnostizierten Patientengruppen mit Angststörungen oder Depressionen häufig ist, stimmen mit den Ausführungen anderer Autoren (z.B. Akiskal 1985; Angst u. Dobler-Mikola 1985; Hiller et al. 1989) überein. Jedoch sollten hierbei drei Punkte bedacht werden: 1) Untersuchungen an sorgfältig ausgesuchten, diagnostisch "reinen" Angst- oder Depressionspatienten (d.h. ohne gleichzeitiges Auftreten von Angst- und Depressionsstörungen) ergeben möglicherweise eine größere Symptomdifferenzierung (s. van Valkenburg et al. 1984). 2) Einige Symptome sind bei depressiven Patienten konsistent stärker ausgeprägt als bei Angstpatienten, z.B. depressive Verstimmung, psychomotorische Retardation und Hoffnungslosigkeit (Barlow 1988; Benshoof et al. 1989; Clark 1989). Außerdem sind autonome Symptome bei Angstpatienten tendenziell stärker als bei depressiven Patienten (Benshoof et al. 1989; Clark 1989). 3) Die vorliegenden Forschungsergebnisse zu Angst- und Depressionssymptomen bei diagnostisch voneinander abgegrenzten Angst- vs. Depressionspatienten werden dadurch eingeschränkt, daß nur wenige Untersuchungen es ermöglichen, die Häufigkeit, mit der die einzelnen Symptome in den diagnostischen Gruppen auftreten, zu berücksichtigen. Vielmehr legen die meisten Untersuchungen ausschließlich Signifikanztests über die relative Symptomstärke bei Angst- bzw. depressiven Patienten auf der Basis von Gruppenmittelwerten vor (L.A. Clark, persönliche Mitteilung v. 15. Jan. 1989).

Syndromebene. Das gleichzeitige Vorhandensein von Angst- und Depressionssymptomen bei Patienten, die laut Diagnose nur unter einer der beiden Störungen leiden, wird auch bei Daten auf der Syndromebene deutlich, wie z.B. bei den Gesamtwerten der Hamilton Rating Scale for Depression (HRSD) oder der Hamilton Anxiety Rating Scale (HARS). Beispielsweise wurden die Hamilton-Depressions- und Angstwerte von Patienten mit der Hauptdiagnose Angststörung mit denen von Patienten mit der Hauptdiagnose depressive Störung verglichen (z.B. Riskind et al. 1987). Solche Daten zeigen das Ausmaß an, in dem Konstellationen von Symptomen, die als charakteristisch für Angst oder Depression angesehen werden, bei Patienten vorkommen, die die Kriterien der einen oder der anderen Störung erfüllen.

Daten aus Untersuchungen zum Syndromniveau zeigen im allgemeinen an, daß Depressionssymptome auch bei Patienten mit der Hauptdiagnose Angststörung vorkommen und umgekehrt (Clark 1989). Das auf dem Syndromniveau erfaßte Vorhandensein von Depression und Angst bei diagnostizierten Angst- und Depressionspatienten zeigt sich selbst bei Verwendung der revidierten Hamilton-Skalen (Riskind et al. 1987), die entwickelt wurden, um Itemüberlappungen zwischen Angst- und Depressionsskalen von spezifischen "Syndrominventaren" zu vermeiden. Als Beispiel seien die kreuzvalidierten mittleren Angst- und Depressionswerte auf den revidierten Hamilton-Skalen für das generalisierte Angstsyndrom und das schwere depressive Syndrom von Riskind et al. (1987) genannt.

Dimensionale Klassifikationsansätze

Die vorhergehenden Ausführungen gaben einen kurzen Überblick über Forschungsergebnisse zur Beziehung zwischen Angst und Depression, wenn sie auf der diagnostischen, auf der Symptom- und auf der Syndromebene erhoben werden. Ein Vergleich der Untersuchungsergebnisse auf der diagnostischen Ebene mit denen auf der Symptom- bzw. Syndromebene veranschaulicht das Problem der kriterienrelevanten Schwelle, das sich bei Verwendung einer kategorialen Nosologie wie dem DSM stellt (Frances et al., im Druck). Ein Beispiel für dieses "Schwellenproblem" ist, daß Patienten möglicherweise Symptome aufweisen, die einem oder mehreren diagnostischen Kriterien einer Störung entsprechen, daß aber die Symptome vom Diagnostiker nicht als gravierend genug angesehen werden, um die Kriterien zu erfüllen (s. Hiller et al. 1989). Ein weiterer Aspekt des Schwellenproblems besteht darin, daß kategoriale Daten (d.h. Diagnosen) u.U. verschleiern, daß Patienten, die eine bestimmte Diagnose erhalten, ebenfalls - zumindest in einem gewissen Ausmaß - Symptome einer anderen Störung zeigen. Solche Informationen sind aber möglicherweise für die Zustandsbeschreibung des Patienten vor Behandlungsbeginn von Bedeutung, da sie mögliche Reaktionen des Patienten auf die Behandlung voraussagen können. Des weiteren sind solche Daten für die Vertiefung unserer Kenntnisse über die Beziehung zwischen Angst und Depression wichtig.

Für uns ist das Schwellenproblem deshalb von Interesse, weil es deutlich macht, daß Daten zur Beziehung zwischen Angst und Depression, die auf der Symptom- und Syndromebene sichtbar sind, nicht in Erscheinung treten, wenn nur Daten der diagnostischen Ebene (d.h. kategoriale Daten) in Betracht gezogen werden. Bei Hiller und Mitarbeitern finden sich Daten, die unsere Sicht bestätigen. Diese Autoren liefern auch ein Rahmenkonzept für das Verständnis der verschiedenen Untersuchungsergebnisse zur Beziehung zwischen Angst und Depression, deren Daten auf dem diagnostischen, dem Syndrom- und dem Symptom-Niveau erhoben wurden.

Der Vergleich der Daten legt den Schluß nahe, daß eine rein kategoriale Nosologie Informationen über Depression und Angst ausschließt, die unser Wissen über diese problematischen kognitiv-affektiven Strukturen vertiefen könnten. Die vorliegenden Ergebnisse legen nachdrücklich den Nutzen einer dimensionalen Messung in dieser Phase der Weiterentwicklung unseres Wissens über Angst und Depression nahe.

Wie kann ein solches brauchbares dimensionales System aussehen? Tellegen (1985) sowie Clark u. Watson (1985) haben dabei einen Ansatz vorgeschlagen, der das Konstrukt von negativen und positiven Affekten zum Ausgangspunkt hat. Kurz zusammengefaßt, bieten sie ein dreiteiliges Modell von Depression und Angst an. Ihrer grundlegenden Theorie nach enthalten sowohl Depression als auch Angst eine Komponente eines unspezifischen negativen Affekts. Jedoch ist Depression darüber hinaus durch geringen positiven Affekt und eine Angststörung durch physiologische Übererregung (Clark u. Watson 1989) gekennzeichnet. Die Positive and Negative Affect Scales (PANAS) werden verwendet, um die Konstrukte zu messen, die im Zentrum des von Tellegen vorgeschlagenen und von Clark u. Watson weiterentwickelten Modells stehen.

Frances et al. (im Druck) untersuchten ebenfalls die Forschung zur Klassifikation von Angst und Depression und folgerten, daß ein dimensionales

System zur Ergänzung der gegenwärtigen kategorialen Nosologie von Nutzen sein könnte. Obwohl Frances et al. (im Druck) keine detaillierten Vorschläge zur Gestaltung eines brauchbaren dimensionalen Meßsystems vorlegten, unterstrichen sie doch den möglichen Wert des PANAS-Systems wie auch der Messungen auf der Basis von Russells (1980) Zirkumplex-Affekt-Modell.

Auf der Grundlage von Daten, die in unserer Phobia and Anxiety Disorders Clinic gewonnen wurden, legten Di Nardo u. Barlow (im Druck) eine Studie zur dimensionalen Messung der verschiedenen Symptome vor, die entweder als Schlüsselmerkmale (essentielle und definierende Symptome) oder als allgemeine Merkmale von DSM-III-Angststörungen anzusehen sind, die in allen diagnostischen Kategorien vorkommen. Die einen wie die anderen könnten dimensional (d.h. auf einem Kontinuum) gemessen werden, da Schlüsselmerkmale der einen Störung in einem geringeren Maße auch bei anderen Störungen vorhanden sein können. Die Verfahrensweise, die Di Nardo und Barlow (im Druck) vorschlagen, könnte auf Angststörungen und depressive Störungen angewendet werden.

Beispiele für Schlüsselmerkmale, die dimensional gemessen werden könnten, sind die Selbstdarstellungsängste der sozialen Phobie, sich aufdrängende Gedanken, die das Zwangssyndrom kennzeichnen, und Symptome wie Gewichtsverlust, die in der Regel mit dem melancholischen Typ des schweren depressiven Syn- droms einhergehen. Beispiele für allgemeine Merkmale, die dimensional gemessen werden könnten, sind der negative Affekt im Sinne von Tellegen und Mitarbeitern und möglicherweise die Hilflosigkeits-Hoffnungslosigkeitsdimension (Alloy et al., im Druck). Die grundsätzliche Vorgehensweise würde darin bestehen, sowohl Schlüssel- als auch allgemeine Merkmale zu erheben, die bei allen Patienten mit vorwiegend depressiver oder Angstsymptomatik untersucht werden müßten. Schlüssel- und Allgemeinmerkmale wären als Teil des diagnostischen Prozesses zu erheben und ergäben Diagnoseprofile aus den Gesamtscores aller Dimensionen. Ein solches System könnte zusammen mit der üblichen kategorialen DSM-Nosologie angewendet werden.

Der Nutzen eines dimensionalen Systems, wie es hier beschrieben wurde, beinhaltet zum Beispiel folgende Punkte: a) Gewinnung umfassenderer Daten zur Beziehung zwischen den allgemein akzeptierten Schlüsselmerkmalen von Angststörungen und Depression, b) Ermittlung einer möglicherweise klinisch signifikanten (z.B. im Sinne unterschiedlicher Behandlungsreaktionen von Patienten) Heterogenität der Stichproben, die auf der diagnostischen Ebene homogen sind, c) Gewinnung von Daten über Symptome, die auf die pharmakologische und psychosoziale Behandlung von Angst und Depression reagieren, und d) Datensammlung zur Überprüfung der verschiedenen, miteinander rivalisierenden Theorien zur Beziehung zwischen Angst und Depression. Dazu zählen das Einheitsmodell, das pluralistische und das ängstlich-depressive Modell, wie sie von Stavrakaki u. Vargo (1986) beschrieben wurden.

Zusammenfassung

Zusammenfassend läßt sich sagen, daß kategoriale und dimensionale Klassifikationsansätze in der Praxis nicht unvereinbar sind (s. Di Nardo u. Barlow, im Druck; Frances et al., im Druck; Kendell 1975; Skinner 1986), obwohl sie auf der konzeptuellen Ebene, die von grundsätzlich anderen Annahmen über die Natur der Phänomene ausgeht, unvereinbar sind. Wie Lorr (1986) anmerkte, handelt es sich bei fast allen DSM-III-Kriterien um Symptome, die dimensional aufgefaßt werden können.

In dieser Studie wurden Forschungsergebnisse zu Angststörungen und Depression kurz dargestellt, die auf der diagnostischen, der Syndrom- und der Symptomebene erfaßt wurden. Es wurde argumentiert, daß die vorliegenden Ergebnisse den Bedarf an dimensionalen Klassifikationssystemen veranschaulichen, um die Erkenntnisse zu erweitern, die mit dem derzeitigen kategorialen DSM-Klassifikationssystem gewonnen wurden. Dies ist ein Gebiet, auf dem Psychologen wichtige Beiträge leisten können, wie die Stärke der psychologischen Ausbildung hinsichtlich Konzeptualisierung, Psychometrie und statistischer Methoden im Zusammenhang mit dimensionaler Messung belegt.

Literatur

Akiskal HS (1985) Anxiety: definition, relationship to depression, and proposal for an integrative model. In: AH Tuma, J Maser (eds) Anxiety and the anxiety disorders. Erlbaum, Hillsdale, NJ, pp 787-797

Alloy LB, Kelly KA, Mineka S, Clements CM (1990) Comorbidity in anxiety and depressive disorders: A helplessness/hopelessness perspective. In: JD Maser, CR Cloninger (eds) Comorbidity of anxiety and mood disorders. American Psychiatric Press Inc, Washington DC

American Psychiatric Association (1980) Diagnostic and statistical manual of mental disorders, Third Edition (DSM-III). American Psychiatric Press, Washington DC

American Psychiatric Association (1987) Diagnostic and statistical manual of mental disorders, Third Edition-Revised (DSM-III-R). American Psychiatric Press, Washington DC

Angst J, Dobler-Mikola A (1985) The Zurich Study: VI. A continuum from depression to anxiety disorders? Europ Arch Psychiatr Neurol Sci 235 179-186

Angst J, Vollrath M, Merikangas KR, Ernst C (1990) Comorbidity of anxiety and depression in the Zurich cohort study of young adults. In: JD Maser, CR Cloninger (eds) Comorbidity of anxiety and mood disorders. American Psychiatric Press Inc, Washington DC

Barlow DH, Di Nardo PA, Vermilyea BB, Vermilyea J, Blanchard EB (1986) Comorbidity and depression among anxiety disorders: Issues in diagnosis and classification. J Nerv Ment Dis 174:63-72

Barlow DH (1988) Anxiety and its disorders. Guilford Press, New York

Becker J, Kleinman A (in press) Psychosocial aspects of mood disorders. Erlbaum, Hillsdale NJ

Benshoof BB, Moras K, Di Nardo PA, Barlow DH (1989) A comparison of symptomatology in anxiety and depressive disorders. Unpublished manuscript, State University of New York, Center for Stress and Anxiety Disorders, Albany

Blashfield RK (1990) Co-Morbidity and classification. In: J Maser, CR Cloninger (eds) Comorbidity in anxiety and mood disorders. American Psychiatric Press, Washington DC

Cantor N, Smith EE, French R, Mezzich J (1980) Psychiatric diagnosis as prototype categorization. J Abnorm Psychol 89:181-193

Clark LA (1989) The anxiety and depressive disorders: descriptive psychopathology and differential diagnosis. In: PC Kendall D Watson (eds) Anxiety and depression: distinctive and overlapping features. Academic Press, San Diego, pp 83-129

Clark LA, Watson D (1989) Psychometric issues relevant to a potential DSM-IV category of mixed anxiety-depression. Review paper for the DSM-IV Generalized Anxiety Disorder and Mixed Anxiety Depression Workgroup. Southern Methodist University, Dallas

De Ruiter C, Ruken H, Garssen B, van Schaik A, Kraaimaat F (1989) Comorbidity among the anxiety disorders. J Anxiet Disord 3:57-68

Di Nardo PA, Barlow DH (1990) Syndrome and symptom comorbidity in the anxiety disorders. In: JD Maser, CR Cloninger (eds) Comorbidity of anxiety and mood disorders. American Psychiatric Press, Washington DC

Dobson KS (1985) The relationship between anxiety and depression. Clin Psychol Rev 5:307-324

Eysenck HJ (1970) A dimensional system of psychodiagnostics. In: AR Mahrer (ed) New approaches to personality classification. Columbia University Press,New York, pp 169-207

Frances A, Widiger TA (1986) Methodological issues in personality disorder diagnosis. In: T Millon, GL Klerman (eds) Contemporary directions in psychopathology: Toward the DSM-IV. (pp 381-402) Guilford Press, New York

Frances A, Widiger TA, Fyer MR (1990) The influence of classification methods on comorbidity. In: JD Maser, CR Cloninger (eds) Comorbidity of anxiety and mood disorders. American Psychiatric Press, Washington DC

Gotlib IH, Cane DB (1989) Self-report assessment of depression and anxiety. In: PC Kendall, D Watson (eds) Anxiety and depression: distinctive and overlapping features. Academic Press, San Diego, pp 131-169

Hamilton M (1959) The assessment of anxiety states by rating. Br J Med Psychol 32:50-55

Hamilton M (1960) A rating scale for depression. J Neurol Neurosurg Psychiatry 23:56-62

Harris EL, Noyes R, Crowe RR, Chaudhry DR (1983) Family study of agoraphobia: report of a pilot study. Arch Gen Psychiat 40:1061-1064

Hiller W, Zaudig M, Bose M (1989) The overlap between depression and anxiety on different levels of psychopathology. J Affect Dis 16:223-231

Katz MM, Cole JO, Barton WE (eds) (1968) The role and methodology of classification in psychiatry and psychopathology. (DHEW Publication No HSM 72-9015)US Government Printing Office, Washington DC

Kendall PC, Watson D (eds) (1989) Anxiety and depression: distinctive and overlapping features. Academic Press, San Diego

Kendell RE (1975) The role of diagnosis in psychiatry. Blackwell Scientific, Oxford

Lesser IM, Rubin RT, Pecknold JC, Rifkin A, Swinson RP, Lydiard RB, Burrows GD, Noyes R, DuPont RL (1988) Secondary depression in panic disorder and agoraphobia: 1. Frequency, severity, and response to treatment. Arch Gen Psychiatry 45:437-443

Lorr M (1986) Classifying psychotics: Dimensional and categorical approaches. In: T Millon, GL Klerman (eds) Contemporary directions in psychopathology: Toward the DSM-IV. Guilford, New York, pp 331-345

Maser JD, Cloninger CR (eds) (1990) Comorbidity of anxiety and mood disorders. American Psychiatric Press, Washington DC

McCauley PA, Di Nardo PA, Barlow DH (1987, November) Differentiating anxiety and depression using a modified scoring system for the Hamilton scales. Poster presented at the annual meeting of the Association for Advancement of Behavioral Therapy Boston

Meehl PE, Golden R (1982) Taxometric methods. In: P Kendall, J Butcher (eds) Handbook of research methods in clinical psychology. Wiley, New York, pp 127-181

Moras K (1989) Diagnostic comorbidity in the DSM-III and III-R Anxiety and Mood Disorders: Implications for the DSM-IV. Review paper for the DSM-IV Generalized Anxiety Disorder

and Mixed Anxiety Depression Workgroup. Center for Stress and Anxiety Disorders State University of New York Albany
Pepper S (1966) World hypotheses. University of California Press, Berkeley
Racagni G, Smeraldi E (eds) (1987) Anxious depression: Assessment and treatment. Raven Press, New York
Riskind JH, Beck AT, Brown G, Steer RA (1987) Taking the measure of anxiety and depression: Validity of the reconstructed Hamilton scales. J Nerv Ment Dis 175:474-479
Robins LN, Helzer JE, Croughan J, Ratcliff KS (1981) National Institute of Mental Health Diagnostic Interview Schedule: Its history, characteristics, and validity. Arch Gen Psychiatry 38:381-389
Rosch E (1978) Principles of categorization. In: E Rosch, B Lloyd (eds) Cognition and categorization. Erlbaum, Hillsdale NJ
Russell JA (1980) A circumplex model of affect. J Personal Soc Psychol 39:1161-1178
Sanderson WC, Di Nardo PA, Rapee RM, Barlow DH (in press) Syndrome co-morbidity in patients diagnosed with a DSM-III-Revised anxiety disorders. J Abnorm Psychol
Sanderson WC, Beck AT (1989) Syndrome co-morbidity in patients with major depression or dysthymia: Prevalence and temporal relationships. (in press)
Skinner HA (1986) Construct validation approach to psychiatric classification. In: T Millon, GL Klerman (eds) Contemporary directions in psychopathology: toward the DSM-IV. Guilford, New York, pp 307-330
Spitzer RL, Endicott J, Robins E (1978) Research diagnostic criteria: Rationale and reliability. Arch Gen Psychiatry 35:773-782
Stavrakaki C, Vargo B (1986) The relationship of anxiety and depression: a review of the literature. Br J Psychiat 149:7-16
Tellegen A (1985) Structures of mood and personality and their relevance to assessing anxiety, with an emphasis on self-report. In: AH Tuma, J Maser (eds) Anxiety and the anxiety disorders. Erlbaum, Hillsdale, NJ, pp 787-797
Van Valkenburg C, Akiskal HS, Puzantian V, Rosenthal T (1984) Anxious depressions: Clinical, family history, and naturalistic outcome-comparisons with panic and major depressive disorders. J Affect Dis 6:67-82
Watson D, Clark LA, Tellegen A (1988) Development and validation of brief measures of positive and negative affect: The PANAS scales. J Personal Soc Psychol 54:1063-1070

Angst und körperliche Symptome: Neue Erkenntnisse zum Paniksyndrom

A. Ehlers und J. Margraf

In allgemeinärztlichen, internistischen und neurologischen Praxen ersuchen oft Patienten um Behandlung, die über anfallsweise auftretende körperliche Symptome wie Herzrasen, Atemnot, Brustschmerz oder Schwindelgefühle klagen, ohne daβ sich eine organische Ursache dieser Beschwerden feststellen läβt. Die körperlichen Symptome sind in der Regel von starker Angst um die körperliche oder seelische Gesundheit begleitet. Andere Patienten suchen Psychiater oder Psychologen auf und klagen über Angstzustände, die sie überraschend und scheinbar ohne Grund in vielen Situationen wie beim Autofahren, beim Einkaufen in Kaufhäusern, beim Besuch öffentlicher Veranstaltungen oder beim Alleinsein überfallen. Obwohl die Patienten körperlich gesund sind, leben sie in der ständigen Angst, in einer dieser Situationen in Ohnmacht zu fallen, an einem Herzinfarkt zu sterben oder ein ähnliches Schicksal zu erleiden.

Diese auf den ersten Blick sehr unterschiedlichen Beschwerdebilder anfallsweise auftretender Angstzustände mit vielen körperlichen Symptomen werden in der neueren Literatur unter dem Begriff "*Paniksyndrom*" zusammengefaβt (American Psychiatric Association 1980, 1987). Es handelt sich bei diesem Syndrom um eine psychische Störung aus der Gruppe der Angststörungen, auch wenn für die Patienten oftmals nicht die Angst, sondern ihre unerklärlichen körperlichen Symptome im Vordergrund stehen und ihnen Sorgen machen.

Auf der Suche nach einer Erklärung für ihre Beschwerden konsultieren die Betroffenen eine Vielzahl von Spezialisten und durchlaufen zahlreiche Maβnahmen zur diagnostischen Abklärung, die vom Elektrokardiogramm und Elektroenzephalogramm über endokrinologische Untersuchungen des Blutes und Röntgenaufnahmen des Brustkorbes bis zum Computertomogramm und Herzkatheter reichen. Von allen psychiatrischen Patienten, einschlieβlich der Schizophrenien, ersuchen Patienten mit Paniksyndrom am häufigsten um professionelle Hilfe und verursachen im Gesundheitssystem durch vielfältige diagnostische Maβnahmen und Behandlungen erhebliche Kosten (Boyd 1986).

Gemeinsam ist allen Patienten mit Paniksyndrom, daβ sie wiederholt von Anfällen starken Unwohlseins überfallen werden, die gekennzeichnet sind durch:

- eine Vielzahl körperlicher Symptome wie Herzrasen, Atemnot, Schwindel, Brustschmerz oder Hitzewallungen,
- (teilweise) die Furcht, während des Anfalls zu sterben, die Kontrolle zu verlieren oder verrückt zu werden,
- ihre Spontaneität, d.h. die Patienten nehmen oft keine Auslöser der Anfälle wahr,
- ihren abrupten Zeitverlauf, d.h. die Symptome entstehen meist innerhalb weniger Minuten,
- die Abwesenheit organischer Gründe für die Beschwerden.

Diese Anfälle werden als Panik- oder Angstanfälle bezeichnet.

Die Ursache der Panikanfälle war bis vor kurzem völlig ungeklärt. In diesem Kapitel werden wir eine Reihe neuerer Erkenntnisse zum Zusammenspiel von Angst und körperlichen Symptomen bei diesen organisch gesunden Patienten berichten. Wie wir zeigen werden, sind psychologische Faktoren von entscheidender Bedeutung für die Erklärung und Behandlung des Paniksyndroms. Im einzelnen werden wir uns mit den folgenden Fragen beschäftigen:

- Gibt es Auslöser für die scheinbar spontanen Panikanfälle?
- Werden Angstanfälle durch Hyperventilation verursacht?
- Kann man Panikanfälle psychologisch behandeln?
- Gibt es Anhaltspunkte für die Bedeutung psychologischer Faktoren bei der medikamentösen Behandlung des Paniksyndroms?

Psychologische Modelle des Paniksyndroms: Körperliche Veränderungen als Angstauslöser

In jüngster Zeit wurden von verschiedenen Autoren unabhängig voneinander psychologische Modellvorstellungen zur Entstehung der Panikanfälle formuliert (Barlow 1986; Clark 1986; Ehlers et al. 1988a). Diesen Erklärungsansätzen ist gemeinsam, daß Panikanfälle als Resultat eines Aufschauklungsprozesses gesehen werden. Die Elemente dieses Prozesses sind wahrgenommene körperliche Veränderungen, deren Assoziation mit Bedrohung und die Angstreaktion der Patienten, die wiederum zu weiteren körperlichen Symptomen führt.

Löst die Wahrnehmung körperlicher Veränderungen bei Patienten mit Paniksyndrom Angst aus? Durch systematische Befragungen der Patienten mit Hilfe strukturierter Interviews und standardisierter Fragebögen wurden eine Reihe indirekter Hinweise für die Gültigkeit dieser Annahme gefunden. So gaben Panikpatienten in verschiedenenen Studien an, mehr Angst vor körperlichen Symptomen zu haben, die bei Panikanfällen vorkommen, und mehr

Gedanken zu haben, die katastrophale Konsequenzen solcher Symptome nahelegen, als klinische und nichtklinische Kontrollgruppen (z.B. Chambless u. Gracely 1989; Reiss et al. 1986). Panikpatienten hielten Paniksymptome, nicht aber Kontrollsymptome wie Zahnschmerzen oder Juckreiz, für gefährlicher als Patienten mit anderen Angststörungen oder Kontrollpersonen ohne psychische Beeinträchtigung (Ehlers, im Druck a).

Hibbert (1984) und Zucker et al. (1989) ließen Patienten mit Paniksyndrom ihre Angstanfälle beschreiben. Von besonderem Interesse im Hinblick auf Auslöser des Paniksyndroms war hierbei die zeitliche Reihenfolge der verschiedenen Symptome. Beide Studien fanden übereinstimmend, daß die Patienten als erstes Anzeichen des Panikanfalls körperliche Veränderungen wie z.B. Beschleunigungen des Herzschlages oder leichte Schwindelgefühle bemerkten. In Übereinstimmung mit der Hypothese, daß Körperempfindungen Panikanfälle auslösen gingen also solche Empfindungen der Angst voraus. Auch berichteten die Patienten, während der Panikanfälle Vorstellungen oder Gedanken zu katastrophalen Konsequenzen der Symptome wie Ohnmacht, Tod oder Verrücktwerden zu haben.

In einer Studie von Ehlers et al. (1988b) wurde die Frage, ob die Wahrnehmung körperlicher Veränderungen bei Panikpatienten Angst auslösen kann, experimentell untersucht. Den Probanden wurde durch falsche Rückmeldung vorgetäuscht, daß sich ihre Herzfrequenz stark beschleunigt habe. 25 Panikpatienten und 25 Kontrollpersonen ohne Angstanfälle erhielten zunächst korrekte akustische Rückmeldung über ihre Herzfrequenz, d.h. sie hörten einen Ton mit jedem ihrer Herzschläge. Nach 5 min wurde der Rückmeldeton ohne das Wissen der Probanden nicht mehr vom Herzschlag, sondern durch einen Frequenzgenerator gesteuert. Die Frequenz wurde von den Versuchsleitern so manipuliert, daß die Probanden annehmen mußten, ihr Herzschlag habe sich um 50 Schläge/min innerhalb von 30 s beschleunigt. Die überwiegende Mehrzahl der Probanden bezweifelte die Gültigkeit der Rückmeldung nicht. Panikpatienten, nicht aber die Kontrollpersonen, reagierten auf das vermeintliche Herzrasen mit Anstiegen ihrer Angst, ihrer Herzfrequenz, ihrer Hautleitfähigkeit und ihres Blutdrucks. Nur die Patienten reagierten also im Sinne einer Aufschauklung der körperlichen Erregung und Angst. Bei einer Patientin wurde durch die Manipulation sogar ein Panikanfall ausgelöst. Die Ergebnisse stehen im Einklang mit psychologischen Modellen des Paniksyndroms.

Ehlers (im Druck b) fand eine Reihe von Faktoren, die begünstigen könnten, daß Patienten mit Paniksyndrom Körperempfindungen wahrnehmen und darauf mit Angst reagieren. Zum einen stellte sie in 2 Untersuchungen fest, daß Panikpatienten eine relativ gute Herzwahrnehmung aufweisen. Die Probanden hatten die Aufgabe, ihre Herzschläge während festgelegter Intervalle still für sich zu zählen und am Ende des Intervalls den Versuchsleitern das Zählergebnis mitzuteilen. Diese Methode wurde von Schandry (1981) entwickelt. Die absolute Differenz zwischen den gezählten und den tatsächlichen Herzschlägen wird zur Herzfrequenz in Beziehung gesetzt und ergibt ein Maß für die Ungenauigkeit der Herzwahrnehmung. Patienten mit Paniksyndrom erreichten einen geringeren Fehler beim Herzschlagzählen als Patienten mit spezifischen Phobien, Personen mit seltenen Angstanfällen, Kontrollpersonen ohne psychische Störungen (Studie 1) oder Patienten mit Depressionen (Studie 2). Patienten mit Generalisiertem Angstsyndrom, die wie Panikpatienten über viele somatische Symptome klagen und ebenfalls zu den Patienten mit Angstzuständen oder Angstneurosen zählen, unterschieden sich hingegen nicht von den Panikpatienten (Studie 2). Einschränkend ist zu sagen, daß mit anderen Methoden und bei anderen Gruppen keine bessere Herzwahrnehmung gefunden wurde (Ehlers im Druck b; Hartl, persönliche Mitteilung). Auch war in den Untersuchungen von Ehlers (1989) der Unterschied zwischen Panikpatienten und den anderen Versuchsgruppen in den 1. Zähldurchgängen am größten. Eventuell wurde mit dem Paradigma nicht die generelle Fähigkeit, Herzschläge wahrzunehmen, erfaßt, sondern eine habituelle Aufmerksamkeitszuwendung auf den Körper. Für die Validität der Gruppenunterschiede spricht der Befund einer prospektiven Längsschnittstudie von Ehlers (1989), daß eine gute Herzwahrnehmung das Wiederauftreten von Angstanfällen bei remittierten Panikpatienten im Laufe eines Jahres nach der Untersuchung vorhersagte.

Für die Rolle von Aufmerksamkeitsprozessen beim Paniksyndrom sprechen Untersuchungen von Ehlers et al. (1988c) und Ehlers (1989). Patienten mit Paniksyndrom wendeten ihre Aufmerksamkeit in stärkerem Maße als Kontrollpersonen auf Wörter, die mit körperlicher Bedrohung im Verbindung standen (z.B. Herzinfarkt, Tumor) (Ehlers et al. 1988c) oder taktile Reize mit alarmierender Qualität (Ehlers 1989). In der Studie von Ehlers et al. (1988c) wurde eine modifizierte Version des Farbnenntests nach Stroop verwendet. Die Probanden hatten die Aufgabe, so schnell wie möglich die Farben von bedrohlichen Wörtern oder neutralen bzw. positiven Wörtern gleicher Länge und Gebräuchlichkeit zu benennen. Panikpatienten und Personen mit seltenen Angstanfällen benötigten im Vergleich zu Kontrollpersonen länger zum Farben-Nennen der bedrohlichen Wörter als bei neutralen Wörtern, zeigten also eine größere Interferenz. Personen mit Panikanfällen konnten also den bedrohlichen Inhalt der Wörter schlechter ignorieren. Ehlers (1989) zeigte eine differentielle Aufmerksamkeitszuwendung für körperlich bedrohliche Reize direkt. Hierzu wurde ein Reaktionszeitparadigma von MacLeod et al. (1986) für taktile Reize adaptiert. Die Probanden hatten die Aufgabe, eine leichte Vibration eines der beiden Zeigefinger (Zielreiz) zu entdecken und in diesem Fall "jetzt" zu sagen. Ihre Reaktionszeit wurde über eine Schwellenwertschaltung ermittelt. Experimentell manipuliert wurden die Reize, die vor den Zielreizen dargeboten wurden. In allen Durchgängen wurden zuvor beide Ringfinger leicht vibriert.

Relevant für die Auswertung waren solche Durchgänge, in denen vor dem Zielreiz zusätzlich zu der Vibration ein leichter elektrischer Reiz an einem der beiden Ringfinger gegeben wurde, der vor der Untersuchung individuell so eingestellt wurde, daß er eine alarmierende, aber nicht schmerzhafte Qualität besaß. Eine Aufmerksamkeitszuwendung auf den bedrohlichen Reiz äußert sich in diesem Paradigma darin, daß die Probanden den Zielreiz in den Durchgängen schneller erkennen, in denen er an der gleichen Hand wie der elektrische Reiz auftrat als in solchen Durchgängen, in denen beide Reize an verschiedenen Händen auftraten. Panikpatienten, Personen mit seltenen Panikanfällen und Patienten mit Spezifischen Phobien, nicht aber Kontrollpersonen ohne psychische Störungen, zeigten eine entsprechende Aufmerksamkeitszuwendung auf den elektrischen Reiz.

Zusammenfassend läßt sich feststellen, daß Patienten mit Paniksyndrom angeben, Angst vor körperlichen Paniksymptomen zu haben, daß sie während ihrer Angstanfälle katastrophale Konsequenzen körperlicher Symptome befürchten, daß sie ihre Aufmerksamkeit auf körperlich bedrohliche Reize wenden, und daß sie mit Steigerungen ihrer Angst und körperlichen Erregung reagieren, wenn sie glauben, ihre Herzfrequenz habe sich beschleunigt. Sie weisen eine relativ gute Wahrnehmung ihres Herzschlages auf und eine gute Herzwahrnehmung sagt das Rückfallrisiko remittierter Patienten vorher.

Interaktion physiologischer und kognitiver Prozesse bei Panikpatienten am Beispiel Hyperventilation

Neben den bereits erwähnten psychologischen Modellvorstellungen zum Paniksyndrom liegen biologische Erklärungsansätze vor. Nach diesen Modellen sind Panikanfälle das Resultat physiologischer Fehlregulationen. Die am besten untersuchte Fehlregulation ist die Hyperventilation. Einige Autoren vertreten die Auffassung, daß die Symptome der Panikanfälle durch Hyperventilation zustandekommen und daß man deswegen statt vom Paniksyndrom eher von einem Hyperventilationssyndrom sprechen sollte (vgl. Bass et al. 1987; Bonn et al. 1984; Clark et al. 1985; Garssen et al. 1983; Lum 1981; Ley 1985, 1987; Magarian 1982). Es gibt aber eine ganze Reihe offener Fragen zum Verhältnis von Hyperventilation und Paniksyndrom. Für Hyperventilation als Ursache von Angstanfällen sprechen Befunde, wonach willentliche Hyperventilation Angstanfallsymptome bewirkt und Panikpatienten Hyperventilation zeigen. Andererseits könnten auch Angstanfälle die Ursache der Hyperventilation sein, da längst nicht alle Panikpatienten mit Angst oder gar Angstanfällen auf willkürliche oder spontane Hyperventilation reagieren und Angst und Angstanfälle auch ohne Hyperventilation auftreten können. Diese Befunde machen deutlich, daß Hyperventilation als alleinige Erklärung von Angstanfällen nicht ausreicht. Dennoch könnte sie neben anderen Einflußfaktoren eine wichtige Rolle spielen. Eine weitere unbeantwortete Frage ist es, ob Hyperventilation Angst durch einen physiologischen Automatismus auslöst oder ob kognitive Variablen wie die Wahrnehmung und Bewertung der durch Hyperventilation ausgelösten Symptome eine Rolle spielen.

Ley (1985, 1987) nimmt an, daβ Panikpatienten chronisch leicht hyperventilieren. Dadurch sei ihr CO_2-Partialdruck (pCO_2) geringfügig erniedrigt und ihr Blut-pH-Wert schwach erhöht. Die hierdurch ausgelösten leichten Symptome würden auf Dauer durch Gewöhnung kaum wahrgenommen. Nach Ley könnten bei Menschen mit einem solchen Atemmuster schon relativ geringe emotionale oder körperliche Belastungen dazu führen, daβ pCO_2 und pH schneller über eine Schwelle geraten, ab der die Symtome der Hyperventilation deutlich verspürt werden. Für das Vorliegen chronischer Hyperventilation spricht eine Studie von Gorman et al. (1988), in der Panikpatienten im Vergleich zu normalen Kontrollpersonen ein erhöhtes Atemvolumen aufwiesen. In ähnlicher Weise berichteten Bonn et al. (1984) eine erhöhte Atemfrequenz bei Agoraphobikern mit Angstanfällen. In beiden Studien handelte es sich allerdings um Probanden, die vor einer Panikinduktion mit CO_2 (Gorman et al. 1988) oder akuter Hyperventilation (Bonn et al. 1984) standen. Da die Personen dies wuβten, ist es möglich, daβ die gefundenen Unterschiede in der Atmung nicht Ausdruck eines chronischen Musters sind, sondern eine akute Reaktion auf den antizipierten Test darstellen. Dabei ist es durchaus denkbar, daβ eine solche antizipatorische Reaktion bei Panikpatienten stärker ausfällt als bei Kontrollpersonen. Des weiteren lassen die bisherigen Studien die Frage nach der Spezifität der eventuellen Unterschiede für das Paniksyndrom offen, da noch keine Vergleiche mit anderen Patientengruppen vorliegen.

Wir untersuchten diese Fragen in einer Studie an 60 Patienten einer internistisch-psychosomatischen Fachklinik, die entweder an einem Paniksyndrom, einer Depression oder an Asthma bronchiale litten (Margraf 1989). Alle Patienten wurden in der 1. Woche nach ihrer stationären Aufnahme einer Blutgasanalyse unterzogen. Im Gegensatz zu früheren Studien wuβten die Patienten dabei, daβ keinerlei Streβtests mit ihnen durchgeführt werden würden, so daβ besondere panikrelevante Antizipationseffekte wegfielen. Auch andere mögliche Störvariablen wie Raumtemperatur, Luftdruck, Tageszeit, Alter oder Geschlecht wurden kontrolliert. Die Ergebnisse für die Partialdrücke von Sauerstoff und Kohlendioxid im arteriellen Blut zeigten keinerlei Auffälligkeiten, ebenso wenig die für pH-Wert oder Basenüberschuβ (BE). Die Patienten aller 3 Gruppen unterschieden sich nicht signifikant voneinander und die Mittelwerte der Gruppen lagen alle im Normbereich.

Auch bei Untersuchungen zur Rolle akuter Hyperventilation ist es wichtig, Störvariablen wie Erwartung und Aufforderungscharakteristika (Orne 1962) auszuschalten. Dies war in früheren Studien oft nicht möglich, da die

Patienten in den USA vor der Untersuchung aus rechtlichen Gründen häufig übermäßig dramatische Informationsblätter erhalten, die sie in eine negative Erwartungshaltung bringen. Wir untersuchten die Reaktion auf eine 2minütige Hyperventilation (60 Zyklen/min) in einer Serie von 3 Studien (Margraf 1989), wobei sorgfältig darauf geachtet wurde, keine spezifische Erwartungshaltung in bezug auf Angstanfälle auszulösen. Unter diesen eher neutralen Bedingungen zeigte sich, daß Panikpatienten ebenso wie nichtklinische Personen mit Angstanfällen nur auf subjektiven, nicht aber auf physiologischen Maßen stärker auf Hyperventilation reagierten als normale Kontrollpersonen. Insgesamt war jedoch die wahrgenommene Ähnlichkeit zwischen den Effekten der willkürlichen Hyperventilation und natürlich auftretenden Angstanfällen sehr gering. Personen mit seltenen Angstanfällen nahmen im Vergleich zu Patienten mit einem vollen Paniksyndrom und normalen Kontrollpersonen eine Mittelposition ein, wobei auch hier nur die subjektiven Maße betroffen waren. Da Personen mit sozialphobischen Ängsten ähnlich wie Probanden mit Angstanfällen reagierten, ist die Spezifität der Reaktionen für das Paniksyndrom fragwürdig.

Nach den bisher vorgestellten Ergebnissen reicht Hyperventilation allein nicht aus, um Angstanfälle oder stärkere physiologische Reaktionen bei Panikpatienten hervorzurufen. Wir untersuchten daher in einer weiteren Serie von Studien die Bedeutung des Zusammenwirkens psychologischer und physiologischer Faktoren. In psychophysiologischen Laboruntersuchungen wurde oft festgestellt, daß Patienten mit Angstanfällen im Vergleich zu normalen Kontrollpersonen ein erhöhtes Erregungsniveau aufweisen (vgl. Margraf et al. 1986; Ehlers et al. 1988d). In einer experimentellen Studie konnten wir zeigen, daß Panikpatienten die erhöhte Erregung einseitig als "Angst" erleben, während normale Kontrollpersonen die Erregung eher als "Aufregung" bewerten. Einschätzungen von Angst und Aufregung korrelierten sowohl bei Patienten als auch bei Kontrollpersonen gleichermaßen mit der tatsächlichen physiologischen Erregung. Die erhöhte körperliche Erregung der Patienten schlug sich jedoch nur in ihren Angstratings, nicht in den Aufregungsratings nieder.

Die besondere Angst vor körperlichen Symptomen führt bei Panikpatienten zu deutlichen Anstiegen in subjektiven und physiologischen Angstmaßen bereits bei Erwartung einer CO_2-Panikinduktion, normale Kontrollpersonen zeigen hingegen solche Erwartungsängste nicht (Margraf 1989). Darüber hinaus konnten wir eine besondere Anfälligkeit der Panikpatienten für Angsterwartungen in 2 weiteren Studien experimentell nachweisen (Margraf 1989). Als Methode diente dabei eine Manipulation der Erwartungen der Probanden durch verschiedene Instruktionen. In der 1. Studie führten 48 Panikpatienten und 48 normale Kontrollpersonen einen Hyperventilationstest durch. Dabei wurde jeweils der Hälfte der Probanden in beiden Gruppen der Test als "biologischer Panikanfalltest" vorgestellt, der mit großer Wahrscheinlichkeit bei vulnerablen Personen einen Panikanfall hervorrufen werde, während bei der anderen Hälfte der Test einfach als harmloses "schnelles Atmen" bezeichnet wurde. Die Ergebnisse bestätigten den vorhergesagten Erwartungseffekt bei den Panikpatienten. Dies zeigte sich in stärkeren Anstiegen sowohl der subjektiven Angstmaße wie auch der physiologischen Parameter (Herzfrequenz, Blutdruck, elektrodermale Aktivität) in der Bedingung "Panikanfalltest". Darüber hinaus brachen in dieser Bedingung mehrere Patienten die Hyperventilation vorzeitig ab. Bemerkenswerter als der stärkere Anstieg in der Bedingung "biologischer Panikanfalltest" ist jedoch die Tatsache, daß Panikpatienten genauso reagierten wie Kontrollpersonen, wenn sie nur "schnelles Atmen" erwarteten. Durch eine einfache Manipulation der Instruktionen konnten also die Reaktionen der Panikpatienten auf das gleiche Niveau wie die der normalen Kontrollpersonen vermindert werden. Dabei waren alle Probandengruppen dem gleichen physiologischen Stressor ausgesetzt, denn die Analyse der Atemvariablen zeigte identische Anstiege in Atemfrequenz und Atemvolumen. Dies bedeutet, daß die unterschiedlichen physiologischen (und subjektiven) Reaktionen nicht einfach durch ein unterschiedliches Ausmaß an Hyperventilation, sondern vermutlich auf direktem zentralnervösen Weg vermittelt wurden. Es ist wichtig festzuhalten, daß die Kontrollpersonen keine "Anfälligkeit" für solche Erwartungseffekte aufwiesen. Diese Tatsache könnte die in manchen Studien festgestellten Unterschiede in den Reaktionen von Panikpatienten und Kontrollpersonen auf Hyperventilation, CO_2-Inhalationen, Laktatinfusionen oder ähnliche Provokationstests erklären.

Ein radikaler Kritiker könnte argumentieren, daß Erwartungseffekte nur bei milder Hyperventilation und bei den weniger schwer gestörten Patienten ohne agoraphobisches Vermeidungsverhalten auftreten, da die große Mehrheit der Patienten in der vorangegangenen Studie ein Paniksyndrom ohne Agoraphobie hatte. Vielleicht verschwinden Erwartungseffekte, sobald starke Stressoren bei sehr schwer gestörten Patienten untersucht werden? Diese Frage wurde in einer Replikation und Erweiterung des vorangegangenen Experiments anhand der Reaktionen von 34 schweren Agoraphobikern überprüft (Margraf 1989). Dabei benutzten wir eine starke Hyperventilation von 60 Zyklen/min. Dies ist in etwa das Maximum, das für mehr als einige wenige Atemzüge durchgehalten werden kann. Die Dauer der Hyperventilation betrug daher nur 3 min. Die Patienten waren eine Gruppe sehr schwer gestörter Agoraphobiker mit Angstanfällen, die alle unfähig waren, einen Verhaltenstest in einem großen Einkaufszentrum zu vollenden. Mit Hilfe eines modifizierten Zylinderspirometers standardisierten wir das Atemvolumen der Probanden auf 46 l/min. Auch die Ergebnisse dieses 2. Experiments bestätigten den Einfluß von Erwartungseffekten. Durch direkte Erfassung mittels Ratingskalen wurde nachgewiesen, daß durch die experimentelle Manipulation tatsächlich die Erwartungen verändert wurden. Dies schlug sich nicht nur in stärkeren subjektiven und physiologischen Reaktionen nieder, sondern führte auch zu einer größeren wahrgenommenen Ähnlichkeit der Effekte mit natürlich auftretenden Angstanfällen. Ebenso wie in der 1. Studie konnten die Ergebnisse nicht auf vorexistierende Unterschiede der Probanden oder unterschiedlich starke Hyperventilation zurückgeführt werden. Damit ist klar, daß auch bei einer extremen Hyperventilation und stark gestörten Agoraphobikern Erwartungseffekte einen deutlichen Einfluß haben.

Die Ergebnisse der Studien zu Erwartungshaltungen können nicht durch einen einfachen physiologischen Automatismus erklärt werden, sondern sie demonstrieren die wichtige Rolle, die kognitiven Variablen bei Untersuchungen zu experimentell ausgelösten Angstanfällen zukommt.

Psychologische Behandlung des Paniksyndroms

Die bisher geschilderten Erkenntnisse haben Bedeutung für die Behandlung des Paniksyndroms. Wenn den kognitiven Faktoren tatsächlich eine so große Bedeutung für die Aufrechterhaltung des Paniksyndroms zukommt, wie von den bisher geschilderten Untersuchungen nahegelegt wird, so sollte eine rein kognitive Therapie, die spezifisch auf die Korrektur falscher Assoziationen interner Reize mit unmittelbarer Gefahr zugeschnitten ist, ebenfalls wirksam sein. Diese Frage war Gegenstand der weiteren Studie (Margraf 1989), in der je 10 Patienten mit einem Paniksyndrom nach dem Zufall entweder einer rein kognitiven Therapie oder einer Kombination von Konfrontation in vivo und kognitiver Therapie zugewiesen wurden. Die Ergebnisse zeigen, daß tatsächlich auch eine rein kognitive Therapie unter sorgfältigem Ausschluß aller Elemente von Konfrontation mit den angstauslösenden Reizen als Behandlung des Paniksyndroms möglich ist. Sowohl die kombinierte als auch die rein kognitive Therapie waren sehr erfolgreich, wobei allerdings der kurze Katamnesezeitraum von nur 4 Wochen kritisch anzumerken ist. Dieser Therapieerfolge sind umso bemerkenswerter, als 83% der Patienten fehlgeschlagene frühere Behandlungsversuche hinter sich hatten und sich in der Baselinephase keine Anzeichen für einen Trend zur Verbesserung finden ließen. Trotz der geringen Stichprobengröße waren die Therapieerfolge statistisch hoch signifikant. Dabei waren alle erfaßten Bereiche betroffen, so daß von einer breiten Verbesserung gesprochen werden kann, die nicht nur auf den Angstbereich beschränkt blieb. Insgesamt legten die Befunde nahe, daß nicht nur eine Verbesserung der Problematik erreicht wurde, sondern daß das Ausmaß der Veränderungen den Begriff weitgehende Normalisierung rechtfertigt. Neben der statistischen ist also auch die klinische Relevanz der Ergebnisse gegeben.

Kognitive Faktoren bei medikamentöser Therapie des Paniksyndroms

In einer letzten Studie ging es um den Einfluß kognitiver Faktoren auf pharmakologische Therapien bzw. um eine Methodenkritik zu Versuchen, solche Faktoren zu kontrollieren. Psychopharmakologische Studien gehen üblicherweise von der Voraussetzung aus, daß Erwartungseffekte und andere "nonspezifische" Einwirkungen auf die Therapie durch das Doppelblinddesign ausgeschlossen werden. Angesichts der Ubiquität von Placeboeffekten hat sich in den letzten 3 Jahrzehnten diese Methode als Standardverfahren zur Überprüfung von Therapiemethoden durchgesetzt (Klerman 1986; Rickels 1986). Voraussetzung für die Wirksamkeit der Doppelblindmethode ist, daß die Teilnehmer an solchen Studien tatsächlich nicht wissen, welcher Therapiebedingung die einzelnen Patienten zugewiesen sind. Wir stellten uns die Frage, ob Ärzte und Patienten raten können, ob aktive Medikamente gegeben werden oder nicht. Hinweise für korrektes Raten könnten unter anderem Nebenwirkungen oder therapeutische Effekte geben. Da die beim Paniksyndrom eingesetzten Psychopharmaka sehr typische Nebenwirkungen haben und zudem Panikpatienten einen internen Aufmerksamkeitsfokus und eine überdurchschnittliche Interozeption aufweisen, kann vermutet werden, daß diese Patienten in der Lage sind, auch schon vor Therapieende zwischen einem inaktiven Placebo und den aktiven Substanzen zu unterscheiden. Im Rahmen einer Studie zum Vergleich der Wirksamkeit von Imipramin, Alprazolam und Placebo ließen wir 62 Panikpatienten und die behandelnden Ärzte 4 Wochen nach Beginn und am Ende der Therapie unabhängig voneinander einschätzen, ob der Patient ein aktives Medikament oder ein Placebo bekam und falls sie glaubten, es sei ein aktives Medikament, ob es Alprazolam oder Imipramin sei (Margraf et al., im Druck). Panikpatienten konnten ebenso wie ihre Ärzte sehr zutreffend raten, ob sie ein Placebo oder ein aktives Medikament bekamen. Ärzte waren darüber hinaus sogar überzufällig häufig in der Lage, zwischen verschiedenen Typen aktiver Substanzen zu unterscheiden. Diese Ergebnisse bestätigen frühere Befunde an anderen psychischen Störungen und anderen Medikamenten (Rickels et al. 1970; Stallone et al. 1975; Marini et al. 1976; Hughes u. Krahn 1985; Rabkin et al. 1986). Unsere Ergebnisse gehen über die früherer Studien hinaus, da sie zeigen, daß korrektes Raten bereits lange vor Ende der Therapie möglich bzw. sogar die Regel ist. Damit kann ausgeschlossen werden, daß die richtige Einschätzung einfach eine Folge des endgültigen Therapieerfolgs bzw. der Nebenwirkungen ist. Entgegen der vorherrschenden Meinung kann also in den bisherigen Psychopharmakastudien zur Behandlung des Paniksyndroms der Einfluß kognitiver Faktoren nicht ausgeschlossen werden. Verbindet man die hier geschilderten Befunde mit unseren Ergebnissen aus einer anderen Studie, wonach Patienten, die einer Placebobdingung zugewiesen wurden, häufig auf eigene Faust "unerlaubte" Medikamente nehmen (Clark et al. 1990), so kann gesagt werden, daß die üblichen placebokontrollierten Doppelblindstudien weder placebokontrolliert noch "blind" sind. Dies sollte bei der Interpretation der bisherigen Ergebnisse beachtet werden.

Diskussion

Die in diesem Kapitel dargestellten empirischen Befunde stehen im Einklang mit der Hypothese, daß die Wahrnehmung körperlicher Veränderungen bei Panikpatienten Angst auslöst. Weiterhin stützen die Befunde die Annahme, daß kognitive Faktoren wie Angsterwartung, die Aufmerksamkeitszuwendung auf körperlich bedrohliche Informationen und die Bewertung körperlicher Vorgänge als gefährlich eine entscheidende Rolle in der Entstehung von Panikanfällen spielen. Durch Manipulation dieser Variablen können Angstreaktionen bei Panikpatienten verstärkt oder vermindert werden. Die Befunde unterstützen insgesamt in ihrer Konsistenz psychologische Modellvorstellungen zum Paniksyndrom, auch wenn für jeden Einzelbefund alternative Erklärungsmöglichkeiten existieren.

Am Beispiel der Hyperventilation wurde gezeigt, daß eine rein biologische Erklärung der Angstanfälle nicht ausreicht, sondern daß kognitive Variablen bestimmen, in welchem Ausmaß Hyperventilation Angst auslöst. Interindividuellen Differenzen in Variablen wie der Tendenz zur Hyperventilation oder der Herzwahrnehmung scheint daher die Rolle von prädisponierenden Faktoren zuzukommen, die die Symptomwahrnehmung begünstigen und damit indirekt die Wahrscheinlichkeit des Auftretens von Panikanfällen erhöhen. Ob ein Panikanfall entsteht, scheint von der kognitiven Verarbeitung der Symptome abzuhängen.

Insgesamt rechtfertigen die empirischen Befunde in der Behandlung des Paniksyndroms den Einsatz psychologischer Interventionsmethoden, die auf eine Umbewertung körperlicher Symptome als ungefährlich abzielen.

Literatur

American Psychiatric Association (1980) Diagnostic and Statistical Manual of Mental Disorders, Third Edition (DSM-III). American Psychiatric Press, Washington DC

American Psychiatric Association (1987). Diagnostic and Statistical Manual of Mental Disorders, Third Edition-Revised (DSM-III-R). American Psychiatric Press, Washington DC

Barlow DH (1986) Behavioral conception and treatment of panic. Psychopharmacol Bull 22:802-806

Bass C, Kartsounis L, Lelliott P (1987) Hyperventilation and its relationship with anxiety and panic. Integr Psychiat 5:274-291

Bonn JA, Readhead CP, Timmons BA (1984) Enhanced adaptive behavioural responses in agoraphobic patients pretreated with breathing retraining. Lancet 665-669

Boyd JH, Use of mental health services for the treatment of panic disorder. Am J Psychiat 143:1569-1574

Clark DM (1986) A cognitive approach to panic. Behav Res Ther 24:461-470

Clark DM, Salkovskis PM, Chalkley AJ (1985) Respiratory control as a treatment for panic attacks. J Behav Ther Exp Psychiat 16:23-30

Clark DB, Taylor CB, Roth WT, Hayward C, Ehlers A, Margraf J, Agras WS (1990) Surreptitious drug use in panic disorder research. Am J Psychiat 147:507-509

Chambless DL, Gracely EJ (1989) Fear of fear and the anxiety disorders. Cog Ther Res 13(1):9-20

Ehlers A (1989) Das Paniksyndrom: Psychologie der körperlichen Symptome. Unveröffentlichte Habilitationsschrift, Philipps-Universität Marburg

Ehlers A (im Druck a) Cognitive factors in panic attacks: Symptom probability and sensitivity. J Cog Psychother

Ehlers A (im Druck b) Somatic symptoms in panic attacks: Interoception, fear of fear, and learning experiences. In: HG Zapotoczky, T Wenzel (eds) Proceedings of the 19th European Congress of Behaviour Therapy. Swets, Amsterdam

Ehlers A, Margraf J, Roth WT (1988a) Selective information processing, interoception, and panic attacks. In I Hand, HU Wittchen (eds), Panic and phobias 2. Springer, Berlin Heidelberg New York Tokyo, pp 129-148

Ehlers A Margraf J, Roth WT, Taylor CB, Birbaumer N (1988b) Anxiety induced by false heart rate feedback in patients with panic disorder. Behav Res Ther 26(1):1-11

Ehlers A, Margraf J, Davies S, Roth WT (1988c) Selective processing of threat cues in subjects with panic attacks. Cog Emot 2:201-219.

Ehlers A, Margraf J, Roth WT (1988d) Cardiovascular aspects of panic disorder In: T Elbert, W Langosch, A Steptoe, D Vaitl (eds) Behavioral medicine in cardiovascular disorders. Wiley, Chichester

Garssen B, van Veenendaal W, Bloemink R (1983) Agoraphobia and the hyperventilation syndrom. Behav Res Ther 21:643-649

Gorman JM, Fyer MR, Goeth R, Askanazi J, Liebowitz MR, Fyer AJ, Kinney J, Klein DF (1988) Ventilatory physiology of patients with panic disorder. Arch Gen Psychiat 45:31-39

Hibbert GA (1984) Ideational components of anxiety: their origin and content. Br J Psychiat 144:618-624

Hughes J, Krahn D (1985) Blindness and the validity of the double-blind procedure. J Clin Psychopharm 5:138-143

Klerman GL (1986) Scientific and ethical considerations in the use of placebo controls in clinical trials in psychopharmacology. Psychopharm Bull 22:25-29

Ley R (1985) Blood, breath, and fears: a hyperventilation theory of panic attacks and agoraphobia. Clin Psychol Rev 5:271-285

Ley R (1987) Panic disorder and agoraphobia: fear of fear or fear of the symptoms produced by hyperventilation? J Behav Ther Exp Psychiat 18:305-316

Lum CL (1981) Hyperventilation and anxiety state. J R Soc Med 74:1-4

MacLeod C, Mathews A, Tata P (1986) Attentional bias in emotional disorders. J Abnorm Psychol 95:15-20

Magarian GJ (1982) Hyperventilation syndromes: infrequently recognized common expressions of anxiety and stress. Med 61:219-236

Margraf J (1989) Beiträge zur Diagnostik, Theorie und Therapie des Paniksyndroms. Unveröffentlichte Habilitationsschrift, Philipps-Universität Marburg

Margraf J, Ehlers A, Roth WT, Taylor CB, Clark CB, Sheikh J, Agras WS (im Druck) How "blind" are double-blind studies? J Con Clin Psychol

Margraf J, Ehlers A, Roth WT (1986) Sodium lactate infusions and panic attacks: a review and critique. Psychosom Med 48:23-51

Marini JL, Sheard M, Bridges C, Wagner E (1976) An evaluation of the double-blind design in a study comparing lithium carbonate with placebo. Acta Psychiat Scand 53:343-349

Orne MT (1962) On the social psychology of the psychological experiment. Am Psychol 17:776-783

Rabkin JG, Markowith JS, Stewart H, McGrath P, Harrison W, Ouitkin FM, Klein DF (1986) How blind is blind? Assessment of patient and doctor medication medication guesses in a placebo-controlled trial of imipramine and phenelzine. Psychiat Res 19:75-86

Reiss S, Peterson RA, Gursky DM, McNally RJ (1986) Anxiety sensitivity, anxiety frequency, and the prediction of fearfulness. Behav Res Ther 24:1-8

Rickels K (1986) Use of placebo in clinical trials. Psychopharm Bull 22:19-24

Rickels K, Hesbacher PT, Weise CC, Gray B, Feldman HS (1970) Pills and improvement: a study of placebo response in psychoneutronic outpatients. Pychopharm 16:318-328

Schandry R (1981) Heart beat perception and emotional experience. Psychophysiology 18:483-488

Stallone F, Mendlewicz J, Fieve R (1975) Double-blind procedure: an assessment in a study of lithium prophylaxis. Psychol Med 5:78-84

Zucker D, Taylor CB, Brouillard M, Ehlers A, Margraf J, Telch MJ, Roth WT, Agras WS (1989) Cognitive aspects of panic attacks: content, course and relationship to laboratory stress. Br J Psychiat 155:86-91

Langzeiteffekte der Konfrontationstherapie bei Zwangspatienten

S. Visser, R.Hoekstra und P.M.G. Emmelkamp

Neunundvierzig von 62 Zwangspatienten, die eine Behandlung durch Konfrontation in vivo mit Reaktionsverhinderung erhalten hatten, nahmen 3 1/2 Jahre später an einer katamnestischen Untersuchung teil. Im Vergleich zu den an einer Nachuntersuchung teilnehmenden Patienten zeigen die 13 Nichtteilnehmer vor Beginn der Behandlung stärker ausgeprägte Ängste im Vergleich mit den Bezugsgruppen und stärker ausgeprägte Depressionen. Ängste und Depression hatten sich jedoch am Ende der Therapie in ähnlicher Weise gebessert wie bei den Patienten, die an der Nachuntersuchung teilnahmen. Zum Zeitpunkt der Katamnese nach 3 1/2 Jahren waren die Erfolge in allen Maβen voll erhalten, und es waren keine Rückfälle eingetreten. Vierundachtzig Prozent der Patienten gaben an, daβ sich ihre Symptomatik gebessert oder stark gebessert hatte. Konfrontation in vivo und Reaktionsverhinderung erwiesen sich also in der Behandlung von Zwangssyndromen als erfolgreich.

Eine Vorhersage des Therapieerfolgs anhand von Patientenmerkmalen bei der Eignungsdiagnostik war nur begrenzt möglich: Etwa 1/4 der Gesamtvarianz konnte durch sie erklärt werden. Die Prädiktorvariablen konnten mit 60%-70% Genauigkeit vorhersagen, wer beim Nachtest und bei der langfristigen Katamnese guten oder geringen Therapieerfolg hatte; dabei gingen höhere anfängliche Zwangsangst und stärker ausgeprägte Depression, höheres Alter zu Beginn der Erkrankung zu Beginn der Erkrankung und negativere elterliche Erziehungspraktiken mit schlechterem Therapieerfolg einher.

Die Effektivität verhaltenstherapeutischer Maβnahmen bei der Behandlung von Zwangssyndromen wurde bereits in einer Reihe von Untersuchungen gezeigt (als Übersicht s. Emmelkamp 1982). Als eine der erfolgreichsten Behandlungsformen stellte sich die Konfrontation in vivo in Kombination mit Reaktionsverhinderung heraus. Bei diesen Studien fand die Nachuntersuchung der Behandlungseffekte meist in einem Zeitraum von einem bis 6 Monaten nach der Behandlung statt. Katamnestische Untersuchungen nach ungefähr 2 Jahren wurden von Boulougouris (1977), Kasvikis u. Marks (1988), Marks et al. (1975) und Mawson et al. (1982) durchgeführt. Die vorliegende Untersuchung hat sich zum Ziel gesetzt, die Effekte von verhaltenstherapeutischen Maβnahmen nach ungefähr 3 1/2 Jahren zu überprüfen.

Ein weiteres Ziel dieser Studie besteht darin, mögliche Beziehungen zwischen bestimmten Patientencharakteristika und dem Ergebnis der Therapie bei Abschluß der Behandlung und 3 ½ Jahre später zu untersuchen. Die Auswahl der zu untersuchenden prognostischen Variablen beruht zum Teil auf früheren Forschungsergebnissen von Foa et al. (1983) und Hoogduin u. Duivenvoorden (1988). In der Untersuchung von Foa und Mitarbeitern wurde eine Korrelation zwischen Alter bei Einsetzen der Erkrankung, anfänglicher Depression, anfänglicher Angst und dem Ergebnis am Ende der Therapie oder bei der Katamnese festgestellt.

Da in einigen Studien eine Beziehung zwischen negativen elterlichen Erziehungspraktiken (Ablehnung, Fehlen emotionaler Wärme und Überprotektion) und Zwangssyndromen gefunden wurde (Emmelkamp 1982, Hoekstra 1989), sollte die vorliegende Untersuchung auch abklären, ob elterliche Zwangscharakteristika das Behandlungsergebnis der Patienten beeinflussen.

Methode

An der vorliegenden Untersuchung nahmen 49 Zwangspatienten teil, die im Rahmen verschiedener Therapiestudien in unserer Abteilung behandelt worden waren (Emmelkamp u. Kraanen 1977; Emmelkamp u. van de Helm 1980; Emmelkamp u. de Lange 1983; Emmelkamp et al. 1988).

Vier Patienten konnten nicht ausfindig gemacht werden und 9 weigerten sich, an den katamnestischen Untersuchungen teilzunehmen. Die Stichprobe der 49 Patienten setzte sich aus 18 Männern und 31 Frauen zusammen. Das mittlere Alter war 34 Jahre (Standardabweichung 12), bei Ausbruch der Krankheit betrug es 24 Jahre (Standardabweichung 11), die mittlere Krankheitsdauer belief sich auf 11 Jahre (Standardabweichung 11). Die Behandlung hatte im Durchschnitt bereits 3 ½ Jahre gedauert mit einer Streubreite von 2-9 Jahren. Über Ergebnisse einer Teilmenge dieser Patientengruppe wurde in früheren Arbeiten berichtet (Emmelkamp u. Rabbie 1981, Emmelkamp et al. 1983).

Alle Patienten wurden ambulant mit Konfrontationsverfahren in vivo plus (selbstauferlegter) Reaktionsverhinderung behandelt. Konfrontation in vivo konnte entweder in Anwesenheit des Therapeuten oder des Partners durchgeführt oder selbst kontrolliert werden. Die Behandlung fand in der Wohnung des Patienten statt. Details über die Durchführung der Behandlung finden sich bei Emmelkamp (1982).

Die Therapiephase erstreckte sich über 10 Sitzungen, die über einen Zeitraum von 8 Wochen verteilt waren. Nach diesen 10 Sitzungen folgte ein Nachtest. Einen Monat später wurden die Patienten nochmals untersucht (Katamnese I); in der Zwischenzeit hatte keine Behandlung stattgefunden. Nach der 1-Monats-Katamnese erhielten 67% der Patienten zusätzliche Therapiesitzungen. Nach 6 Monaten wurde eine 2. katamnestische Untersuchung durchgeführt (Katamnese II) und nach ca. 3 $^1/_2$ Jahren die letzte Katamnese (Katamnese III).

Diagnostik

Die Patienten wurden vor der Behandlung, nach Abschluß der Therapie und zu den 3 Katamnesezeitpunkten diagnostischen Maßnahmen unterzogen. Folgende Fragebögen wurden verwendet:

1. Obsessive-compulsive (OC) anxiety/discomfort scale (Watson u. Marks 1971). Patient, Therapeut und ein unabhängiger Beurteiler stuften 5 wichtige Zwangsinhalte auf einer Skala von 0-8 unter den Aspekten, wieviel Angst/ Unbehagen sie beim Patienten hervorrufen, ein. Die Einschätzungen von Patient, Beurteiler und Therapeut korrelierten hoch. Die Datenanalyse stützt sich daher auf die Kombination der Einschätzungen von Patient und Therapeut.
2. Leyton Obsessional Inventory (LOI). Nur die 1. Patientengruppe (n=22) wurden mit diesem Fragebogen beurteilt, die restlichen Patienten mit dem MOCI. Das LOI besteht aus 60 Items und sieht die Berechnung eines Symptompunktwertes und eines Traitpunktwertes vor (Cooper 1970). Für die statistische Auswertung wurden beide Werte zusammengefaßt.
3. Maudsley Obsessive Compulsive Inventory (MOCI; Rachman u. Hodgson 1980). Die 2. Patientengruppe (n=27) füllte den MOCI aus, der aus 30 Items besteht und zwischen Patienten mit und ohne Zwangsvorstellungen differenziert.
4. Zung Self Rating Depression Scale (SDS; Zung 1965). Diese Skala besteht aus 23 Items (range 23-92).
5. Elterliche Charakteristika wurden mit dem Egna Minin Beträffende Uppforstan (EMBU; Perris et al. 1980; Arrindell et al. 1983) erfaßt. Dies ist ein Selbstbeurteilungsfragebogen zur Erfassung der subjektiv erlebten elterlichen Erziehungspraktiken; er wird getrennt für Vater und Mutter ausgewertet und enthält folgende 3 Hauptfaktoren:
   1 - "Ablehnung" wird charakterisiert durch körperliche Bestrafung, Ablehnung des Probanden als Individuum, mangelnde Achtung und Lächerlichmachen/Kritisieren von Fehlern und Schwächen des Probanden in Anwesenheit anderer.
   2 - "Emotionale Wärme" beinhaltet die folgenden Aspekte: warme und liebevolle Aufmerksamkeit schenken; dem Probanden helfen, ohne aufdringlich zu sein; Achtung vor dem Standpunkt des Probanden haben; der

Proband fühlt sich in der Lage, sich seinen Eltern anzuvertrauen, sie um Hilfe zu bitten und intellektuelle Anregung von ihnen zu erhalten.
3 - "Überprotektion" beinhaltet jene elterlichen Verhaltensweisen, die den Probanden auf übertriebene Weise vor negativen Erfahrungen schützen sollen, einen relativ hohen Grad an Aufdringlichkeit, hohe Maßstäbe, die Auferlegung strenger Regelungen und die Forderung nach bedingungslosem Gehorsam. Diese 3 Faktoren differenzieren zwischen Zwangspatienten und normalen Kontrollpersonen (Hoekstra et al. 1989).

Ergebnisse

Die Mittelwerte und Standardabweichungen der ersten 4 Fragebögen zu den verschiedenen Meßzeitpunkten sind in Tabelle 1 dargestellt.

Tabelle 1. Mittelwerte (M) und Standardabweichungen (SD) bei Vor- und Nachuntersuchung sowie Katamnese I (1 Monat), Katamnese II (6 Monate) und Katamnese III (3,5 Jahre).

		Vor-	Nach-	Katamnese		
		untersuchung		I	II	III
OC-Anxiety/	M	25.71	11.08	11.63	8.45	8.51
Discomfort**	SD	5.95	8.08	9.47	7.40	7.97
(n=49,Streubreite:0-40)						
SDS**	M	55.41	48.02	51.10	45.51	44.76
(n=49,	SD	10.41	11.79	12.82	12.45	13.11
Streubreite:23-92)						
MOCI**	M	15.30	8.48	9.59	8.41	7.70
(n=27,	SD	4.09	4.96	4.71	4.95	5.98
Streubreite:0-30)						
LOI**	M	36.90	22.40	22.30	17.45	20.70
(n=22,	SD	9.12	11.48	11.83	10.58	10.78
Streubreite:0-68)						

** signifikanter Zeiteffekt: $p<.001$

Wie oben erwähnt, waren die LOI-Werte nur für die ersten 22 Patienten verfügbar und die MOCI-Werte nur für die übrigen 27. Die multivariate Varianzanalyse mit Meßwiederholungen ergab einen signifikanten Zeiteffekt für alle Skalen: Manova (MOCI; OC-Anxiety; SDS) $p<.001$; Manova (LOI; OC-Anxiety; SDS) $p<.01$. Dies wurde ebenfalls durch einen signifikanten Zeiteffekt auf den separaten Skalen widergespiegelt, wie aus Tabelle 1 ersichtlich.

Abbildung 1 zeigt die Ergebnisse für die verschiedenen Skalen im zeitlichen Verlauf. Es ist offensichtlich, daß die größte Verbesserung in der experimentellen Therapiephase zwischen Vortest und Nachttest bei Abschluß der Behandlung stattfand. In der Zeit zwischen Behandlungsende (Nachtest) und der 1-Monats-Katamnese, in der keine Behandlung erfolgte, kam es zu einem leichten Rückschritt, insbesondere in Richtung einer depressiveren Stimmung. Weitere Verbesserungen traten dann jedoch in der Zeit zwischen der 1-Monats- und der 6-Monats-Katamnese ein, in der 67% der Patienten zusätzliche, auf ihre individuellen Bedürfnisse abgestimmte Behandlungssitzun-

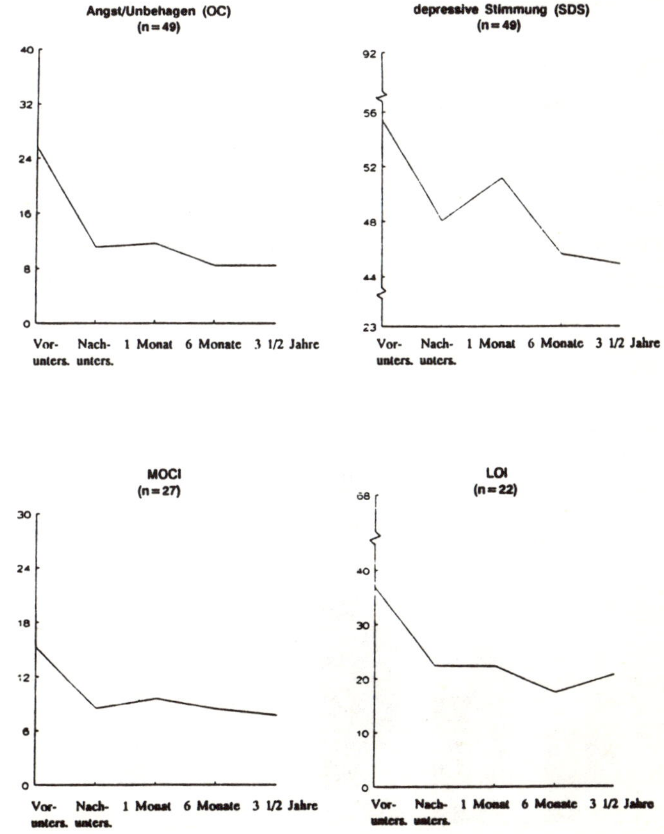

Abb.1 Ergebnisse in den verschiedenen Skalen

gen erhielten (im Durchschnitt 8 Sitzungen). Diese zusätzliche Behandlung beinhaltete weitere Konfrontation in vivo, Selbstbehauptungstraining, verhaltensorientierte Ehetherapie oder kognitive Therapie. Die Verbesserungen fanden also in jenen Perioden statt, in denen die Patienten verhaltenstherapeutische Behandlung erhielten.

Um die klinische Relevanz der Verbesserung zu bestimmen, die bei Abschluß der Behandlung und zu den Katamnesezeitpunkten erreicht war, wurde berechnet, um wieviel Prozent sich die Punktwerte auf der Zwangs-Angst-Skala ab dem Eingangstest verändert hatten. Der Grad der Verbesserung wurde wie folgt definiert (Foa et al. 1983): a) "stark gebessert": Besserung um mehr als 70%; b) "gebessert": Besserung um 31%-70% und c) "Mißerfolg": Besserung um 30% oder weniger. Abbildung 2 zeigt die Verbesserungen der Patienten: bei der Katamnese nach 3 $^1/_2$ Jahren wiesen 84% der Patienten eine Besserung oder starke Besserung auf.

Nichtteilnehmer

Die gesamte Patientengruppe hatte aus 62 Personen bestanden. Neunundvierzig Patienten nahmen an der Nachuntersuchung teil, 13 (21%) nicht. Die Gruppe der Teilnehmer wurde bezüglich der Werte vor und nach der Behandlung mit den Nichtteilnehmern verglichen. Die 2 Gruppen unterschieden sich nicht hinsichtlich Alter, Geschlecht oder Dauer der Beschwerden, sie unterschieden sich jedoch signifikant hinsichtlich des Ausmaßes ihrer zwangsbezogenen Angst und Depression vor Behandlungsbeginn (für anfängliche

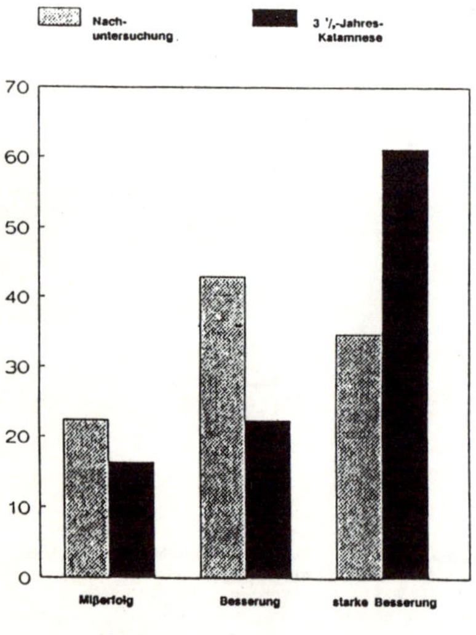

Abb.2. Besserungsraten in %

zwangsbezogene Angst $p < 0,05$; für anfängliche Depression $p < 0,05$): Die Patienten, die an der 3 1/2-Jahres-Katamnese nicht teilnahmen, zeigten eingangs niedrigere Angst- und Depressionswerte. Beide Gruppen erzielten jedoch gleiche Therapieerfolge bei Zwangs-Angst und Depression zwischen Vortest und Nachtest. Die klinische Verbesserung war für die Nichtteilnehmer leicht geringer: 31% Mißerfolge versus 22% Mißerfolge bei der Teilnehmergruppe.

Prognostische Variablen

Bei der Überprüfung der Vorhersagekraft der oben erwähnten prognostischen Variablen diente die prozentuale Verbesserung der Werte auf der Zwangs-Angst-Skala beim Nachtest und bei der 3 1/2-Jahres-Katamnese als abhängige Variable. Die prognostischen Variablen wurden in 2 Gruppen eingeteilt: Die 1. Gruppe beinhaltete die Variablen, die bereits vor Beginn der Behandlung bestanden und durch die Therapie nicht beeinflusst waren: Alter bei Beginn der Krankheit und Charakteristika der Eltern-Kind-Beziehung. Die 2. Gruppe beinhaltete Variablen, die sich durch die Behandlung verändern konnten: anfängliche Depression und anfängliche Angst. Die Matrix der Produkt-Moment-Korrelationen der prognostischen Variablen und der 2 abhängigen Variablen (Besserungsscores auf der Zwangs-Angst-Skala beim Nachtest und bei der Katamnese nach 3 1/2 Jahren) zeigte keine signifikanten Ergebnisse. Von den Produkt-Moment-Korrelationen (die Werte lagen zwischen -0,17 und 0,38) erreichte keine statistische Signifikanz.

Für die beiden Gruppen von Variablen wurde eine multiple Regressionsanalyse durchgeführt. Die gesamte Gruppe von Variablen erklärte 28% der Varianz bei Abschluß der Behandlung (Nachtest, $p < 0,21$) und 27% der Varianz bei der 3 1/2-Jahres-Katamnese ($p < 0,21$).

Durch schrittweise Selektion wurden 6 Variablen herausgegriffen: anfängliche Angst, anfängliche Depression, abweisende Mutter, abweisender Vater und Alter bei Beginn der Erkrankung. Diese 6 Variablen konnten die Therapieergebnisse nur begrenzt vorhersagen: 25% erklärte Varianz beim Nachtest ($p < 0,08$) und 24.6% erklärte Varianz beim Follow-up nach 3 1/2 Jahren ($p < 0,09$).

Die 6 ausgewählten Variablen, die einen Vorhersagewert für den Therapieausgang haben sollten, wurden zusätzlich einer Diskriminanzanalyse unterworfen, um festzustellen, wie stark die Prädiktorvariablen zwischen Patienten mit gutem und schlechterem Behandlungserfolg unterscheiden können. Wiederum wurde die prozentuale Verbesserung der Werte auf der Zwangs-Angst-Skala als abhängige Variable verwendet, diesmal wurde jedoch unterteilt in die Kategorien "Mißerfolg", "Besserung", "Starke Besserung".

Auf der Grundlage von Wilks' Lambda wurde eine weitere Selektion der Prädiktorvariablen durchgeführt, um einschätzen zu können, welche Gruppe von Variablen am besten zwischen den Behandlungsergebnissen unterschied. Folgende Variablen wurden für den Nachtest ausgewählt: Abweisende Mutter, ($p < 0{,}08$); anfängliche Depression ($p < 0{,}06$) und anfängliche Angst ($p < 0{,}02$); und für die Katamnese nach 3 $^1/_2$ Jahren: Alter bei Beginn der Erkrankung ($p < 0{,}004$); überprotektive Mutter ($p < 0{,}002$) und anfängliche Angst ($p < 0{,}004$). Die Resultate dieser Klassifikation auf der Basis ausgewählter Prädiktorvariablen sind in Tabelle 2 und 3 dargestellt.

Tabelle 2. Ergebnisse der Diskriminanzanalyse bezüglich des Therapieerfolgs bei der Nachuntersuchung nach Auswahl der Prädiktorvariablen (Prozentsatz der korrekt klassifizierten Fälle: 59%)

Tatsächliche Gruppe	Fälle n	Vorhergesagte Gruppenzugehörigkeit Mißerfolg	Besserung	Starke Besserung
Mißerfolg	10	8	0	2
		80%	0%	20%
Besserung	19	3	10	6
		16%	53%	32%
Starke	15	4	3	8
Besserung		26%	20%	53%

Tabelle 3. Ergebnisse der Diskriminanzanalyse bezüglich des Therapieerfolgs bei der 3,5-Jahres-Katamnese (Prozentsatz der korrekt klassifizierten Fälle: 70%)

Tatsächliche Gruppe	Fälle n	Vorhergesagte Gruppenzugehörigkeit Mißerfolg	Besserung	Starke Besserung
Mißerfolg	7	4	0	3
		57%	0%	43%
Besserung	9	1	6	2
		16%	53%	22%
starke	28	5	2	21
Besserung		18%	7%	75%

Der Prozentsatz korrekt klassifizierter Fälle liegt für den Zeitpunkt der Nachuntersuchung (nach Abschluß der Behandlung) bei 59% und für die 3 $^{1}/_{2}$-Jahres-Katamnese bei 70%. Durch Zufall wären 33.3% korrekte Klassifikationen zu erwarten.

Diskussion

Die vorliegende Untersuchung zeigt deutlich, daß sich Zwangssyndrome durch verhaltenstherapeutische Behandlung verbessern und daß die Erfolge langfristigen Bestand haben. Mehr als 80% der Patienten hatten sich 3 $^{1}/_{2}$ Jahre nach der Behandlung, gemessen an ihrem Punktwert auf der Zwangs-Angst-Skala verbessert oder stark verbessert. Die meisten von ihnen konnten nun Tätigkeiten im Alltag ausführen, zu denen sie vor der Behandlung nicht fähig waren: Den gesamten Haushalt erledigen, ohne sich Ritualen zu unterwerfen; die berufliche Tätigkeit wieder aufnehmen, Gäste empfangen, ohne Reinigungsrituale durchzuführen; das Haus verlassen, ohne Kontrollrituale auszuführen oder Angst zu entwickeln. In keinem der erfaßten Aspekte kam es zu einem Rückfall.

Insgesamt sind diese Ergebnisse im Vergleich mit den von anderen Autoren berichteten Erfolgsquoten von ca. 50% als gut zu bewerten (Beech u. Vaughan 1978).

Einige katamnestische Untersuchungen zur Verhaltenstherapie mit Zwangspatienten erzielten Erfolgsquoten zwischen 60% und 83% (Boulougouris 1977; Kasvikis u. Marks 1988; Marks et al. 1975; Mawson et al. 1982). Zwischen diesen Untersuchungen und der hier berichteten Studie bestehen allerdings einige wichtige Unterschiede. Die Studien von Marks et al. (1975), Mawson et al. (1982) und Kasvikis u. Marks (1988) beziehen sich auf einen sehr viel kürzeren Katamnesezeitraum von 2 anstelle von 3 $^{1}/_{2}$ Jahren. In der Untersuchung von Marks et al. (1975) bestand die Behandlung ebenso wie in der vorliegenden Untersuchung in Konfrontation in vivo, die Behandlung bei Mawson et al. (1982) sowie Kasvikis u. Marks (1988) hingegen umfaßte Konfrontation in vivo plus Medikation (Clomipramin oder Placebo). Dadurch ist die Vergleichbarkeit der Ergebnisse mit denen unserer Untersuchung erschwert. Auch wenn sich bei der Katamnese keine pharmakologischen Effekte zeigten, ist Medikamentengabe eine psychologische Variable, die den Therapieerfolg beeinflussen kann. Daher ist die Kombination von Konfrontation und Medikamentengabe schwierig zu vergleichen mit alleiniger Konfrontation. Weiterhin bestand die Patientenstichprobe in der Studie von Kasvikis u. Marks (1988) aus einer gemischten Gruppe von stationären und ambulanten Patienten und in den Untersuchungen von Marks et al. (1975) sowie Mawson et al. (1982) wurde die Behandlung hauptsächlich stationär durchgeführt und nicht ambulant wie in der vorliegenden Studie. Die niedrigste Verbesserungsrate wurde von Boulougouris (1977) berichtet: 60% der Patienten zeigten beim Follow-up nach 2,8 Jahren eine Besserung. Allerdings beinhaltete die Behandlung bei Boulougouris (1977) nicht Konfrontation in vivo, sondern Reizüberflutung in der Vorstellung oder in vivo. Ein Vergleich der Ergebnisse der verschiedenen Untersuchungen kann nur aufgrund der berichteten Erfolgsquoten erfolgen, die sich an den Punktwerten in den verwendeten Skalen beruhen. Die Items dieser Zielskalen sind jedoch idiosynkratisch für jeden Probanden, so daß Vergleiche nur mit gewisser Vorsicht durchgeführt werden können. Es wäre sehr viel günstiger, die verschiedenen Studien auf der Basis gut validierter Fragebögen wie etwa des Maudsley Obsessive Compulsive Inventory (MOCI) oder des Leyton Obsessional Inventory (LOI) zu vergleichen. Leider ist das nicht möglich, da diese Fragebögen nicht in allen Untersuchungen verwendet wurden.

Ein Unsicherheitsfaktor bei der vorliegenden Studie ist die Gruppe der Patienten, die nicht an der katamnestischen Untersuchung teilnahmen. Diese Gruppe war vor der Behandlung etwas ängstlicher und depressiver, zeigte aber ähnliche Therapieerfolge wie die Teilnehmergruppe. Die Nichtteilnehmergruppe wies jedoch nach der Behandlung klinisch leicht geringere Verbesserungen auf. Selbst wenn für die Gruppe der Nichtteilnehmer ein höherer Prozentsatz an Mißerfolgen im Vergleich zu den Teilnehmern angenommen wird, ist der Prozentsatz an Erfolgen insgesamt recht hoch. Man kann also schließen, daß Konfrontation in vivo plus Reaktionsverhinderung bei der Behandlung von Zwangssyndromen effektiv ist, und daß die Resultate auch bei nach 3 $^1/_2$ Jahren noch stabil sind. Es sollte allerdings betont werden, daß $^2/_3$ der Patienten während des 1. halben Jahres nach der experimentellen Therapiephase noch weiter verhaltenstherapeutisch behandelt wurden.

In der vorliegenden Untersuchung sind die Produkt-Moment-Korrelationen der prognostischen Variablen mit dem Therapieausgang nach der Behandlung und beim Follow-up nach 3 $^1/_2$ Jahren eher niedrig. Im Gegensatz dazu wurden in der Studie von Foa et al. (1983) signifikante Korrelationen zwischen anfänglicher Zwangsangst, anfänglicher Depression und dem Therapieerfolg gefunden. Die vorliegende Untersuchung unterscheidet sich jedoch von der Studie von Foa et al. in einer Reihe von Aspekten. Zunächst war der Katamnesezeitraum wesentlich länger (3 $^1/_2$ Jahre vs. 1 Jahr). Weiterhin erhielten die meisten Patienten unserer Untersuchung zusätzlich zu der Behandlung durch Konfrontation ein breites Spektrum an verhaltenstherapeutischen Maßnahmen. Aber selbst nach der Behandlung, als die Patienten lediglich das Konfrontationsverfahren mit Reaktionsverhinderung erhalten hatten, wurden keine signifikanten Korrelationen gefunden. Die Resultate der Studie von Foa et al. wurden somit in dieser Untersuchung nicht repliziert.

In den Untersuchungen von Basoglu et al. (1988) und Mawson et al. (1982) zur Vorhersage von Therapieerfolgen bei Zwangssyndromen hatten die einbezogenen prognostischen Variablen nur eine schwache Vorhersagekraft für die Verbesserungen des Zustandsbildes bei der Katamnese gefunden. In diesen Studien erlaubten weder die anfängliche Depression noch die anfängliche Ängstlichkeit eine Vorhersage des Behandlungserfolges.

Bei Hoogduin u. Duivenvoorden (1988) wurden zwar keine Produkt-Moment-Korrelationen angegeben, die Autoren hatten jedoch die Patientengruppen mit bzw. ohne Therapieerfolg miteinander verglichen: Zwischen den beiden Gruppen fanden sich keine signifikanten Unterschiede im Ausprägungsgrad der anfänglichen Zwangsangst oder der anfänglichen Depression.

In der vorliegenden Untersuchung wurde festgestellt, daß elterliche Erziehungspraktiken, Alter des Patienten bei Beginn der Erkrankung, Ausprägungsgrad der Zwangsangst und Depression vor Beginn der Behandlung eine gewisse Vorhersagekraft für den langfristigen Therapieerfolg hatten: Negative elterliche Erziehungspraktiken, höheres Alter des Patienten bei Beginn der Erkrankung, höhere Zwangsangst und höhere Depressionswerte vor Beginn der Behandlung resultierten zwar in schlechterem Therapieerfolg, die erklärte Varianz ist jeoch gering. Der Einfluß der elterlichen Charakteristika könnte für die Behandlung von Zwangspatienten wichtig sein. Verhaltenstherapeutische Behandlungen haben diesen Aspekt bisher nicht explizit berücksichtigt. Bei künftigen Replikationsstudien wäre es sinnvoll, zusätzlich zu den 'klassischen' verhaltenstherapeutischen Methoden den Effekt von Behandlungsmaßnahmen zu erforschen, die sich mehr auf elterliche Zurückweisung und Überprotektion konzentrieren.

Die ausgewählten Prädiktorvariablen konnten jeweils 60% bzw. 70% der Patienten nach Abschluß der Behandlung und bei der 3 $^1/_2$- Jahres-Katamnese hinsichtlich des Behandlungserfolges korrekt klassifizieren. Von den elterlichen Charakteristika erwiesen sich beim Nachtest (nach Abschluß der Behandlung) die Zurückweisung durch die Mutter und bei der langfristigen Katamnese eine Überprotektion durch die Mutter als diejenigen Variablen, die am stärksten zwischen erfolgreich und weniger erfolgreich behandelten Patienten unterschieden.

Schlußfolgerung

Die Resultate der langfristigen Katamnese zeigten, daß Konfrontation in vivo plus Reaktionsverhinderung bei der Behandlung des Zwangssyndroms erfolgreich ist: bei über 80% der Patienten war eine Besserung oder gar eine starke Besserung festzustellen.

Sowohl die Regressionsanalyse als auch die Diskriminanzanalyse machten deutlich, daß die Prädiktorvariablen eine gewisse Vorhersagekraft hatten; dies war jedoch nicht stark ausgeprägt: Es konnten nur ungefähr $^{1}/_{4}$ der Gesamtvarianz des Therapieerfolgs bei Abschluß der Behandlung und bei der 3 $^{1}/_{2}$-Jahres-Katamnese erklärt werden. Bevor die vorliegenden Ergebnisse für klinische Zwecke genutzt werden können, ist eine Replikation mit einer größeren Patientenzahl notwendig.

Literatur

Arrindell WA, Emmelkamp PMG, Brilman E, Monsma A (1983) Psychometric evaluation of an inventory for assessment of parental rearing practices. Acta Psychiat Scand 67:163-177

Basoglu M, Lax T, Kasvikis Y, Marks IM (1988) Predictors of improvement in obsessive-compulsive disorder. J Anx Dis 2:299-317

Beech HR, Vaughan M (1978) Behavioral treatment of obsessional states. Wiley, New York

Boulougouris JC (1977) Variables affecting outcome in obsessive-compulsive patients treated by flooding. In: Boulougouris JC, Rabavilas (eds) Treatment of phobic and obsessive-compulsive disorders. Pergamon, Oxford

Cooper J (1970) The Leyton Obsessional Inventory. Psychol Med 1:46-48

Emmelkamp PMG (1982) Phobic and obsessive-compulsive disorders. Plenum Press, New York

Emmelkamp PMG, van de Helm M, van Zanten B, Plochg I (1980) Contributions of self-instructional training to the effectiveness of exposure in vivo: a comparison with obsessive-compulsive patients. Behav Res Ther 18:61-66

Emmelkamp PMG, Hoekstra RJ, Visser S (1983) The behavioral treatment of obsessive-compulsive disorder, prediction of outcome at 35 years follow-up. In: Benner, Pichot (eds) Psychiatry, current states. Plenum Press, New York

Emmelkamp PMG, Kraanen J (1977) Therapist controlled exposure in vivo versus self-controlled exposure in vivo: A comparison with obsessive-compulsive patients. Behav Res Ther 15:491-495

Emmelkamp PMG, Lange I (1983) Spouse involvement in the treatment of obsessive-compulsive patients. Behav Res Ther 21:341-346

Emmelkamp PMG, Rabbie D (1981) Psychological treatment of obsessive-compulsive disorder. In: Jansson, Perris, Struwe (eds) Biological psychiatry. Elsevier, Amsterdam

Emmelkamp PMG, Visser S, Hoekstra RJ (1988) Cognitive therapy vs exposure in vivo in the treatment of obsessive-compulsives. Cog Ther Res 12:103-144

Foa EB, Doppelt HG, Turner RM, Latimer PR (1983) Succes and failure in the behavioral treatment of obsessive-compulsives. J Con Clin Psychol 51:287-297

Hoekstra RJ, Visser S, Emmelkamp PMG (1989) A social learning formulation of the etiology of obsessive compulsive disorders. In: Emmelkamp, Everaerd, Kraaymaat, van Son (eds) Fresh perspectives on anxiety disorders. Swets, Amsterdam

Hoogduin CAL, Duivenvoorden HJ (1988) A decision model in the treatment of obsessive-compulsive neurosis. Br J Psychiat 152:516-521

Kasvikis Y, Marks IM (1988) Clomipramine, self-exposure, and therapist-accompanied exposure in obsessive-compulsive ritualizers: two-year follow-up. J Anx Dis 2:291-298

Marks IM, Hodgson R, Rachman S (1975) Treatment of chronic OCD 2 years after in vivo exposure. Br J Psychiat 127:349-364

Mawson D, Marks IM, Ramm E (1982) Clomipramine and exposure for chronic OC rituals: III Two year follow up. Br J Psychiat 140:11-18

Perris C, Jacobsson L, Lindstrom H, Knorrig L van, Perris H (1980) Development of a new inventory for assessing memories of parental rearing behaviour. Acta Psychiat Scand 61:265-274

Rachman S, Hodgson RJ (1980) Obsessions and compulsions. Prentice-Hall, New York

Watson JP, Marks IM (1971) Relevant and irrelevant fear and flooding. Behav Ther 2:275-293
Zung WWK (1965) A self rating depression scale. Arch Gen Psychiat 12:63-70

Kognitiv-verhaltenstherapeutische Behandlung posttraumatischer Belastungsreaktionen

E.B. Foa und B. Olasov Rothbaum

Seit die posttraumatische Belastungsreaktion als eigenständiges Krankheitsbild angesehen wird, ist eine Vielzahl von Behandlungsmöglichkeiten (z.B. Amital, Hypnose) diskutiert worden. Neuerdings zeigt sich ein verstärktes Interesse an kognitiv-verhaltenstherapeutischen Behandlungen. Thema dieses Kapitels ist die Literatur zur kognitiv-verhaltenstherapeutischen Behandlung von posttraumatischen Belastungsreaktionen. Um die vorliegenden Erkenntnisse zur Wirksamkeit der Behandlungen von Opfern einer traumatischen Erfahrung einschätzen zu können, sollten allgemeine methodische Fragen zur Untersuchung von Behandlungsergebnissen berücksichtigt werden. Unabhängig von der Art der Behandlung sollte ein Design folgende Punkte einbeziehen, um klare Schlußfolgerungen ziehen zu können:

Zunächst sollten klare Kriterien für den Ein- bzw. Ausschluß von Versuchspersonen festgelegt werden. Das Ausmaß der Beeinträchtigung, Probleme und Symptome muß klar definiert sein. Wenn geplant ist, durch die Therapie unerwünschte Verhaltensweisen oder Emotionen zu verändern, muß das Ziel der Veränderung umrissen werden. Dabei ist wichtig zu bedenken, daß die Tatsache, Opfer eines traumatischen Ereignisses zu sein, nicht schon an sich eine Behinderung oder Störung darstellt. "Kriegsveteran", "Vergewaltigungsopfer" und "Überlebender eines Brandes" sind keine psychopathologischen Begriffe. Nicht das Opfer des Traumas, sondern die spezifische durch das Trauma verursachte Störung ist das Behandlungsobjekt. Traumatische Ereignisse können eine Vielzahl von Problemen verursachen, die differenzierte, auf das jeweils vorliegende Problem zugeschnittene Behandlungsweisen erfordern. Deshalb sollte, wie bei jeder anderen Untersuchung zum Behandlungserfolg, eine in diagnostischer Hinsicht homogene Gruppe zugrundeliegen.

Zweitens sollten Versuchspersonen nach dem Zufallsprinzip den Kontroll- und Vergleichsgruppen zugewiesen werden. Zumindest sollte eine behandelte Gruppe mit einer Wartelistengruppe ohne Behandlung verglichen werden. Günstiger ist eine Placebokontrollgruppe, da sie unspezifische Behandlungseffekte kontrolliert. Drittens sollte die Behandlung (bzw. die verschiedenen Behandlungen) im Detail beschrieben sein, um eine Replikation zu ermöglichen. Die Replikation wird erleichtert, indem Behandlungsmanuale erstellt und anderen Forschern zugänglich gemacht werden. Viertens sollten reliable und valide Messungen der Zielprobleme als abhängige Variablen verwendet werden. Die Meßdaten sollten vor und nach der Behandlung sowie zu verschiedenen Katamnesezeitpunkten erhoben werden. Fünftens sollte eine logische Beziehung zwischen der Störung, ihrer theoretischen Erklärung, ihrer Behandlung und der Messung des Behandlungserfolgs bestehen.

Da die posttraumatische Belastungsreaktion eine recht neue diagnostische Kategorie ist (APA 1987), gibt es bisher nur spärliche Literatur über ihre Behandlung. Es liegen nur wenige gut kontrollierte Untersuchungen vor, wobei sich methodologisch einwandfreie Studien fast ausschließlich auf verhaltenstherapeutische Techniken beziehen. Der größte Teil der Literatur zur Behandlung der posttraumatischen Belastungsreaktion bei Kriegsveteranen besteht aus Fallstudien und ist daher nur bedingt zu verallgemeinern. Noch problematischer ist die vorhandene Literatur zu Vergewaltigungsopfern, da die meisten Fälle keine klinische Diagnose erhielten. Über die Behandlung der posttraumatischen Belastungsreaktion nach anderen traumatischen Ereignissen (z.B. Unfälle, Katastrophen) liegen nur wenige Arbeiten vor. Die Literatur über die Behandlung der posttraumatischen Belastungsreaktion wird anhand der oben genannten Kriterien diskutiert. Im nachfolgenden Überblick werden nur solche Gruppen- oder Einzelfallstudien berücksichtigt, die mindestens ein halbstrukturiertes Verfahren zur Bewertung des Behandlungserfolgs verwendeten.

Traditionelle Interventionen

Bislang wurde eine Vielzahl von psychodynamisch orientierten Psychotherapien auf Patienten mit posttraumatischer Belastungsreaktion angewandt, u.a. Einzel- oder Gruppentherapie in verschiedenen institutionellen Settings. Es gibt keinen erkennbaren Zusammenhang zwischen den verschiedenen Interventionen; ebenso läßt sich vielfach kein systematisches Erklärungsmodell erkennen, das die verschiedenen Therapiearten auf die posttraumatische Belastungsreaktion bezieht. Eine Ausnahme stellt möglicherweise die Traumatheorie von Horowitz (1976) dar. Im folgenden wird auf repräsentative Untersuchungen eingegangen.

Kriegsveteranen. Psychodynamische Psychotherapie erwies sich bei der Behandlung eines traumageschädigten Vietnamveteranen als nicht wirksam (Grigsby 1987). Nachdem psychodynamische Therapie nach 19 Monaten noch keinen Fortschritt brachte, wurden Imaginationstechniken eingeführt. Der Autor beschreibt dieses Verfahren wie folgt: 1) es wurde keine Entspannungstechnik angewandt, 2) die Anfangsphasen waren wenig direktiv, 3) die traumatische Szene wurde vorgestellt und spontan, eher assoziativ als planmäßig, weiterentwickelt, 4) die Anwendung von Imaginationstechniken wurde nicht im voraus geplant, sondern im passenden Augenblick während einer Sitzung eingeführt, 5) eine Generalisierung auf andere Traumata war nicht vom Therapeuten vorstrukturiert, sondern der Patient ging von sich aus zu anderen traumatischen Erfahrungen über, und 6) Vermeidung wurde mit psychodynamischen Verfahren bearbeitet, die von Übertragung und Widerstand ausgingen. Zehn Sitzungen dieses Imaginationsverfahrens führten zu einer Besserung der posttraumatischen Belastungsreaktion des Patienten, sowohl nach Einschätzung des Therapeuten als auch Berichten des Patienten. Obwohl dieser Bericht wegen der Darstellung eines Einzelfalles in seiner Gültigkeit eingeschränkt ist und keine systematischen Messungen enthält, legt diese Untersuchung nahe, daß die traditionellen "Gesprächstherapien" die posttraumatische Belastungsreaktion nicht bessern, während verhaltenstherapeutisch orientierte Techniken wirksam zu sein scheinen.

Vergewaltigungsopfer. Krisenintervention und psychotherapeutische Gruppen für Traumapatientinnen sind die meistgenutzten Verfahren in Beratungsstellen für Vergewaltigungsopfer (s. Koss u. Harvey 1987). Auf der Krisentheorie (Burgess u. Holmstrom 1976) basierend, beinhalten diese Interventionen Informationsvermittlung, aktives Zuhören und emotionale Unterstützung (z.B. Forman 1980). Eine Behandlung mit psychodynamischer Therapie wird oft als ein weiteres Mittel der Krisenintervention empfohlen (Burgess u. Holmstrom 1974b; Evans 1978; Fox u. Scherl 1972). Trotzdem sind empirische Überprüfungen ihrer Wirksamkeit selten.

Zur Anwendung von psychoanalytisch orientierten Therapien führt Bart (1975, zit. von Turner u. Frank 1981) aus, daß Traumapatientinnen nach der Behandlung verstärkt Symptome zeigten. Die Auswirkung von psychodynamischer Kurzzeitgruppentherapie auf Vergewaltigungsopfer wurde auch von Cryer u. Beutler (1980) beschrieben. Die Meßinstrumente umfaßten die Symptomcheckliste (SCL-90-R; Derogatis 1977) und FIRO-B (zur Erfassung zwischenmenschlicher Beziehungen). Furcht und Feindseligkeit waren danch signifikant reduziert, jedoch 3 der 7 Klientinnen, die an der Studie teilnahmen, gaben nur leichte Veränderungen ihrer allgemeinen Beschwerden an. Leider gab es zu dieser Untersuchung keine Kontrollgruppe, und der Inhalt der Therapiesitzungen wurde nicht angegeben.

Roth et al. (unveröffentlicht) führten einen Vergleich zwischen einer Kontrollgruppe und einer Behandlungsgruppe durch, die an 47 zweieinhalbstündigen Sitzungen Gruppentherapie teilgenommen hatte ($n=6$). Die Behandlung basierte auf der Traumatheorie von Horowitz, nach der "es das Ziel der Psychotherapie ist, dem Patienten zu helfen, die traumatische Erfahrung aufzuarbeiten, indem er/sie sich Schritt für Schritt dem Wiedererleben des traumatischen Ereignisses und seiner Auswirkungen auf beherrschbarem Niveau aussetzt" (Horowitz 1976, S. 4). Die Behandlung begann mit einer Diskussion des Modells von Horowitz und bestand hauptsächlich aus Erfahrungsaustausch und gegenseitiger Unterstützung der Teilnehmer. Nach 8 Sitzungen hatte die Kontrollgruppe in allen Skalen bessere Werte als die Psychotherapiegruppe. Nach der 20. Sitzung zeigte die Therapiegruppe Besserung von Angst, Verletzung und der Bewältigung des Traumas, es wurden jedoch keine Daten der Kontrollgruppe ermittelt. Die Besserung wurde auch über eine sechsmonatige Katamnese aufrechterhalten. Die Ergebnisse können jedoch aus verschiedenen Gründen nicht interpretiert werden: 1) Kontroll- und Behandlungsgruppe unterschieden sich in der ursprünglichen Intensität der Symptome, wobei die erstgenannte Gruppe weniger Beeinträchtigungen zeigte als die zweite; 2) die Gruppenmitglieder waren nicht nach dem Zufallsprinzip eingeteilt worden; 3) über 8 Sitzungen hinaus waren keine Kontrolldaten vorhanden, und 4) alle Patienten der Behandlungsgruppe erhielten auch eine Einzeltherapie. Folglich können die festgestellten Besserungen nicht allein der Gruppentherapie zugeschrieben werden.

Die Wirkung einer zeitlich begrenzten Gruppentherapie mit weiblichen und männlichen Kotherapeuten wurde von Perl et al. (1985) beschrieben. Die Behandlung bestand aus 8 wöchentlichen Sitzungen von 90 min Dauer. Eine Gesamtzahl von 17 Patientinnen wurde in Gruppen zu je 3 oder 4 Personen behandelt. Die Therapie hatte zum Schwerpunkt, den Patientinnen zu realistischen Lösungen für ihre spezifischen Probleme zu verhelfen, wobei eher Themen aus dem "Hier und Jetzt" als psychodynamische Prozesse hervorgehoben wurden. Es wurden nur Probleme besprochen, die im Zusammenhang mit der Vergewaltigung standen. Der Effekt der Therapie wurde aufgrund der subjektiven Einschätzung der Therapeuten anhand der Selbstberichte der Patientinnen bestimmt. Die Autoren berichten über eindrucksvolle Fortschritte der Teilnehmerinnen hinsichtlich aller Symptome (einschließlich Furcht, sexuelle Probleme etc.). Leider ist eine Interpretation dieses Befundes aufgrund des Fehlens von objektiven Messungen und einer Kontrollgruppe problematisch.

Katastrophenopfer. 28 Opfer des Feuers im Beverly Hills Supper Club wurden in 6-12 Sitzungen psychodynamischer Kurzzeittherapie behandelt (Lindy et al. 1983). Die Diagnose umfaßte posttraumatische Belastungsreaktion, Trauerreaktionen, schweres depressives Syndrom (SDS) und Anpassungsstörung. Die Therapie wurde nach den folgenden Richtlinien durchgeführt:

1) Am besten ist es, zu Beginn der Behandlung den Patienten zu ermutigen, die Gedanken und Gefühle vor, während und nach dem Brand im Detail zu schildern.
2) Wenn der offenbare Inhalt der affektgeladenen Assoziationen sich vom Brand und den damit verbundenen Umständen entfernt, sollte der Therapeut, wo es geeignet erscheint, die Gefühle wieder auf das Erlebnis mit dem Brand lenken.
3) Wenn Trauer über einen Todesfall vorhanden ist oder abgewehrt wird, sollte der Therapeut (positive und negative) Erinnerungen an die verstorbene Person fördern, indem er Widerstände dagegen benennt und erklärt.
4) Wenn die Gegenwart von unbewußten Erwartungen in bezug auf ein neuerlich bevorstehendes schreckliches Ereignis beherrscht wird, sollte der Therapeut die Erwartungsängste dem derzeitig Wahrscheinlichen gegenüberstellen.
5) Zeigen sich Schuldgefühle und Scham über die damalige Handlungsweise, sollte der Therapeut dem Patienten helfen, rationale von irrationalen Affekten zu unterscheiden.
6) Wenn als Reaktionsweise Wut vorherrscht, sollte der Therapeut die ihr zugrundeliegenden Gefühle von Hilflosigkeit und Kontrollverlust verstehen (S. 609).

Zu den verwendeten Meßinstrumenten gehörten die SCL-90, 3 Zielsymptome, die vom Therapeuten festgehalten wurden, und der Psychiatrische Einschätzungsbogen, der durch einen unabhängigen Untersucher erhoben wurde. Patienten, die die Behandlung abschlossen, zeigten eine stärkere Besserung als solche, die ihre Behandlung unterbrachen. Lindy et al. beobachteten in der Folgezeit, daß alle behandelten Patienten "zwei Jahre nach dem Brand eine Besserung bis in den subklinischen Bereich zeigten" (S. 602). Es sollte dennoch erwähnt werden, daß die Wirkmechanismen dieser Besserung von den Autoren nicht angemessen diskutiert worden sind.

Zusammenfassung zu traditionellen Interventionen

Aus den obigen Ausführungen wird ersichtlich, daß die vorliegenden Informationen über die Wirksamkeit traditioneller Interventionsmethoden beim posttraumatischen Belastungssyndrom recht begrenzt sind und verschiedene Interpretationen offen lassen. Die aufschlußreichste der erwähnten Studien stammt von Lindy et al., da hier klare Richtlinien für den Ablauf der Therapie vorlagen und das Behandlungsergebnis mit standardisierten Meßverfahren beurteilt wurde.

Verhaltenstherapeutische Verfahren

Zwei Arten von verhaltenstherapeutischen Verfahren sind bislang häufig bei der Behandlung von Angststörungen eingesetzt worden: Konfrontationsverfahren und Angstbewältigungstechniken. Im folgenden Überblick wollen wir die Anwendung von Konfrontationsverfahren diskutieren und anschließend den Nutzen von Angststeuerungstechniken für eine Behandlung dieser Störung erläutern.

Reizkonfrontationstechniken

Gemeinsames Kennzeichen aller Konfrontationstechniken ist die Konfrontation mit der gefürchteten Situation. Die Techniken sind nach dem Medium der Konfrontation (in sensu vs. in vivo), nach der Dauer der Konfrontation (kurz oder lang) und nach dem Grad der Erregung während der Konfrontation (niedrig oder hoch) zu unterscheiden. Werden die verschiedenen Konfrontationsverfahren nach diesen Gesichtspunkten eingestuft, so stellt die systematische Desensibilisierung (SD, Wolpe 1958), bei der die Konfrontation in sensu erfolgt, kurzzeitig und gering erregend ist, das eine Extrem der möglichen Verfahren dar. Im Gegensatz dazu steht die Reizüberflutung in vivo (Marks 1972), bei der die Konfrontation mit konkreten Lebensereignissen lang ist und ein hohes Angstniveau erzeugt. Systematische Desensibilisierung war die erste Konfrontationstechnik. Nach der ursprünglichen Beschreibung besteht sie aus einer in der Vorstellung erlebten Konfrontation mit gefürchteten Situationen oder Objekten. Der Therapeut beschreibt kurz eine Szene, die sich auf den gefürchteten Reiz konzentriert (z.B. "du bist jetzt einen Meter von der Schlange entfernt"). Die Patienten werden gebeten, sich für kurze Zeit die Szene so lebhaft wie möglich vorzustellen. Obwohl ein gewisses Ausmaß an Angst dabei für notwendig erachtet wird, soll diese - gewöhnlich durch Entspannungstechniken - während der Imagination möglichst gering gehalten werden. Die Szenen werden hierarchisch geordnet, wobei die am wenigsten furchteinflößende zuerst dargeboten wird. Zeigt der Patient Angst, wird die Imagination unterbrochen und die Entspannung wieder eingeleitet, gefolgt von einer erneuten Präsentation der Szene. Jede Szene wird so lange wiederholt, bis sie keine Angst mehr hervorruft. Varianten der systematischen Desensibilisierung schließen auch abgestufte In-vivo- und In-sensu-Konfrontation ohne Entspannung mit ein. Wenn die Konfrontation mit stark angstauslösenden Reizen beginnt, lange dauert und ein hohes Angstniveau erzeugt, wird diese Behandlung "Reizüberflutung" genannt. Reizüberflutung kann entweder in der Vorstellung oder in vivo erfolgen, bis eine Verringerung der Angst eintritt.

Konfrontationstechniken werden angewandt, wenn übertriebenes Vermeidungsverhalten besteht und die Behandlung auf eine Aktivierung und Modifikation der Angststrukturen abzielt. Verfahren zur Angstbewältigung werden andererseits angewandt, wenn die Angst das alltägliche Leben beherrscht. In diesem Fall ist es nicht geboten, die Furcht zu aktivieren, sondern sie zu bewältigen. Definitionsmerkmale der posttraumatischen Belastungsreaktion sind sowohl spezifische Ängste als auch allgemeine chronische Erregungszustände. Diese Erregung zeigt sich z.B. in starken autonomen Reaktionen unter Ruhebedingungen (Blanchard et al. 1986; Kozak et al. 1987), während spezifische Ängste bei Konfrontation mit traumabezogenem Material erkenntlich werden (Keane u. Kaloupek 1982; Kozak et al. 1987; Pitman et al. 1987). Dementsprechend erscheinen sowohl Konfrontationstechniken als auch Angstbewältigungsverfahren bei der posttraumatischen Belastungsreaktion anwendbar.

Kriegsveteranen. Eine verhaltenstherapeutische Behandlung der posttraumatischen Belastungsreaktion wurde zuerst an Kriegsveteranen durchgeführt. Bis heute sind mehrere Einzelfallstudien veröffentlicht worden (Fairbank et al. 1983; Fairbank u. Keane 1982; Johnson et al. 1982; Keane u. Kaloupek 1982; Schindler 1980). Sie zeigen die Wirksamkeit einer Anzahl von Verfahren, bei denen Patienten mit Material konfrontiert wurden, das mit dem ursprünglichen traumatischen Ereignis zusammenhing. Reizüberflutung in sensu (Fairbank u. Keane 1982; Keane et al. 1989) und Reizüberflutung in vivo scheinen bei traumatischen Ereignissen (Johnson et al. 1982) in gleichem Maße therapeutisch zu wirken. Die meisten dieser Behandlungsverfahren schlossen allerdings zusätzliche Verfahren wie Ärgerkontrolltechniken oder Entspannungstraining ein, der Beitrag der Konfrontation zum Behandlungserfolg ist daher unklar.

Auf der Grundlage der Ergebnisse von Celluci u. Lawrence (1978), die systematische Desensibilisierung bei der Behandlung von Alpträumen erfolgreich einsetzten, wandte Schindler (1980) dieses Verfahren zur Behandlung eines wiederkehrenden Alptraums bei einem 29jährigen männlichen Vietnamkriegsveteranen an. Der Patient schilderte einen Alptraum von einem tatsächlich erlebten Unfall, bei dem ein Soldat durch eine Landmine verletzt wurde. Der Traum war seit 9 Jahren mindestens einmal im Monat aufgetaucht und hatte ein chronisches Angstniveau erzeugt, das für den Patienten mit "Schlaf" und "Träumen" verbunden war. Die Behandlung bestand aus 5 2mal wöchentlich stattfindenden halbstündigen Sitzungen. Die Konfrontationshierarchie basierte auf der zeitlichen Abfolge der Ereignisse im Traum. Innerhalb einer zweiwöchigen Zusatzbehandlung gab der Patient an, keine Alpträume mehr zu haben und in bezug auf Schlaf und Träume weniger Angst zu empfinden. Die Behandlungserfolge waren auch zum Katamnesezeitpunkt nach 7 Monaten noch erhalten.

Bei einer Untersuchung an 16 Vietnamkriegsveteranen mit posttraumatischen Belastungsreaktionen verglich Peniston (1986) die Wirkung einer EMG-biofeedbackunterstützten Desensibilisierung mit einer unbehandelten Kontrollgruppe. Das EMG wurde in den Sitzungen vor und nach der Behandlung aufgezeichnet. Die Behandlung umfaßte 48 halbstündige Sitzungen, die 3mal pro Woche über einen Zeitraum von 4 Monaten stattfanden. Während der ersten drei Sitzungen wurden die Patienten in Visualisierung und progressiver Muskelentspannung trainiert, und es wurde eine Zehnstufenhierarchie erstellt. Bei der Desensibilisierung wurden 3-5 Sitzungen für jedes Item verwandt, wobei die Szenen so lange wiederholt wurden, bis sie keine Angst mehr hervorriefen. Die Ergebnisse zeigen eine Überlegenheit der EMG-Desensibilisierung gegenüber der unbehandelten Kontrollgruppe in Bezug auf die Reduktion von Muskelspannung, Alpträumen und plötzlichen Rückblenden ("flashbacks"). Außerdem stellte sich bei einer Katamnese nach zwei Jahren heraus, daß zwischenzeitlich keiner der behandelten Patienten stationär behandelt werden mußte, während bei fünf von acht Kontrollpersonen in dieser Zeit wieder ein Krankenhausaufenthalt erforderlich wurde.

Bowen u. Lambert (1986) erforschten die Wirkung von systematischer Desensibilisierung auf Muskelspannung (Elektromyogramm, EMG) und Herzfrequenz (HF) an 10 ambulanten Patienten der Veterans Administration. Von diesen waren 8 Vietnamveteranen, einer war ein Veteran aus dem 2. Weltkrieg und ein weiterer war ein Veteran aus der Nachvietnamkriegsära, der einen Flugzeugabsturz erlebt hatte. Obwohl alle Patienten über wiederkehrende Symptome klagten, erfüllten nicht alle die DSM-III-Kriterien (APA 1980) für die Diagnose "posttraumatische Belastungsreaktion". Bei den Patienten wurden vor und nach der Behandlung EMG und HF gemessen, während sie Kampfszenen bzw. andere nicht mit Kriegshandlungen verbundene Streßszenen (z.B. Ehekonflikte) verbal schilderten. Anschließend wurden sie mit einer üblichen systematischen Desensibilisierung behandelt, in der die Kampfszenen vorgestellt wurden. Die Behandlungsdauer der Patienten variierte und lag bei einem Mittel von 5,8 Monaten mit wöchentlich 2 Sitzungen. Es ergab sich eine deutliche Abnahme der physiologischen Reaktionen (EMG und HF) bei beiden Arten von Streßszenen, die aber bei den Kampfszenen stärker ausgeprägt war.

In einem klinischen Versuch wurden 24 Vietnamveteranen mit posttraumatischen Belastungsreaktionen nach dem Zufallsprinzip entweder auf eine Behandlung von 14-16 90minütigen Sitzungen mit Entspannung und Reizüberflutung oder auf eine Wartelistenkontrollgruppe verteilt (Keasne et al. 1989). In jeder Sitzung wurden die Teilnehmer zunächst angeleitet, sich zu entspannen. Dann wurden sie 45 min lang einer Reizüberflutung in der Vorstellung unterzogen, die wiederum von einer Entspannung gefolgt war. Vor und nach der Behandlung und bei einer Katamnese nach sechs Monaten wurden verschiedene Messungen durchgeführt. Dazu gehörten: das Beck Depressionsinventar (BDI, Beck et al. 1961), die Zung Depression Scale (Zung 1965), das Minnesota Multiphasic Personality Inventory (MMPI; Hathaway u. McKinley 1967), die Subskala des MMPI bezüglich posttraumatischer Belastungsreaktionen (Keane et al. 1984), das Spielberger State Trait Anxiety Inventory (STAI; Spielberger et al. 1970); die Fear Survey Schedule (FSS; Geer 1964), und Einschätzungen der Symptomatik durch die Therapeuten. Die behandelte Gruppe berichtete über signifikant weniger Depression (BDI und MMPI), "State"-Angst (STAI), Furcht (FSS), Hypochondrie (MMPI) und Hysterie (MMPI) nach der Behandlung und bei der Nachuntersuchung. Die von den Therapeuten eingeschätzte Symptomatik (Wiedererleben von Traumata, Schreckreaktionen, Gedächtnis- und Konzentrationsprobleme, Impulsivität, Irritabilität und juristische Probleme) erbrachte signifikant niedrigere Werte als in der Kontrollgruppe. Keine Unterschiede wurden bei einigen Meßinstrumenten, wie der Subskala des MMPI und weiteren Skalen zu Symptomen der posttraumatischen Belastungsreaktion und sozialer Anpassung festgestellt. Die Anwendung von Entspannungstechniken sowohl vor als auch nach der Konfrontation ist nicht üblich, und es wäre interessant, die Auswirkungen von Konfrontation und Entspannungstraining auf das Behandlungsergebnis getrennt zu untersuchen.

Vergewaltigungsopfer. Bei der Behandlung einer zwanzigjährigen Frau, die im Alter von 13 Jahren vergewaltigt worden war, konnte die systematische Desensibilisierung von Wolff (1977) erfolgreich angewendet werden. Die Klientin konnte seit dem Ereignis aus Angst vor der Rückkehr des Vergewaltigers nicht auch nur eine Nacht allein verbringen. Sieben Sitzungen systematischer Desensibilisierung bewirkten, daß sie nachts allein schlafen konnte. In einer Serie von 9 Fällen stellte Turner (1979) fest, daß systematische Desensibilisierung eine Besserung der Meßwerte bei Furcht, Angst, Depression und sozialer Anpassung bewirkte.

Frank u. Stewart (1983a, 1984) unterstützten diese Ergebnisse bei einer Stichprobe von 17 Vergewaltigungsopfern. Die Behandlung von Frank u. Stewart wich in verschiedenen Punkten vom üblichen Vorgehen bei systematischer Desensibilisierung ab. Zum ersten bestanden die Szenen aus eher langen Erzählungen statt der üblichen Kurzszenen. Zum zweiten enthielten die Szenen auch angenehme Beschreibungen (z.B. "Es ist ein schöner Frühlingstag, die Bäume stehen in Knospe und die Sonne scheint", S. 255). Und zum dritten wechselten die Therapeuten - anders als gewohnt - in ein- und derselben Sitzung von einer hierarchischen Ebene zur anderen. Viertens stellten die Therapeuten jede Szene mit einer festgelegten Anzahl von Wiederholungen vor, während gewöhnlich jede Szene so lange wiederholt wird, bis sie keine Angst mehr hervorruft, und erst dann die nächste vorgestellt wird. Vierzehn Sitzungen systematischer Desensibilisierung hatten eine Verringerung der bearbeiteten Ängste sowie eine Verbesserung der sozialen Anpassung zur Folge. Die Autoren erwähnen, daß 75% ihrer Versuchspersonen sich aus freiem Willen einer In-vivo-Konfrontation mit Situationen unterzogen, für die zuvor in der Vorstellung eine Desensibilisierung stattgefunden hatte. Diese Ergebnisse sind recht beeindruckend. Diese positiven Resultate sind jedoch aufgrund des Fehlens einer Kontrollgruppe schwer zu interpretieren. Da Einschlußkriterien für diese Untersuchung es zuließen, daß Klientinnen sich unmittelbar nach der Vergewaltigung der Behandlung unterzogen, kann die beobachtete Besserung zum Teil der natürlichen Abschwächung der Symptome im Laufe der ersten Monate nach dem Überfall zuzuschreiben sein (s. Kilpatrick u. Calhoun 1988, zu einer Kritik).

Becker u. Abel (1981) verwendeten ebenfalls systematische Desensibilisierung bei mehreren Frauen, die unter Angst als Folge einer Vergewaltigung litten. Obschon die Behandlung die Symptome besserte, waren die Resultate nicht so beeindruckend wie bei Frank und Stewart. Insgesamt befanden die Autoren die systematische Desensibilisierung allein als nicht erfolgreich zur Reduktion von Beschwerden in der Folge einer Vergewaltigung.

Unfallopfer. Posttraumatische Belastungsreaktionen als Folge eines Unfalls wurde ebenfalls mit verhaltenstherapeutischen Verfahren erfolgreich behandelt. McCaffrey u. Fairbank (1985) berichten über 2 Fälle: einen Hubschrauber-Unfall und eine Serie von Autounfällen. Die Behandlung erfolgte mit Entspannungstraining, Konfrontation in sensu und Selbstkonfrontation in vivo. Während bei den berichteten Angstgefühlen nur mäßige Änderungen zu verzeichnen waren, gab es eine erhebliche Besserung bezüglich der Symptome der posttraumatischen Belastungsreaktion.

Fairbank et al. (1981) behandelten eine 32jährige Frau wegen einer lange andauernden posttraumatischen motorischen Schreckreaktion (Verreißen des Steuers bei Annäherung eines Autos) nach einem Frontalzusammenstoß, bei dem sie und ihre Kinder verletzt worden waren. Die Behandlung bestand aus 3 wöchentlichen Sitzungen mit Entspannungstraining und täglichen Autobahnfahrten. Die berichteten Angstgefühle nahmen während der Phase des Entspannungstrainings ab, blieben während der Konfrontationsphase auf einem reduzierten Niveau und waren bei einer Kontrolluntersuchung nach 6 Monaten weiter zurückgegangen. Die selbstbeobachtete motorische Schreckreaktion trat in der Entspannungsphase nur noch gelegentlich auf, verschwand bei der Konfrontation völlig, und war auch bei der Katamnese nicht mehr festzustellen.

Muse (1986) beschreibt die Anwendung von systematischer Desensibilisierung bei 3 Opfern eines Autounfalls, die unter chronischen Schmerzsyndromen und posttraumatischen Belastungsreaktionen litten. Der Unfall lag unterschiedlich lange (zwischen 1 Monat und 2 Jahren) zurück. Die Patienten erhielten eine 2- bis 4monatige traditionelle Behandlung in Schmerzkliniken durch direktive Therapie, Biofeedback, unterstützende Gruppentherapie und medikamentöse Behandlung. Am Ende dieser Schmerzbehandlung litten alle Patienten noch unter der posttraumatischen Belastungsreaktion und begannen mit einer systematischen Desensibilisierung von 13-18 Sitzungen, wobei die beiden letzten Sitzungen als Konfrontation in vivo gestaltet wurden. Alle Patienten erfuhren durch die systematische Desensibilisierung eine wesentliche Besserung, die in einer Reduktion der Furcht- und Angstgefühle, posttraumatischen Belastungsreaktionen, Depression und Schmerzen und der Wiederaufnahme der normalen Tätigkeiten bestand. Obwohl die Gültigkeit der Studie wegen des Fallstudien-Ansatzes und des Fehlens "harter" Daten eingeschränkt ist, weist sie doch auf die Generalisierbarkeit der Behandlungstechniken auf verschiedene Traumata hin.

Techniken zur Angstbewältigung

Während die Konfrontationstechniken dazu bestimmt sind, Furcht zu aktivieren und eine Habituation zu bewirken, zielen Angstbewältigungstechniken darauf ab, den Patienten Strategien zur Angstkontrolle an die Hand zu geben und damit die Angst zu reduzieren. Zu diesen Verfahren zählen Entspannungstraining (z.B. Bernstein u. Borkovec 1973; Jacobson 1938), Streßimpfungstraining (Meichenbaum 1974), kognitive Umstrukturierung (Beck 1972; Ellis 1977), Atemtraining (Clark et al. 1985), Training sozialer Kompetenz (Becker et al. 1987) und Ablenkungstechniken (z.B. Gedankenstop, Wolpe 1973). Die unter diesen Techniken am häufigsten verwendete Methode ist die Muskeltiefenentspannung, die von Wolpe (1985) als eine "Betätigung zur Lösung der tonischen Muskelkontraktion" (S. 101) beschrieben wird. Dadurch wird das autonome Nervensystem so beeinflußt, daß die Reaktionen des sympathischen Nervensystems abgeschwächt werden, d.h. Herzschlag und Atemfrequenz verlangsamen sich, und der Blutdruck sinkt.

Kriegsveteranen. Die Wirksamkeit von EMG-Biofeedback und progressiver Muskelentspannung wurde an 6 Veteranen mit posttraumatischen Belastungsreaktionen von Hickling et al. (1986) untersucht. Die Patienten nahmen an 7-14 Behandlungen über einen Zeitraum von 8 bis 16 Wochen teil. In die angewandten Techniken integriert waren Teile des autogenen Trainings (z.B. mit der Suggestion von zunehmender Wärme oder eines ruhigen, regelmäßigem Herzschlags; Schultz u. Luthe 1969) und stimuluskontrollierte Entspannung. Die Meßinstrumente vor und nach der Behandlung bestanden aus MMPI, STAI, BDI, der Multidimensional Health Locus of Control-Scale,

EMG, Skalen zur Messung der subjektiven Anspannung und Beobachterratings in bezug auf allgemeine Besserung. Eine Besserung wurde hinsichtlich fast aller Maße festgestellt. Obwohl die Ergebnisse vielversprechend sind, sind sie nur begrenzt zu verallgemeinern, da die Ärzte nur solche Patienten zur Behandlung überwiesen, von denen sie annahmen, daß sie von diesem Verhaltenstraining profitieren würden.

Vergewaltigungsopfer. Eine Einzelfallstudie über die Anwendung von Biofeedback bei einem Vergewaltigungsopfer wurde von Blanchard und Abel (1976) vorgelegt. Die Zielsymptome waren kardiovaskulärer Art: episodische Sinustachykardien und Synkopen. Systematisches Biofeedbacktraining verhalf der Klientin zur Beherrschung ihrer Tachykardie im Versuchslabor und in ihrer normalen Umgebung.

Die Wirkung von kognitiver Therapie auf Depression und Angst wurde an 25 Vergewaltigungsopfern untersucht, die durchschnittlich 2 Wochen nach der Vergewaltigung mit der Behandlung begannen (Frank u. Stewart 1984). Diese Behandlung nach Becks (1972) Vorgehen beinhaltete die Selbstbeobachtung von Aktivitäten mit Selbstkontrolle und angenehmer Verstärkung, gradueller Aufgabenstellung (z.B. ausgehen ohne Begleitung) und die Identifizierung und Veränderung unangemessener Kognitionen. Diese Behandlung ging von der Grundannahme aus, daß individuelle Kognitionen durch Vorannahmen in bezug auf die Welt gefiltert werden. Beispielsweise könnte sich ein Vergewaltigungsopfer auf ein verzerrtes Bild der eigenen Ohnmacht, Imkompetenz und Hilflosigkeit ebenso wie auf den Gedanken konzentrieren, für die Vergewaltigung verantwortlich zu sein, und Gefühle der Wertlosigkeit hegen. Kognitive Techniken sollen der Patientin dazu verhelfen, solche verzerrtem Überzeugungen herauszufinden und ihre Richtigkeit zu überprüfen. Die Durchführung dieser Behandlung durch Frank u. Stewart bestand aus 3 Phasen. Die 1. Phase konzentrierte sich darauf, unangemessene Gedanken in Frage zu stellen und zu neuem Denken zu ermutigen. Während der 2. Phase wurden kognitive Verzerrungen identifiziert und rationale, geeignete Reaktionen entwickelt. In der 3. Phase wurden die grundlegenden Annahmen über die Welt untersucht. Das Ergebnis dieser kognitiven Therapie entsprach dem der systematischen Desensibilisierung: Die Ratings für Furcht, Angst, Depression und soziale Anpassung, gemessen nach BDI, STAI, FSS, Janis-Field Feelings of Inadequacy-Scale (Janis u. Field 1959) und die Skala II zur Sozialen Anpassung (Schooler et al. 1980) zeigten sämtlich signifikante Fortschritte. Obwohl von den Autoren kein direkter Vergleich zwischen systematischer Desensibilisierung und kognitiver Therapie angestellt wurde, zeigte eine Prüfung der mittleren Veränderungen, die auf beide Behandlungen folgten, gleichwertige Ergebnisse (Turner u. Frank 1981).

In einer späteren Studie (Frank et al. 1988) wurden die Daten von 84 Versuchspersonen berichtet, von denen einige bereits an vorangegangenen Untersuchungen teilgenommen hatten. Die Patientinnen erhielten entweder eine kognitive Verhaltenstherapie oder systematische Desensibilisierung. Bei beiden Behandlungsarten nahmen einige Frauen kurz nach einer Vergewaltigung teil (im Mittel 20 Tage danach), während andere einige Monate nach dem Überfall (im Mittel 129 Tage später) in die Versuchsgruppe aufgenommen wurden. Als Maße verwendet wurden BDI, STAI, eine modifizierte Version der Veronen-Kilpatrick-Furchtskala (Veronen u. Kilpatrick 1980), die Janis-Field Feelings of Inadequacy-Scale, die Skala II zur sozialen Anpassung, die Liste der Hauptbeschwerden (Battle et al. 1966) und das für diese Studie entwickelte Demographic, Assault, and Psychiatric History Interview Schedule. Die Analysen ergaben keine Unterschiede zwischen systematischer Desensibilisierung und kognitiver Verhaltenstherapie. Außerdem war das Behandlungsergebnis unabhängig von dem Zeitraum, der nach der Vergewaltigung vergangen war. Die Besserung, die Patientinnen mit späterem Behandlungsbeginn aufwiesen - sie hatten zunächst stärkere Symptome gezeigt als diejenigen, die sofort um Behandlung ersucht hatten - zeigten, daß beide Behandlungsarten therapeutisch wirksame Komponenten enthielten. Doch das Fehlen einer Kontrollgruppe und die Tatsache, daß Patientinnen mit kurz vorangegangener Vergewaltigung in die Studie miteinbezogen waren, schränken die Schlußfolgerungen, die bezüglich der Wirksamkeit kognitiver Therapien für Vergewaltigungsopfer gezogen werden können (Kilpatrick u. Calhoun 1988) ein.

In einem Überblick zur Behandlung von Vergewaltigungsopfern schließen Holmes u. St. Lawrence (1983), daß die "vielversprechendsten Behandlungsstrategien diejenigen zu sein scheinen, die dem Opfer spezifische Copingstrategien und alternative Reaktionsweisen auf Angst vermitteln" (S. 430). Zwei Behandlungspakete, die solche Copingstrategien (d.h. Streßimpfungstraining und das kurze verhaltenstherapeutische Interventionsprogramm) für Vergewaltigungsopfer zur Verfügung stellen sollen, wurden von Kilpatrick, Veronen und Mitarbeitern entwickelt. Diese Programme wurden allerdings bisher nicht auf Fälle mit posttraumatischen Belastungssyndrom angewandt, die im Gefolge anderer traumatischer Ereignisse Symptome entwickelten. Die beiden Behandlungspakete, wie sie bei Vergewaltigungsopfern angewandt wurden, sollen im folgenden beschrieben werden:

Es wurde ein Streßimpfungstraining für Frauen entwickelt, die 3 Monate nach einer Vergewaltigung noch sehr viel Furcht empfanden (Kilpatrick et al. 1982). Das Originalprogramm, das 20 h Therapie und zusätzliche Hausaufgaben umfaßt, setzt sich aus 2 Phasen zusammen: einer Informationsvermittlungsphase und einer Trainingsphase für Copingstrategien. Die Behandlung begann mit einer zweistündigen Einheit zur Informationsvermittlung, in der der

Behandlungsgedanke und die theoretische Basis der Behandlung erklärt wurden. Das Programm wurde als ein kognitiv-verhaltenstherapeutischer Ansatz beschrieben, der anhand des Erlernens von Copingstrategien die aufgrund einer Vergewaltigung entstandene Furcht und Angst reduziert. Die aus einer Vergewaltigung resultierende Furcht, wurde als ein klassisch konditioniertes Phänomen erklärt. Angst wurde anhand von Langs (1968) Mehrebenenmodell beschrieben, das verhaltensmäßig/motorische, kognitive und physiologische Reaktionen einschließt. Des weiteren wurde das Auftreten von Angst als graduell im Gegensatz zu dem "Alles-oder-nichts"-Prinzip dargestellt. Wenn also "eine Person in der Lage ist, die ersten Anzeichen der Furchtreaktion zu erkennen, kann sie ihre Reaktion besser unter Kontrolle bringen" (S. 359, Veronen und Kilpatrick, 1983).

Die 2. Phase des Streßimpfungstrainings konzentrierte sich auf den Erwerb und die Anwendung von Copingstrategien und begann mit dem Training von Muskeltiefenentspannung und Atemkontrolle. Hierfür wurde die Methode der progressiven Muskelrelaxation nach Jacobson (1938) angewandt. Die Entspannungssitzungen wurden der Klientin für die Übung zu Hause aufgenommen und fortgesetzt, bis die Klientin in der Lage war, sich in kurzer Zeit in den verschiedensten Situationen zu entspannen. Die Übungen zur Atemkontrolle legen besonderen Wert auf langsame Zwerchfellatmung, ähnlich wie Yogaübungen oder das Lamaze-Verfahren für natürliche Geburt. Daraufhin wurden der Klientin Kommunikationsfertigkeiten anhand von Rollenspielen vermittelt. Ebenso wurde das verdeckte Modellernen eingeübt. Diese Technik ähnelt dem Rollenspiel, verwendet aber eher imaginative als In-vivo-Übungen. Um störende Effekte von Zwangsgedanken zu kontrollieren, wurde Gedankenstop (Wolpe 1958) gelehrt. Kilpatrick et al. hielten die letzte Technik, das angeleitete Selbstgespräch, für die wichtigste. Der Therapeut wies die Klientin an, sich auf ihren inneren Dialog zu konzentrieren und irrationale, falsche oder negativ getönte Selbstbeurteilungen zu identifizieren. Rationale und positive Urteile wurden entwickelt und als Ersatz für die negativen Gedankenmuster im Sinne von Meichenbaums (1974) Streßimpfungstraining und kognitiver Umstrukturierung eingesetzt. Um die Wirksamkeit des Programms zu untersuchen, wählten Veronen u. Kilpatrick (1982b) 15 Vergewaltigungs- opfer aus, die 3 Monate nach der Vergewaltigung erhöhte Furcht und Vermeidungsreaktionen auf spezifische phobische Reize zeigten. Ein eindeutiger Behandlungseffekt zeigte sich im Hinblick auf die mit der Vergewaltigung verbundene Furcht, Angst, phobische Angst, Spannung und Depression, die mit SCL-90, IES, Veronen-Kilpatrick-Furchtskala und STAI erfaßt wurden. Da keine Kontrollgruppe vorliegt, können die Daten jedoch nur mit Vorbehalt interpretiert werden.

In einer späteren Studie boten Veronen u. Kilpatrick (1983) je 10 Sitzungen des Streßimpfungstrainings, gegenseitiger Beratung in der Gruppe und systematischer Desensibilisierung an. Die Patientinnen konnten ihre Behandlungsform selbst wählen. Mehr als 50% der möglichen Teilnehmerinnen lehnten eine Therapie ab. Von den 15 Patientinnen, die sich für eine Behandlung entschieden, wählten 11 das Streßimpfungstraining, 3 die Gruppengespräche und keine die systematische Desensibilisierung. Obwohl die Daten der 6 Patientinnen, die das Streßimpfungstraining abschlossen, nicht formal statistisch analysiert wurden, berichteten die Autoren in den meisten Maßen eine feststellbare Besserung zwischen Vor- und Nachbehandlung. Die erfolgreiche Anwendung einer dem Streßimpfungstraining ähnlichen Methode (die aber systematische Desensibilisierung miteinschließt), wurde bei einer Frau mit langandauernder Furcht vor Situationen, die mit der Vergewaltigung in Zusammenhang standen, berichtet (Pearson et al. 1983).

Das Streßimpfungstraining wurde in der Folge modifiziert. Es wurde von 20 auf 8 Therapiestunden reduziert, und die Vermittlung von Bewältigungsstrategien wurde dahingehend erweitert, daß neben Furcht und Vermeidungsverhalten auch andere mit einer Vergewaltigung verbundenen Probleme einbezogen wurden. Kilpatrick u. Amick (1985) berichteten über die erfolgreiche Anwendung dieses modifizierten Programms auf den Fall einer 21jährigen Frau. Dieser Bericht ist exemplarisch aufgrund der Sorgfalt der angewandten Meßverfahren. Psychophysiologische Messungen (anhand eines Polygraphen) wurden durchgeführt und Informationen durch die Selbstbeobachtung der mit Angst einhergehenden körperlichen Symptome (z.B. Kopfschmerzen, Kopfjucken, Übelkeit, Schlafstörungen, Druck in der Brust) gesammelt. Kognitive Reaktionen wurden anhand von Selbsteinschätzungen festgestellt; zur Messung wurden hier das SCL-90-R, die Veronen-Kilpatrick-Furchtskala, das Profile of Mood State Scales (POMS), das IES sowie das Therapeuteninterview bezüglich irrationaler Überzeugungen im Zusammenhang mit der Vergewaltigung (z.B. Selbstbezichtigung) und Träume verwendet. Verhaltensbezogene Reaktionen wurden durch Selbstbeobachtung von sozialem Rückzug, Furcht vor Autofahren, zwischenmenschlichen Schwierigkeiten und Mißbrauch von Meprobamat und Alkohol eingeschätzt. Die in der Untersuchung gewonnenen Informationen wurden in das Behandlungsziel miteinbezogen und bei der Kontrolle des Behandlungserfolgs überprüft. Dieses Verfahren erwies sich als sehr erfolgreich.

37 Vergewaltigungsopfer nahmen an einer Studie von Resick et al. (1988) teil, in der 6 zweistündige Sitzungen mit 3 verschiedenen Formen von Gruppentherapie verglichen wurden: Streßimpfungstraining, Selbstsicherheitstraining und stützende Psychotherapie plus Informationsvermittlung. Die 3 Behandlungsgruppen wurden mit einer ohnehin zustandegekommenen Wartelistenkontrollgruppe verglichen. Das Streßimpfungstraining glich dem von Kilpatrick et al. (1982) beschriebenen Programm bis auf 2 Ausnahmen:

a) Kognitive Umstrukturierung, Selbstsicherheitstraining und Rollenspiel wurden ausgeschlossen, da sie in einer der Vergleichstherapien angewandt wurden, und b) Konfrontation in vivo wurde in die Therapiephase mit aufgenommen. Das Selbstsicherheitstraining begann mit einer Informationsvermittlungsphase, in der erklärt wurde, wie Selbstbehauptung eingesetzt werden kann, um Furcht und Vermeidungsverhalten zu begegnen. Fragen, die die soziale Unterstützung betrafen, wurden im Rahmen der Selbstsicherheit erörtert. Die angewandten Techniken wurden von Lange u. Jakubowski (1976) und aus der rational-emotiven Therapie (RET, Ellis 1977) übernommen. Das Training beinhaltete Verhaltensübungen durch Rollenspiel mit anschließendem Feedback. Die unterstützende Psychotherapie mit Informationsvermittlung bestand aus einer Informationsvermittlungsphase, nach der die Teilnehmer Themen für die Diskussion auswählten. Diese beinhalteten die Reaktionen anderer Menschen auf ihre Vergewaltigung, den Grad an Unterstützung, die sie erhielten, und die Angstgefühle infolge der Vergewaltigung. Meßinstrumente waren die SCL-90-R, die Veronen-Kilpatrick Furchtskala, die Tennessee-Selbstkonzeptskala (Fitts 1965), die Selbstausdrucksskala für Erwachsene (Gay et al. 1975), das Emotionsthermometer (Obanion u. Veronen 1978), die Skala für Ereignisbedeutung (Horowitz et al. 1979), und ein strukturiertes Interview mit 221 Fragen, das für diese Studie entwickelt worden war. Die Ergebnisse zeigten, daß alle 3 Behandlungsarten hinsichtlich der Symptomreduktion hocheffizient waren; zwischen den Gruppen waren keine Unterschiede festzustellen. Die Besserung der mit der Vergewaltigung verbundenen Furchtwerte war auch noch bei einer Kontrolle nach Monaten nachweisbar, die Besserung der Depression, Selbstachtung und sozialen Angst hingegen nicht mehr. In der Wartelistengruppe wurde keine Besserung festgestellt.

Ein weiteres Behandlungskonzept, das *Brief Behavioral Intervention Program (BBIP)*, ist für eine unmittelbare Anwendung nach der Vergewaltigung konzipiert (Kilpatrick u. Veronen 1983). Diese Behandlung von 4-6 h ist als eine prophylaktische Maßnahme zur Vermeidung phobischer Reaktionen und anderer Symptome der posttraumatischen Belastungsreaktion anzusehen. Zunächst wird das Opfer dazu ermutigt, die Vergewaltigungsszene in der Phantasie wieder zu durchleben und sich zu erlauben, ihre mit der Vergewaltigung verbundenen Gefühle auszudrücken. Darauf wird die Patientin über lerntheoretische Modelle informiert, die die Entwicklung und Aufrechterhaltung von Furchtreaktionen erklären können. Die Opfer werden weiterhin über die 3 Arten von Furchtreaktionen informiert (verhaltensmäßig, kognitiv und physiologisch). In der 3. Phase wird versucht, die Gefühle von Schuld und Verantwortung für die Vergewaltigung durch eine Diskussion über gesellschaftliche Erwartungen und tradierte Vorurteile in bezug auf Vergewaltigung zu verringern. Schließlich werden Copingstrategien wie Selbstbehauptung, Entspannung, Gedankenstop und Techniken zur Wiederaufnahme normaler

Aktivitäten vermittelt. Das Ergebnis einer Studie, in der 15 Vergewaltigungsopfer nach dem Zufallsprinzip einer von drei Bedingungen (d.h. wiederholte Diagnostik, verzögerte Diagnostik oder BBIP) zugeordnet wurden, erbrachte keine Gruppenunterschiede. Dies bedeutet, daß aktive Behandlung (z.B. BBIP) und wiederholte Diagnose gleichermaßen therapeutisch wirken (Veronen u. Kilpatrick 1982a).

Eine vergleichende Studie

Eine Studie zum Vergleich von Streßimpfungstraining, Konfrontation, stützender Beratung und einer nichtbehandelten Kontrollgruppe wird derzeit von Foa und Rothbaum durchgeführt. Bei allen Patientinnen liegt die Vergewaltigung mindestens 3 Monate zurück, und alle erfüllen die Kriterien einer posttraumatischen Belastungsreaktion. Die Streßimpfungsbehandlung besteht in neun anderthalbstündigen Sitzungen, die zweimal wöchentlich stattfinden. Das Behandlungsprogramm umfaßt Informationssammlung und Behandlungsplanung, ein kurzes Atemtraining, Muskeltiefenentspannung, Gedankenstop, kognitive Umstrukturierung nach Beck u. Ellis, Meichenbaums (1974) angeleiteten Selbstdialog, verdecktes Modellernen und Rollenspiel. Dieses Programm unterscheidet sich von dem, wie es üblicherweise von Kilpatrick und Mitarbeitern durchgeführt wird, da es keine In-vivo-Konfrontation mit gefürchteten Situationen vorsieht.

Alle Sitzungen zur Einübung von Bewältigungsstrategien werden in der Foa und Rothbaum-Studie in gleicher Weise durchgeführt. Die Sitzungen beginnen mit einer Übersicht über den Verlauf der letzten Sitzung, bevor die Anwendung von Copingstrategien in der normalen Umgebung des Opfers auf den neuesten Stand gebracht wird. Des weiteren werden die Hausaufgaben der letzten Stunde besprochen. Im folgenden wird eine Struktur zur Vermittlung von Copingstrategien mit detaillierten Instruktionen zu jeder einzelnen Strategie gegeben:

1) *Definition der Copingstrategie*. Definieren Sie die Strategie. Welcher Weg (z.B. kognitiv, autonom) könnte für diese Strategie angemessen sein? Warum ist sie wichtig für die Klientin?
2) *Rational und Wirkungsweise*. Erläutern Sie der Klientin das Verhalten, die Reaktionen oder Symptome, die die neue Strategie erleichtern oder unterstützen können. Zeigen Sie Ähnlichkeiten und Unterschiede dieser Strategie im Vergleich zu anderen auf.
3) *Demonstration*. Zeigen Sie der Klientin die Strategie oder erklären Sie ihr, wie sie von ihr angewendet werden kann.

4) *Anwendung 1.* Die Klientin praktiziert die Strategie zunächst bei einem Problem, das nicht mit der Vergewaltigung zusammenhängt (z.B. im beruflichen Zusammenhang).
5) *Überprüfung.* Prüfen Sie, ob die Klientin erklären kann, was sie unternahm und wie es wirkte.
6) *Anwendung 2.* Die Klientin wendet die Strategie auf ein mit der Vergewaltigung zusammenhängendes Problem an.

Bei der hier vorgestellten Abfolge der einzelnen Sitzungen ist einige Flexibilität gefordert, da die Strategien von den einzelnen Patientinnen unterschiedlich schnell erlernt werden; die eine Person benötigt vielleicht nur einige Minuten zum Erlernen einer Strategie, während die andere dafür mehrere Stunden aufwenden muß.

Atementspannung. Die Patientin erhält (bevor sie die Sitzung zur Informationssammlung verläßt) eine Einführung in die Atementspannung. Hierdurch soll eine Gegenkonditionierung der Angst versucht werden, die möglicherweise als Folge des Gesprächs über die Vergewaltigung auf den Therapeuten konditioniert sein könnte. Die Begründung für die Atemübung enthält folgende Erklärung:

"Die meisten Menschen wissen, daß die Atmung unsere Gefühle beeinflußt. Wenn wir z.B. aufgeregt sind, empfiehlt man uns manchmal, "tief durchzuatmen und uns zu beruhigen". Tatsächlich müssen wir nicht *tief* durchatmen, sondern einfach nur normal atmen und langsam ausatmen. Ein Beispiel: Wenn unsere Vorfahren vor Tausenden von Jahren durch den Wald gingen und einen Löwen erblickten, hielten sie wahrscheinlich vor Schreck den Atem an. Wenn dann der Löwe verschwand, seufzten sie vor Erleichterung (d.h. sie atmeten aus). Also ist das *Ausatmen* (nicht das Einatmen) mit Entspannung verbunden.

Bei der Konzentration auf das langsame Ausatmen sollten Sie das Wort "Ruhe" zu sich sagen, während Sie ausatmen; ich werde es laut aussprechen. Ruhe ist ein sehr gutes Wort dafür, da es in unserem Kulturkreis schon an sich mit angenehmen Vorstellungen behaftet ist. Wenn wir erregt sind und jemand uns sagt, wir sollten "uns beruhigen", so ist dies normalerweise mit Trost und Unterstützung verbunden. Es klingt auch gut und kann so in die Länge gezogen werden, daß es zu einem langen, bewußten Ausatmen paßt: R - u - u - u - h - e. Zusätzlich zu dieser Konzentration auf langsame Ausatmung, während Sie Ruhe zu sich sagen, möchten wir, daß Sie Ihren Atem verlangsamen. Wenn Menschen Angst bekommen oder sich erregen, meinen sie, daß sie mehr Luft bräuchten, und manche hyperventilieren daher. In der Regel ist jedoch das Gegenteil der Fall. Wenn wir uns nicht gerade angesichts einer wirklichen Gefahr auf Kampf oder Flucht vorbereiten oder vor Schreck erstarren, brauchen wir häufig nicht so viel Luft, wie wir einatmen. Wenn wir hyperventilieren und damit mehr Luft aufnehmen, signalisiert dies unserem Körper, sich auf eine der drei Reaktionen vorzubereiten und genügend Sauerstoff bereitzuhalten. Das ist so wie bei einem Läufer vor dem Rennen, der tief Luft holt, um seinem Körper mit Sauerstoff zu versorgen, und der während des Laufes weiter tief und schnell atmet. Wenn wir hyperventilieren, locken wir aber unseren Körper gewöhnlich auf eine falsche Fährte. Was wir wirklich tun müßten, ist, unsere Atmung zu verlangsamen und *weniger* Luft aufzunehmen. Dies tun wir, indem wir zwischen den Atemzügen eine Pause machen, um den Atem auseinanderzuziehen. Nach dem langsamen Ausatmen halten Sie also, bevor Sie den nächsten Atemzug tun, buchstäblich Ihren Atem an, bis Sie bis vier gezählt haben (kann, falls nötig, variiert werden)."

Die Patientin wird dann angehalten, normal zu atmen und sehr, sehr langsam auszuatmen, wobei Sie während des Ausatmens das Wort "Ruhe" zu sich sagt. Dann wird sie angeleitet, eine kurze Pause einzulegen (und bis vier zu zählen), bevor sie von neuem Luft holt. Die ganze Sequenz wird 10- bis 15mal wiederholt. Diese Übung soll bis zur nächsten Sitzung zweimal am Tag praktiziert werden.

Muskeltiefenentspannung. Die progressive Muskelrelaxation nach Jacobson (1938) wird ab der 3. Sitzung zur Einübung von muskulärer Entspannung angewandt. Das Entspannungstraining richtet sich auf eine totale Entspannung aller größeren Muskelgruppen. Die verbale Instruktion für das Entspannungstraining ist Goldfried u. Davidson (1976) entnommen. Es wird eine Vereinbarung getroffen, daß die Patientin zwischen den Sitzungen die Entspannung zweimal täglich durchführt. In der vierten Sitzung wird das Entspannungstraining unter Anwendung der Methode des Anspannens und Entspannens wiederholt, wobei am Ende die Atemkontrolle hinzugenommen wird (siehe vorausgegangene Ausführungen). Wiederum wird diese Fertigkeit sowohl in den Therapiesitzungen als auch in der häuslichen Umgebung durchgeführt.

Gedankenstop. Dieses Verfahren wird eingeübt, indem der Patientin nahegelegt wird, sich bewußt auf ihre unangenehmen Gedanken zu konzentrieren. Nachdem Sie dies 35-45 s lang getan hat, sagt der Therapeut mit lauter, gebieterischer Stimme "Stopp" (und klatscht dabei in die Hände oder schlägt auf den Tisch) und fragt die Patientin, was dabei passiert ist. Normalerweise berichten die Patientinnen, daß die Gedanken unterbrochen wurden. Dieser Vorgang wird mehrere Male wiederholt. Der nächste Schritt besteht darin, die Patientin zu veranlassen, ihre Gedanken selbst mit dem innerlich gesprochenen Wort "Stopp" zu unterbrechen. Sie wird instruiert, dieses Verfahren zunächst auf mäßig unangenehme, danach auch auf stark beunruhigende Gedanken anzuwenden. Falls nötig, sollte die Patientin ein Gummiband um ihr Handgelenk legen und es mit einem innerlich gesprochenen "Stopp" schnellen lassen, sobald sich aufdringliche Gedanken einstellen.

Kognitive Umstrukturierung. Der Therapeut stellt zunächst das A-B-C-Schema vor (A = auslösendes Ereignis, B = Bewertung, C = Konsequenzen), ein Paradigma für automatische, irrationale Gedanken (Beck et al. 1979; Ellis u. Harper 1961), das sich darauf konzentriert, wie unsere Gedanken unsere Reaktionen beeinflussen. Als Beispiel dafür wird demonstriert, wie das gleiche Ereignis (das Vernehmen eines lauten Geräusches aus dem angrenzenden Raum) je nach Interpretation ("da drinnen ist ein Einbrecher, ich bin in Gefahr" oder "was hat die verflixte Katze jetzt wieder angestellt?") zu völlig verschiedenen Reaktionen führen kann (intensive Furcht und Verlassen des Hauses vs. leichte Verärgerung und Betreten des Zimmers). Der Therapeut bittet die Patientin, sich eine Situation vorzustellen, die nichts mit der Vergewaltigung zu tun hat, in der sie sich aber aufgeregt hat (z.B. nach der Ablehnung einer Gehaltserhöhung) und beginnt, das A, B und C einzutragen. Er füllt zunächst das A aus (auslösendes Ereignis), dann das C (die Konsequenzen oder die Gefühle der Patientin) und bittet schließlich die Patientin, bei der Feststellung des B (Bewertungen, die sie sich einredete und die sie aufregten, z.B. "mein Chef mag mich wohl nicht" etc.) behilflich zu sein.

Die Schritte zu einer kognitiven Umstrukturierung sind:

1) Stellen Sie "A" und "C" fest.
2) Finden Sie "B" heraus, indem Sie die automatische Annahme aufdecken (z.B.: "Er hat mich übergangen. Ich muß aber geliebt und akzeptiert sein, um mich als wertvoller Mensch zu fühlen", oder "Er ist ein potentieller Feind und bereitet sich darauf vor, mir etwas anzutun").
3) Realitätstest für die Annahme unter "B": Prüfen Sie die Beweise für und gegen die Annahme, als wenn Sie vor Gericht ständen.
4) Wenn die Anhaltspunkte unzureichend sind, lassen Sie die Annahme fallen. Die Patientin kann die Annahme entweder auflösen oder sich mehr Informationen dazu beschaffen.
5) Finden sich genügend Beweise für die Annahme, reagieren Sie rational und flexibel (z.B.: "Es wäre schöner, wenn er mich nicht übergangen hätte, aber das sagt noch nichts über meinen Wert als Person aus") oder suchen Sie eine Bestätigung.

Der Therapeut unterstützt die Patientin, die Rationalität ihrer Überzeugungen einzuschätzen, stellt sie zu diesem Zweck in Frage und ersetzt sie durch rationalere Selbstaussagen. Dieses Verfahren wird dann auf eine Erfahrung übertragen, die mit der Vergewaltigung zu tun hat. Falls nötig, kann ein 3. Beispiel herangezogen werden, das der Patientin so viel Selbständigkeit wie möglich erlaubt, um den oben beschriebenen Prozeß durchzuführen.

Angeleiteter Selbstdialog. Im angeleiteten Selbstdialog lehrt der Therapeut die Patientin, sich auf ihren inneren Dialog bzw. auf das, was sie zu sich selbst sagt, zu konzentrieren. Ein irrationaler, fehlerhafter oder negativer Dialog wird beim Namen genannt und durch einen rationalen, hilfreichen oder eher zum Ziel führenden Dialog ersetzt. Die Patientin wird dann instruiert, eine Reihe von Fragen zu stellen und zu beantworten oder in Gedanken auf eine Reihe von Behauptungen zu antworten. Die Struktur des angeleiteten Selbstdialogs wurde aus Meichenbaums (1974) Beispielen entnommen. Die 4 Dialog-Kategorien enthalten Darstellungen zu 1) Vorbereitung, 2) Konfrontation und Handhabung, 3) Strategien für Gefühle des Überwältigtseins, und 4) Verstärkung.

Für jede der oben genannten Kategorien überlegen sich die Patientin und der Therapeut eine Reihe von Fragen und/oder Behauptungen, die die Patientin dazu ermutigen, 1) die aktuelle Wahrscheinlichkeit des Eintretens eines negativen Ereignisses einzuschätzen, 2) die überwältigende Angst zu beherrschen, 3) Selbstkritik und Selbstabwertung zu kontrollieren, 4) das mit Furcht verbundene Verhalten einzuüben, und 5) sich für die Bemühungen, das Verhalten zu versuchen, und für die Befolgung des Protokolls zu verstärken.

Für jede Patientin wird ein Set von Selbstaussagen ausgearbeitet, das auf ihre Hauptprobleme zugeschnitten ist, trotzdem sind fast immer einige allgemeinere Aussagen im speziellen Set einer Patientin vorhanden. Die Selbstaussagen werden auf DIN-A6-Karteikarten geschrieben und in praktischen Übungen, die außerhalb der Behandlungssitzungen stattfinden, verwendet. In dem Maße, wie die Patientin die Bewältigungsstrategien erlernt, wird sie ermutigt, diese bei der Bewältigung der tagtäglichen Probleme und Schwierigkeiten einzusetzen. Für die meisten Vergewaltigungsopfer konzentrieren sich die Selbstaussagen auf die geringe Wahrscheinlichkeit, daß solch ein traumatisches Ereignis sich wiederholt.

Verdecktes Modellernen. Verdecktes Modellernen ist analog zum Rollenspiel in der Phantasie (darum "verdeckt"). Zunächst beschreibt der Therapeut eine Szene, die eine schwierige Situation für die Patientin darstellt. Der Therapeut stellt sich der Situation und besteht sie erfolgreich (darum Modellernen). Daraufhin imaginiert die Patientin die gleiche Szene und stellt sich vor, daß sie diese erfolgreich besteht. Wie in allen anderen Fällen von Bewältigungsstrategien wird verdecktes Modellernen zunächst in einer nicht mit der Vergewaltigung in Verbindung stehenden Szene geübt und danach in einer Situation, die sich auf die Vergewaltigung bezieht. Szenen, die für verdecktes Modellernen benutzt werden, können ähnlich denen sein, die anschließend dem Rollenspiel zugrundegelegt werden.

Während des Rollenspieltrainings bearbeiten die Patientin und der Therapeut Szenen, in denen die Patientin einer unangenehmen Situation ausgesetzt ist. Der Therapeut erklärt, daß im Rollenspiel Verhaltensweisen gezeigt, Blickrichtungen oder Handlungsweisen erprobt werden, wobei man eine bestimmte Situation oder bestimmte Lebensumstände vorgibt. Rollenspiel wird als ein Mittel beschrieben, neues Verhalten und neue Worte an die Stelle von alten Gewohnheiten zu setzen. Dies ist eine Gelegenheit, das Ereignis zu üben, bevor es tatsächlich eintritt. Wie bei einer Theaterprobe reduziert wiederholtes Üben die Angst und erhöht die Wahrscheinlichkeit, daß neues Verhalten entsprechend angewandt wird.

Rollenspiel. Im Rollenspiel übernimmt der Therapeut anfänglich die Rolle der Patientin und zeigt dabei angemessene soziale Geschicklichkeit. Dann werden die Rollen getauscht und die Patientin spielt sich selbst. Nach jedem Rollenspiel wird die Patientin ermutigt, die positiven Aspekte ihres Spiels sowie Bereiche, die noch verbessert werden können, zu benennen. Der Therapeut macht im folgenden das gleiche, wobei er immer die positiven Aspekte hervorhebt. Rollenspiele werden so lange wiederholt, bis die Patientin diese zufriedenstellend durchführt oder aber keine weiteren Fortschritte mehr macht - dies ist selten mehr als 5mal. Gegen Ende der letzten Sitzung überprüfen der Therapeut und die Patientin die in der Behandlung gemachten Fortschritte auf den wichtigsten Problemgebieten, die in der Behandlung herausgefunden und angegangen wurden. Der Therapeut erbittet Informationen über die Fertigkeiten, die die Patientin erworben und mit Erfolg angewendet hat. Auch der zukünftige Gebrauch dieser Fertigkeiten wird besprochen.

Konfrontation. Die Konfrontationsbehandlung besteht aus neun anderthalbstündigen Sitzungen in 14tägigem Abstand. Die beiden ersten Sitzungen dienen zur Datensammlung, der Erklärung des Behandlungsgedankens und der Behandlungsplanung. Eine Hierarchie von vermiedenen Situationen wird für die Vergabe von Hausaufgaben zur Konfrontation in vivo aufgestellt. Die Konfrontation in vivo beginnt mit Situationen, die ein verhältnismäßig geringes Angstniveau erzeugen (z.B. Angstthermometer = 50) und werden der Hierarchie nach bis zu mehr gefürchteten Situationen (Angstthermometer = 100) fortgeführt. Die weiteren sieben Sitzungen sind dem Wiedererleben der Vergewaltigungsszene in der Phantasie gewidmet. Die Patientinnen werden gebeten, zu versuchen, sich die Vergewaltigungsszene so lebhaft wie möglich vorzustellen und sie laut im Präsens zu beschreiben. In den ersten beiden Sitzungen der Konfrontation ist es den Patientinnen gestattet, extrem belastende Details nicht auszusprechen. Während der späteren Sitzungen werden sie aber ermutigt, die Vergewaltigung in ihrem ganzen Verlauf zu beschreiben. Dies wiederholen sie mehrere Male etwa 60 min pro Sitzung, um eine Habituation zu erleichtern. Die Berichte der Patientinnen werden auf Band aufgenommen, und sie werden angewiesen, die

Bänder zu Hause mindestens einmal täglich anzuhören. Während der letzten Sitzung werden die Patientinnen daran erinnert, daß das Vermeiden von ungefährlichen Situationen oder von Gedanken an die Vergewaltigung die Symptome der posttraumatischen Belastungsreaktion verschlimmern kann. Sie werden aufgefordert, diesen Grundsatz in ihrem alltäglichen Leben zu berücksichtigen.

Stützende Beratung. Die stützende Beratung folgt dem gleichen Schema von 9 Sitzungen. Die Behandlung konzentriert sich darauf, den Patientinnen zu helfen, ihre täglichen Probleme, ungeachtet ob sie mit der Vergewaltigung zu haben oder nicht, zu lösen und auf diese Weise die Wahrnehmung von Selbstkontrolle zu fördern. Eine Diskussion der Vergewaltigung selbst wird vermieden. Die Patientin wird ermutigt, gegenwärtige Tagesprobleme zu besprechen. Der Therapeut verhält sich während dieser Sitzungen nichtdirektiv und uneingeschränkt unterstützend.

Vorläufige Ergebnisse (Rothbaum u. Foa 1988) weisen auf eine Überlegenheit von Streßimpfungstraining und Konfrontation über Beratung und Wartelisten-Kontrollgruppe hinsichtlich des Ausmaßes von posttraumatischem Belastungssyndrom, Depression und Angst hin. Die Besserungen waren auch bei einer Kontrolluntersuchung nach drei Monaten noch nachweisbar.

Zusammenfassung zu verhaltenstherapeutischen Verfahren

Die wenigen gut kontrollierten Studien stimmen mit den Fallstudien insofern überein, daß sowohl Konfrontationsverfahren als auch Angstbewältigungstechniken bei der Reduzierung von Symptomen des posttraumatischen Belastungssyndroms wie auch den damit verbundenen Symptomen wie Depression einigermaßen wirksam sind. Sie weisen ebenfalls auf die Notwendigkeit hin, die Wirkmechanismen dieser Techniken zu erforschen, so daß effektivere Verfahren entwickelt werden können. Zu diesem Zweck sollen einige theoretische Aspekte der Entwicklung und Aufrechterhaltung von posttraumatischen Belastungsreaktionen betrachtet werden.

Theoretische Perspektive

Foa et al. (1989) haben vorgeschlagen, daß posttraumatische Belastungsreaktionen aufgrund des Unvermögens entstehen, die traumatischen Ereignisse angemessen zu verarbeiten. In der Tat führt Rachman (1980) in seiner klassischen Arbeit über emotionale Verarbeitung aus, daß ein Indiz für eine inadäquate Verarbeitung von Emotionen "der Fortbestand oder die Wiederkehr von deutlichen Anzeichen emotionaler Aktivitäten wie Obsessionen, Alpträume,

Phobien oder unangemessener Ausdruck von Gefühlen ..." (S. 51) sei. Diese Äußerung entspricht den wichtigsten Symptomen des posttraumatischen Belastungssyndroms. Wenn die Symptome der posttraumatischen Belastungsreaktion das Ergebnis einer inadäquaten Emotionsverarbeitung darstellen, kann eine Therapie, die auf die Reduzierung dieser Symptome zielt, als Hilfe zu dieser Verarbeitung angesehen werden. In dem Bemühen, das Konstrukt der emotionalen Verarbeitung mit besonderem Augenmerk auf Angststörungen weiterzuentwickeln, führten Foa und Kozak (1986) Furchtkonzepte, experimentell erhobene Daten und klinische Untersuchungen zusammen. Indem sie Langs Bioinformationstheorie (1977, 1979) übernahmen, kennzeichneten sie Furcht als eine kognitive Struktur, die drei verschiedene Bestandteile enthält: Reize, Reaktionen, und die Bedeutung, die mit ihnen verbunden wird. Sie führten weiter aus, daß die Struktur der Furcht bei Angststörungen pathologische Elemente beinhaltet und daß die Behandlung als eine Möglichkeit zur Modifizierung dieser Elemente aufgefaßt werden sollte.

Nach Foa u. Kozak (1986) sind 2 Bedingungen für eine Furchtreduktion unabdingbar: Erstens sollte die Erinnerung an die Furcht aktiviert werden. Zweitens muß eine neue Information vermittelt werden, die Elemente enthält, die "unvereinbar mit einigen der Elemente sind, die in der Furchtstruktur vorkommen, so daß sich eine neue Erinnerung bilden kann. Diese neue Information, die zugleich kognitiv und affektiv ist, muß in die aktivierte Informationsstruktur integriert werden, damit eine emotionale Veränderung stattfinden kann" (S. 22). Tatsächlich aktivieren Konfrontationsverfahren die Struktur (d.h. sie lösen Furcht aus) und bieten so die Möglichkeit, eine korrektive Information zu integrieren und auf diese Weise die Furchtstruktur zu verändern. Das Resultat einer solchen Veränderung ist eine Reduktion der Symptome. Eine Behandlung mit verschiedenen Varianten der Konfrontation mit gefürchteten Situationen wurde bereits erfolgreich auf Patienten mit einfachen Phobien, Zwangssyndrom, Agoraphobien und posttraumatischer Belastungsreaktion angewandt (s. Marks 1987).

Drei Reaktionsarten auf die Konfrontationsbehandlung zeigen einen Zusammenhang mit der Besserung: 1) der Grad der anfänglichen Reaktion (d.h. der Aktivierung), 2) die Habituation während der Konfrontationssitzung, und 3) die Habituation über die verschiedenen Konfrontationssitzungen hinweg. So verloren stark mit Furcht besetzte Situationen durch die Konfrontation ihren Schrecken. Von einer wiederholten Konfrontation mit dem traumatischen Ereignis wird eine Habituation erwartet, so daß die Patientinnen in der Lage sind, sich ohne eine intensive Furchtreaktion an das Ereignis zu erinnern. Wenn sich nun die Furchtelemente der Struktur abschwächen, rufen jetzt viele früher furchtauslösende Stimuli aufgrund von Generalisierung keine Furcht mehr hervor. Der Generalisierungsgradient nimmt zu, d.h. Vergewaltigung wird immer noch als gefährlich angesehen und deshalb Furcht auslösen, andere Reize dagegen (z.B. allein zu Hause zu sein) werden nicht mehr mit der Vergewaltigung assoziiert und rufen daher keine Furcht mehr hervor.

Auf der Grundlage dieser Theorie nahmen wir an, daß Symptome der posttraumatischen Belastungsreaktion sich durch eine Behandlung verringern, die die Patientinnen mit der traumatischen Erinnerung und den damit verbundenen Situationen konfrontiert. Streßimpfungstraining kann möglicherweise die pathologischen Elemente der Furchtstruktur des Opfers direkt ansprechen. Durch Entspannung und deren Übung in vielfältigen Situationen wird der Zusammenhang zwischen Reizen und Furchtreaktionen abgeschwächt. Die kognitiven Maßnahmen modifizieren die Bedeutungselemente, indem sie insbesondere den real sicheren Situationen die Interpretation als gefährlich nehmen, und dadurch die Konfrontation mit der Situation fördern. Da das Streßimpfungstraining im Unterschied zum Konfrontationsverfahren das ursprüngliche Trauma nicht direkt angeht, erreicht es möglicherweise die Besserung der Symptome durch andere Mechanismen als die Konfrontation. Wir ziehen daraus die Schlußfolgerung, daß eine Behandlung mit Konfrontationsverfahren geeignet ist, Symptome des Wiedererlebens des Traumas sowie das Vermeidungsverhalten zu reduzieren, während das Streßimpfungstraining besonders bei der Reduktion von Erregungssymptomen wirksam ist.

Literatur

American Psychiatric Association (1980) Diagnostic and statistical manual of mental disorders (3rd edition). Washington DC: Author

American Psychiatric Association (1987) Diagnostic and statistical manual of mental disorders (3rd edition-Revised). Washington DC: Author

Battle CC, Imber SD, Hoehn-Saric R, Stone AR, Nash ER und Frank JD (1966) Target complaints as criteria of improvement. Am J Psychother 20:184-192

Blanchard EB, Kolb LC, Gerardi RJ, Ryan D, Pallmeyer TP (1986) Cardiac response to relevant stimuli as an adjunctive tool for diagnosing post-traumatic stress disorder in Vietnam veterans. Behav Ther 17:592-606

Beck AT (1972) Depression. Causes and treatment. University of Pennsylvania Press, Philadelphia

Beck AT, Rush AJ, Shaw BF, Emery G (1979) Cognitive therapy of depression. Guilford, New York

Beck AT, Ward CH, Mendelson M, Mock J, Erbaugh J (1961) An inventory for measuring depression. Arch Gen Psychiat 4:561-571

Becker JV, Abel GG (1981) Behavioral treatment of victims of sexual assault. In: SM Turner, KS Calhoum und HE Adams (eds) Handbook of clinical behavior therapy. Wiley, New York, pp 347-379

Becker RE, Heimberg RG, Bellack AS (1987) Social skills training treatment for depression. Pergamon, New York

Bernstein DA, Borkovec TD (1973) Progressive relaxation training. Research, Champaign, IL

Blanchard EB, Abel GG (1976) An experimental case study of the biofeedback treatment of a rape induced psychophysiological cardiovascular disorder. Behav Ther 7:113-119

Bowen GR, Lambert JA (1986) Systematic desensitization therapy with post-traumatic stress disorder cases. In: CR Figley (ed) Trauma and its wake: vol II. Brunner/Mazel, New York, pp 280-291

Burgess AW, Holstromm LL (1974b) Rape: Victims of crisis. RJ Brady Company, Bowie, MD

Burgess AW, Holstrom LL (1976) Coping behavior of the rape victim. Am J Psychiat 133:413-418

Celluci AJ, Lawrence PS (1978) The efficacy of systematic desensitization in reducing nightmares. J Behav Ther Exp Psychiat 9:109-114 .

Clark DM, Salkovskis PM, Chaukley AJ (1985) Respiratory control as a treatment for panic attacks. J Behav Ther Exp Psychiat 16:23-30

Cryer L, Beutler L (1980) Group therapy: an alternative treatment approach for rape victims. - J Sex Mar Ther 6:4046

Ellis A (1977) The basic clinical theory and rational-emotive therapy. In: A Ellis, R Grieger (eds) Handbook of rational-emotive therapy. Springer, Berlin Heidelberg New York Tokyo, pp 3-34

Evans HI (1978) Psychotherapy for the rape victim: some treatment models. Hosp Com Psychiat 29:309-312

Fairbank JA, DeGood DE, Jenkins CW (1981) Behavioral treatment of a persistent post-traumatic startle response. J Behav Ther Exp Psychiat 12:321-324

Fairbank JA, Gross RT, Keane TM (1983) Treatment of posttraumatic stress disorder: evaluation of outcome with a behavioral code. Behav Mod 7:557-568

Fairbank JA, Keane TM (1982) Flooding for combat-related stress disorders: Assessment of anxiety reduction across traumatic memories. Behav Ther 13:499-510

Fitts WH (1965) Manual: Tennessee self-concept scale. Counselor Recordings and Tests, Nashville, TN

Foa EB, Steketee G, Olasov B (in press) Behavioral/cognitive conceptualizations of post-traumatic stress disorder. Behav Ther

Forman BD (1980) Cognitive modification of obsessive thinking in a rape victim: a preliminary study. Psychol Rep 47:819-822

Fox SS, Scherl DJ (1972) Crisis intervention with victims of rape. Soc Work 17:37-42

Frank E, Anderson B, Stewart BD, Dancu C, Hughes C, West D (1988) Efficacy of cognitive behavior therapy and systematic desensitization in the treatment of rape trauma. Behav Ther 19:403-420

Frank E, Stewart BD (1983a) Physical aggression: Treating the victims. In: EA Bleckman (ed) Behavior modification with women. Guilford, New York, pp 245-272

Frank E, Stewart BD (1984) Depressive symptoms in rape victims. J Affect Disord 1:269-277

Gay ML, Hollandsworth JC, Galassi JP (1975) An assertiveness inventory for adults. J Counsel Psychol 22:340-344

Geer JH (1965) The development of a scale to measure fear. Behav Res Therap 3:45-53

Grigsby JP (1987) The use of imagery in the treatment of posttraumatic stress disorder. J Nerv Ment Dis 175:55-59

Hathaway SR, McKinnley JC (1967) Minnesota Multiphasic Personality Inventory: Manual for administration and scoring. Psychological Corporation, New York

Hickling EJ, Sison GFP, Vanderploeg, RD (1986) Treatment of posttraumatic stress disorder with relaxation and biofeedback training. Behav Ther 16:406-416

Holmes MR, St Lawrence, JS (1983) Treatment of rape-induced trauma: Proposed behavioral conceptualization and review of the literature. Clin Psychol Rev 3:417-433

Horowitz MD (1976) Stress response syndromes. Aronson, New York

Horowitz MD, Wilner N, Alvarez W (1979) Impact of Event Scale: a measure of subjective stress. Psychosom Med 41:209-218

Jacobson E (1938) Progressive relaxation. University of Chicago Press, Chicago

Janis IL, Field PB (1959) Sex differences in personality factors related to persuasibility. In: CI Hoveland, IL Janis (eds) Personality and Persuasibility. Yale University Press, New Haven

Johnson CH, Gilmore JD, Shenoy RZ (1982) Use of a feeding procedure in the treatment of a stress-related anxiety disorder. J Behav Ther Exp Psychiatry 13: 235-237

Keane TM, Fairbank JA, Caddell JM, Zimering RT (1989) Implosive (flooding) therapy reduces symptoms of PTSD in Vietnam combat veterans. Behav Ther 20:245-260

Keane TM, Kaloupek DG (1982) Imaginal flooding in the treatment of post-traumatic stress disorder. J Consult Clin Psychol 50: 138-140

Keane TM, Malloy PF, Fairbank JA (1984) Empirical development of an MMPI subscale for the assessment of combat-related posttraumatic stress disorder. J Consult Clin Psychol 52:888-891

Kilpatrick DG, Amick AE (1985) Rape trauma. In: M Hersen, CG Last (eds) Behavior therapy casebook. Springer, Berlin Heidelberg New York Tokyo, pp 86-103

Kilpatrick DG, Calhoun KS (1988) Early behavioral treatment for rape trauma: efficacy of artifact? Behav Ther 19:421-427

Kilpatrick DG, Veronnen LJ (1983) Treatment for rape-related problems: Crisis intervention is not enough. In: LH Cohen, WL Claiborn, CA Spector (eds) Crisis intervention. Human Sciences Press, New York, pp 165-185

Kilpatrick DG, Veronen LJ, Resick PA (1982) Psychological sequelae to rape: assessment and treatment strategies. In: DM Dolays, RL Meredith (eds) Behavioral medicine: Assessment and treatment strategies. Plenum Press, New York, pp 473-497

Koss MP, Harvey MR (1987) The rape victim: Clinical and community approaches to treatment. Greene, Lexington, MA

Kozak MJ, Foa EB, Olasov B (1987) Psychophysiological response of rape victims during imagery of rape and neutral scenes. Paper presented at the annual meeting of the Society for Psychophysiological research, Amsterdam, the Netherlands

Lang PJ (1968) Fear reduction and fear behavior: Problems in treating a construct. In: JM Schlien (ed) Research in psychotherapy, vol 3. American Psychological Press, Washington DC, pp 90-102

Lang PJ (1977) Imagery in therapy: an information processing analysis of fear. Behav Ther 8: 862-886

Lang PJ (1979) A bio-informational theory of emotional imagery. Psychophysiology 6:495-511

Lange AJ, Jakubowsky P (1976) Responsible assertive behavior. Research, Champaign, IL

Lindy JD, Green BL, Grace M, Titchener J (1983) Psychotherapy with survivors of the Beverly Hills supper club fire. Am J Psychother 4:593-610

Marks IM (1987) Fears, phobias and rituals: Panic, anxiety, and their disorders. Oxford University Press, Oxford

Marks IM (1972) Flooding and allied treatments. In: W Agras (eds) Behavior Modification: Principles and clinical applications. Little & Brown, Boston, pp 151-213

McCaffrey RJ, Fairbank JA (1985) Post-traumatic stress disorder associated with transportation accidents: two case studies. Behav Ther 16:406-416

Meichenbaum D (1974) Cognitive behavior modification. General Learning Press, Morristown, NJ

Muse M (1986) Stress related, posttraumatic chronic pain syndrome: behavioral treatment approach. Pain 25:389-394

Obanion D, Veronen LJ (1978) Fear thermometer: an unpublished instrument. North Texas State University

Pearson MA, Poquette BM, Wasden RE (1983) Stress inoculation and the treatment of post-rape trauma: a case report. Behav Therapist 6:58-59

Penistion EG (1986) EMG biofeedback-assisted desensitization treatment for Vietnam combat veterans post-traumatic stress disorder. Clin Biofeedb Heal 9:35-41

Perl M, Westin AB, Peterson LG (1985) The female rape survivor: time-limited group therapy with female/male co-therapists. J Psychosom Obstet Gynecol 4:197-205

Pitman RK, Orr SP, Forgue DF, deJong JB, Claiborn JM (1987) Psychophysiologic assessment of post-traumatic stress disorder imagery in Vietnam combat veterans. Arch Gen Psychiat 44:970-975

Rachman S (1980) Emotional processing. Behav Res Ther 18:51-60

Resick PA, Jordan CG, Girelli SA, Hutter CK, MarhoeferDvorak S (1988) A comparative outcome study of behavioral group therapy for sexual assault victims. Behav Ther 19:385-401

Roth S, Dye E, Leibowitz V Group therapy for sexual assault victims. Unpublished manuscript

Rothbaum BO, Foa EB (1988) Treatments of post-traumatic stress disorder in rape victims. Paper presented at the World Congress of Behavior Therapy Conference, Edinburgh, Scotland, September 1988

Schindler FE (1980) Treatment of systematic desensitization of a recurring nightmare of a real life trauma. J Behav Ther Exp Psychiat 11:53-54

Schooler NR, Levine J, Severe JB, Brauzer B, DiMascio A, Klermen GL, Tuason VB (1980) Prevention of relapse in schizophrenia: An evaluation of fluphenazine decanoate. Arch Gen Psychiat 37:16-24

Schultz FH, Luthe W (1969) Autogenic therapy. Grune and Stratton, New York
Spielberger CD, Gorsuch RL, Lushene RE (1970) Manual for the State-Trait Anxiety Inventory (self-evaluation questionnaire). Consulting Psychologists, Palo Alto, CA
Turner SM (1979) Systematic desensitization of fears and anxiety in rape victims. Paper presented at the Association for the Advancement of Behavior Therapy, San Francisco, CA
Turner SM, Frank E (1981) Behavior therapy in the treatment of rape victims. In: L Michelson, M Hersen, SM Turner (eds) Future perspectives in behavior therapy. Plenum Press, New York, pp 269-291
Veronen LJ, Kilpatrick DG (1980) Reported fears of rape victims. A preliminary investigation. Behav Mod 4:383-396
Veronen LJ, Kilpatrick DG (1982a) A brief behavioral intervention procedure for rape victims. Paper presented at the Annual convention of the American Psychological Association, Washington, DC
Veronen LJ, Kilpatrick DG (1982b) Stress inoculation training for victims of rape: Efficacy and differential findings. Paper presented at the Sexteenth Annual convention of the Association for the Advancement of Behavior Therapy, Los Angeles, November
Veronen LJ, Kilpatrick DG (1983) Stress management for rape victims. In: D Meichenbaum, ME Jaremko (eds) Stress reduction and prevention. Plenum Press, New York, pp 341-374
Wolff R (1977) Systematic desensitization and negative practice to alter the aftereffects of a rape attempt. J Behav Therap Exp Psychiat 8:423-425
Wolpe J (1958) Psychotherapy by reciprocal inhibition. Stanford University Press, Stanford
Wolpe J (1973) The practice of behavior therapy. Pergamon, New York
Wolpe J (1985) Deep muscle relaxation. In: AS Bellack, M Hersen (eds) Dicitonary of behavior therapy techniques. Pergamon, New York, pp 101-104
Zung WW (1965) A self-rating depression scale. Arch Gen Psychiat 12: 63-70

Biologische versus psychologische Behandlung der Angststörungen

W.T. Roth

Der unsichere Zusammenhang von therapeutischem Erfolg und Kausalität

In meinem Beitrag "Biologische versus psychologische Perspektiven der Angststörungen" (s. oben) habe ich in Tabelle 1 eine Auflistung von Vorschlägen zur Ätiologie der Angststörungen und korrespondierender Behandlungen vorgelegt. Es wäre jedoch falsch, aus dieser Tabelle zu schließen, daß die postulierten Ursachen zuerst entdeckt wurden und die Behandlungen als logische Deduktionen folgten. In vielen Fällen wurde eine Ursache aus den vermuteten Wirkmechanismen einiger Behandlungsformen erschlossen, von denen man glaubte, daß sie gegen Angst wirksam seien. Die Behandlung psychischer Störungen schien stets mehr in der Realität begründet zu sein als deren Theorie. Es ist daher lehrreich, die Studien zum Behandlungserfolg von biologischen und psychologischen Behandlungsformen der Angststörungen zu untersuchen, die als erfolgreich betrachtet werden, um herauszufinden, wie stichhaltig die sachlichen Grundlagen dieser Schlußfolgerungen tatsächlich sind.

Die Ergebnisse der 1. Phase der Cross-National Collaborative Alprazolam Panic Study wurden in einer Serie von 4 Artikeln in *Archives of General Psychiatry* im Mai 1987 veröffentlicht. Fünfhundert Patienten mit Panikanfällen, von denen einige auch agoraphobisch waren, erhielten entweder Alprazolam oder ein Placebo. Die Studie wurde mit parallelisierten Gruppen und einem Doppelblinddesign bei flexibler Dosierung durchgeführt. Die Behandlung dauerte 8 Wochen. Schon nach 4 Wochen war Alprazolam wesentlich effektiver als das Placebo. Zu dieser Zeit wurden 82% der Patienten, die Alprazolam erhielten, als mäßig verbessert oder besser eingeschätzt, verglichen mit 43% der Placebogruppe (Ballenger et al. 1988). Fünfzig Prozent der mit Alprazolam behandelten Patienten, aber nur 28% derjenigen, die das Placebo bekamen, waren frei von Panikanfällen. In einer anderen Studie wurde bei 126 Patienten, die über 8 Wochen entweder ein Placebo oder Alprazolam erhalten hatten, das Medikament ausgeschlichen und eine Beobachtung über weitere 8 Wochen durchgeführt (Pecknold et al. 1988). Patienten, die Alprazolam erhielten, neigten während des Ausschleichens oder direkt danach zu Rückfällen, ungefähr ein Drittel litt unter

Entzugserscheinungen. Aus diesem Grund empfahlen die Autoren, Panikpatienten mindestens 6 Monate lang zu behandeln und den Entzug von Alprazolam stufenweise über 8 Wochen durchzuführen. Zusammen mit verschiedenen Arten von Werbung katapultierten diese und andere Studien in den USA Alprazolam unter dem Markennamen Xanax an die Stelle des meistverschriebenen Benzodiazepins.

Daß Alprazolam zumindest einen kurzfristigen positiven therapeutischen Effekt bei Panikstörungen hat, steht außer Frage. Das Design der oben zitierten Studie und ihre statistische Auswertung folgten den besten wissenschaftlichen Richtlinien. Die allgemeineren Bedeutungen der Ergebnisse sind jedoch alles andere als klar. Sie lassen mindestens 3 wichtige Fragen aufkommen, 2 theoretischer und 1 praktischer Natur: 1. Belegt der Erfolg von Alprazolam, daß Panik eine biologische Ursache in dem bereits in meinem anderen Kapitel definierten Sinne hat, nämlich unterhalb des Niveaus von Lernen? 2. Entfaltet Alprazolam seine Wirkung wirklich auf einer biologischen Ebene? Und 3. Ist Alprazolam die Behandlung der Wahl, da es das höchste Nutzen-Kosten-Verhältnis im Vergleich zu alternativen Behandlungsmethoden aufweist, Nichtbehandlung eingeschlossen? Hier sind meine Antworten:

1. Behandlungseffekte in den oben zitierten Studien können nicht die biologische Verursachung von Panikstörungen beweisen. Zweifellos wirkt Alprazolam, wie auch andere Medikamente, auf einer biologischen Ebene. Biochemische Experimente mit Benzodiazepinen im Tiergehirn weisen auf einen Mechanismus hin, bei dem ein spezifischer Rezeptor, der mit dem Neurotransmitter GABA verbunden ist, im Mittelpunkt steht. Hieraus wurde geschlossen, daß die primäre Läsion der Panik in einer Störung dieses Rezeptor-Neurotransmitter-Komplexes besteht. Es gibt jedoch Belege, daß Alprazolam auf angstvermittelnde neurale Systeme nicht am Standort der primären Anomalie wirkt: Alprazolam ist ein Gegenmittel für Angst im allgemeinen, nicht nur für Panik, und es hat eine sedierende Wirkung, die zur Blockade von Panik nicht notwendig wäre.

Die Effekte von Alprazolam lassen weder eine Lokalisierung der Ursachen von Panik in einem spezifischen biologischen System zu, noch schließen sie eine primär psychologische Ursache aus. Neurale Systeme, die normale Angst vermitteln, bestehen offensichtlich aus einem komplexen Netzwerk, das durch Lernen modifizierbar ist; Netzwerke, deren Operationen zu Recht psychologisch genannt werden. Einfache und komplexe Ebenen neuraler Integration sind zweifelsohne miteinander verbunden, so daß Interventionen auf mehr als einer Ebene Angst modifizieren können. Diese Verbindung bedingt die grundlegende Implikation, daß Kausalität niemals aus Behandlungseffekten geschlossen werden kann. Wäre die Hauptursache der Panikstörung ein reiner

Denkfehler - es wurde eine Tendenz zum "katastrophisierenden Denken" vorgeschlagen -, könnte ein Medikament, das auf einem niedrigeren neuralen Niveau wirkt, die Wege blockieren, durch die katastrophisierende Gedanken in plötzliche Angst umschlagen. Umgekehrt könnte eine Psychotherapie, die sich mit den Gedankenmustern beschäftigt, die Störung heilen, selbst wenn die zugrundeliegende Läsion eine Rezeptorabnormalität auf einem unteren Niveau wäre.

2. Behandlungseffekte in den oben zitierten Studien könnten überwiegend von psychologischen statt von biologischen Mechanismen vermittelt werden. Diejenigen, die dieses Argument ablehnen und behaupten, daß die Ebene, auf der ein erfolgreiches therapeutisches Mittel wirkt, tatsächlich Rückschlüsse auf die Ebene der ursächlichen Störung erlaubt, müssen eine weitere Hürde überwinden, wenn sie andere von der biologischen Ursache der Panikstörung anhand der Alprazolamstudien überzeugen wollen. Sie müssen zeigen, daß die therapeutische Effizienz von Alprazolam in jenen Studien tatsächlich biologisch und nicht psychologisch vermittelt war.

In der Tat waren potentiell wirksame psychologische Einflüsse durch Erwartungen von Patient und Arzt nicht durch das Placebodesign der Alprazolamstudie ausgeschlossen. Wie in den meisten Studien zu psychotherapeutischen Medikamenten, waren wahrscheinlich sowohl Patienten als auch ihre Diagnostiker in der Lage, ziemlich genau einzuschätzen, ob Patienten ein wirksames Medikament oder ein wirkungsloses Placebo erhielten (Marks et al. 1989; Margraf et al. 1991). Die Tatsache, daß die Hälfte der Placebogruppe aus der Studie ausstieg, könnte ein Anzeichen dafür sein, daß diese Patienten ihren Enthusiasmus und ihre Hoffnung verloren, als sie folgerten, daß sie das Placebo erhielten, während die Hoffnungen der Alprazolamgruppe durch neue Empfindungen aufrechterhalten wurden, die anzeigten, daß sie ein wirksames Mittel erhielten. Therapeuten reagieren auf solche Hinweisreize in gleicher Weise wie Patienten, und verstärken so den Erwartungseffekt des Patienten. Weiterhin sollte beachtet werden, daß eine Selbstselektion der Patientenstichprobe im Glauben an und dem Wunsch nach einem neuen therapeutischen Medikament vorlag; positive Erwartungen also, die von den Auswählenden ermutigt wurden. Wenn eine Behandlung aus einer biologischen Perspektive betrachtet wird, könnten positive Veränderungen, die nicht in diese Sichtweise passen, da sie während der Placebobehandlung auftraten, als unwichtige und nicht dauerhafte Zufälle abgetan werden.

Diese Probleme wurden von Fisher u. Greenberg (1989) als Fehlschlag angesehen, ein wirkliches Doppelblinddesign zu erreichen, der möglicherweise durch den Gebrauch aktiver Placebos korrigiert werden könnte. Beispielsweise ist Atropin ein aktives Placebo für Imipramin, da es einen trockenen Mund und die anderen anticholinergen Effekte von Imipramin bewirkt. Wurden

Atropinplacebos in einem Design zur Prüfung der Wirksamkeit von Imipramin verwendet, beobachtete man eine geringere Überlegenheit von Imipramin über das Placebo (Greenberg u. Fisher 1989). Leider kann man Atropinwirkstoffe nicht als reine Placebos bezeichnen, da sie unter bestimmten Umständen immanente biologische stimmungsverändernde Wirkungen zeigen (Dilsaver u. Coffman 1989). Ein aktives Placebo für Alprazolam zu finden ist besonders schwierig, da dies ein Medikament mit sedierenden, jedoch nicht angsthemmenden Eigenschaften verlangt. Ein solches Mittel aber ist nicht bekannt. Sollte übrigens ein Medikament mit solchen Eigenschaften nie gefunden werden, muß möglicherweise die Sedierung nicht als eine Nebenwirkung von Alprazolam und anderen Benzodiazepinen angesehen werden, sondern als eine direkte Manifestation ihrer angsthemmenden Wirkung.

Medikamente könnten auch durch andere psychologische Mechanismen als Erwartungseffekte wirken. Trizyklika könnten durch die Linderung der Depression schmerzliche Gefühle und psychomotorische Inaktivität überwinden helfen, die Phobiker davon abhalten, sich gefürchteten Situationen auszusetzen. Neuere Daten unserer Arbeitsgruppe zu ambulanten Messungen wiesen darauf hin, daß Imipramin die tägliche motorische Aktivität bei ängstlichen Patienten mit phobischem Vermeidungsverhalten erhöht. Dies könnte sowohl Ausdruck einer Stimmungshebung als auch einer gewissen Ruhelosigkeit sein.

3. Psychologische Behandlungen könnten sicherer, effektiver und dauerhafter wirken als Alprazolam. Der theoretische Nutzen eines idealen Gegenmittels, das selektiv die primäre Krankheitsursache behebt, besteht darin, daß es spezifisch bei dieser Krankheit wirken, keine Nebenwirkungen verursachen und eine dauerhafte Heilung bringen würde. Leider besitzt Alprazolam als Mittel gegen Panikanfälle keine dieser Eigenschaften. Es lindert sowohl Panikanfälle als auch andere Ängste, unabhängig davon, ob die primäre Diagnose eine Angststörung ist oder nicht. Wie auch andere Anxiolytika neigt es - im Gegensatz zu einem idealen Gegenmittel - dazu, den Patienten schläfrig oder müde zu machen. Es kann nicht die spezifischen Lerneffekte, die phobisches Verhalten aufrechterhalten, rückgängig machen; sein einziger Effekt auf das Lernen ist ein negativer, nämlich die Beeinträchtigung des Kurzzeitgedächtnisses. Der größte Nachteil von Alprazolam besteht darin, daß bei Reduktion der Dosis Entzugserscheinungen auftauchen oder die Angstsymptome zurückkehren, ja gelegentlich sogar Krämpfe auftreten, die den Patienten entmutigen, das Medikament jemals wieder abzusetzen. Ob Alprazolam seine Effektivität über Monate oder Jahre beibehält, ist noch unbekannt, aber bei manchen Patienten scheint die Wirkung trotz einer Erhöhung der Dosis allmählich nachzulassen.

Von einem praktischen Standpunkt aus ist es jedoch zuviel verlangt, daß selbst das speziellste chemische Gegenmittel sich bei systematischer Verabreichung nur an den notwendigen Stellen in den genau richtigen Mengen ansammelt. Weiterhin ist es eine wichtige Eigenschaft der natürlichen Erregung, daß sie innerhalb von Minuten oder sogar Sekunden zwischen Schläfrigkeit und Wachsamkeit wechseln kann. Anders als Neurotransmitter, kann die Konzentration eines exogenen Gegenmittels sich nicht schnell genug verändern, um die phasische Erregung direkt zu regulieren. Die unerwünschte Schläfrigkeit während des Tages nach Verabreichung von Alprazolam oder anderen angsthemmenden Mitteln ist wahrscheinlich Folge einer Abnahme des tonischen Erregungsniveaus, obwohl eine Dämpfung phasischer Modulationsmechanismen bisher nicht ausgeschlossen werden konnte. Wie auch immer der Wirkmechanismus des therapeutischen Effekts von Alprazolam sein mag, er scheint nicht die Anwesenheit des Medikaments im Körper zu überdauern. Dies verwundert jedoch kaum, beheben Medikamente doch nur selten die primäre Pathologie einer Krankheit längerfristig. Eine Mangelkrankheit beispielsweise erfordert den kontinuierlichen Ersatz der fehlenden Substanz, wie bei vielen Diabetikern, die nie auf Insulin verzichten können.

Nach Abwägung aller theoretischen und praktischen Aspekte muß der Therapeut diejenige Behandlung auswählen, die für den Angstpatienten das beste Kosten-Nutzen-Verhältnis bietet. Es spricht vieles dafür, mit einer psychologischen Behandlung zu beginnen. Margraf (in diesem Band) berichtet von hervorragenden Ergebnissen seiner kognitiven Therapie bei Panikanfällen. Seine oder andere psychologische Behandlungsformen sind nicht mit den medizinischen Sicherheitsrisiken oder den psychologischen Nachteilen von Benzodiazepinen behaftet. Benzodiazepine können therapeutische oder andere Lernerfahrungen einschränken oder von der Situation der Medikamenteneinnahme abhängig machen. Ein Medikament kann zur psychologischen Krücke werden, ein Sicherheitssignal, das nicht aufgegeben werden kann, auch wenn die Symptome nachgelassen haben. Vom psychoanalytischen Standpunkt aus ist es möglich, daß angsthemmende Medikamente die grundlegende Motivation zur Entwicklung besserer Abwehr- und Copingstrategien aufheben. Das Rational der medikamentösen Therapie bestärkt ein Modell, das von der Passivität der Patienten und deren Mangel an Selbstverantwortung ausgeht, und entmutigt eine Kontaktaufnahme mit Therapeuten, die möglicherweise überlegene psychologische Behandlungen anbieten.

Wenden wir uns nun der In-vivo-Konfrontation bei Agoraphobie zu (für einen Überblick s. Marks 1987). Agoraphobie ist eine Phobie, die häufig mit Panikanfällen einhergeht und für die die Konfrontation, eine rein psychologische Behandlungsmethode, aufgrund ihrer Effektivität eine hervorragende Glaubwürdigkeit aufweist. Die Richtung der entsprechenden Studien geht dahin, daβ die systematische und wiederholte Übung, sich den gefürchteten Situationen wie beispielsweise Supermärkten oder Menschenmengen auszusetzen, Agoraphobiker für einen Zeitraum von mindestens 8 Jahren wieder in die Lage versetzt, die ehemals phobischen Situationen aufzusuchen. Obwohl es kaum Kontroversen über die Wirksamkeit der Behandlung oder ihre Wirkung auf der psychologischen Ebene gibt, bleibt der Wirkmechanismus unklar. Der Erfolg der Konfrontationstherapie wurde als Unterstützung eines lerntheoretischen Modells von Phobien gewertet, das diese als Hilfe zur Löschung eines konditionierten Zusammenhangs zwischen einem spezifischen Reiz und der Angst konzeptualisiert. Die lerntheoretischen Modelle nehmen an, daβ Agoraphobie das Ergebnis der Konditionierung einer Furchtreaktion an Situationen ist, die an sich nicht gefährlich sind. Es ist jedoch möglich, daβ die Konfrontation tatsächlich über Mechanismen wirkt, die nicht ausschlieβlich lerntheoretisch zu erklären sind, wie z.B. Einstellungsänderungen, die durch den Kontakt mit anderen Patienten ausgelöst wurden, eine Erklärung von seiten des Therapeuten oder verstärkte Gefühle, selbst etwas bewirken zu können. Eine Forschungsmethodologie, die diese alternativen psychologischen Behandlungsmechanismen voneinander trennt, ist schwer zu verwirklichen. Möglicherweise wichtige unspezifische Faktoren (s. Frank 1961), wie beispielsweise die Neuheit einer Therapie, Prestige und Enthusiasmus des Therapeuten, müssen über die Behandlungsbedingungen konstant gehalten werden, damit valide Schlüsse gezogen werden können. Es ist schwierig, zwei oder mehr Therapieprotokolle zu finden, die für Patienten und Therapeuten gleich einleuchtend sind. Die Kontrolle des Erwartungseffektes in Medikamentenstudien mit Doppelblinddesign, so unvollständig sie auch ist, läβt sich bei psychologischen Behandlungsstudien noch schwerer erreichen.

Wie im Falle von Alprazolam zur Panikbehandlung, steht der Erfolg der Konfrontationstherapie bei der Behandlung von Agoraphobie kaum in Frage. Die Implikationen des Erfolgs in den von Marks (1987) besprochenen Studien aber sind alles andere als eindeutig. Ihre Ergebnisse werfen 3 entsprechende Fragen auf: Bedeutet der Erfolg von Konfrontationsverfahren, daβ Agoraphobie eine psychologische Ursache hat? Entfalten Konfrontationsverfahren ihre Wirkung auf einer psychologischen Ebene? Ist die Konfrontation das Verfahren der Wahl zur Behandlung von Agoraphobie? Hier sind meine Antworten:

1. Die Behandlungseffekte in den Konfrontationsstudien können die psychologische Verursachung der Agoraphobie nicht beweisen. Wie bereits dargelegt, läβt die Tatsache der Verbindung zwischen den verschiedenen Ebenen des Nervensystems bei der Vermittlung von Angst es nicht zu, von Behandlungserfolgen auf ihre Verursachung zu schlieβen. Psychologische Behandlungsverfahren könnten möglicherweise in der Lage sein, biologische

Ursachen außer Kraft zu setzen und eine Heilung über Vorgänge auf einer höheren Ebene des Nervensystems zu erreichen. Psychologische Therapien könnten andererseits auch Änderungen auf einer niedrigeren biologischen Ebene hervorrufen, wie Befürworter der psychosomatischen Medizin schon lange behaupten. Wird einem Patienten beispielsweise beigebracht, sich zu entspannen, könnte eine Veränderung mehrerer Hormonspiegel die Folge sein. Eine psychologische Wirkungsweise, die mit der Unterdrückung eines biologischen Defekts begann, könnte somit zu einer grundlegenden Änderung führen.

Es gibt Gründe zu der Annahme, daß die grundsätzliche Angst von Agoraphobikern, die in bestimmten Situationen einen Panikanfall haben, letztendlich biologisch gefaßt werden muß. Klein (1980) und andere haben dahingehend argumentiert, daß die primäre Ursache der Agoraphobie eine bisher wenig begriffene biologische Abnormität ist, die zu spontanen Panikanfällen führt und sekundär über einen Konditionierungsmechanismus phobisches Vermeidungsverhalten begünstigt. Die Tatsache, daß die Anfälle wie aus heiterem Himmel und ohne jeden ersichtlichen angstauslösenden Reiz auftreten, einschließlich während Non-REM-Schlafes (Mellmann u. Uhde 1989), macht einen psychologischen Ursprung unwahrscheinlich. Die meisten Berichte über Erfolge der Konfrontationstherapie haben die Besserung der Agoraphobie und nicht die der Panik erfaßt. Es ist möglich, daß Konfrontationsverfahren den Betroffenen beibringen, ihr Verhalten nicht von einer im Grunde biologischen Krankheit kontrollieren zu lassen. Dies ist jedoch kaum mit einer Behandlung der Krankheit selbst gleichzusetzen.

Darüber hinaus könnten bei der Agoraphobie, ebenso wie bei anderen Phobien, die Angstinhalte biologisch prädeterminiert sein. Marks (1987) hat einen sehr detaillierten Überblick über den natürlichen Verlauf von Angst bei verschiedenen Tierarten gegeben. Bei Menschen treten Phobien seltener vor Dingen auf, die in der heutigen Welt gefährlich sind, als vor solchen, die in prähistorischen Zeiten überlebenswichtig waren - Reize wie eine Trennung von anderen Menschen, wütende Gesichter, die Anwesenheit von Fremden oder Orte, an denen man in eine Falle geraten kann. Biologische Anlagen für Schüchternheit könnten für soziale Phobien von größerer Bedeutung sein als eine abweichende Lerngeschichte. Zusammenfassend gesagt, könnten Menschen, die Phobien entwickeln, sich von denjenigen, bei denen das nicht der Fall ist, in biologischer Hinsicht unterscheiden. Diese Erwägungen unterstützen die These, die davon ausgeht, daß Agoraphobie biologische Wurzeln hat, die die Konfrontation nicht in der Lage ist zu eliminieren.

2. Erfolge von Konfrontationsverfahren könnten durch biologische Faktoren vergrößert worden sein. Mängel am Design der Studien zum Behandlungserfolg der Konfrontation könnten die Wirkung biologischer Faktoren ver-

decken. Als solche Unzulänglichkeiten sind der Mangel an Aufmerksamkeit für Patienten, die die Behandlung vorzeitig abbrechen und das Versäumnis, gleichzeitigen Medikamentengebrauch festzustellen, zu benennen. Die Verbesserung durch Konfrontationstherapie könnte bei denjenigen Patienten, die die Therapie fortsetzen, auf die Remission einer biologischen Störung zurückzuführen sein. Ein signifikanter Anteil von Patienten bricht die Therapie frühzeitig ab. Dies gilt insbesondere bei den Therapien, die die Angst anfänglich erhöhen, also für Konfrontation oder Reizüberflutung bei den psychologischen Therapien und Trizyklika bei medikamentöser Behandlung. Es könnte sein, daß sich bei Patienten, die mit ihrer Behandlung fortfahren, die Angst in einem Prozeß spontaner biologischer Remission befindet, der auf die psychologische Wirksamkeit der Therapie fehlattribuiert wird. Eine mögliche Lösung bestünde darin, alle Patienten, die mit der Behandlung begonnen haben, in die Erfolgsstatistik einzubeziehen, obwohl dies zu einer Unterschätzung des wahren Behandlungseffektes führt, da Patienten eingeschlossen werden, die nur eine Minimalbehandlung erfuhren.

Zumindest in den USA nehmen Patienten, die an psychologischen Therapien teilnehmen, offen oder auch heimlich psychoaktive Medikamente, bei denen man sich nicht darauf verlassen kann, daß sie diese absetzen oder die Dosis zumindest konstant halten (Clark et al. 1990b). Bei vielen scheinbar ehrlichen und verläßlichen Patienten wurde häufig entdeckt, daß sie sich heimlich mit solchen Substanzen selbst behandelten, auch nachdem sie ausdrücklich erklärt hatten, dies nicht zu tun. Es ist denkbar, daß es diesen Patienten leichter fällt, die angstauslösenden psychologischen Behandlungen fortzuführen und dadurch falsche Annahmen über die Wirksamkeit dieser Behandlungen entstehen. Heimliche Medikamenteneinnahme verfälscht auch Medikamentenstudien, indem die Verbesserung in der Placebogruppe gesteigert wird. In Gesellschaften, in denen medizinische und "entspannende" Drogen leicht verfügbar sind, sind Blut- und Urintests notwendig, um heimliche biologische Selbstbehandlungen auszuschließen.

3. Biologische Behandlungsformen könnten bei der Behandlung bestimmter Aspekte der Agoraphobie effektiver, praktischer und menschlicher sein als Konfrontation. Kleins (1980) Theorie zufolge müßte eine wirksame Behandlung der Agoraphobie die Panikanfälle behandeln, also die Angst vor dem, was die Agoraphobie verursacht und aufrechterhält. Die Erfolge der Konfrontationstherapie können in einer Minute zunichte gemacht werden, wenn der Patient während der Konfrontation einen schweren Anfall erleidet. Wenn auf der anderen Seite die Panikanfälle durch Medikamente verhindert wurden, kann die Erwähnung dieser Tatsache augenblicklich das agoraphobische Vermeidungsverhalten des Patienten mildern. Es hört vollständig auf, sobald der Patient durch minimale Konfrontation überzeugt ist, daß der Therapeut

recht hat. Dazu sind nur wenige Therapeutenbesuche erforderlich, und die an den Patienten gestellten Anforderungen sind ebenfalls sehr niedrig. In gewissem Sinne besteht das heilende Moment der Pharmakotherapie von Agoraphobie in einer Änderung der Überzeugung. Für einen dauerhaften Erfolg muß diese aber auf der Wahrheit beruhen, daß Panikanfälle nicht mehr auftreten werden.

Die meisten Konfrontationsstudien haben außer acht gelassen, daß dem Patienten beigebracht wurde, in schwierigen Situationen Mut zu zeigen. Das, was vorher vermieden wurde, wird jetzt mit zusammengebissenen Zähnen durchgestanden, ständig in der Angst vor Anfällen, die dem Therapeuten zufolge nicht lebensbedrohlich, sondern einfach heroisch zu ertragen sind. Anstelle einer Erleichterung des Leidens wird dem Patienten vermittelt, sich sein Leben durch das Leiden nicht beeinträchtigen zu lassen. Dies ist eine harte Doktrin von Therapeuten, die, wenn sie selbst nie unter Anfällen gelitten haben, das was sie predigen, nie selbst in die Praxis umsetzen mußten. Kein Wunder, daß viele Patienten mit einer Panikstörung depressiv sind, manche sogar schwer. Eine Panikstörung endet überraschend häufig im Suizid (Weissman et al. 1989).

Die Synergie von biologischer und psychologischer Behandlung

Obwohl ich die biologische und die psychologische Perspektive als sich gegenseitig ausschließende Alternativen dargestellt habe, muß dies nicht notwendig der Fall sein. Wenn ein Therapeut auf einer einzelnen Perspektive besteht, offenbart dies u.U. eher seine eigenen Grenzen als die der Patienten. Eine ausschließlich biologische oder psychologische Erklärung bietet dem Patienten ein einfacheres Glaubenssystem an. Dies könnte den Bedarf nach Zusammenarbeit zwischen den unterschiedlichen Berufsbildern und deren Unannehmlichkeiten vermeiden. Wenn der Patient die Vollständigkeit des vom Therapeuten angebotenen Modells in Frage stellt, wird dies gewöhnlich - häufig zu recht - als Zeichen der Ernüchterung in bezug auf die Therapie und den Therapeuten interpretiert. Ich habe diese Erfahrung gemacht, als ich einen Patienten in Konfrontationstechniken unterwies und er mir sagte: "Aber, Herr Doktor, ich habe in der Zeitung gelesen, daß bei Patienten, die Panik haben, mit dem Gehirn irgendetwas nicht stimmt. Sollte ich dagegen nicht mit einem Medikament behandelt werden?" Ungekehrt wurde mir von Patienten, die ich medikamentös behandelte, gesagt: "Aber, Herr Doktor, Medikamente unterdrücken die Symptome doch nur. Ich möchte nicht für immer Medikamente nehmen. Kann ich nicht eine Therapie bekommen, die sich mit den Ursachen beschäftigt, die mich ängstlich machen?" Erfahrene Therapeuten kennen Erwiderungen auf solche Zweifel und Herausforderungen; Erwiderungen, die manchmal ihre eigenen Ambivalenzen und ihren verletzten Stolz verbergen. In gewisser Hinsicht stellen diese Patienten jedoch eine vernünftige Frage: Wäre es nicht besser, therapeutisch mehr als nur eine ätiologische Möglichkeit abzudecken?

Zur Zeit sind die Hauptmedikamente zur Behandlung von Angststörungen Benzodiazepine und Antidepressiva, die hauptsächlichen psychologischen Behandlungen sind die Konfrontationstherapie, kognitive Therapieformen und psychodynamische Psychotherapien. Erstaunlich wenige Studien haben die Interaktionen zwischen diesen Behandlungsformen getestet. Solche Studien haben vier mögliche Ergebnisse: Die Behandlungskombination könnte besser sein als die Summe ihrer Teile (positive Interaktion oder Synergie). Behandlungseffekte könnten additiv oder auch teilweise additiv sein. Dies wäre der Fall, wenn sie teilweise überlappende Komponenten des Syndroms verbessern würden. Oder die Kombination könnte schlechter sein als jeder Teil für sich allein (Interferenz).

Eine Interferenz wurde bei der Behandlung der Agoraphobie vorhergesagt, wenn Benzodiazepine, die die Agoraphobie selbst nicht beeinflussen sollen, mit der Konfrontation kombiniert werden. Dafür wurden 2 theoretische Gründe genannt. Erstens könnte unter Medikamenteneinfluß stehendes Lernen zustandsabhängig und auf einen unmedikamentierten Zustand schwer übertragbar sein (z.B. Overton 1966). Zweitens läßt sich unter der Voraussetzung, daß das Erleben von Angst die Konfrontation effektiver werden läßt, erwarten, daß gegen die Angst eingesetzte Medikamente die Verbesserung verzögern. Übereinstimmend mit dieser Hypothese fanden Vermileya et al. (1984) und Craske et al. (1987), daß eine niedrigere anfängliche Herzfrequenz auf eine schlechte Prognose schließen läßt. Dennoch sind beide Begründungen fragwürdig: zustandsabhängige Effekte stellten sich in Experimenten am Menschen als recht schwach heraus, und Konfrontationstherapie oder kognitive Verfahren, die weniger Angst induzieren, können ebenso wirksam sein wie Verfahren, die ein hohes Angstniveau erzeugen (z.B. Rachman et al. 1986).

Additivität oder teilweise Additivität wurde für eine Kombination von Imipramin und Konfrontation bei Agoraphobikern vorhergesagt. Wie bereits erwähnt, postulierte Klein (1980), daß Agoraphobie eine erlernte Angst ist, an bestimmten Orten Panikanfälle zu bekommen, und daß Imipramin Panikanfälle unterdrückt. Dies impliziert, daß Konfrontation allein ineffektiv oder nur vorübergehend wirksam wäre, da weitere Anfälle das Opfer rekonditionieren würden. Dagegen könnte Imipramin zusammen mit einer Konfrontation zu einer anhaltenden Verbesserung der Phobie führen. Nach Kleins Theorie beeinflussen Imipramin und Konfrontation 2 verschiedene Elemente des agoraphobischen Leidens, nämlich Panikangst und antizipatorische Angst, die sich biologisch unterscheiden. Daten, die zeigen, daß Konfrontation ohne

Medikation eine langanhaltende Verbesserung bei Agoraphobie erzeugt (z.B. Fiegenbaum 1988), sprechen gegen Kleins Formulierung.

Synergie ließe sich - besonders im Fall depressiver Agoraphobiker - für eine Kombination von Imipramin und Konfrontation vorhersagen. Eine pharmakologische Linderung ihrer Depression könnte die entmutigten und apathischen Menschen in die Lage versetzen, an therapeutischen Sitzungen teilzunehmen und Hausaufgaben auszuführen. Falls dieser Wirkmechanismus von Bedeutung ist, sollte der Erfolg einer Imipraminbehandlung von Agoraphobikern mit den Depressionswerten der Patienten korrelieren. Tatsächlich sind diese Korrelationen jedoch gering. Zusätzlich zur antidepressiven Wirkung hat Imipramin direkte anxiolytische Wirkungen, die mit dem Grad vorangegangener Depression unkorreliert sind (s. Übersicht bei Marks 1987). Die Angstreduktion könnte die Konfrontationstherapie, wie oben diskutiert, entweder beschleunigen oder behindern.

Empirische Untersuchungen zur Interaktion von Imipramin und Konfrontation bei Agoraphobikern haben i.allg. nahegelegt, daß die Wirkungen zumindest teilweise additiv sind (für eine Übersicht s. unten und Mavissakalian 1988). Eine vollständige Untersuchung der Interaktionen dieser Behandlungsformen erfordert eine Medikament- vs. Placebobedingung in Kombination mit Konfrontation vs. Nichtkonfrontation, woraus sich vier verschiedene Zellen ergäben. Die meisten bisherigen Studien verwendeten ein unvollständiges Design, das Imipramin mit einem inaktiven Placebo verglich, die Medikamentenbedingungen jedoch nicht mit verschiedenen Konfrontationsbedingungen kombinierte. Die Medikamentendosierung ist ein wichtiger Punkt bei Behandlungsstudien, da manche Patienten nur geringe Dosen vertragen und die Behandlung abbrechen, wenn die festgesetzte Dosis zu hoch ist. Auf der anderen Seite unterlaufen zu niedrige Dosen das Potential einer Medikation. Die Gegenüberstellung von Konfrontation und Nichtkonfrontation ist insofern kompliziert, da es notwendig ist, eine bestimmte Konfrontationsmethode (z.B. Reizüberflutung, Desensibilisierung, therapeutengeleitete In-vivo-Konfrontation, von der Praxis aus angeleitete Konfrontation, Selbstkonfrontation) auszuwählen. Nichtkonfrontation bestünde im Fehlen von Instruktionen oder auch in Antikonfrontationsinstruktionen. Für gewöhnlich beinhaltet das Protokoll der Konfrontationstherapie, daß den Patienten ein ausführliches Erklärungsmodell für ihre Phobien und oft auch für ihre Panikanfälle gegeben wird; dies bedeutet eine Konfundierung von behavioraler und kognitiver Intervention.

Tabelle 1 führt einige Studien auf, die die Kombination von Imipramin und Konfrontation untersucht haben, und zeigt die Ergebnisse für agoraphobisches Vermeidungsverhalten (Depression, Panikanfälle und andere mögliche Maße sind in dieser Tabelle nicht enthalten). Häufig waren es unvollständige Designs.

Tabelle 1. Wirkungen von Imipramin und Konfrontation auf agoraphobische Vermeidung (Überarbeitung der Tabelle 16.1 in Marks 1987).

1. Zitrin et al. (1980)

   IEe > PEe

2. Zitrin et al. (1983); Klein et al. (1983)

   IEe > PEe

3. Mavissakalian u. Michelson (1982, 1986)

   IEe = IDe > PEe

4. Mavissakalian et al. (1983)

   Ie > I

5. Marks et al. (1983); Cohen et al. (1984)

   IEe = PEe > IRe = PRe

6. Telch et al. (1985)

   8 Wochen: IE > Ie^
   26 Wochen: IE > PE = Ie

7. Agras et al. (1990)

   8 Wochen: Pe > Ie = Ie^ > Pe^
   16 Wochen: IE = PE > Ie = Pe
   24 Wochen: IE = PE > Pe

I Imipramin; **P** Placebo; **E** Therapeutengestützte Konfrontation; **e** Selbstkonfrontation; **e^** Antikonfrontationsinstruktion; **D** Diskussion; **R** Entspannung.

Marks et al. (1983) gaben Imipramin nie ohne eine psychologische Behandlung, aber sie verglichen die Wirkungen von Imipramin vs. Placebo bei therapeutenbegleiteter Konfrontation plus Hausaufgabe an 23 agoraphobischen Patienten. Imipramin steigerte nicht die Besserung von Agoraphobie, spontanen Panikanfällen oder überraschenderweise Depression. Zusätzlich wurde eine zumindest kurzfristige Überlegenheit von therapeutenbegleiteter Konfrontation plus Hausaufgabe gegenüber Entspannungstraining plus Hausaufgabe gefunden. Bei einer Nachuntersuchung nach 2 Jahren ergab sich hinsichtlich der Medikation noch immer kein Unterschied (Cohen et al. 1984). Mavissakalian u. Michelson (1986) verwendeten ein ähnliches Design, kamen aber zu entgegengesetzten Schlußfolgerungen. Zweiundsechzig Agoraphobiker mit Panikattacken wurden mit Imipramin- oder Placebogabe zusammen mit Reizüberflutung plus Hausaufgabe untersucht. Die agoraphobische Symptomatik verbesserte sich in der Imipramingruppe stärker. Imipramin steigerte ebenfalls die Wirkung von Diskussion plus Hausaufgabe bezüglich der Reduktion agoraphobischer Symptome, nicht aber bei der Reduktion von Angst oder Depression. Die Gründe für die Diskrepanzen in den Ergebnissen der beiden Studien sind unklar. Die Patienten und Medikamentendosierungen (im Mittel 150 mg in der einen und 130 mg in der anderen Studie) waren ungefähr gleich.

Unsere Stanford-Studien über die Interaktion von Verhaltenstherapie und Imipraminbehandlung bei Agoraphobie sind einzigartig in der Aufnahme einer Antikonfrontationsbedingung, so daß wir die Wirkung von Imipramin allein auf die Agoraphobie isolieren konnten. Die erste dieser Studien stammt von Telch et al. (1985). Abb. 1 faßt das Design der Studie zusammen.

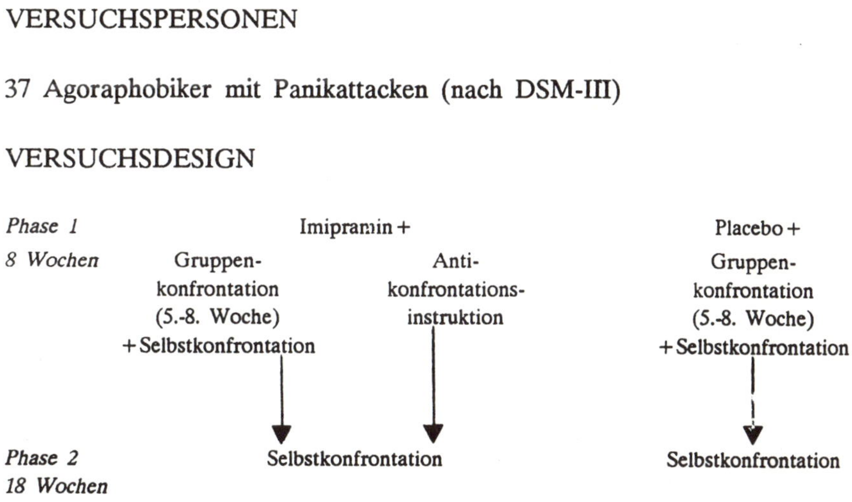

Abb.1. Design der Studie von MJ Telch, WS Agras, CB Taylor, WT Roth, C Gallen (1985) Combined pharmacological and behavioral treatment for agoraphobia. Behaviour Research and Therapy, 25: 325-335

Siebenunddreißig Patienten, die die DSM-III-Kriterien für Agoraphobie mit Panikattacken (aber nicht für eine starke affektive Störung) erfüllten, wurden nach dem Zufallsprinzip 3 Behandlungsgruppen zugeordnet: Imipramin ohne Konfrontation, Imipramin plus Konfrontation und Placebo plus Konfrontation. Keiner der Agoraphobiker war vor der Behandlung in der Lage, einen Verhaltenstest durchzuführen, der darin bestand, auf einem vorgeschriebenen Weg durch einen Supermarkt zu gehen. Patienten in der Gruppe Imipramin ohne Konfrontation erhielten Imipramin, aber sie wurden angewiesen, während der ersten 8 Wochen keine neuen Aktivitäten auszuprobieren, um dem Medikament "Zeit zum Wirken" zu geben. Danach wurde den Patienten empfohlen, gefürchtete Situationen aufzusuchen, jedoch wurden ihnen keine detaillierten Informationen gegeben, wie dies zu tun sei. Patienten in der Gruppe Imipramin plus Konfrontation erhielten Imipramin und von der 5. bis zur 8. Woche eine therapeutengeleitete In-vivo-Gruppenkonfrontation, gefolgt von einer partnerbegleiteten Selbstkonfrontation. Nach 8 Wochen übten die Patienten ihre Fertigkeiten selbständig weiter, sie erhielten jedoch keine weitere Therapiesitzung. Patienten in der Gruppe Placebo plus Konfrontation wurden wie die Gruppe Imipramin plus Konfrontation behandelt, sie erhielten allerdings Lactose anstelle von Imipramin. Die Medikamentengabe war doppelblind.

Messungen wurden nach 0 Wochen (vor der Behandlung), nach 8 Wochen und nach 26 Wochen erhoben. Hierbei wurden der Fear Questionnaire (FQ), Depressionsfragebögen von Zung und Beck, der Verhaltenstest und ein Tagebuch verwendet. Abb. 2 faßt die Ergebnisse zusammen.

Nach 8 Wochen zeigte die Gruppe Imipramin plus Konfrontation eine signifikant höhere Verbesserung als die Gruppe Placebo plus Konfrontation im Fear Questionnaire, während die Gruppe Imipramin ohne Konfrontation schlechter abschnitt als die Gruppe Placebo plus Konfrontation. Nach 26 Wochen war die Gruppe Imipramin plus Konfrontation nach dem Fear Questionnaire noch immer weniger ängstlich als die beiden anderen Gruppen, die sich jetzt nicht mehr voneinander unterschieden. Das gleiche Muster ergab sich für die Depressionsfragebögen und die Tagebuchberichte über Panikanfälle. Alle Gruppen zeigten eine Verbesserung im Verhaltenstest; bei den subjektiven Maßen (antizipatorische Angst, Durchführungsangst, Selbstwirksamkeit) war Imipramin plus Konfrontation tendenziell am besten.

Diese Studie zeigte definitiv eine Synergie von Imipramin und Konfrontation. Es ist jedoch möglich, die Unterlegenheit der Bedingung Imipramin ohne Konfrontation als Artefakt des experimentellen Designs zu kritisieren. Befürworter von Imipramin mit der Ansicht, der einfache Rat des Therapeuten, gefürchtete Situationen aufzusuchen, nachdem die Panikattacken durch das Medikament blockiert wurden, sei ausreichend für eine Genesung, könnten bemängeln, daß die Bedingung ohne Konfrontation ein künstliches Handikap

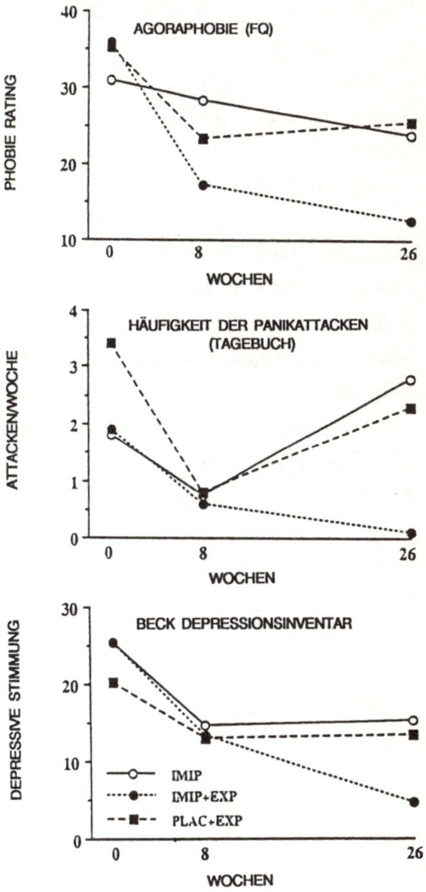

Abb.2. Ergebnisse der Studie von Telch et al. (1985)

ohne klinische Relevanz sei. Als Entgegnung kann jedoch darauf verwiesen werden, daß dieser einfache Rat der Gruppe nur die ersten 8 Wochen vorenthalten wurde, so daß sie bis zur 26. Woche genug Zeit gehabt hätten, die Verbesserung nachzuholen.

Die Prämisse, daß Imipramin allein die Panikanfälle blockiert, konnte in dieser Studie nicht bestätigt werden; diese Wirkung zeigt Imipramin ausschließlich in Kombination mit Konfrontation. Die antidepressive Wirkung von Imipramin wurde ebenfalls durch die Konfrontation erhöht. Diese Ergebnisse legen nahe, daß die psychologischen Veränderungen, die durch die Konfrontation hervorgerufen wurden, einen wichtigen Beitrag zur Wirkung von Imipramin leisten. Das Vertrauen des Patienten, mit Panikanfällen umgehen zu können, das möglicherweise den katastrophisierenden Befürchtungen entgegenwirkt, könnte die Anzahl der Anfälle reduzieren und die Entmutigung mindern, was sich dann als Verbesserung in den Depressionsfragebögen niederschlägt.

Unsere 2. Stanford-Studie war ehrgeiziger: sie bestand aus 100 Agoraphobikern und schloß 2 verschiedene Arten der Konfrontationsbehandlung ein (Agras et al. 1990). Das Design der Studie ist in Abb. 3 zusammengefaßt.

Wir nahmen auch depressive Agoraphobiker in die Studie mit auf, wenn ein Suizidrisiko für sie ausgeschlossen werden konnte. In der 1. Phase von 8 Wochen Dauer wurden die Patienten in vier Gruppen den 4 Kombinationen von Imipramin oder Placebo (über die gesamten 24 Wochen der Studie) und Selbstkonfrontation oder Antikonfrontationsinstruktion zugewiesen. In der 2. 8wöchigen Phase wurden die Patienten weiter aufgeteilt in die Untergruppen Selbstkonfrontation plus Gruppenkonfrontation oder Selbstkonfrontation ohne Gruppenkonfrontation, wobei die ursprüngliche Zuteilung zur Imipramin- oder Placebogruppe beibehalten wurde. Für Patienten, die in der ersten Phase in der Selbstkonfrontationsgruppe waren, bedeutete dies eine Fortführung der gleichen Behandlung. In der 3. 8wöchigen Phase setzten alle Patienten die Behandlung mit Selbstkonfrontation fort. Die Messungen wurden vor der Behandlung und nach der Beendigung jeder Phase vorgenommen. Sie bestan-

VERSUCHSPERSONEN

100 Agoraphobiker nach DSM-III

DESIGN

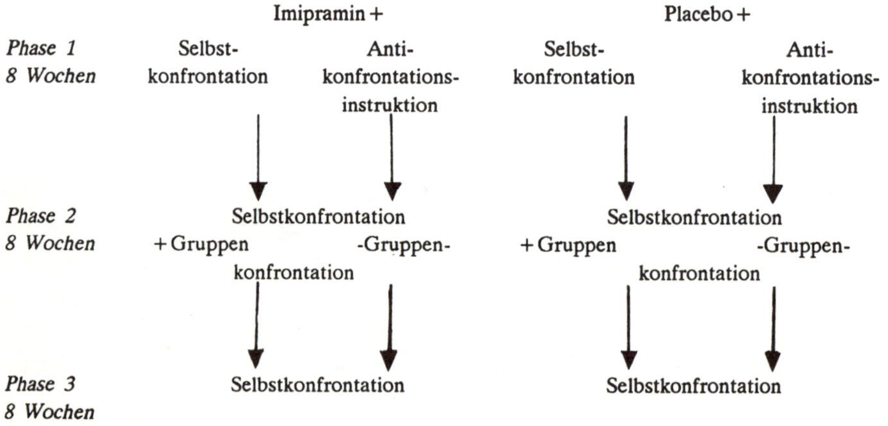

Abb.3. Design der Studie von WS Agras, MJ Telch, CB Taylor, WT Roth, ME Brouillard. Imipramine and exposure therapy in agoraphobia: untangling the actions and interactions. (zur Veröffentlichung eingereicht)

den aus dem FQ, einem Verhaltenstest und einem Tagebuch. Depressivität wurde mit dem Beck Depressionsinventar (BDI) und der Hamilton Rating Scale for Depression (HRSD) erfaßt. Die allgemeine Einschränkung wurde vom Patienten selbst eingeschätzt, und der globale Behandlungserfolg - unter Berücksichtigung von Panik, Agoraphobie und Depression - wurde von den Therapeuten bewertet. Es wurden Blutproben zur Überprüfung von Imipramin- und Benzodiazepinwerten entnommen; letztere sind die populärsten Substanzen zur Selbstmedikation.

Vorläufige Analysen unserer Ergebnisse weisen darauf hin, daß das Ergebnis je nach Erfolgsmaß und Untersuchungsphase variierte. Am Ende der ersten Phase (8 Wochen) erwies sich die Selbstkonfrontation der Anti-Konfrontation hinsichtlich der selbstbeurteilten Agoraphobie und Einschränkung als überlegen. Der einzige Medikamenteneffekt bestand in einer stärkeren Reduktion der Depression durch Imipramin im Vergleich zum Placebo. Nach dem Ende der zweiten Phase (16 Wochen) hatte die Gruppenkonfrontation eine stärkere Verbesserung bezüglich der Agoraphobie und der allgemeinen Einschränkung erbracht als die Selbstkonfrontation. In dieser Phase wurde eine Interaktion zwischen medikamentöser und behavioraler Behandlung von Panikanfällen deutlich: in der Bedingung Imipramin plus Hausaufgabe kam es seltener zu Panikanfällen in agoraphobischen Situationen als in anderen Behandlungsbedingungen, während es bei Imipramin plus Gruppenkonfrontation zu mehr Anfällen kam. Die Häufigkeit von Panikanfällen außerhalb solcher Situationen wurde nicht durch Imipramin beeinflußt. Nach Ende der dritten Phase (24 Wochen) bestanden die Haupteffekte von Imipramin gegenüber dem Placebo in Verringerungen der Depression, der Vermeidung bei Verhaltenstests und der Einschränkung. Die Gruppenkonfrontationsgruppe war in einer Anzahl von Maßen weiterhin besser als die Hausaufgaben-Gruppe. Die Interaktion zwischen Imipramin und der Art der Konfrontationsbehandlung auf die Häufigkeit der Panikanfälle war weiterhin festzustellen. Hinsichtlich des globalen klinischen Ergebnisses schnitten 62% der Gruppe Imipramin plus Hausaufgaben sehr gut ab, ebenso 32% der Gruppe Imipramin plus Gruppenkonfrontation, 37% der Gruppe Placebo plus Gruppenkonfrontation und 20% der Gruppe Placebo plus Hausaufgaben. Wenn Abbrecher als Mißerfolg mitgezählt werden, sind die Prozentwerte jeweils 59%, 28%, 36% bzw. 14%. Imipramin beeinflußte die Depressivität also nur am Ende der 1. Phase, verschlechterte die situative Panik zum Placeboniveau am Ende der 2. und 3. Phase, ergab jedoch am Ende der 3. Versuchsphase eine stärkere allgemeine Verbesserung. Es ist leicht ersichtlich, wie verschiedene Studien mit unterschiedlicher Behandlungsdauer und Katamnese und einer Hervorhebung unterschiedlicher Meßinstrumente zu widersprüchlichen Schlüssen führen können.

Korrelationen zeigten bei unseren Patienten, daß die Schwere der Agoraphobie enger mit der Schwere der Depression als mit der Häufigkeit der Panikanfälle zusammenhing. Eine depressive Stimmung läßt die Patienten anscheinend ihre Panikanfälle als gefährlicher bewerten, was sie wiederum zu dem Versuch führt, diese durch die Vermeidung bestimmter Situationen noch mehr zu vermeiden. Es ist möglich, daß Panikanfälle allein für die Entwicklung einer Agoraphobie nicht ausreichen, wenn keine angstvollen Attributionen vorliegen. Imipramin hatte widersprüchliche Wirkungen: Es half zwar, die Depression zu lindern, behinderte aber eine Erhöhung des Angstniveaus während der Konfrontation. Konfrontation und Imipramin schienen den Patienten auf verschiedene Weise zu nutzen. Die Konfrontation reduzierte angstvolle Kognitionen, während Imipramin diese nicht beeinflußte. Imipramin reduzierte die Depression, unabhängig davon, welche Konfrontationstherapie durchgeführt wurde.

Die allgemeinste klinische Bedeutung der Befunde von Agras et al. (1990) besteht darin, daß das kosteneffektivste Behandlungspaket, nämlich Imipramin plus therapeutenbegleitete Konfrontation, dem Patienten zuerst angeboten werden sollte. Dieses Paket ist nicht nur statistisch signifikant besser als andere, sondern es weist auch eine beträchtliche Effektgröße bezüglich des globalen klinischen Erfolgs auf, und ist damit den Alternativen, die wir getestet haben, überlegen. [Fisher u. Greenberg (1989) haben die Wichtigkeit der Effektgröße bei der Evaluation von Pharmakotherapien betont.] Jede Empfehlung, Imipramin zu verschreiben, wird jedoch durch die Tatsache abgeschwächt, daß wir nicht wissen, ob die Erfolge nach Absetzen des Medikaments anhalten. Darüber hinaus könnte, trotz eines relativ geringen Risikos bei kurzzeitiger Einnahme, eine Dauermedikation nachteilige Folgen haben. Beispielsweise erhöhte Imipramin in unseren Studien den Blutdruck in einem Ausmaß, daß das Risiko einer kardiovaskulären Erkrankung erhöht werden könnte. Natürlich müssen Patienten, die eine Medikation ablehnen oder unerträgliche oder gefährliche Nebenwirkungen zeigen, mit Konfrontationstherapie allein behandelt werden. Im allgemeinen ist eine medikamentöse Behandlung mit Imipramin - besonders in Fällen ohne ausgeprägte Depression - möglicherweise unnötig, wenn die kostspieligere Gruppenkonfrontation zur Verfügung steht.

Konfrontation ohne psychoaktive Medikation kann nicht nur Agoraphobie, sondern auch Panikanfälle und Depression lindern. Die Raten der Panikanfälle besserten sich in allen Gruppen, außer bei Imipramin plus Gruppenkonfrontation, zu 50%. Bei Patienten mit einer hohen Anzahl von Panikanfällen sollte diese Kombination daher vermieden werden. Die Depression verbesserte sich in allen Gruppen zu 50%, außer bei Placebo plus nur Hausaufgaben. Placebo plus Gruppenkonfrontation zeigte auch ohne Imipramin eine beträchtliche Linderung der Depression. Das bedeutet, daß diese Behandlung für depressive

Patienten mit Medikamentenunverträglichkeit am geeignetsten ist. Obwohl depressive agoraphobische Patienten für gewöhnlich als mögliche Kandidaten für Antidepressiva angesehen werden, gibt es wenig Daten, die darauf hindeuten, daß Antidepressiva besonders gut für diese Patienten sind, vielleicht auch deswegen, weil die DSM-III-Kriterien für Agoraphobie mit Panikanfällen sie aus Forschungsstudien ausschlossen.

Einen offenen Geist bewahren

Die beiden oben aufgeführten Stanford-Studien und andere Untersuchungen, die die Wirkungen von medikamentöser und verhaltenstherapeutischer Behandlung bei Patienten mit Agoraphobie und Panikanfällen faktoriell untersucht haben, sind eine Herausforderung für viele zeitgenössische professionelle Annahmen. Haben meine Antworten auf die Fragen, die durch Testdesigns zur separaten Testung von Alprazolam *oder* Konfrontation aufgeworfen wurden, angesichts der jüngsten Belege noch Gültigkeit? Können zukünftige Studien definitivere Antworten liefern?

Meiner Meinung nach kann keine Behandlungsstudie jemals die Frage nach biologischer vs. psychologischer Kausalität entscheiden. Die Klärung einer Ursache als notwendig oder hinreichend oder ihrer Position in einer Kette von Ursachen ist durch solche Studien nicht möglich, selbst nicht durch Studien mit faktoriellem Design. Obwohl weniger widerspenstig als die erste, wurden bei dem durch die zweite Frage aufgeworfenen Problem (In welchem Ausmaß wirken biologische oder psychologische Behandlungsformen durch biologische oder psychologische Mechanismen?) durch die beiden Stanford-Studien kaum Fortschritte erzielt. Ein aktives Placebo, das der anticholinergen Wirkung von Imipramin entspricht, wurde nicht verwandt. Es ist nicht auszuschließen, daß Therapeuten und Patienten erraten konnten, welches Medikament der Patient erhielt, obwohl dies nicht untersucht wurde. Auf der anderen Seite konnten Agras et al. durch Blutuntersuchungen von Metaboliten von Imipramin und Benzodiazepinen garantieren, daß die Patienten die Medikamente wie verschrieben einnahmen. Die Daten der wenigen nicht mitarbeitenden Patienten wurden aus der statistischen Analyse ausgeschlossen. Beide Studien erfaßten die Therapiecompliance bei der häuslichen Konfrontation mittels Tagebuch. Abbrecher wurden bei der Analyse der Ergebnisse berücksichtigt.

Nur die Antwort auf die letzte Frage, welche Art der Therapie zu empfehlen ist, konnte durch die Stanfordstudien wesentlich verbessert werden. Diese Frage ist nicht zuletzt die für die Praxis relevanteste und diejenige, die die Forschungsbemühungen motiviert hat. Aufgrund dieser Ergebnisse erscheint es nicht angemessen, eine medikamentöse Behandlung vollkommenen abzulehnen. Imipramin verbessert - zumindest bis zur Katamnese nach 6

Monaten - eindeutig die Behandlungsergebnisse. Dieser Nutzen ist auf den meisten globalen Skalen besonders groß, aber auch bei den spezifischeren ist er vorhanden. Vom Kostenpunkt her gesehen ist das Behandlungspaket Imipramin plus therapeutenbegleitete Konfrontation günstig, verglichen mit intensiveren psychologischen Behandlungen wie Gruppenkonfrontation oder psychodynamische Psychotherapie. Auf der anderen Seite ist eine rein psychologische Behandlung i.allg. eine aussichtsreiche zweite Wahl, für einige Patienten sogar die erste Wahl. Der Einwand, daß Konfrontation Panikanfälle und Depression nicht verbessert, wird durch die Studie von Agras et al. nicht unterstützt; vielmehr wurden beide in der Bedingung Placebo plus Gruppenkonfrontation beträchtlich reduziert.

Gewiß mangelt es noch an entscheidenden Informationen. Halten die Verbesserungen durch Imipramin nur so lange an, wie das Medikament eingenommen wird? Wie lange sind die Patienten bereit, die Nebenwirkungen zu tolerieren? Ist Imipramin langfristig gesundheitsschädlich? Ist Alprazolam ein besseres oder ein schlechteres Medikament? Ist ein etwa einmal wöchentliches Auftreten von Panikanfällen (der durchschnittliche Wert nach 24 Wochen in der Bedingung Placebo plus Gruppenkonfrontation bei Agras et al.) demoralisierend und für einen Rückfall in die Vermeidung förderlich? Den Kliniker drängt das Leiden zu einer entscheidenden Intervention, bevor vollständige Antworten und multiple Behandlungsmöglichkeiten zur Verfügung stehen. Patienten kommen zur Behandlung, wenn ihr Unbehagen unerträglich geworden ist und sie schnell etwas dagegen tun wollen. Dieses Etwas muß eine Botschaft enthalten, die es rechtfertigt. Dies verlangen ethische Erwägungen wie die informierte Zustimmung der Patienten und der heilsame Effekt einer positiven Erwartung. Letztendlich ist die gewählte Behandlungsform ein praktischer Kompromiß, der nicht nur von wissenschaftlichen Ergebnissen der Studien zum Behandlungserfolg abhängig ist, sondern auch damit zusammenhängt, welche Behandlung der Patient akzeptiert und welches Behandlungsverfahren der Therapeut gelernt hat, gesetzlich ausüben darf und durch dessen Anwendung er einen Gewinn erzielt.

Unter den gegenwärtigen Umständen bleibt kein Raum für Dogmatismus oder Intoleranz seitens biologischer oder psychologischer Perspektiven. Behandlungen, die sich auf eine oder auch beide Perspektiven gründen, sind zu rechtfertigen. Dennoch ist, wie wir dargestellt haben, noch viel über die Langzeiteffekte einer kombinierten Behandlung und die Mechanismen der therapeutischen Änderung zu lernen. Obwohl wir jetzt mehr über die Behandlung von Agoraphobie und Panikanfällen wissen als vor 10 Jahren, ist dies kaum genug. Wir haben aber jeden Grund zur Hoffnung, daß unsere Antworten in zehn Jahren wesentlich vollständiger sein werden, als sie es heute sind.

Literatur

Agras WS, Telch MJ, Taylor CB, Roth WT, Brouillard ME (1990) Imipramine and exposure therapy in agoraphobia: untangling the actions and interactions. (in press)

Ballenger JC, Burrows GD, DuPont RL, Lesser IM, Noyes R, Peknold JC, Rifkin A, Swinson RP (1988) Alprazolam in panic disorder and agoraphobia: results from a multicenter trial. I. Efficacy in short-term treatment. Arch Gen Psychiat 45:413-422

Clark DB, Taylor CB, Hayward C, King R, Roth WT, Agras WS (1991) Motor activity and tonic heart rate in panic disorder. Psychiat Res (in press)

Clark DB, Taylor CB, Roth WT, Agras WS (1990b) Surrepititious antianxiety medication use in a placebo controlled drug trial for panic disorder. (in press)

Cohen SD, Monteiro W, Marks IM (1984) Two-Year follow-up agoraphobics after exposure and imipramine. Br J Psychiat 144:276-281

Craske MG, Sanderson WC, Barlow DH (1987) How do desynchronous response systems relate to the treatment of agoraphobia: a follow-up evaluation. Behav Res Ther 25:117-122

Dilsaver SC, Coffnam JA (1989) Cholinergic hypothesis of depression: a reappraisal. J Clin Psychopharm 9:173-179

Fiegenbaum W (1988) Long-term efficacy of ungraded versus graded massed exposure in agoraphobics. In: I Hand, HU Wittchen (eds) Panic and Phobias. 2. Treatments and variables affecting course and outcome. Springer, Berlin Heidelberg New York Tokyo, pp 83-88

Fisher S, Greenberg RP (1989) A second opinion: rethinking the claims of biological psychiatry. In: Fisher S, Greenberg RP (eds) The limits of biological treatments for psychological distress. Comparisons with psychotherapy and placebo. Erlbaum, Hillsdale, NJ, pp 309-336

Frank JD (1961) Persuasion and Healing. A comparative study of psychotherapy. Johns Hopkins Press, Baltimore

Greenberg RP, Fisher S (1989) Examining antidepressant effectiveness: Findings, ambiguities, and some vexing puzzles. In: Fisher S, Greenberg RP (eds) The limits of biological treatments for psychological distress. Comparisons with psychotherapy and placebo. Erlbaum, Hillsdale, NJ, pp 1-37

Klein DF (1980) Anxiety reconceptualized. Compr Psychiat 21:411-427

Klein DF, Zitrin CM, Woerner MG, Ross DC (1983) Treatment of phobias. II. Behavior therapy and supportive psychotherapy: are there any specific ingredients? Arch Gen Psychiat 40:139-145.

Klerman GL, Ballenger JC, Burrows GD, DuPont RL, Noyes R, Pecknold JC, Rofkin A, Rubin RT, Swinson RP (1989) In reply [to Marks et al. (1989)]. Arch Gen Psychiat 46:670-672

Margraf J (1989) Beiträge zur Diagnostik, Theorie und Therapie des Paniksyndroms. Habilitationsschrift, Fachbereich Psychologie der Philipps-Universität Marburg

Margraf J, Ehlers A, Roth WT (1986a) Panic attacks: theoretical models and empirical evidence. In: Hand I, Wittchen HU (eds) Panic and phobias. Springer, Berlin Heidelberg New York Tokyo, pp 31-43

Margraf J, Ehlers A, Roth WT (1986b) Biological models of panic disorder and agoraphobia: a review. Behav Res Ther 24:553-567

Margraf J, Ehlers A, Roth WT (1986c) Sodium lactate infusions and panic attacks: a review and critique. Psychosom Med 48:23-51

Margraf J, Ehlers A, Roth WT (1988) Mitral valve prolapse and panic disorder: a review of their relationship. Psychosom Med 50:93-113

Marks IM (1987) Fears, phobias, and rituals. Panic, anxiety, and their disorders. Oxford University Press, Oxford

Marks IM, De Albuquerque A, Cottraux J, Gentil V, Greist J, Hand I, Liberman RL, Relvas JS, Tobena A, Tyrer P, Wittchen HU (1989) The 'efficacy' of alprazolam in panic disorder and agoraphobia: a critique of recent reports. Letter to the editor. Arch Gen Psychiat 46:668-670

Marks IM, Gray S, Cohen D, Hill R, Mawson D, Ramm E, Stern R (1983) Imipramine and brief therapist-aided exposure in agoraphobia having self-exposure homework. Arch Gen Psychiat 40:153-162

Mavissakalian M (1988) The mutually potentiating effects of imipramine and exposure in agoraphobia. In: Hand I, Wittchen HU (eds) Panic and phobias 2. Treatments and variables affecting course and outcome. Springer, Berlin Heidelberg New York Tokyo, pp 36-43

Mavissakalian M, Michelson L (1982) Agoraphobia: Behavioral and pharmacological treatments, preliminary outcome, and process findings. Psychopharm Bull 18:91-103

Mavissakalian M, Michelson L (1986) Relative and combined effectiveness of therapist-assisted in vivo exposure and imipramine. J Clin Psychiat 143:1106-1112

Mavissakalian M, Michelson L, Dealy RS (1983) Pharmacological treatment of agoraphobia: imipramine versus imipramine with programmed practice. Br J Psychiat 143:348-355

Mellman TA, Uhde TW (1989) Electroencephalographic sleep in panic disorder. Arch Gen Psychiat 46:178-184

Overton DA (1966) State-dependent learning produced by depressant and atropine-like drugs. Psychopharmacology 23:373-385

Pecknold JC, Swinson RP, Kuch K, Lewis CP (1988) Alprazolam in panic disorder and agoraphobia: Results from a multicenter trial. III. Discontinuation effects. Arch Gen Psychiat 45:429-436

Rachman S, Craske M, Tallman K, Solyom C (1986) Does escape behavior strengthen agoraphobic avoidance? A replication. Behav Ther 17:366-384

Telch MJ, Agras WS, Taylor CB, Roth WT, Gallen CC (1985) Combined pharmacological and behavioral treatment for agoraphobia. Behav Res Ther 23:325-335

Vermileya JA, Boice R, Barlow DH (1984) Rachman and Hodgson (1974) a decade later: how do desynchronous response systems relate to the treatment of agoraphobia. Behav Res Ther 22:615-621

Weissman MM, Klerman GL, Markowitz JS, Ouellette R (1989) Suicidal ideation and suicide attempts in panic disorder and attacks. N Engl J Med 321:1209-1214

Zitrin CM, Klein DF, Woerner MG (1980) Treatment of agoraphobia with group exposure in vivo and imipramine. Arch Gen Psychiat 37:63-72

Zitrin CM, Klein DG, Woerner MG, Ross DC (1983) Treatment of phobias. I. Comparison of imipramine hydrochloride and placebo. Arch Gen Psychiat 40:125-138

Schizophrene Psychosen: Prädiktion und Prävalenz

K. Hahlweg

Schizophrene Psychosen gehören zu den schwersten psychiatrischen Erkrankungen. Begründer des modernen, heute noch gültigen psychiatrischen Krankheitskonzeptes war der deutsche Psychiater Emil Kraepelin, der den Begriff "Dementia Praecox" 1896 einführte und den Namen wegen des (angeblich) irreversiblen intellektuellen Verfalls und des frühen Erkrankungsalters wählte (Kraepelin 1904). Der Begriff "Schizophrenie" wurde 1911 von Bleuler geprägt. Er wählte die Bezeichnung, weil die wesentliche Störung seines Erachtens in einer Spaltung des Bewußtseins und der Gesamtpersönlichkeit lag (gr.: schizo = ich spalte, phren = Geist). Kraepelin ging davon aus, daß es sich um eine rein körperliche Erkrankung handele, deren Ursache aber noch nicht bekannt sei und wählte deshalb auch die Bezeichnung endogene Psychose.

Symptomatik

Das Krankheitsbild ist äußerst heterogen, stets ist jedoch die Gesamtpersönlichkeit der Patienten betroffen. Zu den charakteristischen Symptomen der *Akutphase* zählen (Tölle u. Huber 1988):

- *Störungen des formalen Denkens*, die sich in sprachlicher Zerfahrenheit ausdrücken. Die Gedanken wechseln von einem Gegenstand zum anderen, ohne daß der Sprecher dies zu bemerken scheint. Diese Zerfahrenheit kann bis zum völlig unverständlichen Wortsalat reichen.
- *Inhaltliche Denkstörungen*, v.a. Wahnvorstellungen, z.B. die unverrückbare Überzeugung der Patienten, daß andere Menschen nach ihrem Leben trachten oder sie mit böser Absicht verfolgen. Zu den besonders charakteristischen Denkstörungen gehören bestimmte Wahnphänomene, wie das Gefühl der Gedankeneingebung, d.h. die Patienten empfinden ihre Gedanken als von außen gesteuert oder sie haben die Gewißheit, daß jemand ihnen ihre Gedanken aus dem Kopf nimmt.
- *Wahrnehmungsstörungen/Halluzinationen*, am häufigsten sind akustische Halluzinationen. Die Patienten hören Stimmen, die sie direkt ansprechen, sie ängstigen oder ihnen Befehle erteilen, die sie dann ausführen müssen.

- Das *Gefühlserleben* ist gestört und äußert sich häufig im Nachlassen der Intensität des Gefühlsausdrucks bis hin zur völlig starren Mimik; die Patienten klagen, daß sie keine Gefühle mehr erleben können (Anhedonie).
- *Psychomotorische Störungen*, die Symptome reichen vom sog. katatonen Stupor, völliger Bewegungslosigkeit über lange Zeiträume, bis hin zur wilderregten Agitiertheit.

Dem Ausbruch einer akuten Phase geht meistens eine *Prodromalphase* voraus, in der ein deutliches Absinken des vorher bestehenden Leistungsniveaus festzustellen ist. Die Patienten ziehen sich zurück, klagen über Konzentrations- und Schlafstörungen, die Kommunikation wird schwierig. Die Länge der Prodromalphase ist zeitlich äußerst variabel und kann Jahre oder auch nur Tage dauern.

Während der akuten Phase treten die vorhin geschilderten psychotischen Symptome auf, die auch positive Symptome genannt werden (positiv im Sinne einer Bestätigung der Diagnose Schizophrenie). Diese Symptome werden von den Patienten nicht als krankhaft erkannt, sondern als Realität erlebt, d.h. die Patienten haben eine mangelnde Krankheitseinsicht.

Üblicherweise folgt der akuten Phase eine Residualphase mit sog. *Negativsymptomatik*, die sich in sozialer Zurückgezogenheit, affektiver Verflachung, Antriebsarmut, Interessensverlust und sprachlicher Verarmung äußert. Diese Negativsymptomatik stellt das eigentliche Problem in der Behandlung der Schizophrenie dar, kann sie doch dazu führen, daß Patienten langfristig hospitalisiert werden müssen oder die angestrebten Berufs- und Lebensziele nicht erreichen.

Häufigkeit und Verlauf

Insgesamt erkranken Männer und Frauen etwa gleich häufig, es gibt jedoch einen bisher nicht erklärten Geschlechtsunterschied: Männern erkranken früher, im Mittel zwischen 20 und 25, Frauen später, zwischen 25 und 30 Jahren (Riecher et al. 1989). Es handelt sich im übrigen um eine relativ häufige Erkrankung, die Lebenszeitprävalenz liegt bei ca. 1%, d.h. 1 von 100 Erwachsenen wird im Laufe des Lebens an einer schizophrenen Psychose erkranken (Häfner 1989).

Erstaunlicherweise scheint diese Erkrankungsrate in verschiedenen Kulturen und Rassen konstant zu sein, wie 2 von der WHO durchgeführte Studien in sehr unterschiedlichen Ländern kürzlich gezeigt haben (Jablenski et al. im Druck; Sartorius et al. 1978). Es war bemerkenswert, wie Patienten aus vielen verschiedenen Sprach- und Kulturkreisen, ob Land- oder Stadtbevölkerung, Ungebildete oder Intellektuelle, genau die gleichen Symptome beschrieben.

Diese Befunde widerlegen im übrigen die Hypothese, daβ der Schizophrenie eine reine soziale Verursachung zu Grunde liegt (s. Scheff 1966).

Die Kraepelinsche Vorstellung einer chronisch-*körperlichen* Erkrankung bestimmt auch heute noch in weiten Teilen das Bild der biologisch orientierten Psychiatrie, obwohl neuere Langzeitkatamnesen mit einer Katamnesedauer bis zu 37 Jahren ein deutlich positiveres Bild aufweisen (Bleuler 1972; Ciompi u. Müller 1976; Harding et al. 1987; Huber et al. 1979): bei ca. 25% der Ersterkrankten kommt es zur völligen Remission, ca. 50% erleben zwar mehrere Schübe (2-6), sind sozial aber mehr oder weniger angepaβt, dies hängt v.a. von der Hilfe ab, die die Patienten erhalten und nur bei ca. 25% kommt es zu chronischen Endzuständen, wie von Kraepelin postuliert, die dann eine langfristige Hospitalisation erfordern. Auch heute noch sind ca. 65% aller psychiatrischen Patienten in den psychiatrischen Landeskrankenhäusern Schizophrene; wobei sich hier die Frage stellt, ob die beobachtete Rückzugssymptomatik nicht auch durch die Hospitalisierung selbst hervorgerufen wird, also nicht ursächlich durch die Grunderkrankung.

Das frühe Erkrankungsalter (ab 17 Jahre) und die Chronifizierung bringen es mit sich, daβ die Schizophrenie ganz erhebliche Kosten verursacht. In einer australischen Studie, unter Einbezug der direkten und indirekten Kosten, zeigte sich, daβ Patienten mit Herzinfarkt nur etwa doppelt so hohe Kosten verursachen wie schizophrene Patienten, obwohl Herzinfarkt 6mal so häufig ist (Andrews et al. 1985).

Medikamentöse Therapie

Die Therapie der Schizophrenie hat sich in den letzten 30 Jahren stark verändert, insbesondere die heute übliche, effektive Psychopharmakotherapie führte zu einer deutlichen Reduktion der Behandlungsdauer während der Akutphase. Die Therapie verlagerte sich immer mehr in den ambulanten Bereich; allerdings kam es bei kürzeren stationären Behandlungszeiten zu einer höheren Zahl von Wiederaufnahmen.

Zur Verhinderung von Rezidiven wird heute die Langzeittherapie mit Neuroleptika empfohlen, die sich auch als durchaus effektiv erwiesen hat. So werden unter Verum nur ca. 40% der Patienten innerhalb eines Jahres wieder rückfällig, unter Plazebomedikation 70% (Davis et al. 1982). Viele Patienten klagen allerdings über unangenehme Nebenwirkungen (z.B. "motorische Einmauerung", Sitzunruhe, depressive Verstimmungen), die gröβtenteils zwar transient sind, die aber die Compliance der Patienten erheblich beeinflussen.

Trotz eindeutiger Fortschritte in der medikamentösen Langzeitbehandlung ist also die Rückfallrate immer noch hoch (Drehtürpsychiatrie), darüber hinaus ist die neuroleptische Dauerbehandlung nicht ohne Risiko, da nach 4 Jahren ca. 12% der Patienten an z.T. irreversiblen, iatrogenen Spätdyskinesien leiden, dies sind unwillkürliche Krämpfe im Mund-Wangen-Bereich (Kane et al. 1982)

Bis heute gibt es keine individuellen Prädiktoren oder Prognosekriterien, die bei der Frage "Langzeitbehandlung Ja oder Nein?" Entscheidungshilfe geben könnten. Mit Neuroleptika lassen sich im übrigen nur die positiven Symptome gut beherrschen; die Negativsymptomatik ist kaum zu beeinflussen und verschlechtert sich durch die Behandlung eventuell noch. Ganz generell ist eine medikamentöse Therapie nicht in der Lage, neue Verhaltensweisen bei den Patienten zu entwickeln, die ihnen den Kontakt mit anderen Menschen bzw. die Bewältigung sozialer Situationen erleichtern würden.

Es ist wohl deutlich geworden, daß die Suche nach effektiven Therapieverfahren im Schizophreniebereich noch lange nicht abgeschlossen ist, im Gegenteil, eine sehr hohe Priorität hat, auch unter Kostengesichtspunkten.

Prävention

Wie sind nun die Möglichkeiten der Prävention im Schizophreniebereich? Vorab eine Begriffsklärung: unter primärer Prävention versteht man alle Maßnahmen, die das erstmalige Auftreten einer Erkrankung verhindern, sekundäre Prävention meint Intervention bei Akutzuständen und unter tertiärer Prävention versteht man Maßnahmen zur beruflichen und sozialen Rehabilitation und zur Rückfallprophylaxe.

Ätiologie und Möglichkeiten primärer Prävention

Die Suche nach der biologischen Ursache der Schizophrenie ist trotz intensivster Anstrengungen bis heute erfolglos geblieben. Diskutiert werden Störungen des Dopaminhaushaltes, strukturelle Veränderungen des ZNS, die slow-virus-Hypothese, um nur einige zu nennen (s. Rey u. Thurm 1990). Unser Wissen um die Neurobiologie der Schizophrenie wird am deutlichsten charakterisiert durch Manfred Bleulers Ausspruch (1972), daß es sich um "winzige Körnchen Wissen in einem Meer von Unwissenheit" handelt.

Gesichert erscheint nach Familien-, Zwillings- und Adoptivstudien eine genetische Beteiligung. Das Risiko, an einer Schizophrenie zu erkranken, beträgt ca. 12%, wenn ein Elternteil schizophren ist; die Konkordanzrate bei eineiigen Zwillingen liegt bei 40-50%, bei zweieiigen bei ca. 15% (Gottesman u. Shields 1982). Umweltfaktoren müssen demnach ebenfalls eine bedeutende ätiologische Rolle spielen.

In den letzten 30 Jahren ist diskutiert worden, ob nicht bestimmte familiäre Interaktionsmuster die Entstehung schizophrener Psychosen verursachen. Besonders bekannt geworden ist hier die "Double-bind-Hypothese", die von

Bateson et al. (1956) postuliert wurde. Nach diesem Modell sind schizophrene Symptome die folgerichtige Reaktion auf gestörte, paradoxe familiäre Kommunikationsmuster. Diese Überlegungen stimulierten eine große Anzahl empirischer Untersuchungen mit dem Ziel, die Hypothesen zu untermauern. Betont werden muß, daß die Suche nach familiären, schizophrenie*spezifischen* Interaktionsmustern im großen und ganzen erfolglos geblieben ist. Es gibt keine Befunde, die diese oder andere Hypothesen stützen (Goldstein u. Strachan 1987; Hahlweg 1986; Jacob 1975).

Aufgrund unseres Ätiologiewissens erscheint es daher z.Z. *nicht* möglich, Programme zur primären Prävention zu entwickeln. Viel Hoffnung wurde diesbezüglich auf die Ergebnisse der sog. High-risk-Studien gesetzt. Dabei handelt es sich weltweit um etwa 10 prospektive Langzeitstudien an Personen mit hohem Risiko, an Schizophrenie zu erkranken (Watt et al. 1984). Untersucht werden überwiegend Kinder von schizophrenen Eltern, die entweder bei ihren biologischen oder bei Adoptiveltern aufwachsen. Die Ergebnisse zeigen, daß die "Risikokinder" schon im Kleinkindalter, also lange bevor die Schizophrenie akut eintritt, einige Auffälligkeiten zeigen, wie z.B. sprunghafte neuromotorische Entwicklung, kurze Aufmerksamkeitsspanne (leicht ablenkbar), Passivität; im Grundschulalter zeigen sich Probleme in der Feinmotorik, in der Informationsverarbeitung und im Sozialverhalten, die Probleme im Sozialkontakt verstärken sich in der Pubertät. Die Kinder sind eher zurückgezogen, bei den Mitschülern und Lehrern unbeliebt und haben insgesamt Schwierigkeiten, ihre negativen Gefühle zu kontrollieren, sind teilweise aggressiv und emotional instabil (Goldstein 1987).

Allerdings sind die Befunde über verschiedene Studien inkonsistent, darüber hinaus zeigt meist nur eine Untergruppe der Kinder diese Auffälligkeiten, so daß sich auch aus den Ergebnissen dieser High-risk-Studien kein Ansatz für Programme zur *primären* Prävention ableiten lassen.

Verlaufsprädiktion und tertiäre Prävention

"Expressed Emotion" (EE)

Die hohen Rückfallraten auch unter Dauermedikation haben die Suche nach rückfallfördernden Faktoren stimuliert. Neben dem Absetzen der laufenden Neuroleptokamedikation scheinen soziale Stressoren (negative Lebensereignisse und ein ungünstiges Familienklima eine bedeutsame Rolle bei einem Rückfall zu spielen. Nach den Ergebnissen der expressed-emotion-Forschung sind familiäre Faktoren mitentscheidend, ob schizophrene Patienten 9 Monate nach Entlassung aus stationärer Behandlung einen Rückfall erleiden oder nicht (Brown et al. 1972; Vaughn u. Leff 1976).

Der Ausprägungsgrad der "Expressed Emotion" (EE) wird aufgrund eines halbstrukturierten Einzelinterviews (Camberwell Family Interview, CFI; Vaughn u. Leff 1976) bestimmt, das mit jedem Angehörigen, mit dem der Patient engen Kontakt hat, einzeln durchgeführt wird. Aufgrund der Variablen "Kritik" (mißbilligende Äußerungen über das Verhalten des Patienten, vorgetragen mit einem negativen Tonfall, deshalb EE) und "Emotionale Überbeteiligung" (übergroße Besorgnis, Fürsorge um den Patienten, die die Handlungsfähigkeit und Eigenverantwortlichkeit des Patienten übermäßig einschränkt), wird der Angehörige entweder als "niedrig" oder "hoch" EE klassifiziert.

In mehreren unabhängigen Studien in England, USA, Indien, Polen, Jugoslawien und der BRD wurde die prädiktive Validität des EE-Maßes untersucht, wobei sich signifikante Unterschiede zwischen Patienten aus NEE oder HEE Familien zeigten. Faßt man die Ergebnisse aus 8 Studien zusammen (s. Hahlweg et al. 1989a), so erlitten 54% der schizophrenen Patienten mit einem HEE-Angehörigen innerhalb von 9 Monaten nach Entlassung aus stationärer Behandlung einen Rückfall, im Gegensatz zu nur 16% der Patienten, die in eine NEE-Familie zurückkehrten.

Neben der Medikamentencompliance ist das EE-Maß also der einzige bekannte Prädiktor für den mittelfristigen Verlauf.

Bei der EE-Variable handelt es sich im übrigen nicht um ein schizophreniespezifisches Maß, da der signifikante Zusammenhang zwischen EE und Rückfall auch bei depressiven (Hooley et al. 1986; Vaughn u. Leff 1976) und manisch-depressiven Patienten (Miklowitz et al. 1987) nachzuweisen ist.

Die kausale Wirkung der EE-Faktoren ist mit Hinweis auf Patientencharakteristika angezweifelt worden, d.h. es wurde versucht, das Auftreten von familärer Kritik als Reaktion auf die Symptome oder Verhaltensauffälligkeiten des Patienten zu interpretieren. Diese Hypothese konnte in mehreren Untersuchungen widerlegt werden. Es zeigte sich kein Zusammenhang zwischen EE und dem prämorbiden Sozialverhalten des Patienten, Arbeitsfähigkeit vor stationärer Aufnahme und der Symptomatik bei Aufnahme oder Entlassung (s. Hahlweg et al. 1989a).

Konstruktvalidität des EE-Maßes

Obwohl die prädiktive Validität des EE-Maßes als gesichert angenommen werden kann, bleiben doch Fragen bezüglich der Konstruktvalidität dieser Variablen offen. Was ist EE? Gemessen werden im wesentlichen die *Einstellungen* des Familienangehörigen zum Patienten; da das CFI nur mit den Bezugspersonen durchgeführt wird, ist fraglich, ob sich bei Angehörigen mit einem hohen Ausmaß an EE auch in der tatsächlichen, täglichen Interaktion mit dem Patienten ähnlich negative *Verhaltensweisen* zeigen. Die Untersuchung dieser Fragestellung hat zum einen theoretische Relevanz, zum anderen bedeutsame Implikationen für die Planung und Durchführung effektiver Familienbetreuungsprogramme zur Rückfallprophylaxe, z.B. ob die Betreuung unter Einschluß des Patienten durchgeführt werden soll.

In einer Reihe von Studien haben Goldstein et al. (Goldstein u. Strachan 1987; Strachan et al. 1986) zeigen können, daß es Zusammenhänge zwischen EE-Einstellungen und tatsächlichem Interaktionsverhalten bei den Angehörigen gibt. Familien mit einem schizophrenen Patienten wurden gebeten, im Videolabor familiäre Probleme zu diskutieren. Diese Diskussionen wurden mit Hilfe eines Kodiersystems ("Affective style", AS; Doane et al. 1985) ausgewertet. Es zeigte sich, daß eine kritische Einstellung der Angehörigen auch mit einem kritischen Verhalten dem Patienten gegenüber während der Interaktion korreliert war. Emotionale Überbeteiligung korrelierte mit der Häufigkeit von Äußerungen, in denen der Angehörige vorgab, über unausgesprochene Gedanken und Gefühle des Patienten Bescheid zu wissen (Gedankenlesen).

In diesen Studien wurde nur das Angehörigenverhalten untersucht, d.h. die Rolle des *Patienten* bei der Gestaltung des Familienklimas blieb bisher ungeklärt. Hahlweg et al. (1987, 1989b) analysierten deshalb die Interaktionen von 43 schizophrenen Patienten mit ihren Angehörigen (insgesamt 64) aus den USA (Los Angeles) mit Hilfe eines Beobachtungssystems, mit dem das verbale und nichtverbale Verhalten sowohl des Patienten als auch der Angehörigen erfaßt werden kann und das eine sequenzanalytische Auswertung erlaubt (KPI, Kategoriensystem für partnerschaftlichefamiliäre Interaktion; Hahlweg et al. 1984).

Der Versuchsplan war wie folgt: Bei Aufnahme des Patienten in die Klinik wurde der EE-Status der Angehörigen in geschilderter Weise erhoben. Bei Entlassung, ca. 2 Monate später, wurde die Familie, unter Einschluß des Patienten, gebeten, im Videolabor familiäre Konflikte zu diskutieren mit der Aufgabe an die Familienmitglieder, ihre Gedanken und Gefühle zu dem Problem zu äußern und wenn möglich zu einer Lösung zu kommen.

Diese Konfliktgespräche, die 20 min dauerten, wurden anschließend von trainierten Beobachtern mit Hilfe des KPI ausgewertet. Dabei werden die sprachlichen Äußerungen der Familienmitglieder nach bestimmten Kategorien klassifiziert, einige der Kategorien sind Gefühlsäußerung, Problemlösungsversuche, Akzeptanz des Partners oder Kritik oder Abwertung des Gesprächspartners. Neben den verbalen Äußerungen wird auch erfaßt, wie der Sprecher sich nichtverbal verhält, z.B. mit wütendem Tonfall spricht oder eine abwertende Geste macht. Die Auswertung pro 20 min dauert etwa 4-5 h.

Die Befunde der Goldstein-Gruppe (s. oben) konnten teilweise repliziert werden: hoch EE-kritische Angehörige sind auch während der realen Interaktion mit dem Patienten kritischer, werten den Patient häufiger ab, mißbilligen dessen Verhalten, lehnen Patientäußerungen öfter ab und sind nonverbal viel negativer als niedrig EE-Angehörige. Diese sind während des Gespräches signifikant positiver, machen mehr Vorschläge, wie der Konflikt zu lösen sei und akzeptieren die Person des Patienten häufiger, zudem sind sie nonverbal positiver. Außerdem tragen sie durch häufige sachlich-neutrale Bemerkungen zum ausgeglichen Familienklima bei.

Patienten verhalten sich reziprok zu den Angehörigen: mehr positiv mit niedrig EE-Angehörigen, mehr negativ mit hoch EE-Angehörigen.

Diese Reziprozität innerhalb der Familie wird noch deutlicher, wenn man die Ergebnisse der sequenzanalytischen Auswertung der Beobachtungsdaten betrachtet.

In Abb. 1 sind die Eskalationsmuster für das nonverbal negative Verhalten der Familien in Abhängigkeit von ihrem EE-Status dargestellt. Zum besseren Verständnis sei das Eskalationsmuster für Familien ausführlicher beschrieben,

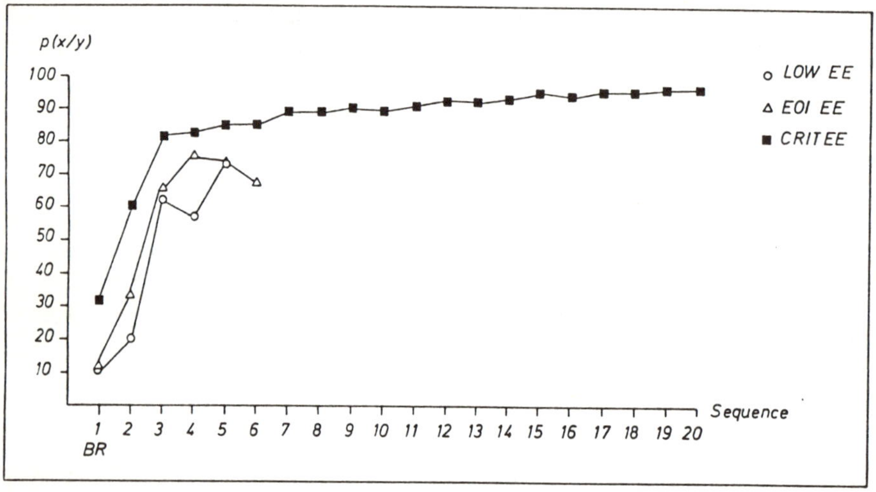

Abb.1. Nonverbal negative Eskalation in Familien mit einem schizophrenen Patienten. Familiärer EE-Status: LOW EE = NEE; EOI EE = HEE-EOI; CRIT EE = HEE-KR.

deren Angehörige als hoch-EE aufgrund der Variable "Kritik" eingeschätzt wurden (HEE-KR). Die Grundrate nonverbal-negativen Verhaltens beträgt in diesen Familien p = 0,31, d.h. 31% der gesamten Interaktion ist gekennzeichnet durch ein nonverbal negatives Klima. Verhält sich nun ein Mitglied, z.B. der Patient, negativ (Sequenzlänge 1), so wird ausgezählt, mit welcher Wahrscheinlichkeit z.B. die Mutter darauf ebenfalls nonverbal negativ reagiert (Sequenzlänge 2), hier mit p = 0,60. Im nächsten Schritt (Sequenzlänge 3) wird dann berechnet, wie wahrscheinlich der Patient darauf erneut negativ reagieren wird, hier mit p = 0,80 usw.

HEE-KR-Familien verstricken sich somit in langandauernde negative Eskalationen, in diesem Fall bis zu einer Länge von 20 aufeinanderfolgenden negativen Reaktionen, während niedrig-EE-Familien (NEE) fähig sind, sich aus diesen Eskalationen wieder zu lösen. Familien, die aufgrund des Kriteriums "Emotionales Überengagement" als hoch-EE (HEE-EOI) eingestuft wurden, sind im übrigen nicht von NEE Familien zu unterscheiden.

In der Zwischenzeit konnten diese Ergebnisse auch in einer Studie an 42 Familien aus München repliziert werden. Vor allem die Eskalationsmuster im negativen Bereich erwiesen sich kreuzkulturell als außerordentlich stabil, da sich keine Unterschiede zwischen HEE und NEE Familien aus den USA und der Bundesrepublik zeigten (Müller et al. 1989)

Diese Interaktionsanalysen machen insgesamt deutlich, daß der Patient bei Entstehung und Aufrecherhaltung solcher Eskalationen ebenso beteiligt ist wie die Angehörigen, da sich identische Muster ergeben, egal ob der Patient oder ob ein Angehöriger die Eskalation beginnt (Hahlweg et al. 1987).

Vulnerabilitäts-Streß-Modell

Diese Ergebnisse betonen die Bedeutung familiärer Interaktion für den Verlauf schizophrener Störungen und lassen sich gut in neuere heuristische Modellvorstellungen zu Entstehung, Verlauf und Ausgang von schizophrenen Episoden einfügen.

Nach dem Vulnerabilitäts-Streß-Modell (Zubin u. Spring 1977; Nuechterlein u. Dawson 1984) entstehen die schizophrenen Symptome aus einer homöostatischen Interaktion mit Einflüssen auf den Ebenen der Biologie, der Umwelt und des Verhaltens. Nach diesem Modell wird nicht die "Schizophrenie" vererbt, sondern eine besondere Vulnerabilität (Verletzlichkeit) genetisch vermittelt oder im Laufe der Entwicklung erworben, z.B. durch Geburtstraumata. Tentativ wird davon ausgegangen, das Schizophrene vor allem durch folgende Vulnerabilitätsindikatoren gekennzeichnet sind:

- Reduzierte kognitive Verarbeitungskapazität, d.h. diese Personen verfügen nur über eine eingeschränkte Informationsverarbeitung, haben eine kurze Aufmerksamkeitsspanne und sind leicht ablenkbar.
- Sie reagieren weiterhin mit autonomer Hypererregung auf aversive Stimulation, d.h. ihr ANS habituiiert nur mangelhaft.

Diese beiden Faktoren interagieren miteinander und beeinflussen die dopaminerge Aktivität bis hin zur Dysfunktion und alle 3 Faktoren bedingen die Entwicklung einer schizotypischen Persönlichkeit, gekennzeichnet durch interpersonelle Kontaktstörungen.

Diese Vulnerabilitätsfaktoren stehen in Interaktion mit potenzierenden und belastenden Umweltfaktoren, wie z.B. einem kritischen Familienklima, einer überstimulierenden Umwelt und belastenden Lebensereignissen.

Tritt nun durch ungünstige Umweltbedingungen Streß auf, so kann dies zur autonomen Hypererregung führen, die Verarbeitungskapazität noch mehr belasten und die defizitäre Verarbeitung von sozialen Stimuli noch verstärken. In der Folge entwickeln sich Prodromalsymptome, die ohne Intervention oder eigene Bewältigungsversuche dem Auftreten schizophrener Symptome vorausgehen und Auswirkungen auf das berufliche und soziale Funktionieren haben.

Ob sich eine akute schizophrene Episode entwickelt oder nicht, hängt ab von persönlichen oder Schutzfaktoren der Umwelt, also davon, ob der Patient antipsychotische Medikation einnimmt und wie gut seine persönlichen Bewältigungskompetenzen sind, wie die Fähigkeit der Familie ist, die bestehenden Probleme zu lösen und ob flankierende psychosoziale Interventionen zur Verfügung stehen.

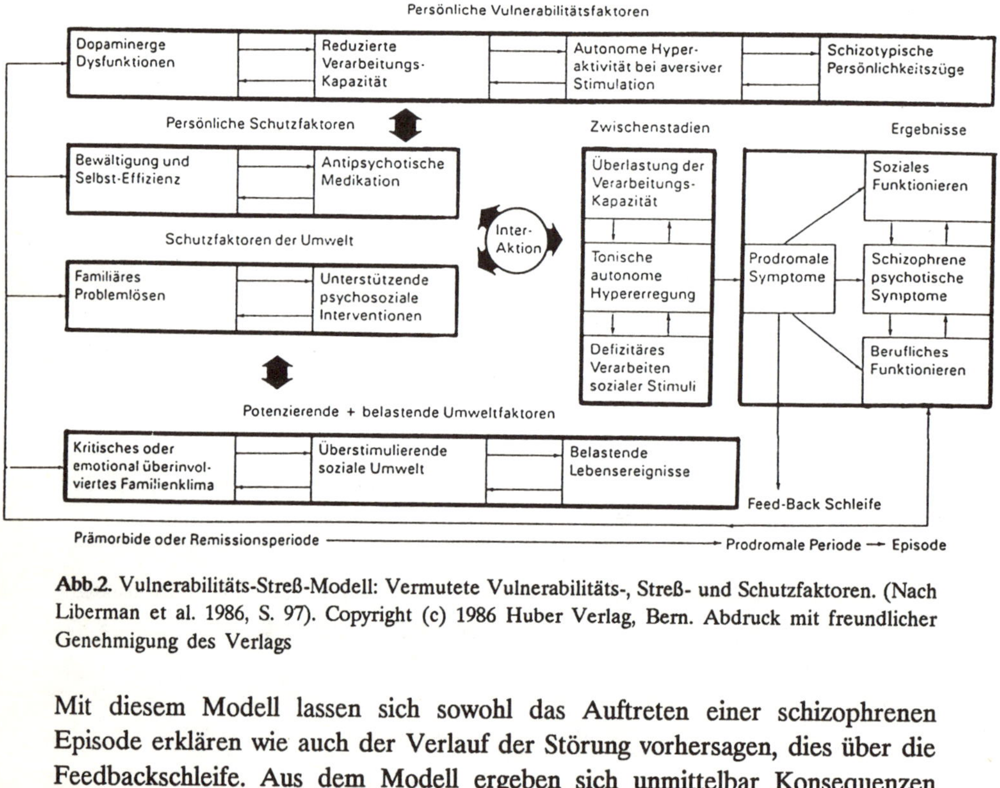

Abb.2. Vulnerabilitäts-Streß-Modell: Vermutete Vulnerabilitäts-, Streß- und Schutzfaktoren. (Nach Liberman et al. 1986, S. 97). Copyright (c) 1986 Huber Verlag, Bern. Abdruck mit freundlicher Genehmigung des Verlags

Mit diesem Modell lassen sich sowohl das Auftreten einer schizophrenen Episode erklären wie auch der Verlauf der Störung vorhersagen, dies über die Feedbackschleife. Aus dem Modell ergeben sich unmittelbar Konsequenzen für eine integrierte sekundäre oder tertiäre Prävention.

Sekundäre/tertiäre Prävention

Die Therapie sollte multifaktoriell angelegt sein. Die medikamentöse Behandlung durch Neuroleptika scheint am besten geeignet, in der akuten Phase die positiven Symptome abzubauen, v.a. über eine Reduktion der autonomen Hypererregung. Nach Remission oder deutlicher Reduktion der Symptomatik bieten sich dann folgende psychosoziale Maßnahmen zur Rückfallprophylaxe und zum Abbau der Negativsymptomatik an:

Kognitive Therapie (Roder et al. 1988). Dies ist ein verhaltenstherapeutisches Programm für Gruppen von 5-7 Patienten, das ca. 3 Monate dauert. Im Vordergrund steht dabei die Verbesserung verschiedener kognitiver Funktionen wie Denkfähigkeit, Abstraktionsfähigkeit und Konzeptbildung mit Hilfe von Übungen, die nach allgemeinpsychologischen Prinzipien aufgebaut sind. Erste Überprüfungen dieser Ansatzes zeigten ermutigende Ergebnisse, so z.B. eine deutliche Reduktion der Rückfallhäufigkeit im Vergleich zu den Kontrollgruppen.

Training sozialer Fertigkeiten (Liberman et al. 1986). Bei diesem verhaltenstherapeutischen Ansatz geht es um die Verbesserung der sozialen Kompetenz und der interpersonellen Problemlösefähigkeit der Patienten. Diese Therapie wird ebenfalls in Gruppen durchgeführt und beinhaltet Übungen zur Verbesserung der sozialen Wahrnehmung und des sozialen Verhaltens. Geübt wird vor allem, wie die Patienten sich in interpersonellen Konfliktfällen verhalten sollen. Auch für dieses Vorgehen liegen positive Ergebnisse vor.

In dem wohl am besten kontrollierten Langzeitexperiment zur Behandlung chronisch kranker Schizophrener von Paul u. Lentz (1977) wurde ein psychologisches Behandlungsprogramm zum Erlernen sozialer Fertigkeiten auf seine Wirksamkeit überprüft. Die Patienten waren im Durchschnitt seit 17 Jahren in der Klinik. In der sozialen Lerntherapie erhielten die Patienten ein intensives Sozialtraining und mehrere Programme, die sie auf eine Entlassung aus der stationären Behandlung vorbereiten sollten. In der Kontrollgruppe erhielten die Patienten die übliche stationär-psychiatrische Behandlung, meist nur Medikamente.

Der Prozentsatz "bedeutsamer Entlassungen" (Dauer mindestens 90 Tage) in beiden Gruppen war deutlich unterschiedlich: nach der Lerntherapie konnten 97,5% der Patienten entlassen werden, unter Routinebehandlung nur 44,8%. Vor dem Beginn des Experiments erhielten 91,7% der Patienten Psychopharmaka, unter LT nur 10,7%, während in der KG alle Patienten medikamentös versorgt wurden. Die Kosten pro Patient lagen um bei der psychologischen Behandlung um 32,6% niedriger als bei der Routinebehandlung. Auf der Basis von 1976 entspricht dies einer Einsparung von ca. 10000 US-$ pro Patient.

Diese Studie zeigt jedoch auch, daß selbst deutliche Zahlen Institutionen nur schwer verändern können: Nach Beendigung der Studie wurde per Verwaltungsentscheidung aus Kostendämpfungsgründen (!) die psychologisch geführte Station geschlossen und die normale Routinebehandlung wieder eingeführt.

Psychoedukative Familienbetreuung. Die bisher angesprochenen Therapieverfahren (und Maßnahmen zur beruflichen Rehabilitation) waren patientenzentriert. Nach den Ergebnissen der EE-Forschung lag es nahe zu versuchen, durch Einbeziehung der Familie auch den Risikofaktor "negatives Familienklima" zu verändern. In den letzten Jahren sind eine Reihe von Studien veröffentlicht worden, in denen die Familien mit einem schizophrenen Patienten mit in die ambulante Nachbetreuung einbezogen wurden. Die einzelnen Ansätze folgen alle dem Vulnerabilitäts-Streß-Modell (s. Goldstein et al. 1986). Beispielhaft für diese Form von psychoedukativen Therapien sei das Programm von Falloon et al. (1984) dargestellt.

Die Familienbetreuung dauert im 1. Jahr ca. 20 Sitzungen, anschließend richtet sich die Kontakthäufigkeit nach den Bedürfnissen der Familie. Die Therapiekomponenten sind: neuroleptische Dauerbehandlung für den Patienten und ausführliche Analyse der familiären Konflikte in Einzelgesprächen. In Sitzungen mit allen Familienangehörigen wird dann Informationen über Schizophrenie und Neuroleptikabehandlung gegeben (edukativer Anteil). Anschließend wird mit Hilfe eines Kommunikationstrainings versucht, ungünstige Kommunikationsmuster zu verändern, z.B. Abbau der Neigung der Familie, sich in negative Eskalationen zu verstricken. Hauptkomponente ist das Problemlösetraining, mit deren Hilfe die Familie versucht, ihre Konflikte nach und nach zu lösen; Ziel ist die Vermittlung von Hilfe zur Selbsthilfe.

Wichtig ist dabei, daß nicht nur der Patient im Mittelpunkt steht, sondern auch die Belange der anderen Familienangehörigen, die durch die Betreuung des Patienten selbst oft erheblich belastet sind. So führt die Symptomatik und das manchmal bizarre Verhalten der Patienten häufig zu sozialer Isolation der Familie, insbesondere der Mütter (Creer u. Wing 1984). Im Rahmen der Familienbetreuung wird konsequenterweise auch versucht, die Lage der Angehörigen zu verbessern.

Die Ergebnisse des psychoedukativen Ansatzes sind sehr ermutigend: in 5 kontrollierten Studien (Anderson et al. 1986; Falloon et al. 1984; Goldstein et al. 1978; Leff et al. 1986; Tarrier et al. 1988) an Patienten mit hoch-EE-Angehörigen konnte gezeigt werden, daß sich die Rückfallrate erheblich reduzieren läßt: nach 1 Jahr ergab sich eine Rate von ca. 50% bei den Patienten der Kontrollgruppen (individuell psychiatrisch behandelt), während die Rate bei Patienten mit Einschluß der Familie in die Nachbetreuung bei 10% lag. Nach 2 Jahren betrugen die Rückfallraten 70% bzw. 22%.

Die Studie von Falloon et al. (1984) zeigte außerdem, daß sich die soziale Anpassung der Patienten deutlich verbesserte und die Belastung der Familienangehörigen sich im Vergleich zur Kontrollgruppe erheblich reduzierte.

Weiterhin wurde untersucht, ob sich auch Familienvariablen, insbesondere Kritik am Patienten, aufgrund der Therapie ändern. In der Falloon-et-al.-Studie wurden nach Zufall je 18 Patienten entweder mit Familienbetreuung oder individuell behandelt, d.h. von einem Therapeuten ohne Einschluß der Familienangehörigen mit gleicher therapeutischer Intensität betreut. Vor der Therapie, nach 3 und 24 Monaten wurden die Familien gebeten, familiäre Probleme zu diskutieren, die auf Tonband aufgezeichnet und mit Hilfe des KPI (s. oben) analysiert wurden. Familien in Familienbetreuung steigerten die Rate problemlösebezogener Äußerungen deutlich und reduzierten die Häufigkeit kritischer und ablehnender Äußerungen signifikant über einen Zeitraum von 2 Jahren im Vergleich zur Kontrollgruppe (Falloon et al. 1990).

Schlußfolgerungen

Es ist deutlich geworden, daß psychosoziale Präventionsmaßnahmen bei schizophrenen Patienten ein unverzichtbarer Bestandteil der Rehabilitation sein müssen.

Die bisherigen Daten zur Rückfallprophylaxe betonen eindeutig den Wert von Familienbetreuungsprogrammen und es ist die Forderung zu erheben, daß diese Art von Betreuung baldmöglichst in die Praxis überführt werden sollte. Vor dem Transfer in die Praxis ist allerdings noch beträchtliche Forschungsarbeit zu leisten.

Einigen dieser offenen Fragen gehen wir zur Zeit in einem Forschungsprojekt nach, das seit September 1988 in München am Max-Planck-Institut für Psychiatrie durchgeführt wird und das vom Bundesministerium für Forschung und Technologie und vom Max-Planck-Institut finanziell gefördert wird. Fragestellungen des Projektes sind u.a.:

Ist es notwendig, die Patienten über lange Zeiträume mit Neuroleptika zu behandeln oder ist es nicht auch möglich, in Kombination mit Familienbetreuung eine sog. intermittierende medikamentöse Behandlungsstrategie zu wählen? Intermittierend bedeutet, daß nach einer Stabilisierungsphase (ca. 3 Monate) die Medikamente schrittweise auf Null reduziert werden und erst wieder mit der Neuroleptikabehandlung begonnen wird, wenn sich die besprochenen Prodromalzeichen einstellen. Diese intermittierende Strategie erscheint vielversprechend und könnte das Risiko der Spätdyskinesien verringern, da die Patienten langfristig insgesamt weniger Medikamente benötigen.

Der Einbezug der Familie ist hier besonders vielversprechend, da Angehörige oft viel früher als die Patienten die Prodromalzeichen erkennen und so ein schnelles Wiederbeginnen der Medikation gewährleistet ist.

Ein weitere Fragestellung der Studie ist, welche Verhaltensweisen der Therapeuten wichtig für einen erfolgreichen Therapieausgang sind. Unsere Familien werden von 6 Therapeuten (3 w., 3 m.) behandelt, ein Teil der Therapiesitzungen wird auf Tonband aufgenommen und mit Hilfe verschiedener Beobachtungssysteme ausgewertet. Von dieser Arbeit versprechen wir uns Hinweise für die optimale Gestaltung der Therapeutenausbildung. Hält man sich vor Augen, daß ca 30-40% der schizophrenen Patienten bei ihren Familien leben, so ist der potentielle Kreis der Personen, die eine solche Therapie beanspruchen könnten, sehr groß. Die Ausbildung von kompetenten Therapeuten ist somit eine Herausforderung. Zur Zeit gibt es vielleicht 20-30 Personen in der BRD, die in der Lage sind, eine solche Familienbetreuung selbständig kompetent durchzuführen.

Weiterhin geht unsere Studie der Frage nach, welche Patienten sich für eine solche Art der Betreuung eignen. Es werden auch Vulnerabiltätsindikatoren erhoben, die u.a. die Habituationsfähigkeit der Patienten auf leicht aversive Reize und ihre Informationsverarbeitungskapazität (mit Hilfe des Continuous Performance Test, CPT, und des Span of Apprehension, SOA; s. Nuechterlein u. Dawson 1984) sichtbar machen, um mögliche Prädiktoren zu gewinnen.

Insgesamt muß der Rehabilitation schizophrener Patienten viel mehr Aufmerksamkeit gewidmet werden. Die verstärkte Grundlagenforschung im biologischen Bereich, die z.Z. vorgenommen wird, wird sicherlich unser Wissen um die Ätiologie der Schizophrenie bereichern. Allerdings: konkrete Ergebnisse, die sich in einer verbesserten Therapie niederschlagen, sind nicht so bald zu erwarten. Es erscheint daher gerechtfertigt, auch mehr finanzielle Unterstützung für die Rehabilitation zu fordern, denn es nicht einzusehen, warum die Betroffenen nicht baldmöglichst teilhaben sollen an den neueren Entwicklungen auf diesem Gebiet, die leider viel zu schleppend vom Forschungssetting in die Praxis übertragen werden. Die Zeit ist reif ist für Studien, die sich mit der Übertragung dieser neuen Rehabilitationskonzepte in die Praxis beschäftigen.

Literatur

American Psychiatric Association (APA) (1980) Diagnostic and statistical manual of mental disorders, 3rd edition. American Psychiatric Association, Washington, DC

Anderson CM, Reiss DJ, Hogarty G (1986) Schizophrenia and the family. Guilford Press, New York

Andrews G, Hall W, Goldstein G, Lapsley H, Bartels R, Silove D (1985) The economic costs of schizophrenia. Implications for public policy. Arch Gen Psychiat 42:537-543

Bateson G, Jackson DD, Haley J, Weakland J (1956) Toward a theory of schizophrenia. Behav Sci 1:251-264
Bleuler E (1911) Dementia Praecox oder die Gruppe der Schizophrenien. In: Aschaffenburg G (Hrsg) Handbuch der Psychiatrie, spez. Teil, 4. Abtlg., 1. Hälfte. Deuticke, Leipzig
Bleuler M (1972) Die schizophrenen Geistestörungen im Lichte langjähriger Kranken- und Familiengeschichten. Thieme, Stuttgart
Brown GW, Birley JLT, Wing JK (1972) Influence of family life on the course of schizophrenic disorders: A replication. Br J Psychiat 121:241-258
Ciompi L, Müller C (1976) Lebensweg und Alter der Schizophrenen. Eine katamnestische Langzeituntersuchung bis ins Senium. Springer, Berlin Heidelberg New York Tokyo
Creer C, Wing JK (1984) Der Alltag mit Schizophrenen. In: Katschnig H (Hrsg) Die andere Seite der Schizophrenie, 2 Aufl Urban & Schwarzenberg, München, S 97-166
Davis JM, Janicak P, Chang S, Klerman K (1982) Recent advances in the pharmacologic treatment of the schizophrenic disorders. In: Grinspoon L (ed) Psychiatry 1982. The American association annual review. American Psychiatric Press, Washington, DC
Doane JA, Falloon IRH, Goldstein MJ, Mintz J (1985) Parental affective style and the treatment of schizophrenia: Predicting course of illness and social functioning. Arch Gen Psychiat 42:34-42
Falloon IRH, McGill CW, Boyd JL (1984) Family care of schizophrenia. Guilford Press, New York
Falloon IRH, HAhlweg K, Tarrier N (1990) Family interventions in the community management of schizophrenia: Methods and results. In: Straube E, Hahlweg K (eds) Schizophrenia. Concepts vulnerability, and intervention. Springer, Heidelberg Berlin New York Tokyo, pp 217-240
Fiedler P, Niedermeier T, Mundt C (1986) Gruppenarbeit mit Angehörigen schizophrener Patienten. Materialien für die therapeutische Arbeit mit Angehörigen und Familien. Psychologie Verlags Union, München Weinheim
Goldstein MJ (1987) Psychosocial issues. Schizo Bull 13:157-171
Goldstein MJ, Hand I, Hahlweg K (1986) Treatment of schizophrenia: family assessment and intervention. Springer, Berlin Heidelberg New York, Tokyo
Goldstein MJ, Rodnick EH, Evans JR, May PRA, Steinberg MR (1978) Drug and family therapy in the aftercare of acute schizophrenics. Arch Gen Psychiat 35:1169-1177
Goldstein MJ, Strachan A (1987) The family and schizophrenia. In: Jacob T (ed) Family interaction and psychopathology. Plenum Press, New York London
Gottesman II, Shields J (1982) Schizophrenia: the epigenetic puzzle. Cambridge University Press, Cambridge
Häfner H (1989) Ist Schizophrenie eine Krankheit? Epidemiologische Daten und spekulative Folgerungen. Nervenarzt 60:191-199
Hahlweg K (1986) Einfluss der Familieninteraktion auf Entstehung, Verlauf und Therapie schizophrener Störungen. In: Nordmann E, Cierpka M (Hrsg) Familienforschung in Psychiatrie und Psychotherapie. Springer, Berlin Heidelberg New York Tokyo
Hahlweg K, Feinstein E, Mueller U, Dose M (1989a) Familienbetreuung schizophrener Patienten: Rückfallprophylaxe und Änderung der familiären Kommunikationsmuster. In: Brenner H, Böker W (Hrsg) Die Rolle intermediärer Prozesse für Verständnis und Therapie der Schizophrenie. Huber, Bern, pp 243-255
Hahlweg K, Goldstein MJ, Nuechterlein KH, Magana A, Mintz J, Doane J, Miklowitz DJ, Snyder KS (1989b) Interactional sequences in high and low EE families of schizophrenic patients. J Con Clin Psychol 57:11-18
Hahlweg K, Nuechterlein KH, Goldstein MJ, Magana A, Doane JA, Snyder KS, Mintz J (1987) Parental expressed emotion attitudes and intrafamilial communication behavior. In: Hahlweg K, Goldstein MJ (eds) Understanding major mental disorder: the contribution of family interaction research. Family Process, New York, pp 156-175
Hahlweg K, Reisner, L, Kohli G, Vollmer M, Schindler L, Revenstorf D (1984) Development and validity of a new system to analyze interpersonal communication (KPI). In: Hahlweg K, Jacobson NS (eds) Marital interaction: analysis and modification. Guilford, New York
Harding C, Brooks GW, Ashikaga T, Strauss JS, Breier, A (1987) The Vermont longitudinal study: II. Long-term outcome of subjects who once met the criteria for DSM-III schizophrenia. Am J Psychiat 144:718-735
Hooley JM, Orley J, Teasdale JD (1986) Levels of expressed emotion and relapse in depressed patients. Br J Psychiat 148:642-647
Huber G, Gross G, Schüttler, R (1979) Schizophrenie. Eine Verlaufs- und sozialpsychiatrische Langzeitstudie. Springer, Berlin Heidelberg New York Tokio
Jablenski A, Sartorius N, Ernberg G, Anker M, Korten A, Cooper JE, Day R (in press) Schizophrenia: manifestations, incidence, and course in different cultures. A World Health Organization ten-country study. Psychol Med
Jacob T (1975) Family interaction in disturbed and normal families: a methodological and substantive review. Psychol Bull 82:33-65
Kane JM, Woerner M, Weinhold P, Wegner B, Kinon B (1982) A prospective study of tardive dyskinesia development: Preliminary results. J Clin Psychopharmacol 2:345-349

Kraepelin E (1904) Psychiatrie. Ein Lehrbuch für Studierende und Ärzte. 7. Aufl. Barth, Leipzig
Leff J, Kuipers L, Berkowitz R, Eberlein-Vries R, Sturgeon D (1986) Controlled trial of social intervention in the families of schizophrenic patients. In: Goldstein MJ, Hand I, Hahlweg K (eds) Treatment of schizophrenia: family assessment and intervention. Springer, Berlin Heidelberg New York Tokyo, pp 153-170
Liberman RP, Jacobs HE, et al. (1986) Fertigkeitentraining zur Anpassung Schizophrener an die Gemeinschaft. In Böker W, Brenner HD (Hrsg) Bewältigung der Schizophrenie. Huber, Bern
Miklowitz DJ, Goldstein MJ, Nuechterlein KH, Snyder KS, Doane JA (1987) The family and the course of recent onset mania. In: Hahlweg K, Goldstein MJ (eds) Understanding major mental disorder: the contribution of family interaction research. Family Process, New York, pp 195-211
Müller U, Hahlweg K, Feinstein E, Dose M (1989) Familieninteraktion und "Expressed Emotion". In: Buchkremer G, Rath N (Hrsg) Therapeutische Arbeit mit Angehörigen schizophrener Patienten. pp 47-51
Nuechterlein KH, Dawson ME (1984) A heuristic vulnerability-stress model of schizophrenic episodes. Schizo Bull 10:300-312
Rey ER, Thurm I (1990) Schizophrenie. In: Reinecker H (Hrsg) Lehrbuch der Klinischen Psychologie. Hogrefe, Göttingen, pp 361-381
Riecher A, Häfner H, Maurer K, Löffler W, Fätkenheuer B, Munk-Jorgensen P, Strömgren E (1989) Sex differences in age at onset and course of schizophrenic disorders. Paper presented at the 2nd conference "Search for the causes of schizophrenia", Heidelberg
Roder V, Brenner HD, Kienzle N, Hodel B (1988) Integriertes psychologisches Therapieprogramm für schizophrene Patienten. Psychologie Verlags Union, Weinheim München
Paul GL, Lentz RJ (1977) Psychological treatment of chronic mental patients. Harvard University Press, Cambridge, MA
Sartorius N, Jablenski A, Shapiro R (1978) Cross-cultural differences in the short-term prognosis of schizophrenic psychoses. Schizophr Bull 4:102-112
Scheff TJ (1966) Being mentally ill. A sociological theory. Aldine, New York
Strachan AM, Goldstein MJ, Miklowitz DJ (1986) Do relatives express expressed emotion? In: Goldstein MJ, Hand I, Hahlweg K (eds) Treatment of schizophrenia: family assessment and intervention. Springer, Berlin Heidelberg New York Tokyo, pp 51-58
Tarrier N, Barrowclough C, Vaughn C, Bamrah JS, Porceddu K, Watts S, Freeman H (1988) Community management of schizophrenia: a two year follow-up of a behavioural intervention with families. Br J Psychiat 154:625-628
Tölle R, Huber G (1988) Psychiatrie, 8. Aufl. Springer, Berlin Heidelberg New York Tokyo
Vaughn CE, Leff JP (1976) The influence of family and social factors on the course of psychiatric illness. Br J Psychiat 129:125-137
Watt NF, Antony EJ, Wynne LC, Roif JE (1984) (Eds) Children at risk for schizophrenia: a longitudinal perspective. Cambridge University Press, New York
Zubin J, Spring B (1977) Vulnerability - a new view of schizophrenia. J Abnorm Psychol 86:103-126

Kortisol und Verhalten: Der "Trier Mental Challenge Test" (TMCT) - Erste Evaluation eines neuen psychologischen Belastungstests

C. Kirschbaum, O. Diedrich, J. Gehrke, S. Wüst und D. Hellhammer

Einführung

Die Aktivität der Hypothalamus-Hypophysen-Nebennierenrinden-Achse (HHNA) des Menschen wird durch eine Vielzahl von Stimuli reguliert. Neben der Beeinflussung durch die wohlbekannte zirkadiane Rhythmik der Achsenaktivität (Weitzman et al. 1971) spielen insbesondere pharmakologische, physische und psychische Faktoren wesentliche Rollen bei der Ausschüttung von Kortisol aus den Nebennierenrinden (Mason 1968; Rose 1984; Gold et al. 1984; Fuxe et al. 1989; Luger et al. 1988; McEwen et al. 1988). Während zahlreiche pharmakologische und/oder physische Reize die Aktivität der HHNA gesunder Individuen unspezifisch heraufregulieren können, scheinen psychische Belastungssituationen die Nebennierenrinden in Abhängigkeit spezifischer Variablen zur Ausschüttung von Kortisol stimulieren. Neben den bekannten situativen Variablen Neuheit, Unvorhersagbarkeit, gespannte Antizipation, Involvierung sowie Versuche einer Streßbewältigung (Mason 1968) beeinflussen auf psychologischer Ebene personenspezifische Konstrukte das Ausmaß des in Belastungssituationen ausgeschütteten Kortisols. In Examenssituationen beispielsweise fanden Jones et al. (1986) unterschiedliche Kortisolreaktionen zwischen Personen, welche sich als Typ A bzw. Typ B beschrieben, während Hellhammer et al. (1985) Zusammenhänge zwischen Repressor- vs. Sensitizerverhalten, Copingstrategien und der Höhe des Kortisolspiegels in der Prüfungsphase beobachteten. Die Bestimmung von Spezifitäts- bzw. Konsistenzanteilen an beobachteten Gesamtvarianzen in einem stochastischen Modell weist darüber hinaus auf die Bedeutung der engen Interaktion zwischen Personen- und Situationsmerkmalen für die Basissekretionsrate von Kortisol hin (Kirschbaum et al., im Druck).

Wie lassen sich diese Beziehungen zwischen Personen und Situationen hinsichtlich einer Kortisolreaktion unter Belastung näher untersuchen und mögliche Hinweise auf eine Verbindung zu psychosomatischen Krankheitsprozessen gewinnen? Grundsätzlich existieren 2 Ansätze, um den Betrag einzelner psychologischer Variablen an der Auslösung entsprechender hormoneller Veränderungen zu untersuchen. Die 1. Möglichkeit liegt in der Beobachtung von

Personen im sozialen Kontext, d.h. Kortisolmessungen werden in der realen Situation durchgeführt und die endokrinen Daten mit entsprechenden Beobachtungs- oder Fragebogendaten korreliert. Obgleich die Messung im Feld möglicherweise durch größere Realität der Untersuchungssituation besticht, erscheint dieser Ansatz zur systematischen Erforschung einzelner Variablen problematisch, da sich die Isolierung und gezielte Manipulation der beteiligten Faktoren hier sehr schwierig gestaltet. Demgegenüber bietet das klassische Laborexperiment zum einen die Möglichkeit, situative Variablen systematisch zu verändern und somit deren Einfluß auf eine beobachtete Kortisolreaktion zu bestimmen. Zum anderen könnte eine eindeutig definierte Stimulationsprozedur im Labor zur Untersuchung unterschiedlicher Stichproben in verschiedenen Forschergruppen herangezogen und somit eine breitere Datenbasis für die beobachteten Phänomene geschaffen werden. Darüber hinaus könnte ein ökonomisches Verfahren zur Induktion einer Kortisolfreisetzung durch psychologische Stimulation als diagnostisches Instrument in bestimmten klinischen Fragestellungen von Nutzen sein.

Zahlreiche Autoren präsentierten in der Vergangenheit Einzelbefunde zur Stimulation der HHNA infolge von psychologischen Belastungen unter Laborbedingungen. So zeigten gesunde Probanden Kortisolreaktionen nach Bearbeitung arithmetischer Aufgaben (Lundberg u. Frankenhäuser 1978; Holl et al. 1984; Frankenhäuser et al. 1980; Brandenberger et al. 1980; Williams u. Lane 1982; Wittersheim et al. 1985; Fibiger et al. 1986; Berger et al. 1987; Lehnert et al. 1989), bei freien Vorträgen (Bassett et al. 1987; Lehnert et al. 1989), oder in Wahlreaktionsexperimenten (Williams u. Lane 1982; Strasburger et al. 1988). Bislang existierte jedoch kein standardisiertes Untersuchungsmaterial, welches reliabel und ökonomisch zur Induktion von Kortisolsekretionen durch psychologische Stimuli eingesetzt werden konnte. Da ein solcher Test jedoch potentiell wertvoll für die psychobiologische Forschung ist und interessante Anwendungen im klinischen Bereich ermöglichen könnte, entwickelte unsere Arbeitsgruppe ein Verfahren, das zur psychologischen Provokation von Kortisolsekretionen einsetzbar ist. Die vorliegende Arbeit beschreibt Aufbau und 1. Evaluation des "Trier Mental Challenge Test" (TMCT), ein computergestütztes, kortisolsensitives Verfahren zur Induktion von moderater psychologischer Belastung.

Methoden

TMCT-Computerprogramm

Ein speziell für den TMCT entwickeltes Computerprogramm steuert mit einem Systemtakt von 4,77 MHz die von den Versuchspersonen zu bearbeitenden arithmetischen Aufgaben, die Zeitspannen zur Bearbeitung dieser Aufgaben sowie eine Rückmeldung über die Richtigkeit der Lösung und verwaltet ein Punktekonto. Der aufgebaute Bildschirm zeigt in der linken oberen Ecke den aktuellen Punktestand, in der Mitte die zu lösende Aufgabe und an dem unteren Rand einen von links nach rechts expandierenden Balken an. Zusammen mit einem computergenerierten Ton ansteigender Frequenz repräsentiert dieser Lichtbalken die zur Lösung der Aufgabe bereits verstrichene Zeit. Erreicht der Lichbalken den rechten Bildschirmrand, wird die Aufgabe automatisch als nicht gelöst gewertet; der Bildschirm wird invers geschaltet und die Nachricht "Falsch!" blinkt auf. Daraufhin reduziert sich der Punktestand um einen Zähler. Gelingt es der Versuchsperson, die Aufgabe in der vorgegebenen Zeit richtig zu lösen, so muß sie die einziffrige Zahl über den Cursor/Zahlenblock eintippen und die Rückmeldung "Okay" einscheint auf dem Bildschirm; der Punktestand wird um einen Zähler angehoben. Die zur Lösung einer Aufgabe verfügbare Zeitspanne wird über einen Algorithmus vom Computer in Abhängigkeit vom Schwierigkeitsgrad der Aufgabe berechnet. Für einfache Aufgaben steht weniger Zeit zur Bearbeitung zur Verfügung als für schwierigere. Per Zufallsgenerator wählt der Rechner aus einem Aufgabenpool die aktuelle Aufgabe aus, so daß für jede Versuchsperson ungefähr gleich häufig schwierige wie leichte arithmetische Aufgaben ausgewählt werden. Ein Beispiel für eine typische "leichte" Aufgabe und für eine "schwere" Aufgabe:

leicht: $(4 \cdot 3) - 3 = ?$

schwer: $(12 \cdot 5) - (3 \cdot 17) - 7 = ?$

Für die Lösung der leichten Aufgabe stehen der Versuchsperson rund 7 s, für die schwierige Aufgabe 14 s zur Verfügung. Nach jeweils 5 m stoppt das Computerprogramm und stellt auf dem Bildschirm nur noch den aktuellen Punktestand dar. Die im folgenden evaluierte Version des TMCT-Computerprogramms stellte 4 Aufgabenblöcke á 5 min, also eine Gesamtbearbeitungszeit von 20 min zusammen. Über Softwarebefehle können sowohl die Anzahl der gewünschten Durchgänge verändert, die Rückmeldung ein- bzw. ausgeblendet, die zur Lösung einer Aufgabe gegebene Zeit variiert, sowie Zeitlimit und Ton abgeschaltet werden. Das TMCT-Computerprogramm wurde in Turbo-Pascal geschrieben.

Versuchspersonen und Untersuchungsbedingungen

Dreiundzwanzig gesunde Probanden (11 Frauen, 12 Männer) im Alter von 19-35 Jahren wurden zufällig 1 von 3 Untersuchungsgruppen zugeordnet. Alle

Probanden erhielten für die Teilnahme an diesem Experiment ein Versuchspersonengeld von 15,- DM pro Termin.

Gruppe 1: Alle Probanden der Gruppe 1 (n=8) bearbeiteten die arithmetischen Aufgaben des TMCT unter Zeit- und Wettbewerbsdruck. Der Zeitdruck wurde durch den sich von rechts nach links ausdehnenden Lichtbalken und den computergenerierten Ton (s. oben) erzeugt; der Wettbewerbsdruck entstand dadurch, daß in 5minütigen Abständen das aktuelle Punktekonto der einzelnen Versuchspersonen auf einer Tafel vor der Untersuchungsgruppe notiert wurde. Der Proband mit der höchsten Punktzahl am Ende des 20minütigen Tests erhielt eine zusätzliche Gratifikation von 20,- DM. Eine Woche nach dem 1. Versuchsdurchgang nahmen 7 der ursprünglich 8 Probanden dieser Gruppe ein 2. Mal an dem Test unter gleichen Bedingungen teil, um eine Einschätzung von Habituationseffekten zu ermöglichen.

Gruppe 2: Die Probanden der Untersuchungsgruppe 2 (n=7) arbeiteten unter dem gleichen Protokoll wie Gruppe 1, jedoch erhielten sie über eine Stereoanlage eine zusätzliche Beschallung von rund 75 dB. Unter dieser Bedingung sollte überprüft werden, inwiefern zusätzlicher, die Konzentration störender Lärm, Einfluß auf den Salivakortisolspiegel unter moderaten Belastungsbedingungen ausübt. Entsprechende Resultate wurden von Brandenberger et al. publiziert (1980). Die Probanden der Gruppe 2 durchliefen den Test nur einmalig, d.h. es erfolgte keine Wiederholgungsmessung.

Gruppe 3: Zur Überprüfung der Annahme, daß die arithmetischen Aufgaben allein nicht ausreichen, um eine Kortisolausschüttung zu bedingen, sondern die Komponenten Zeit- und Wettbewerbsdruck entscheidenden Einfluß auf die Freisetzung des Hormons bei der Durchführung des TMCT haben, arbeiteten die Probanden der Gruppe 3 (n=8) an denselben Aufgaben wie in Gruppe 1 und 2, jedoch konnten sie sich bei der Lösung der Aufgaben beliebig viel Zeit lassen. Diese Gruppe erhielt kein direktes Feedback ihrer Leistung und es wurde kein Punktekonto vom Rechner geführt. Ferner wurden unter dieser Bedingung keine Punkte öffentlich notiert, folglich gab es weder Sieger noch Verlierer in dieser Probandengruppe. Die Gruppe durchlief den Test nur einmalig.

Versuchsdurchführung

Alle Versuche fanden als Gruppenversuche nachmittags zwischen 16 und 17 Uhr statt, um Einflüsse der zirkadianen Rhythmik auszuschließen. Nach Betreten des Versuchsraumes wies der Versuchsleiter die Probanden je einem von 7 bzw. 8 Computerarbeitsplätzen zu, welche mit IBM-kompatiblen Personalcomputern vom Typ Commodore PC-20 (4,77-MHz-Taktfrequenz) und einem Ständer mit jeweils 12 Salivetten (Sarstedt, Rommelsdorf) pro Versuchsteilnehmer ausgerüstet waren. [Die Verwendung der Salivetten zur Probenziehung ist bei Hellhammer et al. (1987) näher beschrieben.] Anschließend erhielten die Probanden die Information, daß sie im folgenden an einfachen Computeraufgaben zu arbeiten hätten. Der Versuchsleiter stellte die Salivette vor und demonstrierte den Probanden, wie eine Salivaprobe zu gewinnen ist. In den anschließenden 10 min konnten sich die Probanden durch Lesen einer ihnen beliebigen Lektüre an die Untersuchungssituation gewöhnen; nach Abschluß der Ruhephase beschrieb der Versuchsleiter den genauen Ablauf der weiteren Untersuchung und betonte in den Gruppen 1 und 2 den Wettbewerbscharakter der Testsituation. Es folgten die eigentliche Belastungsphase mit 4 Aufgabenintervallen von jeweils 5 min Dauer und eine abschließende 30minütige Ruhephase.

Sammlung von Salivaproben

Zur späteren Bestimmung von Kortisol zogen die Probanden in 5minütigen Abständen selbstständig Salivaproben über den insgesamt 60 min dauernden Versuch. Mit Beginn der Ruhephase vor dem Test legten die Versuchsteilnehmer ein Watteröllchen in den Mund, wobei sie durch leichte Kaubewegungen die Salivaflußrate stimulieren sollten. Nach jeweils 5 min wurden die Röllchen herausgenommen und durch frische Röllchen ersetzt, so daß Salivaproben über den gesamten Untersuchungszeitraum erhoben wurden.

Biochemische Analyse

Die Salivaproben wurden mit dem modifizierten "Magic Cortisol" RIA (Ciba-Corning, Gießen) auf Kortisol untersucht. 100 µl Kortisolstandard oder Probandenprobe wurden mit jeweils 50 µl radioaktiv markiertem Kortisol und 100 µl Antikörperfestphasenlösung 3 h lang bei Raumtemperatur inkubiert. Nach 2 Trenn- und einem Waschschritt erfolgte die Messung der Radioaktivität in einem 12-Kanal-Gammazähler. Nähere Einzelheiten des Assays finden sich bei Kirschbaum et al. (1989).

Statistische Analysen

Das arithmetische Mittel der beiden in der initialen Ruhephase gezogenen Salivakortisolwerte stellte den individuellen Basiswert dar. Da die Kortisoldaten signifikant von der Normalverteilung abwichen, wurden alle Kortisolwerte vor Anwendung statistischer Verfahren der Mittelwertsvergleiche logarithmisch transformiert. Die resultierende Verteilung der Kortisoldaten wich nicht signifikant von der Normalverteilung ab. Es wurden multivariate Varianzanalysen (MANOVA) für meßwiederholte Daten mit dem Basiskortisolwert als Kovariate gerechnet, um Mittelwertsunterschiede der 3 Untersuchungsgruppen bezüglich der Kortisolreaktion infolge der TMCT-Belastung auf statistische Signifikanz zu prüfen. Nur zu Illustrationszwecken sind im folgenden die mittleren Salivakortisolspiegel in absoluten Konzentrationen ausgedrückt.

Ergebnisse

Abbildung 1 stellt den Verlauf der mittleren Salivakortisolwerte der 3 Untersuchsgruppen dar. Während kein signifikanter Unterschied in den Basiskortisolwerten bestand ($F_{2,20} = 0{,}09$) zeigten die 3 Gruppen unterschiedliche Salivakortisolreaktionen auf die mentale Belastung im TMCT. Während die Kontrollpersonen (Gruppe 3) keine signifikanten Veränderungen der Salivakortisolspiegel gegenüber den Basiswerten zeigten, wiesen die Probanden der beiden Experimentalgruppen 1 und 2 erhöhte Kortisolwerte im Verlauf des Tests auf. Die Spitzenkonzentrationen wurden 20-30 min nach Beginn der Aufgabenbearbeitung, d.h. mit Abschluß des Tests oder nach 10 min der 2. Ruhephase, erreicht. Die multivariaten Analysen ergaben statistisch signifikante Unterschiede in den Salivakortisolreaktionen der 3 Gruppen, sowohl im Haupteffekt "Gruppe" ($F_{2,20} = 9{,}00$; $p < 0{,}005$) als auch für die Interaktion von "Gruppe" und "Zeit" ($F_{2,20} = 12{,}15$; $p < 0{,}001$). Es ergab sich eine unterschiedlich ausgeprägte endokrine Reaktion zwischen beiden Geschlechtern ($F_{1,21} = 16{,}14$; $p < 0{,}005$), wobei Frauen zu einer stärkeren Ausschüttung von Kortisol tendierten.

Die Bearbeitung der TMCT-Aufgaben führte unter zusätzlichem Lärm zu einem rascheren und steileren Anstieg der mittleren Salivakortisolkonzentrationen. Der Kurvenverlauf zeigt für diese Gruppe einen nach der initialen Ruhephase höheren Kortisolspiegel über die gesamte Dauer des weiteren Experiments verglichen mit den Werten der Experimentalgruppe 1 ($F_{1,13} = 10{,}25$; $p < 0{,}01$). Zusätzliche Beschallung scheint demzufolge eine stärkere Salivakortisolausschüttung in Reaktion auf die belastende Untersuchungssituation unter Zeit- und Wettbewerbsdruck auszulösen.

Die Mittelwerte der Untersuchungsgruppe 1 zum 1. und 2. TMCT-Durchgang (der Abstand zwischen beiden Messungen betrug eine Woche) sind in Abb. 2 dargestellt. Bei Betrachtung der Kurvenverläufe fällt auf, daß die mittleren Salivakortisolwerte bei beiden Durchgängen in Reaktion auf die TMCT-Belastung anstiegen, jedoch wurden die höchsten Konzentrationen im 2. Durchgang bereits 10 min nach Stimulationsbeginn erreicht, während bei der 1. Testung der Hormongipfelwert erst nach 20 min auftrat. Obgleich die

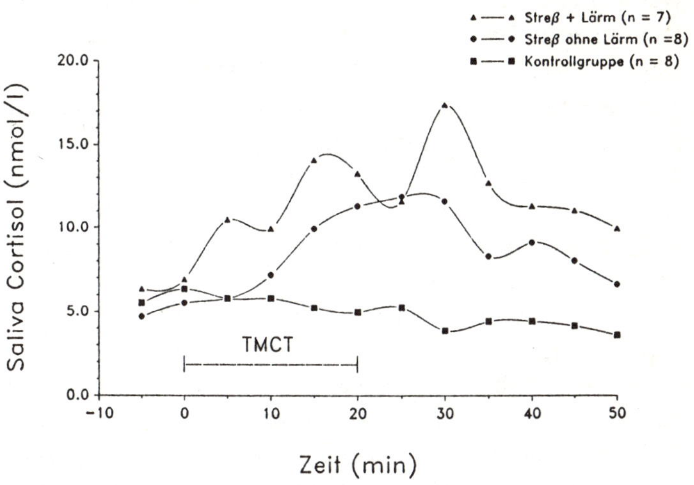

Abb.1. Mittlere Salivakortisolreaktionen auf eine 20minütige mentale Belastung unter Zeit- und Wettbewerbsdruck ("Streß ohne Lärm"), unter zusätzlichem Lärm ("Streß + Lärm") sowie ohne belastende Situationsbedingungen ("Kontrollgruppe"). Verglichen mit der Kontrollgruppe zeigten die beiden Experimentalgruppen signifikant höhere Kortisolwerte im Verlauf der Testung ($p < 0{,}005$; MANOVA für meßwiederholte Daten)

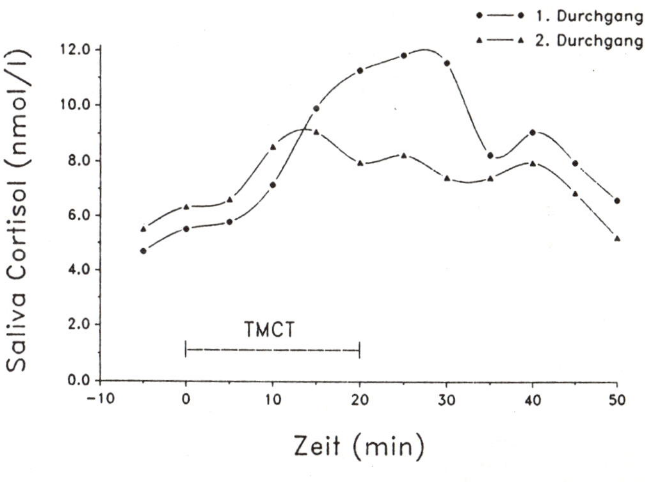

Abb.2. Effekt auf den Salivakortisolspiegel gesunder Probanden bei wiederholter Testung mit dem TMCT bei einem einwöchigen Intertrialintervall. Verglichen mit der Reaktion in der 1. Testung fiel im 2. Durchgang die endokrine Reaktion im Mittel signifikant niedriger aus ($p < 0{,}01$; MANOVA für meßwiederholte Daten). Jedoch reagierten diese Probanden in der 2. Testung noch stärker als die Probanden der Kontrollgruppe ($p < 0{,}01$; MANOVA für meßwiederholte Daten)

Hormonreaktion im 2. Durchgang im Gruppenmittel geringer als bei der 1. Exposition ausfiel ($F_{1,13}=10{,}08$, $p<0{,}01$) zeigten die Probanden der Experimentalgruppe 1 selbst im 2. TMCT-Durchgang eine Woche nach der 1. Testung einen signifikant veränderten Verlauf der Salivakortisolwerte verglichen mit den Kontrollpersonen der Gruppe 3 ($F_{1,13}=10{,}57$; $p<0{,}01$). Der verringerte mittlere Hormonresponse in der 2. Exposition reflektiert eine abnehmende Responderquote von der 1. zur 2. TMCT-Testung. Während im 1. Experiment 6 von 8 Probanden (75%) eine deutliche Kortisolausschüttung im Verlauf des Experiments aufwiesen, reagierten im 2. Durchgang nur noch 4 von 7 Personen (57%) mit einer entsprechenden Veränderung der Salivakortisolspiegel.

Wie aus Abb. 3 beispielhaft zu entnehmen ist, waren Habituationseffekte bezüglich der hormonellen Reaktion auf die TMCT-Belastung nur bei einem Teil der Probanden zu beobachten. Da beide Experimente als Gruppenversuche mit 8 (Durchgang 1) bzw. 7 (Durchgang 2) Probanden unter Wettbewerbsbedingung durchgeführt worden waren, ergab sich in beiden Experimenten eine Rangreihenfolge der Probanden aufgrund der erzielten Punkte; der Sieger dieses Wettbewerbs erhielt die zusätzliche Gratifikation von 20,- DM.

Es gewann derselbe Proband beide Wettbewerbe und ein 2. Proband erzielte in beiden Durchgängen jeweils die geringste Punkteanzahl. Interessanterweise findet sich eine nahezu identische Hormonreaktion beim Gewinner, welcher mit Basiswerten von 6,07 (1. Durchgang) bzw. 4,69 nmol/l (2. Durchgang) den Versuch begann und Spitzenwerte der Salivakortisolkonzentration

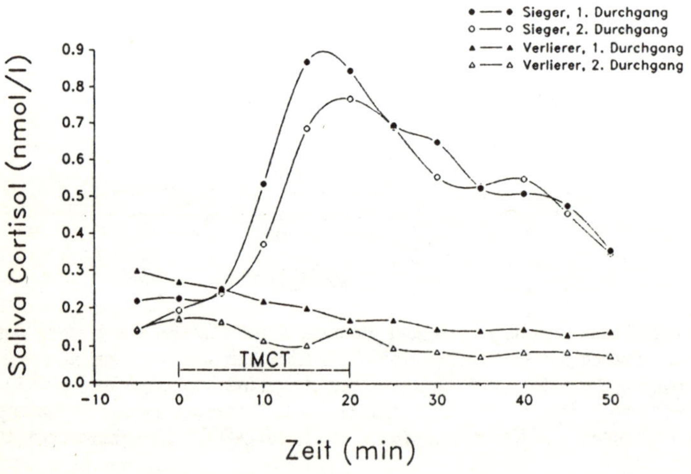

Abb.3. Absolute Salivakortisolspiegel des Gewinners der beiden Wettbewerbe (n = 1) verglichen mit den Kortisolkonzentrationen des Probanden mit den geringsten Punktwerten (n = 1) in beiden Durchgängen

bei 24,01 bzw. 21,25 nmol/l in Reaktion auf die Testbelastung aufwies. Im Gegensatz dazu zeigte der Proband mit den geringsten Punktestände in beiden Durchgängen jeweils typische Kortisolverläufe eines Nonresponders.

Obgleich die freigesetzte Kortisolmenge im Gruppenmittel von der 1. zur 2. Messung abnahm, kann nicht davon ausgegangen werden, daß grundsätzlich bei wiederholter Darbietung des TMCT die Salivakortisolreaktion der Probanden abnimmt. Welche psychosozialen Variablen bestimmen, ob ein Individuum auch nach wiederholter Stimulation mit dergleichen Situation eine endokrine Streßreaktion zeigt oder nicht, ist bislang unbekannt.

Diskussion

Ziel der vorliegenden Studie war es, ein neues, ökonomisches Verfahren zur experimentellen Induktion von moderater psychosozialer Belastung zu entwickeln, welche zu einem signifikanten Anstieg der HHNA-Achsenaktivität bei gesunden Probanden führt. Der vorgestellte Trier Mental Challenge Test (TMCT) ist ein computergestützter Belastungstest, in welchem Testpersonen arithmetische Aufgaben unter Zeit- und Wettbewerbsdruck lösen müssen. Unter diesen Bedingungen zeigten die untersuchten Probanden einen signifikanten Anstieg der Salivakortisolspiegel, wobei die mittlere Hormonkonzentration von 4,69 nmol/l auf 11,32 nmol/l (+232%) zunahm bei einem rund 20-30 min nach Belastungsbeginn gemessenem Kortisolgipfelwert. Wurden die Versuchspersonen während der Testdurchführung zusätzlich durch Lärm abgelenkt, fiel die Hormonreaktion verstärkt aus. In einer 2. Experimentalgruppe stiegen die Kortisolwerte unter dieser Bedingung von 7,18 nmol/l auf 19,60 nmol/l (+273%) an. Dieses Resultat stimmt mit Befunden von Brandenberger et al. (1980) überein, die eine ausgeprägtere Kortisolreaktion auf mentalen Streß bei intermittierendem Lärm fanden.

Die Beobachtung, daß mentale Belastung mit einer Aktivierung der HHNA-Achse assoziiert sein kann, ist nicht neu. Lundberg und Frankenhäuser (1978) berichteten erhöhte Kortisolausscheidungen im Urin gesunder Probanden nach Kopfrechnen, ein Befund, der von anderen Untersuchungsergebnissen gestützt wird (Brandenberger et al. 1980; Holl et al. 1984; Fibiger et al. 1986; Berger et al. 1987). Die vorliegenden Daten sprechen jedoch dafür, daß mentale Aktivität *per se* keinen Einfluß auf die Konzentration von Kortisol in Saliva ausübt. Wie die Hormonspiegel der Untersuchungsgruppe 3 (TMCT-Aufgaben ohne Zeit- und Wettbewerbsdruck) zeigen, finden sich keine Streßreaktionen der Nebennierenrinden, wenn Probanden die gestellten arithmetischen Aufgaben in einem ihnen beliebigen Tempo ohne Wettbewerb oder Rückmeldung lösen. Eine Interpretation dieses Befundes könnte sein, daß die Einschätzung der Testsituation als unangenehm und/oder bedrohlich (z.B.

durch Zeit- und Wettbewerbsdruck erzeugt) eine notwendige Voraussetzung darstellt, um ansteigende Kortisolkonzentrationen im Verlauf des TMCT zu erhalten. Die Antizipation des einzelnen Probanden, der Versuchsleiter bzw. die übrigen Probanden könnten bei einem schlechten Abschneiden im Test die eigene intellektuelle Kapazität geringschätzen, dürfte eine nicht unbedeutende psychologische Komponente des Streßgeschehens unter den gegebenen experimentellen Bedingungen für den einzelnen Probanden sein. Es hat den Anschein, als ob eine akute Bedrohung des Selbstwertgefühls häufig mit einer Kortisolsekretion assoziiert ist, wie man es beispielsweise bei freien Vorträgen (Bassett et al. 1987; Lehnert et al. 1989) oder auch in mündlichen Examensprüfungen (Frankenhäuser et al. 1976; Francis 1979; Francis 1981; Allen et al. 1985; Hellhammer et al. 1985) beobachten kann.

Grundsätzlich gesehen, wären auch die beiden letztgenannten Belastungssituationen geeignet zum Aufbau eines Untersuchungsprotokolls, welches einen Anstieg der HHNA-Achsenaktivität experimentell zu induzieren erlaubt. Jedoch weist der hier vorgestellte TMCT mehrere Vorteile gegenüber einer freien Rede oder mündlichen Examensprüfungen auf. Zuerst einmal kann - im Gegensatz zu akademischen Prüfungen - der TMCT jederzeit eingesetzt werden, d.h. die Untersuchung der Interaktionen zwischen situativen Merkmalen und personenbezogenen Variablen unter Belastungen geschieht unabhängig von "offiziellen" Terminen. Darüber hinaus fällt die Beschränkung, ausschließlich mit Schülern oder Studenten arbeiten zu können, fort. Zum 2. erlaubt die Belastungsuntersuchung mit dem TMCT jedem Untersucher, der Zugang zu einem Computerpool hat, mehrere Personen gleichzeitig zu untersuchen. Neben den offensichtlichen Vorteilen auf der ökonomischen Seite (Zeitersparnis), eröffnet eine solche Rahmenbedingung die Möglichkeit, die Auswirkung von Gruppenprozessen auf hormonelle Streßreaktionen zu erforschen. Bislang existieren zu dem Themenbereich in erster Linie Daten aus tierexperimentellen Studien, welche (mit Ausnahme von Untersuchungen zur Auswirkung von Rangordnungen auf endokrine Parameter) vornehmlich an Menschenaffen durchgeführt wurden. So etwa berichten mehrere Gruppen über einen 'Puffereffekt' sozialer Unterstützung ("social support"). Werden Tiere in Gegenwart eines Artgenossen gestreßt, so fällt im Vergleich mit isoliert behandelten Tieren die Hormonreaktion auf die Belastung deutlich geringer aus (Gonzales et al. 1982; Hennessy 1984; Stanton et al. 1985). Entsprechende Befunde aus Humanstudien könnten dazu beitragen, den Einfluß von Gruppenprozessen – u.a. "social support" - auf Streßerleben und -verarbeitung näher zu beleuchten.

Neben Gruppenuntersuchungen erlaubt der TMCT selbstverständlich auch die Untersuchung einzelner Personen unter mentaler Belastung, was speziell für die Anwendung bei klinischen Fragestellungen vorteilhaft erscheint. Erste Erfahrungen mit dem TMCT bei psychosomatischen Patienten deuten darauf hin, daβ hier ein geeignetes Verfahren vorliegt, welches aufschluβreiche Beobachtungen bei Patienten mit sog. "streβbezogenen Störungen" (z.B. irritables Kolon, Colitis ulcerosa) erlaubt. So löste nicht nur die unmittelbare Bearbeitung des TMCT, sondern bereits die Antizipation einer erneuten Testung bei Patienten mit psychosomatischen Störungen die störungsspezifischen Symptome (u. a. Schmerzen im Magen-Darm-Bereich), begleitet von starker Angst aus (Ehlert et al., unveröffentlichte Daten). Der Einsatz des TMCT in der Klinik könnte somit dem behandelnden Psychologen oder Arzt Hinweise auf eine Beteiligung von Streβerleben und -bewältigung in der Ätiologie und/oder Pathogenese bestimmter Krankheitsbilder geben. Zum einen wäre es vom wissenschaftlichen Standpunkt aus betrachtet von Interesse, zu untersuchen, inwiefern sich diese Patientengruppen in ihrer hormonellen Streβreaktion von anderen Personen unterscheiden. Hier könnte eine psychodiagnostische Parallele zu pharmakologischen Verfahren wie etwa dem Dexamethason Suppressionstest oder der ACTH- und Kortisolprovokation durch Kortikotropin-releasing-Hormon (CRH) entstehen. Ob der TMCT (oder ein vergleichbares Testprotokoll) den hohen Anforderungen, die an ein solches Standardverfahren gestellt werden, erfüllen kann, müssen zukünftige Studien zeigen. Unabhängig von einem Einsatz als diagnostisches Instrument könnte der TMCT jedoch eine Grundlage für gezielte psychotherapeutische Interventionen bei Patienten mit streβbezogenen Störungen bilden. Werden bei der mentalen Belastung durch die Bearbeitung des TMCT körperliche Symptome beim Patienten hervorgerufen, welche Anzeichen der zu behandelnden Störung sind, so kann die psychologische Therapie z.B. auf ungünstige Strategien und Verhaltensweisen bei der Verarbeitung von Anforderungssituationen eingehen. Hier könnte der TMCT nicht als Diagnostikum, sondern eher als integrativer Bestandteil der Psychotherapie fungieren.

Zusammengefaβt läβt sich sagen, daβ der mentale Belastungstest TMCT in einer ersten Evaluation bei gesunden Probanden signifikante Veränderungen der HHNA-Aktivität bewirkte sowie das Auftreten bestimmter Symptome bei psychosomatischen Patienten begünstigte. Künftige Studien müssen überprüfen, ob dieses Belastungsverfahren geeignet ist, als Untersuchungsinstrument in der psychobiologischen Forschung bzw. im klinischen Behandlungsprogramm psychosomatischer Störungsbilder zu dienen.

Literatur

Allen PIM, Batty KA, Dodd CAS, Hugh HCJ, Moore GF, Seymour MJ, Shiers HM, Stacey PM, Young SK (1985) Dissociation between emotional and endocrine responses preceding an academic examination in male medical students. J Endocrinol 107:163-170

Bassett JR, Marshall PM, Spillane R (1987) The physiological measurement of acute stress (public speaking) in bank employees. Int J Psychophysiol 5:265-273

Berger M, Bossert S, Krieg J-C, Dirlich G, Ettmeier W, Schreiber W, von Zerssen D (1987) Interindividual differences in the susceptibility of the cortisol system: An important factor for the degree of hypercortisolism in stress situations? Biol Psychiatry 22:1327-1339

Brandenberger G, Follenius M, Wittersheim G, Salame P (1980) Plasma catecholamines and pituitary adrenal hormones related to mental task demand under quiet and noise conditions. Biol Psychol 10:239-252

Fibiger W, Evans O, Singer G (1986) Hormonal responses to a graded mental workload. Eur J Appl Physiol 55:339-343

Francis KT (1979) Psychologic correlates of serum indicators of stress in man: a longitudinal study. Psychosom Med 41:617-627

Francis KT (1981) The relationship between high and low trait psychological stress and serum indicators of stress. Exp Biol 37:1296-1297

Frankenhäuser M, Lundberg U, Forsman L (1980) Dissociation between sympathetic-adrenal and pituitary-adrenal responses to an achievement situation characterized by high controllability: comparison between type A and type B males and females. Biol Psychol 10:79-91

Frankenhäuser M, Wright R v, Collins A, Wright J v, Sedvall G, Swahn C-G (1976) Sex differences in psychoneuroendocrine reactions to examination stress. Reports from the Department of Psychology. University of Stockholm 489: 1-11

Fuxe K, Andersson K, Eneroth P, Härfstrand A, Agnai LF (1989) Neuroendocrine actions of nicotine and of exposure to cigarette smoke: medical implications. Psychoneuroendocrinol 14:19-41

Gold PW, Chrousos G, Kellner C, Post R, Roy A, Augerinos P, Schulte H, Oldfield E, Loriaux DL (1984) Psychiatric implications of basic and clinical studies with corticotropin-releasing factor. Am J Psychiatry 141:619-627

Gonzales CA, Coe CL, Levine S (1982) Cortisol responses under different housing conditions in female squirrel monkeys. Psychoneuroendocrinology 7:209-216

Hellhammer DH, Heib C, Hubert W, Rolf L (1985) Relationships between salivary cortisol and behavioral coping under exam stress IRCS. Med Sci 1330:1179-1180

Hellhammer DH, Kirschbaum C, Belkien L (1987) Measurement of salivary cortisol under psychological stimulation. In: Hingtgen JN, Hellhammer D, Huppmann G (eds) Advanced Methods in Psychobiology. Hogrefe, Toronto, pp 281-289

Hennessy MB (1984) Presence of companion moderates arousal of monkeys with restricted social experience. Physiol Behav 33:693-698

Holl R, Fehm HL, Voigt KH, Teller W (1984) The "midday surge" in plasma cortisol induced by mental stress. Horm Metabol Res 16:158-159

Jones KV, Copolev DL, Outch KH (1986) Type A, test performance and salivary cortisol. J Psychosom Res 30:699-707

Kirschbaum C, Steyer R, Eid M, Patalla U, Schwenkmezger P, Hellhammer DH (in press) Cortisol and behavior: 2. Application of a latent state-trait model to salivary cortisol. Psychoneuroendocrinology

Kirschbaum C, Strasburger CJ, Jammers W, Hellhammer DH (1989) Cortisol and behavior: 1. Adaptation of a radioimmunoassay kit for reliable determination of cortisol in saliva and its application in psychobiological studies. Pharmacol Biochem Behav 34:747-751

Lehnert H, Beyer J, Walger P, Murison R, Kirschbaum C, Hellhammer DH (1989) Salivary cortisol in normal men: effects of corticotropin releasing factor and different psychological stimuli. In: Weiner H, Florin I, Hellhammer D (eds) Frontiers in stress research. Huber, Toronto, pp 392-394

Luger A, Deuster PA, Gold PW, Loriaux DL, Chrousos GP (1988) Hormonal responses to stress of exercise. In: Chrousos GP, Loriaux DL, Gold PW (eds) Mechanisms of physical and emotional stress. Plenum Press, New York, pp 273-280

Lundberg U, Frankenhäuser M (1978) Psychophysiological reactions to noise as modified by personal control over noise intensity. Biol Psychol 6:51-59

Mason JW (1968) A review of psychoendocrine research on the pituitary-adrenal cortical system. Psychosom Med 30:576-607

McEwen BS, Brinton RE, Sapolsky R (1988) Glucocorticoid receptors and behavior: Implications for the stress response. In: Chrousos GP, Loriaux DL, Gold PW (eds) Mechanisms of physical and emotional stress. Plenum Press, New York, pp 35-45

Rose RM (1984) Overview of endocrinology of stress Brown GM (eds) Neuroendocrinology and Psychiatric Disorder. Raven, New York, pp 95-122

Stanton M, Patterson J, Levine S (1985) Social influences on conditioned cortisol secretion in the squirrel monkey. Psychoneuroendocrinology 10:125-134

Strasburger CJ, Kirschbaum C, Becker-Carus C, Wood WG, Hellhammer DH (1988) Luminescent immunoassay for salivary cortisol measurement in psychoendocrine studies. In: Ferrendelli JA, Collins RC, Johnson EM (eds) Neurobiology of amino acids, peptides, and trophic factors. Kluwer Academic, Boston, pp 257-260

Weitzman ED, Fukushima D, Nogeire C, Roffwarg H, Gallagher TF, Hellman L (1971) Twenty-four hour patterns of the episodic secretion of cortisol in normal subjects. 33:14-22

Williams R Jr, Lane J (1982) Typ A behavior and elevated physiological and neuroendocrine responses to cognitive tasks. Science 218:483-485

Wittersheim G, Brandenberger G, Follenius M (1985) Mental task-induced strain and its after-effect assessed through variations in plasma cortisol. Biol Psychol 21:123-132

Familienanamnese von Herz-Kreislauf-Erkrankungen, körperliche Fitneß und psychophysiologische Reaktivität auf mentalen Streß*

A. Steptoe und D. Molineux

Beschrieben wird eine Untersuchung, in der kardiovaskuläre Reaktionen auf mentale Belastungstests mit körperlicher Fitneß und der familiären Bluthochdruckanamnese in Beziehung gesetzt wurden. Vierundzwanzig männliche Jugendliche mit positiver und 40 mit negativer Familienanamnese bezüglich Bluthochdrucks im Alter von 14-16 Jahren wurden untersucht. Sie wurden auf der Basis eines submaximalen Leistungstests in 2 gleich große Gruppen eingeteilt. Die Probanden der einen Gruppe waren körperlich fit, die der anderen hatten eine schlechte Kondition. Während der Durchführung einer Problemlöseaufgabe, die einmal in einer schweren und einmal in einer leichten Version vorgegeben wurde, bzw. während eines leichten und eines schweren Videospiels wurden Blutdruck, Herzfrequenz, Sauerstoffverbrauch und weitere Meßwerte erhoben. Die Ergebnisse zeigen, daß die Problemlöseaufgabe im Vergleich zum Videospiel Herzkreislaufreaktionen hervorrief, die gemessen am eigentlichen Stoffwechselbedarf überproportional stark waren. Bei den Probanden mit schlechter körperlicher Kondition waren die Herzfrequenzreaktionen auf die Problemlöseaufgabe stärker als bei denen, die eine gute Kondition hatten. Allerdings traf dies nur für die schwere Aufgabenversion (bei der aktives, angestrengtes Verhalten erforderlich war) zu. Eine positive Familienanamnese ging mit stärkeren systolischen Blutdruckreaktionen auf die Problemlöseaufgaben einher, und nach Beendigung der Aufgabe kam es nur verzögert zu einer Erholung des systolischen Blutdrucks und der Herzfrequenz. Zwischen Familienanamnese und körperlicher Fitneß wurden keine Wechselwirkungen festgestellt. Die Bedeutung dieser Ergebnisse für die Beteiligung behavioraler Prozesse an der Entstehung und Bewältigung kardiovaskulärer Erkrankungen wird diskutiert.

---

*Die vorliegende Untersuchung wurde unterstützt vom Medical Research Council, UK

Einführung

Über die Rolle psychologischer Faktoren bei der Entwicklung von Herzkreislaufstörungen gibt es vielfältige Forschungsarbeiten (Steptoe 1981). Ein wichtiges Bindeglied zwischen psychosozialen Faktoren und kardiovaskulären Erkrankungen ist die Intensität der hämodynamischen und neuroendokrinen Reaktionen auf mentalen Streß. Bei einer bestimmten Affenart (Cynomolgus) korreliert die Herzfrequenzreaktion auf behavioralen Streß mit dem Ausprägungsgrad koronarer Atherosklerose; bei Nichtprimaten können dagegen psychosoziale Konflikte Bluthochdruck fördern, besonders wenn diese mit der Aufnahme großer Natriummengen einhergehen (Manuck et al. 1983; DiBona 1989). Eine wichtige Forschungsstrategie für die Untersuchung solcher Mechanismen beim Menschen beinhaltet die Messung psychophysiologischer Reaktionen auf mentalen Streß im Labor. Dieses Paradigma erlaubt eine präzise Quantifizierung psychologischer Anforderungen in Verbindung mit einer detaillierten Erfassung physiologischer Prozesse (s. Steptoe, im Druck; Steptoe u. Vögele, im Druck). In der vorliegenden Untersuchung wurde der Einfluß mehrerer potentiell für die Ätiologie von Herz-Kreislauf-Erkrankungen relevanter Faktoren mithilfe von mentalen Belastungstests erforscht.

In zahlreichen Studien wurden Menschen mit normalem Blutdruck und solche mit Bluthochdruck hinsichtlich ihrer psychophysiologischen Reaktionen auf mentale Belastung miteinander verglichen, oder es wurden entsprechende Vergleiche zwischen Personen mit und ohne nachweisbare Herzerkrankung gezogen. Diese Untersuchungen zeigen tendenziell, daß die kardiovaskuläre Reaktivität in den klinischen Gruppen stärker ist als in den Kontrollgruppen (z.B. Nestel 1969; Steptoe et al. 1984; Rozanski et al. 1988). Allerdings ist es nicht möglich, aus solchen Studien Aussagen über das Ursache-Wirkungs-Verhältnis abzuleiten, da bei Menschen mit Hypertonie oder koronaren Herzerkrankungen strukturelle und funktionelle physiologische Störungen vorliegen, welche für eine abweichende kardiovaskuläre Reaktivität verantwortlich sein können. In den letzten Jahren wurde eine Reihe von Experimenten vorgestellt, bei denen Personen mit und ohne familiäre Häufung kardiovaskulärer Erkrankungen miteinander verglichen wurden. Die Überlegung dabei war folgende: Wenn sich bei gesunden Personen mit positiver Familienanamnese (bei denen man ein höheres Risiko für Hypertonie oder koronare Herzerkrankung annimmt) erhöhte kardiovaskuläre Reaktionen auf mentale Belastung beobachten ließen, dann ginge die gestörte Reaktivität auf Streß dem Beginn der Krankheit voraus und könnte also zu deren Entwicklung beitragen. Vor kurzem wurde eine Metaanalyse veröffentlicht, bei der Personen, deren Eltern eine Bluthochdruckanamnese hatten, mit solchen verglichen wurden, deren Eltern keinen Bluthochdruck hatten (Fredrikson u. Matthews). Die Ergebnisse zeigen, daß Blutdruck und Herzfrequenz bei

Probanden mit positiver Familienanamnese eher erhöht sind, besonders wenn sie Tätigkeiten ausführen, die starke Aktivität erfordern. Einige Forscher fanden keine Unterschiede bezüglich des Blutdruckes und der Herzfrequenz bei mentaler Belastung, sondern eher Unterschiede der regionalen Hämodynamik oder des Natriumstoffwechsels (Anderson et al. 1987; Light et al. 1983; Ditto u. Miller 1989). Die dazu vorliegenden Befunde sind jedoch inkonsistent; in einer Reihe von Untersuchungen wurden keinerlei signifikante Unterschiede gefunden (Obrist et al. 1987; Morell et al. 1988).

Ein möglicher Faktor, der zu diesen Diskrepanzen beitragen könnte, ist das Alter der Teilnehmer. Interessanterweise läßt sich bei Stichproben im mittleren Alter, bei denen eine positive Familienanamnese vorliegt, keinerlei erhöhte Reaktivität auf Streß feststellen (Morell et al. 1988; Slaby et al. 1987). Jüngere Probanden zeigen verläßlichere Unterschiede (Sallis et al. 1988). Da eine gestörte Reaktivität auf Streß bereits sehr früh in der Entwicklung der Hypertonie eine Rolle spielen könnte, wäre es denkbar, daß die Personen, die bis zum mittleren Alter ohne kardiovaskuläre Erkrankung geblieben sind, eine selegierte Gruppe von Gesundgebliebenen darstellen. Die vorliegende Studie konzentriert sich dementsprechend auf Jugendliche im Alter von 14-16 Jahren.

Zwei weitere wichtige Faktoren wurden in diese Studie einbezogen. Zunächst müssen Situationen berücksichtigt werden, in denen eine erhöhte Streßreaktivität hervorgerufen wird. Wie bereits erwähnt, neigen Personen mit einer positiven Familienanamnese besonders dann zu verstärkten Reaktionen, wenn Aufgaben an sie gestellt werden, die einen hohen Einsatz erfordern. Diese Schlußfolgerung wurde hauptsächlich aufgrund von Untersuchungen gezogen, in denen Bedingungen, die "aktives Bewältigungsverhalten" erfordern, z.B. Problemlöseaufgaben, Videospiele und Elektroschockvermeidungsaufgaben, mit solchen Versuchsbedingungen verglichen werden, die "passives Coping" notwendig machen, wie z.B. der Cold-pressure-Test (Schulte u. Von Eiff 1985; Allen et al. 1987; Obrist et al. 1987a). Situationen, die aktives Coping erfordern, können auch zu sympathischer (beta-adrenerger) Innervation des Herzens führen und auf diese Weise hämodynamische Reaktionen hervorrufen, die relativ zu den Anforderungen des Stoffwechsels überproportional stark sind (Langer et al. 1985; Turner u. Carroll 1985). Es scheint jedoch nicht sinnvoll, zur Bestimmung der kardiovaskulären Reaktionen unter aktiven und passiven Copingbedingungen Vergleiche zwischen Aufgabensituationen heranzuziehen, die sich hinsichtlich weiterer Merkmale (Stimulusdarbietung, Anforderungen an die Informationsverarbeitung, Antwortcharakteristika) unterscheiden, da jede dieser Eigenschaften die psychophysiologische Aktivität beeinflussen könnte. Die vorliegende Studie stellt daher Bedingungen einander gegenüber, die nur auf einer einzigen Dimension, der Aufgabenschwierigkeit, variieren. Auf diese Weise soll herausgefunden werden, ob nur in Situationen, die anstrengendes, aktives Verhalten hervorrufen, eine positive Familienanamnese mit einer erhöhten Reaktivität verknüpft ist. Hierfür wurden leichte und schwere Versionen einer Problemlöseaufgabe und eines Videospiels entwickelt.

Der zweite Faktor war körperliche Aktivität oder Fitneß. Ungeachtet einiger Widersprüchlichkeiten in der Literatur zeigten mehrere Studien, daß eine gute körperliche Kondition im Vergleich zu geringer körperlicher Leistungsfähigkeit mit einer reduzierten Reaktivität auf psychophysiologischen Streß und mit einer schnelleren Erholungsphase nach der Anforderungssituation korreliert (s. Steptoe 1989). Fitneß könnte besonders auf solche Reaktionen einen Einfluß haben, die durch die sympathische Innervation des Herzens vermittelt werden, was darauf hindeutet, daß sich eher unter schweren Aufgabenbedingungen Effekte zeigen als unter leichten (Light et al. 1987b; Turner et al. 1988). Tatsächlich zeigten Shulhan et al. (1986), daß in den schwierigen Aufgabensituationen die phasischen Herzfrequenzreaktionen bei Probanden, die körperlich fit waren, geringer waren als bei den Probanden, die eine schlechte Kondition hatten. Bei den leichten Aufgaben ergab sich kein entsprechender Unterschied.

Körperliches Training und eine verbesserte Kondition wurden auch zur Blutdrucksenkung bei Hypertonikern eingesetzt (Duncan et al. 1985). Obwohl dieser Behandlungserfolg völlig durch eine Anpassung des tonisch physiologischen Blutdruckniveaus erklärt werden kann, ist es doch möglich, daß auch Modifikationen von streßbedingten Reaktionen daran beteiligt sind. Tierstudien zeigten, daß körperliches Training vor der Entwicklung streßinduzierter Hypertonie schützt (Cox et al. 1985; Mills u. Ward 1986). Perkins et al. (1986) wiesen nach, daß Hypertoniker, die an einem Aerobictrainingsprogramm teilnahmen, mit signifikant niedrigeren Blutdruckreaktionen auf eine Videospielaufgabe reagierten als unbehandelte Hypertoniker. In einer zweiten Studie wurden hypertone Typ-A-Männer mittleren Alters untersucht. Hier fanden sich bei jenen Probanden, die an dem Aerobictraining teilgenommen hatten, geringere Reaktionen des diastolischen Blutdrucks auf mentalen Streß als bei jenen, die nicht bei einem solchen Training mitmachten (Sherwood et al. 1989). In der vorliegenden Studie wurde überprüft, ob körperliche Fitneß und eine positive Familienanamnese von Herz-Kreislauf-Erkrankungen die psychophysiologische Reaktivität interaktiv modulieren, und zwar besonders bei aktiven Bewältigungsaufgaben.

Zusammenfassend gesagt, war das Ziel dieser Studie, bei jugendlichen Probanden die Auswirkungen der elterlichen Herzkreislaufanamnese auf die psychophysiologische Reaktivität in einfachen und schweren Aufgabensituationen zu untersuchen und die Effekte körperlicher Fitneß auf die psychophysiologische Reaktivität und die Erholungszeit zu bestimmen. Weiter sollte festgestellt werden, ob körperliche Fitneß die Effekte einer positiven elterlichen Anamnese abschwächen kann. Um festzustellen, ob die Steigerung der Herzfrequenz metabolisch erforderlich war oder ob sie über den Energiebedarf hinausging, wurde neben konventionellen psychophysiologischen Parametern der Sauerstoffverbrauch unter körperlicher und mentaler Belastung gemessen.

Methode

Versuchsdesign

An der aus 2 Sitzungen bestehenden Untersuchung nahmen 4 Gruppen männlicher Jugendlicher teil: positive Familienanamnese/fit, positive Familienanamnese/nicht fit, negative Familienanamnese/fit und negative Familienanamnese/nicht fit. In Sitzung 1 machten sich die Probanden mit dem Labor vertraut und wurden einem submaximalen Leistungstest auf einem Fahrradergometer unterzogen. In Sitzung 2 wurden psychophysiologische Parameter während der Durchführung einer Problemlöseaufgabe in einer leichteren und einer schwierigeren Version aufgezeichnet; außerdem wurde ein Videospiel, ebenfalls in einer leichteren und einer schwereren Version, vorgegeben.

Versuchspersonen

Die Untersuchung wurde mit 72 männlichen Jugendlichen im Alter von 14-16 Jahren durchgeführt, die in 4 Schulen desselben Ortes rekrutiert wurden. Die Probanden und ihre Eltern füllten zunächst einen Fragebogen über ihre Krankengeschichte sowie über ihren derzeitigen Gesundheitszustand und die Arzneimitteleinnahme aus. Von den Eltern wurde die schriftliche Einwilligung in die Teilnahme ihrer Kinder eingeholt. Die Jungen wurden nur dann in die Untersuchung einbezogen, wenn Informationen über den Gesundheitszustand beider biologischer Eltern verfügbar waren. Die Informationen von 5 der 72 getesteten Probanden waren nicht vollständig, bei weiteren drei konnte die Krankengeschichte der Eltern nicht erhoben werden. An der endgültigen Untersuchung nahmen daher 64 Jugendliche teil. Bei 24 Probanden gab mindestens ein biologischer Elternteil an, daß bei ihm die Diagnose essentielle Hypertonie gestellt worden sei oder daß er medikamentös gegen essentielle Hypertonie behandelt würde; bei diesen Probanden wurde die Familiengeschichte als positiv klassifiziert, bei den restlichen 40 Probanden als negativ. Die Verteilung der Rassenzugehörigkeit war in beiden Gruppen vergleichbar. Nach dem submaximalen Leistungstest wurden die Probanden beider Gruppen auf der Basis ihres geschätzten Sauerstoffverbrauchs bei einer Herzfrequenz von 150 pro Minute weiter in die Kategorien "fit" und "nicht fit" unterteilt. Es wurden also 4 Gruppen verglichen: Positive Familienanamnese/fit (n=12), positive Familienanamnese/nicht fit (n=12), negative Familienanamnese/fit (n=20), und negative Familienanamnese/nicht fit (n=20).

Technische Ausstattung und Meßmethoden

Das Experiment fand in einem hellen und temperaturkonstanten Labor statt, an das der Kontrollraum mit Polygraph (Grass 7) und Minicomputer (Alpha/LSI) unmittelbar angrenzte. Das Elektrokardiogramm wurde mit Hilfe von Brustwandableitungen (V4) aufgezeichnet. Atmung und Sauerstoffverbrauch wurden mit einer Vol-Ox-Gesichtsmaske (Palmer Bioscience, UK) gemessen, wobei die Atmung durch einen Atemflußwandler aufgezeichnet wurde. Die Sauerstoffextraktion wurde mittels eines chemischen Sauerstoffwandlers aus der ausgeatmeten Luft geschätzt. Der Hautwiderstand wurde am mittleren Glied des Zeige- und Mittelfingers der linken Hand mit Silber/Silberchloridelektroden gemessen. Diese Signale wurden on line ausgewertet, und die folgenden Meßwerte wurden kontinuierlich ausgegeben: Herzfrequenz (Schläge pro Minute), Atemfrequenz in Zyklen pro Minute, Atemzugvolumen in Millilitern (ml) und Sauerstoffverbrauch (in ml/kg/min). Der Hautwiderstand wurde 10mal pro Sekunde erhoben, in Hautleitfähigkeit umgerechnet (SCL in μmHo) und für die Auswertung logarithmisch transformiert. Der Blutdruck wurde nichtinvasiv in Sitzung 1 mit Hilfe eines automatischen Sphygmomanometers vom Typ Elag BE237R und in Sitzung 2 mit einem elektronischen Sphygmomanometer vom Typ UA-251 gemessen (s. Steptoe u. Molineux, 1986). Der körperliche Leistungstest wurde auf einem Weight-Cycle-Ergometer des Typs Monark 864 durchgeführt.

Während des Experiments wurden unter Verwendung von siebenstufigen Skalen verschiedene Selbstbeurteilungsdaten erhoben, darunter Einschätzungen der Erschöpfung ("distress"), der Angst, der geistigen Anstrengung und Konzentration. Die Traitmessungen umfaßten das State-Trait Personality Inventory (STPI, Spielberger 1979) und die Anger Expression Scale (AES, Spielberger et al. 1985).

Experimentelle Aufgaben

Die Problemlöseaufgabe basierte auf dem Progressive Matrices Test von Raven (Serie A-E, Raven 1938), bei dem die Teilnehmer eine Reihe visueller Matrizen vervollständigen und sich zu diesem Zweck für eine der 7 oder 8 vorgegebenen Möglichkeiten entscheiden müssen. In einem Durchgang von 6 min wurden 36 Probleme für jeweils 10 s dargeboten. Bei der schweren Aufgabenversion mußten die Probanden eine Kombination mittlerer und schwerer Probleme lösen. Bei der leichten Version wurden zwar Probleme ähnlicher Schwierigkeit dargeboten, die korrekte Lösung war jedoch auf dem Dia angezeigt, so daß der Proband lediglich die Lösung auf dem Antwortbogen eintragen mußte. Die motorischen Anforderungen waren somit bei beiden Aufgabenversionen identisch.

Um eine leichte und eine schwere Version eines Videospiels zu erhalten, wurde mithilfe von Software von Spieledesignern (Software Studios Limited) ein Spiel vom Arkadentyp für das Spektrum ZX+ entwickelt. In der schweren Version konnten die Probanden den Joystick benutzen, um komplexe Formationen von angreifenden "Hamburger Mutanten" zu vernichten. Bei der leichten Version wurde die Formation der angreifenden Objekte vereinfacht, um Erfolg bei geringer Anstrengung sicherzustellen.

Versuchsdurchführung

Potentielle Versuchsteilnehmer wurden in örtlichen Schulen rekrutiert, in denen die Ziele der Untersuchung vorgestellt wurden. Schüler, die an der Untersuchung Interesse hatten, füllten Fragebögen zu ihrer Gesundheit und zu ihrem üblichen Aktivitätsniveau aus. Ihre biologischen Eltern füllten ebenfalls je einen Gesundheitsfragebogen aus. Aufgrund dieser Informationen wurden die Teilnehmer vorläufig in Gruppen eingeteilt. Die Probanden nahmen einzeln an den zwei Experimentalsitzungen teil. Zu Beginn von Sitzung 1 wurden das STPI und die AES ausgefüllt. Danach wurden die Elektroden angebracht, und es wurden 15 min lang physiologische Baselinedaten erhoben. Die Herzfrequenz, Atemfrequenz, Atemzugvolumen, Sauerstoffverbrauch und Hautleitfähigkeit wurden kontinuierlich aufgezeichnet; der Blutdruck wurde jede 2. Minute gemessen. Anschließend führte der Proband einen submaximalen körperlichen Fitneßtest durch, bei dem für jeweils 4 min auf den folgenden Arbeitsstufen Leistung erbracht werden mußte: 25, 50, 100 und 150 W. Atem- und Herzfrequenz wurden kontinuierlich erfaßt, der Blutdruck wurde in der 3. und 4. Minute jeder Belastungsstufe aufgezeichnet. Die Reaktionen auf submaximale körperliche Leistung wurden bereits an anderer Stelle dargestellt (Molineux u. Steptoe 1988).

Sitzung 2 fand normalerweise eine Woche später statt. Nachdem alle apparativen Vorbereitungen getroffen waren und der Proband mindestens 20 min geruht hatte, wurden 2 min lang unter Ruhebedingungen Aufzeichnungen gemacht (Ruhephase). Sodann folgte eine der 4 Aufgaben (schweres bzw. leichtes Problemlösen oder schweres bzw. leichtes Videospiel), die jeweils 6 min dauerten. Die physiologischen Aufzeichnungen erfolgten jeweils kontinuierlich während der Durchführung der Aufgaben und während der jeweils 3minütigen Erholungsperiode nach den Aufgaben (Erholungsphase), der Blutdruck wurde jede Minute aufgezeichnet. Die Reihenfolge der Aufgabendarbietung wurde über die Vpn innerhalb der Gruppen ausbalanciert, mit der

Einschränkung, daß die leichte und schwere Version eines Aufgabentyps nicht direkt aufeinanderfolgen durften. Vor jeder neuen Aufgabe fanden jeweils 2 min Aufzeichnungen unter Ruhebedingungen statt, zwischen diesen Ruhephasen und den Erholungspausen nach der vorangegangenen Aufgabe vergingen etwa 5-10 min ohne physiologische Messungen. Nach jeder Phase, in der physiologische Aufzeichnungen durchgeführt wurden, wurden subjektive Ratings erhoben.

Datenreduktion und Auswertung

Als Kriterium für kardiorespirative Fitneß wurde der Sauerstoffverbrauch bei einer Herzfrequenz von 150 Schlägen pro Minute gewählt, da bei höheren Herzfrequenzen keine lineare Beziehung mehr zur Sauerstoffaufnahme besteht (Davies 1968; Dotson u. Caparola 1984). Für jeden Probanden wurde die Regression der Herzfrequenz auf den Sauerstoffverbrauch berechnet und zur Bestimmung des Sauerstoffverbrauchs bei 150 Schläge/min verwendet. Probanden mit positiver und negativer Familienanamnese wurden jeweils in gleichgroße Gruppen der Kategorien "fit" und "nicht fit" eingeteilt. Der Sauerstoffverbrauch lag bei den Probanden der Kategorie "nicht fit" zwischen 27,0 und 37,9 ml/kg/min und bei denen der Kategorie "fit" zwischen 38,0 und 60,3 ml/kg/min. Für die Ruhephasen vor den Aufgaben, die sechsminütigen Aufgabenphasen und die anschließenden Erholungsphasen in Sitzung 2 wurden für Herzfrequenz, Atemfrequenz, Atemzugvolumen, Sauerstoffverbrauch und Hautleitfähigkeit die Mittelwerte pro Minute berechnet. Wir führten Varianz- und Kovarianzanalysen mit Meßwiederholung durch und verwendeten - wenn nötig - die Greenhouse-Geisser-Korrektur der Freiheitsgrade. Die Reaktionen auf die Aufgaben wurden ausgewertet, indem Differenzwerte zum durchschnittlichen Ruheniveau berechnet wurden. Die Familienanamnese und die Kondition dienten als Gruppenfaktoren, Aufgabenart (Problemlösen, Videospiel), Aufgabenniveau (schwer, leicht) und die Minuten (1-6) als Meßwiederholungsfaktoren. Die Erholungsphase wurde unter Verwendung von Aufgabenart, Aufgabenniveau und Minutenzahl (1-3) als Faktoren ausgewertet. Aus Platzgründen werden hier nur die wichtigsten kardiovaskulären Ergebnisse berichtet und Wahrscheinlichkeitswerte anstelle detaillierter statistischer Angaben dargestellt.

Tabelle 1. Gruppenmerkmale (Mittelwerte; Standardabweichungen in Klammern)

	Positive Familienanamnese		Negative Familienanamnese	
	fit (n=12)	nicht fit (n=12)	fit (n=12)	nicht fit (n=12)
Alter	15,1 (0,76)	15,0 (0,58)	15,0 (0,66)	15,3 (0,45)
Gewicht (kg)	53,2 (4,0)	57,1 (10,0)	57,0 (13,0)	53,8 (10,0)
Ausgangswert:				
Systole (mm Hg)	114,0 (11,2)	114,6 (7,8)	114,0 (10,9)	107,7 (7,3)
Diastole (mm Hg)	70,1 (5,7)	67,4 (10,4)	72,5 (7,5)	68,0 (7,9)
Herzfrequenz (Schläge/min)	70,5 (6,6)	74,6 (8,6)	67,8 (6,8)	76,0 (8,3)
Sauerstoffverbrauch (ml/kg/min)	4,91 (0,74)	4,99 (0,97)	5,19 (0,72)	5,05 (0,87)
Sauerstoffverbrauch bei 150 Schlägen/min	43,9 (7,1)	32,8 (3,3)	43,0 (4,8)	33,0 (3,0)

Ergebnisse

Gruppenmerkmale

In Tabelle 1 werden die Hintergrundmerkmale und Mittelwerte der physiologischen Aktivität während der 15minütigen Baselineaufzeichnung in Sitzung 1 dargestellt. Zwischen den 4 Gruppen bestanden keine signifikanten Unterschiede hinsichtlich Alter, Gewicht, Sauerstoffverbrauch im Ruhezustand und systolischem oder diastolischem Blutdruck. Wie zu erwarten, war die Herzfrequenz bei den sportlichen Gruppen der Kategorie "fit" niedriger als bei denen der Kategorie "nicht fit" ($p < 0{,}01$), sie variierte aber nicht mit der Familienanamnese. Der Sauerstoffverbrauch war bei den als "fit" klassifizierten Gruppen signifikant höher als bei den als "nicht fit" klassifizierten ($p < 0{,}001$), aber auch er war nicht durch die Familienanamnese beeinflußt.

Es wurden einige psychologische Unterschiede zwischen den Gruppen beobachtet. Bei der Auswertung der Stateangst wurde die Interaktion zwischen Familienanamnese und Kondition fast signifikant ($p = .052$); die Angst war besonders hoch in der Gruppe der Kategorie "fit" mit positiver Familienanamnese (Mittelwert = 20,9 im Vergleich zu 17,5 in den restlichen Gruppen). Die Traitangst war signifikant höher in den Gruppen mit positiver Familienanamnese (Mittelwerte = 20,2 vs. 18,2, $p < 0{,}05$), ebenso die Stateangst (Mittelwerte = 12,0 vs. 11,1, $p < 0{,}05$). Die Bedeutung dieses Befundmusters ist nicht klar, da es in früheren Untersuchungen im allgemeinen nicht berichtet wurde.

Subjektive Reaktionen auf Tests zur mentalen Belastung

Die Streß- und Angstratings waren nach den schweren Aufgaben höher als nach den leichten ($p < 0{,}001$), es zeigten sich jedoch keine Unterschiede zwischen Problemlöseaufgabe und Videospiel. Die Ratings zu Anstrengung und Konzentration sind in Abb. 1 dargestellt. Sie zeigen, daß die schwerere Version einer Aufgabe größere mentale Anstrengung und Konzentration erforderte als die leichte ($p < 0{,}001$). In beiden Analysen zeigten sich zudem Haupteffekte für die Aufgabenart ($p < 0{,}025$). Die Problemlöseaufgabe erforderte offensichtlich mehr Anstrengung und Konzentration als das Videospiel. Familienanamnese und Kondition spielten dabei keine Rolle. Diese Ergebnisse zu den subjektiven Ratings legen nahe, daß die aktive Beteiligung und die mentale Belastung durch die Aufgabenanforderungen erfolgreich manipuliert worden sind. Die Leistung variierte nicht systematisch zwischen den Gruppen.

Kardiovaskuläre Reaktionen auf mentale Belastung

Das Muster der kardiovaskulären Reaktionen ist in Abb. 2 zusammengefaßt. Man kann erkennen, daß die Reaktionen bei schweren Aufgaben ausgeprägter waren als bei leichten; dies wird bei der statistischen Auswertung des systolischen und diastolischen Blutdrucks, der Herzfrequenz und des Sauerstoffverbrauchs in Haupteffekten für den Schwierigkeitsgrad bestätigt

($p<0{,}001$). Bezüglich sämtlicher Variablen wurden auch signifikante Haupteffekte für die Aufgabenart gefunden (alle $p<0{,}001$); die Reaktionen auf das Videospiel waren stärker als auf die Problemlöseaufgabe.

Dieser Unterschied ist vermutlich auf die erhöhte motorische Beteiligung und Aktivität beim Videospiel zurückzuführen. Ist dies der Fall, so könnten die kardiovaskulären Reaktionen auf die Problemlöseaufgabe weniger vom physikalischen Energieverbrauch abhängig gewesen sein als die durch das Videospiel hervorgerufenen. Diese Annahme wird durch Befunde gestützt, die sich ergeben, wenn die Kovariation zwischen Herzfrequenz und Sauerstoffverbrauch in der schweren Aufgabenbedingung berücksichtigt wird. Aus

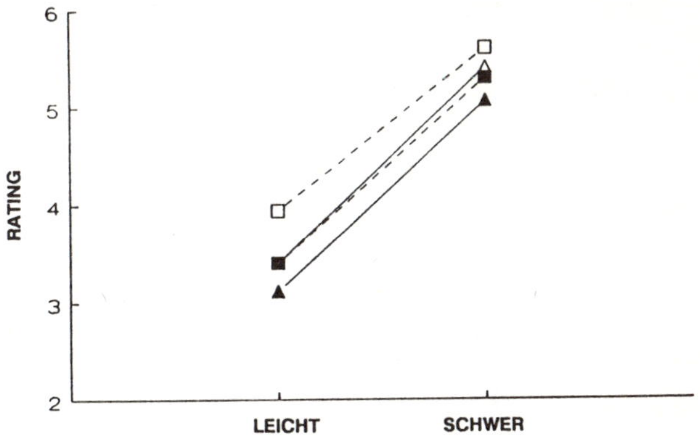

Abb.1. Mittlere Ratings zur geistigen Anstrengung und Konzentration während leichter und schwieriger Aufgaben: Anstrengung/Problemlösen △——△, Anstrengung/Videospiel ▲——▲, Konzentration/Problemlösen □– – –□, Konzentration/Videospiel ■– – –■

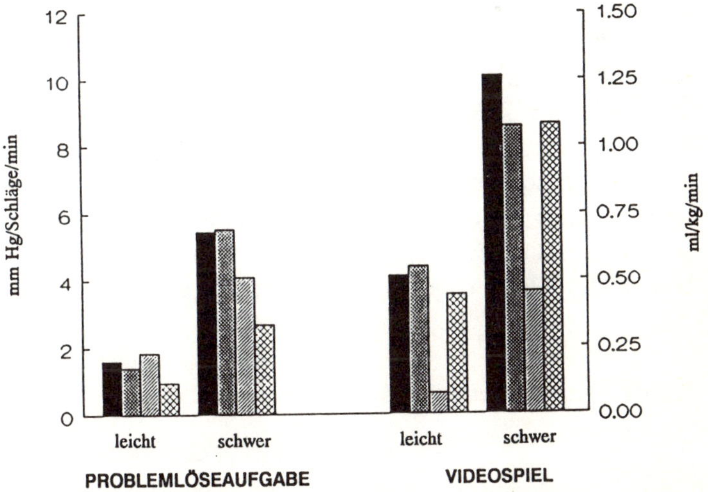

Abb.2. Mittlere Veränderung von: ▬ systolischem Blutdruck, ▬ diastolischem Blutdruck, ▬ Herzfrequenz und ▬ Sauerstoffverbrauch während der 4 Aufgaben (über die Gruppen gemittelt)

Abb. 2 ist ersichtlich, daß der größte Sauerstoffverbrauch beim schweren Videospiel gemessen wurde; gleichzeitig kam es zu einer deutlichen Reaktion der Herzfrequenz. Eine ähnlich starke Reaktion der Herzfrequenz wurde zwar auch bei der schwierigen Problemlöseaufgabe beobachtet; hier war die Herzfrequenzreaktion allerdings mit einer relativ kleinen Veränderung des Sauerstoffverbrauchs verbunden. Die kardialen Reaktionen während des Problemlösens standen also in keinem Verhältnis zu dem Energiebedarf, ein Befund, der eine unangemessene Reaktion des Stoffwechsels auf "Streß" widerspiegelt.

Diese Daten deuten darauf hin, daß die interessierenden Unterschiede bei kardiovaskulären Streßreaktionen in Abhängigkeit von der Familienanamnese oder der Kondition in diesem Experiment eher bei den Problemlöseaufgaben auftraten als bei den Videospielaufgaben. Dies wird durch die Analyse der Videospieldaten bestätigt. Hier fanden sich nur geringe Effekte bezüglich der individuellen Unterschiede in der Familienanamnese bzw. der Kondition. Andererseits zeigte die Auswertung der Herzfrequenzreaktionen auf die Problemlöseaufgabe eine Interaktion zwischen Kondition und Schwierigkeitsgrad ($p < 0{,}015$, s. Abb. 3). Bei höherem Schwierigkeitsgrad zeigten die Personen der Kategorie "nicht fit" stärkere Reaktionen als die der Kategorie "fit", während in der leichten Bedingung keine Unterschiede zwischen diesen beiden Gruppen sichtbar wurden.

Die Familienanamnese hatte zwar keinen Einfluß auf diese Herzfrequenzreaktionen, wohl aber auf den systolischen Blutdruck. Die Wechselwirkung zwischen Familienanamnese und Minutenzahl war signifikant ($p < 0{,}05$; s. Abb. 4). Hier wird deutlich, daß die Gruppen mit positiver und negativer Familienanamnese zu Beginn der Aufgaben zwar ähnlich starke Blutdruckreaktionen zeigten, daß die Reaktionsstärke jedoch im Verlauf der Aufgaben bei der Gruppe mit negativer Familienanamnese abnahm, während bei den Jugendlichen mit positiver Familienanamnese die erhöhten Blutdruckwerte bestehen blieben.

Sowohl die Familienanamnese als auch die Kondition konnten also die psychophysiologischen Reaktionen auf die Problemlöseaufgabe beeinflussen. Zwischen diesen beiden Faktoren bestanden jedoch keine Wechselwirkungen. Auch betrafen sie unterschiedliche kardiovaskuläre Parameter - die Familienanamnese steht im Zusammenhang mit dem systolischen Blutdruck, die körperliche Fitneß dagegen mit der Herzfrequenz.

Erholung nach mentaler Belastung

Die Auswertung der kardiovaskulären Daten, die während der 3minütigen Erholungsphasen im Anschluß an die einzelnen Aufgaben aufgezeichnet worden waren, ergab für die Herzfrequenz wie auch für den systolischen

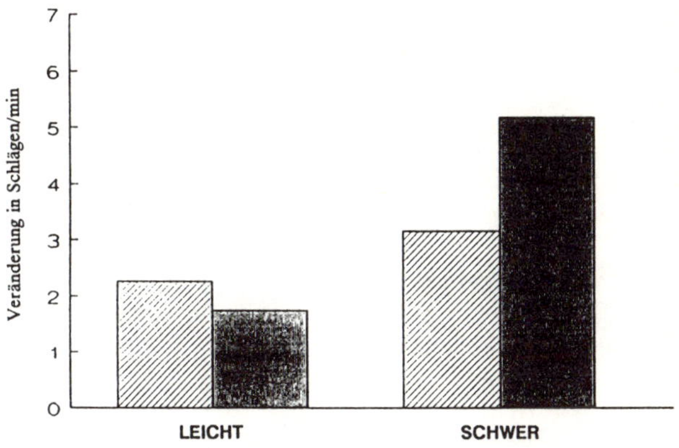

Abb.3. Mittlere Veränderung der Herzfrequenz auf leichte und schwere Problemlöseaufgaben bei: Gruppe "fit" ( ) und Gruppe "nicht fit" ( )

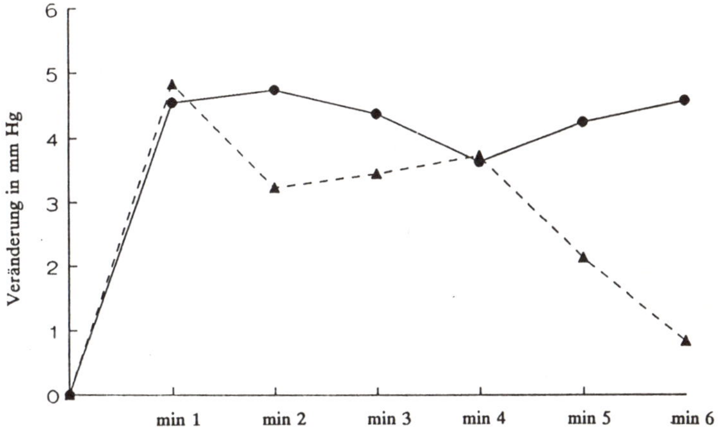

Abb.4. Mittlere Veränderung des systolischen Blutdrucks auf die Problemlöseaufgabe (gemittelt über den Schwierigkeitsgrad) bei: Gruppe mit positiver Familienanamnese (●——●) und negativer Familienanamnese (▲– – –▲)

Blutdruck interessante Effekte. In allen Fällen war die Wechselwirkung zwischen Familienanamnese und Erholungsminuten signifikant ($p<0{,}05$, s. Abb. 5). Um die Interpretation dieses Interaktionseffekts zu erleichtern, wurden die mittleren Reaktionen auf die Aufgaben ebenfalls abgebildet. Man sieht, daß systolischer Blutdruck und Herzfrequenz im Laufe der Erholungsperiode immer stärker abnahmen. Die Veränderungsrate war allerdings in der Gruppe mit negativer Familienanamnese höher, was auf bessere Möglichkeiten zur Wiederherstellung des physiologischen Gleichgewichts nach Beendigung des psychologischen Stresses hindeutet. Diese Effekte standen nicht in Beziehung zum Grad der körperlichen Fitneß.

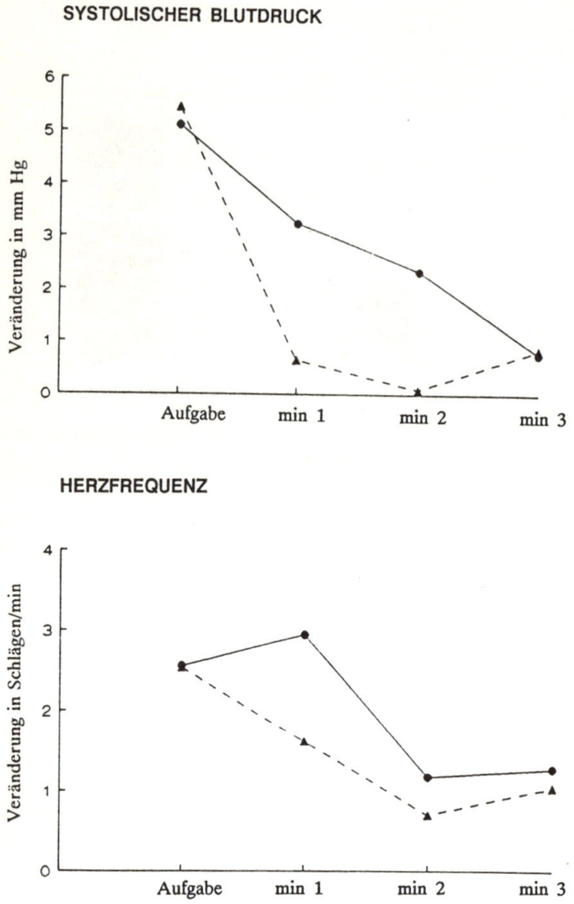

Abb.5. Mittlere Veränderung des systolischen Blutdrucks (oben) und der Herzfrequenz (unten) während der Erholungsphase bei: Gruppe mit positiver Familienanamnese (●———●) und Gruppe mit negativer Familienanamnese (▲- - - -▲)

Diskussion

In dieser Studie sollte untersucht werden, inwieweit familiäre Hypertoniebelastung und körperliche Fitneß die kardiovaskulären Reaktionen auf mentale Belastung beeinflussen; dabei wurde der Grad an aktivem Bewältigungsverhalten manipuliert. Um zu bestimmen, ob die Herzfrequenz- und Blutdruckreaktionen dem Energieaufwand entsprachen oder ob sie stoffwechselmäßig unangemessen waren, wurden der Sauerstoffverbrauch und verschiedene kardiovaskuläre Variablen gemessen. Zur Bestimmung der Effekte des aktiven Bewältigungsverhaltens war es notwendig, Aufgaben zu entwickeln, bei denen die Wahrnehmungs- und motorischen Komponenten konstant blieben, während der Grad des Engagements in Abhängigkeit von der Aufgabenschwierigkeit variierte. Die Probanden gaben an, daß die schweren Versionen der Aufgaben mehr mentale Anstrengung und Konzentration erforderten als die leichten (Abb. 1). Interessanterweise waren die Streß- und Angstreaktionen bei beiden Aufgaben gleich, obwohl die Problemlöseaufgabe mehr mentale Anstrengung erforderte. Dies könnte bedeuten, daß bei der Problemlöseaufgabe das aktive Bewältigungsverhalten mehr vorherrschte als bei den Videospielaufgaben. Die Ergebnisse dieser Selbstbeurteilungen unterstützen die von Steptoe u. Vögele (im Druck) vertretene Ansicht, daß der Erfolg der Streßmanipulationen auch anhand der subjektiven Erfahrung der Teilnehmer beurteilt werden muß, daß also nicht allein kardiovaskuläre Meßwerte als abhängige Variablen erhoben werden dürfen.

Die Aufgabenschwierigkeit und das aktive Bewältigungsverhalten hingen mit der kardiovaskulären Reaktivität zusammen: Bei schweren Aufgaben waren die Blutdruck- und Herzfrequenzreaktionen stärker (Abb. 2). Auch in anderen Untersuchungen konnten bei Verwendung unterschiedlicher physiologischer Maße ähnliche Effekte beobachtet werden (Kahneman et al. 1969; Carroll et al. 1986; Steptoe et al., im Druck a). Der interessanteste Befund dieser Untersuchung betrifft die Zusammenhänge zwischen kardiovaskulärer Aktivierung und Sauerstoffverbrauch. Die Annahme einer "zusätzlichen" Herzfrequenz wurde entwickelt, indem die Regression der Herzfrequenz auf den Sauerstoffverbrauch bei körperlicher Arbeit berechnet und danach beurteilt wurde, ob die Herzfrequenz bei mentaler Anstrengung oberhalb des für die gerade ablaufenden Stoffwechselvorgänge notwendigen Niveaus liegt (Blix et al. 1974). Mit dieser Methode wurden bei Problemlöseaufgaben und Videospielen zusätzliche Herzfrequenzreaktionen beobachtet (Turner u. Carroll 1985; Carroll et al. 1986; Steptoe et al., im Druck b). Aus 2 Gründen wurde in der vorliegenden Studie entschieden, die zusätzliche Herzfrequenz nicht zu berechnen. Erstens scheint die Regression zwischen Herzfrequenz und Sauerstoffverbrauch stark von der Art der körperlichen Aktivität abzuhängen und kann deswegen nicht als ein stabiles physiologisches Phänomen angesehen werden (Carroll et al. 1987). Zweitens trifft die lineare Beziehung zwar bei der Herzfrequenz zu, nicht aber beim Blutdruck und ist deshalb nicht für sämtliche kardiovaskulären Reaktionen relevant.

Die Erfassung des Sauerstoffverbrauchs enthüllte einen wichtigen Unterschied zwischen den Prozessen, die jeweils den kardiovaskulären Reaktionen auf Problemlöse- und Videospielaufgaben zugrundeliegen. Der Sauerstoffverbrauch war beim Videospiel höher, vermutlich als Resultat der hierfür erforderlichen größeren motorischen Aktivität. Trotz eines dreimal so großen Unterschiedes im Sauerstoffverbrauch beim schwierigen Videospiel im Vergleich zu der schwierigen Problemlöseaufgabe waren die Herzfrequenzreaktionen beider Gruppen identisch (Abb. 2). Dies deutet darauf hin, daß durch die sog. aktiven Copingaufgaben unterschiedliche Reaktionen hervorgerufen werden und daß deswegen subtilere Klassifikationen nötig sind. Weiterhin waren in der vorliegenden Untersuchung die Zusammenhänge zwischen kardiovaskulären Reaktionen und körperlicher Aktivität unter den Videospielbedingungen deutlicher als unter den Problemlösebedingungen, was nahelegt, daß diese für psychophysiologische Prozesse weniger relevant waren. Aufgaben mit niedrigem Energieaufwand, aber hohen psychologischen Anforderungen scheinen für diesen Forschungsbereich günstiger zu sein.

Diese Annahme wird auch durch Daten anderer Autoren gestützt. Ferrara et al. (1988) beispielsweise verglichen Kinder mit positiver und negativer Hypertonie-Familienanamnese während der Ausführung von Kopfrechenaufgaben und isometrischen Handgriffen. Unterschiede in kardiovaskulären Reaktionen wurden nur beim Kopfrechnen gefunden. Pollak und Obrist (1988) zeigten, daß die Herzreaktionen auf appetitive Reaktionszeitaufgaben von der sympathischen Innervation des Herzens vermittelt wurden, während an den Reaktionen auf die isometrischen Handgriffe parasympathische Prozesse beteiligt waren.

Die 2 in dieser Untersuchung erfaßten Gruppenfaktoren hatten verschiedene Auswirkungen auf kardiovaskuläre Reaktionen und interagierten nicht miteinander. So beeinflußte körperliche Fitneß die Reaktionsstärke der Herzfrequenz auf Problemlöseaufgaben, aber nur bei der schwierigen Aufgabenversion. Dieser Effekt erinnert an das von Schulhan et al. (1986) beschriebene Muster, und eine ähnliche Reaktion wurde sowohl bei "fit" als auch bei "nicht fit" klassifizierten Probanden im mittleren Alter beobachtet (Steptoe et al., im Druck b). In der bisherigen Literatur erscheint das Verhältnis zwischen körperlicher Fitneß und psychophysiologischer Reaktivität als inkonsistent - die Ergebnisse könnten in Abhängigkeit von den verglichenen Aufgabenarten und Fitneßniveaus variieren (Steptoe 1989). Die vorliegende Studie legt nahe, daß der Schweregrad der Aufgaben und der Grad an aktivem Bewältigungsverhalten ebenfalls eine Rolle spielen.

Die Familienanamnese hat sowohl einen Einfluß auf die Reaktionen des systolischen Blutdruckes auf die Problemlöseaufgabe (Abb. 4), als auch auf die Erholungsmuster beim systolischen Blutdruck und der Herzfrequenz nach Beendigung der Aufgaben (Abb. 5). Der Unterschied während der mentalen Anstrengung ähnelt den auch in anderen Untersuchungen an Jugendlichen mit positiver Familienanamnese bei verschiedenen Aufgabenstellungen beobachteten Differenzen (Fredrikson u. Matthews, im Druck). Die Reaktion während der Erholungsphase verdeutlicht, wie wichtig es ist, nicht nur die Stärke der kardiovaskulären Reaktionen während der Durchführung der Aufgabe zu messen, sondern auch die Geschwindigkeit der Wiederherstellung des homöostatischen Gleichgewichts nach Beendigung der Aufgabe. Interessanterweise konnte Brod (1960) zeigen, daß der Blutdruck bei Hypertonikern nach mentaler Anstrengung für eine sehr viel längere Zeit erhöht bleibt als bei Menschen mit normalem Blutdruck.

Enttäuschend war das Fehlen einer Wechselwirkung zwischen Familienanamnese und Kondition. Wir hatten gehofft, daß Jugendliche mit einer positiven Familienanamnese durch körperliche Fitneß vor erhöhter kardiovaskulärer Reaktivität geschützt seien. Perkins et al. (1986) hatten bereits festgestellt, daß die Blutdruckreaktionen auf ein Videospiel bei körperlich trainierten Hypertonikern im Vergleich zu untrainierten geringer ausgeprägt waren. Allerdings bestehen einige Zweifel an der Vergleichbarkeit der beiden Gruppen von Hypertonikern in der Studie von Perkins et al., da der Blutdruck im Ruhezustand ähnlich war, obwohl die trainierte Gruppe ein extensives aerobisches Trainingsprogramm absolviert hatte. In anderen Studien konnten nach einem aerobischen Training keine systematischen Veränderungen in der kardiovaskulären Reaktivität auf mentale Anstrengung bei Menschen mit normalem Blutdruck festgestellt werden (Sinyor et al. 1986; Steptoe et al., im Druck b). Das Fehlen jeglicher Interaktion zwischen Familienanamnese und körperlicher Fitneß läßt Zweifel an der Hoffnung aufkommen, das erhöhte kardiovaskuläre Risiko von Personen mit einer positiven Familienanamnese ließe sich durch sportliche Betätigung verringern. Andererseits läßt dies die wichtige Folgerung zu, daß biobehaviorale Faktoren kardiovaskuläXre Reaktionen auf mentale Anstrengung über eine Reihe voneinander unabhängiger Bahnen beeinflussen können.

Literatur

Allen MT, Obrist PA, Sherwood A, Crowell MD (1987) Evaluation of myocardial and peripheral vascular responses during reaction time, mental arithmetic and cold pressor tasks. Psychophysiology 24:648-656

Anderson EA, Mahoney LT, Lauer RM, Clarke WR (1987) Enhanced forearm blood flow during mental stress in children of hypertensive patients. Hypertension 10:544-549

Blix AS, Strømme SB, Ursin H (1974) Additional heart rate - an indicator of psychological activation. Aerospace Med 45:1219-1222

Brod J (1960) Essential hypertension. Haemodynamic observations with a bearing on its pathogenesis. Lancet ii: 773-778

Carroll D, Turner JR, Hellawell JC (1986) Heart rate and oxygen consumption during active psychological challenge: the effects of level of difficulty. Psychophysiology 23:174-181

Carroll D, Turner JR, Rogers S (1987) Heart rate and oxygen consumption during mental arithmetic, a video game and graded static exercise. Psychophysiology 24:112-118

Cox RH, Hubbard JW, Lawler JE, Sanders BJ, Mitchell VP (1985) Exercise training attenuates stress-induced hypertension in the rat. Hypertension 7:747-751

Davies CTM (1968) Limitations to the prediction of maximum oxygen intake from cardiac frequency measurements. J Appl Physiol 24:700-706

DiBona GF (1989) Sympathetic nervous system influences on the kidney. Am J Hypertens 2:119-124

Ditto B, Miller SB (1989) Forearm blood flow responses of offspring of hypertensives to an extended stress task. Hypertension 13:181-187

Dotson CO, Caprarola MA (1984) Maximal oxygen uptake estimated from submaximal heart rate. Br J Sports Med 18:191-194

Duncan JJ, Farr JE, Upton J, Hagan RD, Oglesby ME, Blair SN (1985) The effect of aerobic exercise on plasma catecholamines and blood pressure in patients with mild essential hypertension. J Am Med Assoc 254:2609-2613

Ferrara MA, Moscato TS, Pisanti N, Marotta T, Krogh V, Capone D, Mancini M (1988) Is the sympathetic nervous system altered in children with familial history of arterial hypertension? Cardiology 75:200-205

Fredrikson M, Matthews KA (1990) Cardiovascular responses to behavioral stress and hypertension: a meta-analytic review. Ann Behav Med 12:30-39

Kahneman D, Tursky B, Shapiro D, Crider A (1969) Pupillary, heart rate, and skin resistance changes during a mental task. J Exp Psychol 79:164-167

Langer AW, Stoney CM, McCubbin JA, Hutcheson JS, Charlton JD, Obrist PA (1985) Cardiopulmonary adjustments during exercise and an aversive reaction time task: effects of beta-adrenoceptor blockade. Psychophysiology 22:59-68

Light KC, Koepke JP, Obrist PA, Willis PW (1983) Psychological stress induces sodium and fluid retention in men at risk for hypertension. Science 200:429-431

Light KC, Obrist PA, Sherwood A, James SA, Strogatz DS (1987a) Effects of race and marginally elevated blood pressure on responses to stress. Hypertension 10:555-563

Light KC, Obrist PA, James SA, Strogatz DS (1987b) Cardiovascular responses to stress II. Relationships to aerobic exercise patterns. Psychophysiology 24:79-86

Manuck SB, Kaplan JR, Clarkson TB (1983) Behaviorally induced heart rate reactivity and atherosclerosis in cynomolgus monkeys. Psychosom Med 45:95-108

Mills DE, Ward RP (1986) Attenuation of stress-induced hypertension by exercise independent of training effects: an animal model. J Behav Med 9:599-605

Molineux D, Steptoe A (1988) Exaggerated blood pressure responses to submaximal exercise in normotensive adolescents with a family history of hypertension. J Hypertens 6:361-365

Morell MA, Myers HF, Shapiro D, Goldstein I, Armstrong M (1988) Psychophysiological reactivity to mental arithmetic stress in black and white normotensive men. Health Psychol 7:479-496

Nestel BJ (1969) Blood pressure and catecholamine excretion after mental stress in labile hypertension. Lancet i: 692-694

Obrist PA, Light KC, James SA, Strogatz DS (1987) Cardiovascular responses to stress: 1. Measures of myocardial response and relationship to high resting systolic pressure and parental hypertension. Psychophysiology 24:65-78

Perkins KA, Dubbert PM, Martin JE, Faulstich ME, Harris JK (1986) Cardiovascular reactivity to psychological stress in aerobically trained versus untrained mild hypertensives and normotensives. Health Psychol 5:407-421

Pollak MH, Obrist PA (1988) Effects of autonomic blockade on heart rate responses to reaction time and sustained handgrip tasks. Psychophysiology 25:689-695

Raven JC (1938) Progressive Matrices. Lewis, London

Rozanski A, Bairey N, Krantz DS, Friedman J, Rosser KJ, Morell M, Hilton-Chalfen S, Hestrin L, Bietendorf J, Berman DS (1988) Mental stress and the induction of silent myocardial ischaemia in patients with coronary artery disease. N Engl J Med 318:1005-1012

Sallis JF, Dimsdale JE, Caine C (1988) Blood pressure reactivity in children. J Psychosom Res 32:1-12

Schulhan D, Scher H, Furedy JJ (1986) Phasic cardiac reactivity to psychological stress as a function of aerobic fitness level. Psychophysiology 23:562-566

Schulte W, Von Eiff AW (1985) The importance of cardiovascular reactivity to different types of stress for the development of hypertension. In: A Steptoe, H Rüddel, H Neus (eds) Clinical and methodological issues in cardiovascular psychophysiology. Springer, Berlin Heidelberg New York Tokyo, pp 53-65

Sherwood A, Light KC, Blumenthal JA (1989) The effects of aerobic exercise training on hemodynamic responses during psychosocial stress in normotensive and borderline hypertensive Type A men: a preliminary report. Psychosom Med 51:123-126

Sinyor D, Gold M, Steinert Y, Seraganain P (1986) Experimental manipulation of aerobic fitness and the response to psychosocial stress: heart rate and self-report measures. Psycho Med 48:324-337

Slaby A, Frantik E, Horvarth M (1987) Lower cardiovascular responsiveness in men with a positive family history of hypertension who remain normotensive in middle age. Activ Nerv Sup 29:285-289

Spielberger CD (1979) Preliminary Manual for the State-Trait Personality Inventory (STPI). Center for Research in Behavior Medicine and Health Psychology University of Southern Florida, Tampa

Spielberger CD, Johnson EH, Russell SF, Crane RJ, Jacobs GA, Worden TJ (1985) The experience and expression of anger: construction and validation of an anger expression scale. In: MH Chesney RH Rosenman (eds) Anger and hostility in cardiovascular and behavioral disorders. Hemisphere, Washington, pp 5-30

Steptoe A (1981) Psychological factors in cardiovascular disorders. Academic Press, London

Steptoe A (1989) Psychophysiological interventions in behavioural medicine. In: G Turpin (ed) Handbook of clinical psychophysiology. Wiley, Chichester, pp 215-239

Steptoe A (1990) The value of mental stress testing in the investigation of cardiovascular disorders. In: LR Schmidt, P Schwenkmezger, J Weinman, S Maes (eds) Health psychology: theoretic and applied aspects. Harwood, London, pp 309-329

Steptoe A, Melville D, Ross A (1984) Behavioral response demands, cardiovascular reactivity and essential hypertension. Psychosom Med 45:33-48

Steptoe A, Molineux D (1986) Evaluation of an electronic sphygmomanometer suitable for the self-monitoring of blood pressure. Behav Res Ther 24:223-226

Steptoe A, Vögele C (1991) The methodology of mental stress testing in cardiovascular research. Circulation (in press)

Steptoe A, Moses J, Edwards S (1990) Age-related differences in cardiovascular reactions to mental stress tests in women. Health Psychol 9:18-34

Steptoe A, Moses J, Mathews A, Edwards E (1991) Aerobic fitness, physical activity and psychophysiological reactions to mental tasks. Psychophysiology (in press)

Turner JR, Carroll D (1985) Heart rate and oxygen consumption during mental arithmetic, a video game, and graded exercise: further evidence of metabolically-exaggerated cardiac adjustments? Psychophysiology 22:261-267

Turner JR, Carroll D, Costello M, Simms J (1988) The effects of aerobic fitness on additional heart rates during active psychological challenge. J Psychophysiol 2:91-97

Entstehung und Wahrnehmung individualspezifischer Körpergerüche: Ein neues Feld der klinisch-psychologischen Forschung

R. Ferstl und F. Eggert

Einleitung

Betrachtet man die Literatur der klinisch-psychologischen Forschung der letzten Jahre, so fällt auf, daß Themen der Geruchs- und Geschmackswahrnehmung kaum ein Thema dieses Forschungsbereichs waren. Trotz zahlreicher physiologischer, neuroanatomischer und biochemischer Befunde, die eine differenzierte Geruchsinformationsverarbeitung dokumentieren, wurde das menschliche olfaktorische System sehr lange als unterentwickelt betrachtet. Menschen wurden als Mikrosmaten (d.h. mit gering entwickeltem Geruchsvermögen) bezeichnet, während viele Tiere als makrosmatisch, also als im Besitz eines hochsensitiven Riechapparates betrachtet werden (vgl. Engen 1982; Stoddart 1980; Stoddart 1988). Wie Goldstein (1989) in seinem exzellenten Überblick über die chemischen Sinne zu Recht diskutiert, muß diese bisherige Auffassung aufgrund neuer Forschungsergebnisse revidiert werden. Seiner, aber auch unserer Meinung nach, gibt es in diesem Bereich mindestens 3 Mythen über die menschliche Geruchswahrnehmung:

1. Menschliche olfaktorische Rezeptoren arbeiten weniger sensitiv als diejenigen anderer Lebewesen. Die geschätzte Zahl von Rezeptoren in der Nasenschleimhaut, z.B. von Hunden, steht in einem Zahlenverhältnis von etwa 100:1 gegenüber derjenigen in der menschlichen Nasenschleimhaut. Dies bedeutet jedoch keinesfalls, daß bei Bindung eines Geruchsmoleküls an einen Rezeptor eine unterschiedliche neurophysiologische Informationsverarbeitung bei Tier und Mensch nachweisbar wäre.
2. Die Unterschiedsschwellen unseres Geruchssystems sind hoch. Die Bestimmung von Unterschiedsschwellen hängt offensichtlich von der Genauigkeit ab, mit der verschiedene Duftkonzentrationen präsentiert werden können. Eine präzise Kontrolle der Reizapplikation durch Olfaktometer ergab jedoch Schätzungen von Unterschiedschwellen von 5-11%. Diese entsprechen durchaus denjenigen anderer Sinnesmodalitäten.
3. Unsere Fähigkeit, Gerüche zu identifizieren, ist verkümmert. Nach Goldstein stammt diese Aussage aus Studien, in welchen Versuchspersonen auf

ihre Wiedererkennensleistung in Serien mit unterschiedlichen Gerüchen untersucht wurden. Diese Versuchspersonen wurden jedoch nicht danach befragt, ob sie bestimmte Gerüche wie z.B. Hexan aus einer 1. Serie wiedererkennen konnten, sondern ob sie sich an eine vorher zugeordnete künstliche Bezeichnung für diese Gerüche erinnerten. Verbesserte Testverfahren für das Geruchsgedächtnis, die die richtigen Namen oder Bezeichnungen von bekannten Gerüchen verwenden, zeigen im Gegensatz zu diesen Studien extrem hohe Identifikationsraten.

Wir wollen mit den im folgenden dargestellten Untersuchungen zusätzliche Argumente gegen diese Mythen vorlegen. Unter anderem werden wir darüber berichten, daß zumindest einige Frauen in der Lage sind, menschliche Körpergerüche, die eine hohe immungenetische Spezifität besitzen, zu identifizieren. Dies ist besonders deshalb interessant, weil wir in einer Serie von Untersuchungen an Tieren und Menschen nachweisen konnten, daß ein Teil des menschlichen Körper- und Uringeruchs konstitutiv von immungenetischen Markern abhängt.

Ausgangspunkt unserer Untersuchungen waren Tierexperimente, die in jüngster Zeit in zahlreichen Studien eine mögliche Verbindung zwischen genetisch determinierten Molekülgruppen, die als "major histocompatibility antigens" bekannt sind und dem individualspezifischen Körper- und Uringeruch aufwiesen (Beauchamp et al. 1986; Beauchamp et al. 1985; Boyse et al. 1980; Boyse et al. 1983; Brown et al. 1987; Yamaguchi et al. 1981; Yamazaki et al. 1979; Yamazaki et al. 1980; Yamazaki et al. 1981). Diese Antigene sind Glykoproteine, die auf nahezu allen kernhaltigen Körperzellen exprimiert und vom "major histocompatibility complex" (MHC) codiert werden. Für alle bislang untersuchten Säugetierarten gibt es analoge genetische Systeme. Für den Fall des Menschen wird der MHC als Human-leukocyte-antigen-(HLA)-Komplex bezeichnet und befindet sich auf Chromosom 6, bei Mäusen gilt die Bezeichnung H-2 (Chromosom 17).

Die MHC-Gene umfassen 2 Typen. Klasse I Gene codieren 45 kD Polypeptide, die mit einem 13 kD Protein (Beta-2-Microglobulin) assoziiert sind. Sie wurden ursprünglich durch ihre Rolle bei der Abstoßungsreaktion von transplantierten Organen bekannt. Bei dieser Abstoßungsreaktion sind sie verantwortlich für die Selbst-/Nicht-selbst-diskriminationsfähigkeit des Immunsystems. Heutzutage weiß man, daß diese Proteine an zahlreichen Aspekten der Immunsystemaktivität wie der Antigenerkennung und an der Regulation der Interaktionen unterschiedlicher Zellpopulationen des Immunsystems beteiligt sind. Beispielsweise wird auf Makrophagen gemeinsam mit dem Klasse-I-Molekül antigene Substanz den zytotoxischen T-Zellen präsentiert und dadurch die spezifische Immunreaktion angestoßen. Klasse-II-Gene kodieren ein dimeres Molekül, das hauptsächlich auf bestimmten Immunozyten exprimiert wird. Dieses ist an der Antigenpräsentation sog. Helferzellen beteiligt, die wiederum die B-Zellaktivität und damit die Antikörperproduktion anregen.

Ein erster Bericht über eine verhaltenssteuernde Wirkung MHC-korrelierter Gerüche, wurde von Yamazaki et al. (1976) veröffentlicht. Diese Autoren hatten zufällig beobachtet, daβ H-2-kongene Mäusestämme eine Präferenz für H-2-differente Tiere bei der Partnerwahl zeigen. H-2-kongene Inzuchtmäusestämme unterscheiden sich genetisch nur auf dem H-2 Abschnitt auf Chromosom 17. Der übrige Anteil ihres Genoms ist identisch. Nachfolgende Studien (Beauchamp et al. 1988; Yamaguchi et al. 1978; Yamazaki et al. 1988; Yamazaki et al. 1987; Yamazaki et al. 1983) lieβen vermuten, daβ Klasse-I-Antigene an der Produktion dieser spezifischen Gerüche beteiligt sind, die das Partnerwahlverhalten und die Häufigkeit sog. "pregnancy blocks" (Bruce-Effekt, Bruce 1959) zu kontrollieren in der Lage sind. Der von Bruce erstmals beschriebene "pregnancy block" beschreibt das Phänomen, daβ die Einbettung des befruchteten Blasten in den Uterus durch den Geruch stammfremder Tiere unterbrochen werden kann. MHC-spezifische Körper- oder Uringerüche wurden in der Folge für Mäuse und Ratten nachgewiesen (Brown et al. 1987; Yamazaki et al. 1979; Yamaguchi et al. 1981). Diese Gerüche können nicht nur von Mitgliedern derselben Spezies, sondern auch von denen anderer Spezies unterschieden werden. So konnte u. a. gezeigt werden, daβ Mäusestämme, die lediglich in ihrem H-2 differieren, von anderen Mäusen, von Ratten und von Menschen anhand ihrer stammspezifischen Urin- und Körpergerüche diskriminiert werden können (Beauchamp et al. 1985; Gilbert et al. 1986; Yamazaki et al. 1979; Yamaguchi et al. 1981). Eine MHC-assoziierte Geruchsexpression beim Menschen wurde bisher nicht beschrieben.

Mit Hilfe einer semiallogenen Knochenmarktransplantation zwischen H-2-congenen Mäusen (bei denen ein Haplotyp des Spenders und des Empfängers übereinstimmt) konnten Yamazaki et al. (1985) einen Ursprung des individualspezifischen Geruchs im hämatopoetischen System nachweisen. Mäuse, die zunächst H-2-congene (semiallogene) Mäusestämme (Knochenmarkspender) aufgrund ihres Geruchs zu unterscheiden gelernt hatten, konnten anschlieβend zwischen Tieren eines 3. H-2-congenen (semiallogenen) Stammes unterscheiden, die jeweils das Knochenmark eines der Mäusestamme erhalten hatten, zwischen denen die ursprüngliche olfaktorische Diskrimination aufgebaut worden war.

Unsere eigenen Forschungsarbeiten begannen mit 2 Studien (Ferstl et al. 1988; Luszyk et al. 1989), die systematisch die Veränderung stammspezifischer Uringerüche nach vollallogener und nach syngener Knochenmarktransplantation untersuchten. Syngene Mäuse stimmen in beiden Haplotypen des H-2, semiallogene Mäuse in einem der beiden überein, vollallogene Mäuse unterscheiden sich genetisch in beiden Haplotypen ihres H-2. Die Tiere, die als

Knochenmarkspender und -empfänger verwendet wurden (die Inzuchtstämme C3H und C57) unterscheiden sich genetisch nicht nur im H-2, sondern auch in ihrem sonstigen genetischen Hintergrund. Daher waren in diesen Studien geruchliche Unterschiede, die aufgrund anderer genetischer Lozi (anderer als H-2) entstehen, in die Fragestellung mit eingeschlossen. Die Ergebnisse bestätigten, daß das hämatopoetische System die Geruchsspezifität beeinflußt. Verschiedendste prozedurale Nebeneffekte der Knochenmarktransplantation wurden über Kontrollstudien an syngen transplantierten Tieren ausgeschlossen. Diese Tiere zeigten keinerlei Veränderung in ihren Uringerüchen nach der Transplantation. Desgleichen wurden experimentelle Kontrollen zum Diskriminationstraining durchgeführt - ebenfalls ohne den Nachweis prozeduraler Einflüsse auf die Ergebnisse. Faßt man diese Befunde zusammen, so zeigt sich das eindeutige Bild, daß die Veränderung des Uringeruchs bei allogenen Knochenmarkempfängern auf das Transplantat zurückgeführt werden kann. Studien, die die Art der gefundenen Geruchsveränderung aufklären sollten, also z.B. ob der Uringeruch der Knochenmarkempfänger aus Spender- und Empfängeranteilen besteht, führten nur teilweise zum Erfolg. Tiere, die auf einen C57-spezifischen Uringeruch trainiert wurden, konnten weder spender- noch empfängerspezifische Komponenten identifizieren. Hingegen zeigten jene Mäuse, die C3H-spezifische Uringerüche zu identifizieren gelernt hatten, in den kritischen Tests hohe Identifikationsraten sowohl von Spender- als auch von Empfängeranteilen.

In einer weiteren Arbeit (Sobottka et al. 1989) wurde die gleiche Fragestellung bezüglich der Veränderung des spezifischen Geruchs von Mäusestämmen nach vollallogener Knochenmarktransplantation geprüft, jedoch wurden diesmal Ratten auf die Geruchsdiskrimination trainiert. Zwei CAP-Ratten lernten in einem Olfaktometer (vgl. Ferstl et al. 1988) 2 vollallogene Mäusestämme (C3H, C57) aufgrund ihrer Uringerüche zu unterscheiden. Nach dem Erwerb der Diskriminationsfähigkeit wurde die Verstärkungsrate schrittweise in definierten Blöcken von Versuchsdurchgängen von 100% auf 0% reduziert, um in diesen Blöcken Transfer-of-training-Tests durchzuführen. In diesen Versuchsabschnitten konnten Urine von allogen rekonstituierten Chimären (C57->C3H und C3H->C57) getestet werden. Abermals konnten wir nachweisen, daß die stammspezifischen Uringerüche der Knochenmarkempfänger durch eine vollallogene Knochenmarktransplantation verändert wurden. Darüberhinaus zeigte sich, daß die Uringerüche allogen-rekonstituierter Chimären sich auch vom stammspezifischen Geruch des jeweiligen Spenderstammes unterscheiden.

Anläßlich einer Diskussion dieser Forschungsarbeiten in einem Seminar berichtete eine Studentin über Veränderungen in der Geruchswahrnehmung von Körpergerüchen, die sie während mehrerer Monate ihrer Schwangerschaft erlebt hatte. Unter ihren männlichen Kollegen waren ihr 3 ihr weiter nicht bekannte Studenten aufgefallen, die sich durch einen besonders starken unangenehmen Körpergeruch ausgezeichnet hatten. Die Bestimmung ihres Gewebetypus und derjenigen der 3 Studenten ergab, daβ 2 ihrer Kollegen in einem Haplotyp des HLA Klasse I und Locus A und B auf (A24, B62) identisch waren. Die Wahrscheinlichkeit, ein solches Ergebnis durch eine Zufallsstichprobe in einer repräsentativen deutschen Stichprobe von 10 000 Fällen bei einer Basisrate von $p = 0{,}0079$ zu erzielen, beträgt 0,00018. Durch diesen Zufallsbefund wurden 2 weitere Studien initiiert:

1. Experimente, in denen wir versuchten, Ratten in dem computerkontrollierten Olfaktometer darauf zu trainieren, Gruppen von Versuchspersonen entsprechend ihres HLA-Klasse-I-Typus anhand von Uringerüchen zu unterscheiden.
2. Eine Feldstudie, in der eine größere Stichprobe von Frauen zusammengestellt wurde, die ähnliche Phänomene wie die von uns per Zufall identifizierte Studentin erlebt hatten. Diese Frauen und die von ihnen als körpergeruchsauffällig benannten Personen sollten gewebetypisiert werden.

Wir werden zunächst über die Tierexperimente berichten und danach die Ergebnisse der Feldstudie beschreiben.

MHC-spezifische Uringerüche bei Menschen

In der 1. Untersuchung wollten wir prüfen, ob Ratten eine olfaktorische Diskriminationsaufgabe erlernen können, in der sie eine Gruppe von Versuchspersonen, die einen gemeinsamen HLA-Klasse-I-Lokus A und B besitzen, von einer 2. Gruppe mit unterschiedlichen HLA-Klasse-I-Lozi diskriminieren sollen. Der Klasse-I-Lokus C und Klasse-II- und -III-Lozi waren nicht Gegenstand dieser Untersuchung.

Das Reizmaterial bestand aus Urinproben, die wir von 4 Gruppen gewebetypisierter Personen gesammelt hatten (s. Tabelle 1). Die Urine wurden portioniert und bis zur Verwendung im Experiment tiefgefroren.

Für die Verwendung im Versuch wurden 3 weibliche Ratten des Inzuchtstammes CAP jeweils 20 h vor Versuchsbeginn wasserdepriviert. Die Tierhaltung erfolgte ansonsten unter Standardbedingungen.

Der experimentelle Aufbau ist in Abb. 1 dargestellt. Von einem Kompressor (C) wird Luft über einer Säule mit Silicagel (SG) dehydriert und durch eine 2. Säule mit Aktivkohle (CC) von Geruchsbestandteilen gereinigt. Diese gefilterte Luft wird auf 4 Kanäle aufgeteilt. Der Trägerluftstrom und die 3 Geruchsströme werden durch destilliertes Wasser in Gaswaschflaschen (GWB) wieder angefeuchtet. Jeder der Duftströme ist mit einer Duftkammer (OB)

Tabelle 1. Urinspendergruppen

S+ Personen: HLA-Klasse I				Geschlecht	S- Personen: HLA-Klasse I				Geschlecht
				Panel 1					
A1	A1	B8	B8	männlich	A24	A28	B38	B56	männlich
A1	A1	B8	B8	weiblich	A24	A24	B40	B51	weiblich
A1	A1	B8	B8	weiblich	A11	A24	B39	B61	weiblich
A1	A2	B7	B8	weiblich	A2	A26	B13	B55	männlich
A1	A2	B7	B8	weiblich	A3	A24	B7	B57	männlich
A1	A2	B7	B8	weiblich	A3	A25	B13	B39	weiblich
				Panel 2					
A1	A1	B7	B8	weiblich	A1	A25	B37	B58	weiblich
A1	A1	B7	B8	weiblich	A1	A11	B35	B44	weiblich
A1	A2	B7	B8	weiblich	A25	A31	B13	B39	weiblich
A1	A2	B7	B8	weiblich	Ax	Ax	B35	B62	weiblich

verbunden, die die jeweils für das Training oder die Testphasen eingesetzten Gerüche enthält. Um mehr als 3 Gerüche innerhalb einer Versuchssitzung präsentieren zu können, wurden die Duftkammern (OB) in balancierter Weise während des Versuchs ausgewechselt. Der Luftdurchsatz der 4 Strömungskanäle wurde über Flußmesser (FM) kontrolliert. Der Trägerluftstrom wurde kontinuierlich in die Testbox (TC) geleitet, aus der kontinuierlich Luft über ein Abluftsystem (E) abgezogen wurde. Die Duftbeimengung wurde mit Hilfe von Magnetventilen (SV) kontrolliert.
Wenn die Ratte eine Lichtschranke (PB) im vorderen Teil eines Glaskolbens an der Testbox unterbrach, wurde einer der Duftströme dem Trägerluftstrom beigemischt. Wenn der S+ präsentiert wurde (2 s) und wenn die Ratte einen Induktionsstromkreis zwischen der Reaktionstaste (RK) und einer Metallplatte (FP) am Boden der Versuchskammer geschlossen hatte, wurde über ein weiteres Magnetventil (S) ein Tropfen Wasser aus einem Wasserspender (WD) gegeben.

Das Intertrialintervall betrug 1 s, die Einzelversuchsdurchgänge, die Reizdauer sowie die Reihenfolge der Duftpräsentationen wurden von einem Rhotron-Atari Computer kontrolliert. Die Reaktionen (richtig/falsch) wurden vom gleichen Rechner registriert. Jede Trainingssitzung beinhaltete bis zu 200 Einzeldurchgänge.

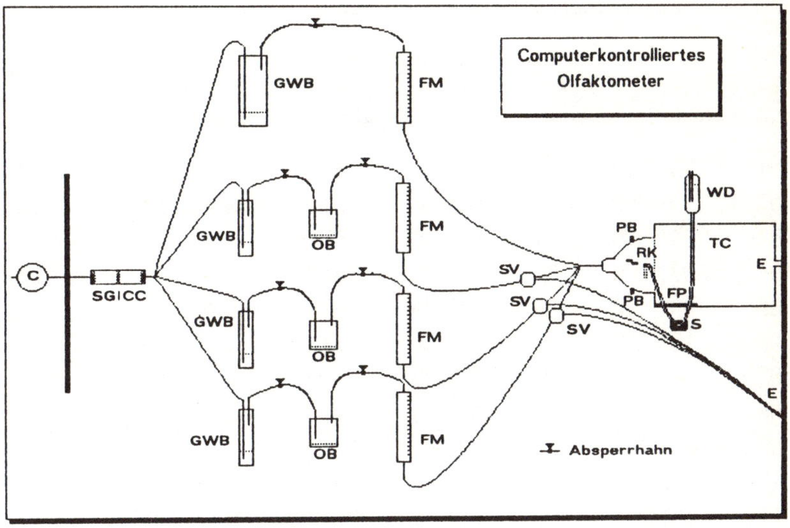

Abb.1. Computerkontrolliertes Olfaktometer

Im Urin gibt es mehrere Substanzen, die als mögliche Duftmoleküle diskutiert werden (Albane 1984; Schwende et al. 1984). Berücksichtigt man diese Tatsache, aber auch die Unterschiede im Ernährungs- und Hormonstatus der Versuchspersonen, so läßt sich die Frage nach einer geruchlichen Identifikation von Personen mit gemeinsamen HLA-Klasse-I-Lozi nur dann beantworten, wenn die Versuchstiere schrittweise eine Geruchskonzeptbildungsaufgabe erlernen können.

Um die Stimulusgeneralisation prüfen zu können, entwarfen wir eine kumulative Trainings- und Testprozedur. Das Training begann mit einem beliebigen Paar von S+ und S- Gerüchen und wurde zunächst bis zu einem Kriterium von 70% richtiger Reaktionen durchgeführt. Danach wurde die Verstärkungsrate in 4 Blöcken von je 10 Versuchsdurchgängen schrittweise auf 0 reduziert. In 2 dieser 4 Blöcke wurde 1 weiteres Paar von S+ und S- Gerüchen für den Transfertest (TTT) eingesetzt. Die Ergebnisse aus den beiden anderen Blöcken dienten als Referenz. In Tabelle 2 sind die Details der Prozedur dargestellt.

Nach dem 1. TTT wurde das Training mit den 4 Gerüchen, d.h. mit jeweils einem Paar von S+ und S- weitergeführt. Ein 2. TTT folgte dann anhand eines 3. Geruchspaares. Das Training wurde mit 3 Geruchspaaren fortgesetzt und mit 2 unterschiedlichen TTT's (3. und 4. TTT, vgl. Tabellen 3 und 4) beendet. Aufgrund der uns zur Verfügung stehenden technischen Möglichkeiten konnten wir kein weiteres Training mit 4 Geruchspaaren durchführen.

Tabelle 2. Verstärkungsraten in definierten Blöcken von Trialswährend der einzelnen Experimentalphasen

			Trainingsphasen				Testphase
Block	Trials	N	P2	P3	...	P3	P4
01	001-030	30	100 %	100 %	...	100 %	100 % T
02	031-060	30	100 %	100 %	...	100 %	100 % T
03	061-070	10	100 %	80 %	...	20 %	0 % RT
04	071-090	20	100 %	100 %	...	100 %	100 % T
05	091-100	10	100 %	80 %	...	20 %	0 % TT
06	101-120	20	100 %	100 %	...	100 %	100 % T
07	121-150	30	100 %	100 %	...	100 %	100 % T
08	151-160	10	100 %	80 %	...	20 %	0 % RT
09	161-180	20	100 %	100 %	...	100 %	100 % T
10	181-190	10	100 %	80 %	...	20 %	0 % TT
11	191-200	10	100 %	100 %	...	100 %	100 % T

T Trainingstrials, **RT** Referenztrials, **TT** Testtrials

Die Tabellen 3 und 4 zeigen die Ergebnisse der Referenz und der Testtrials von 2 Versuchstieren, deren Aufgabe mit den Urinproben der 1. Versuchspersonengruppe (vgl. Tabelle 1) zusammengestellt worden war. Beide Tiere konnten die einfachen und komplexen Reizanordnungen in jedem Block von Referenztrials unterscheiden, d.h. sie konnten ohne Verstärkung ihre richtigen Wahlen treffen. Bei der Einführung des 1. und 2. neuen Vergleichspaares von Uringerüchen, zeigten sich jedoch keine korrekten Wahlen im TTT. Ein Versuchstier identifizierte das 3., neu eingeführte Geruchspaar korrekt. Beide Ratten konnten nach einem Training mit 3 Geruchspaaren in einem 4. Transfertest korrekt zwischen den neuen Urinen diskriminieren.

Die Ursachen für die geringe Transferleistung in den 1. Tests der beiden Tiere liegt möglicherweise in der gemischtgeschlechtlichen Zusammensetzung der 1. Versuchsgruppe (vgl. Tabelle 1, Panel 1).

Die Tabelle 5 enthält die Ergebnisse der Test- und Referenzdurchgänge eines 3. Versuchstieres, das mit den Urinproben des 2. Panels, das nur aus Frauen bestand, trainiert wurde (vgl. Tabelle 1, Panel 2).

Das Tier zeigte bei der Diskriminationsleistung in den einfachen und komplexen Reizkombinationen in jedem Block von Referenztrials, also ohne Verstärkung einen hohen Prozentsatz an korrekten Reaktionen. Bei der Einführung eines 1., 2. und 3. neuen Paares von Vergleichsgerüchen ergab sich ein positives Ergebnis im TTT.

Tabelle 3. Diskrimination von S+/S-

TTT nach Training mit	Tier A		Tier B	
	RT	TT	RT	TT
1 Paar von Urinen	92,5 % *** N=40	40,0 % N=40	81,7 % *** N=60	53,3 % N=40
2 Paaren von Urinen	70,0 % *** N=80	47,5 % N=61	64,3 % ** N=70	52,2 % N=67
3 Paaren von Urinen	64,0 % ** N=100	76,3 % *** N=76	65,0 % * N=60	45,7 % N=46
3 Paaren 2. TTT	81,4 % *** N=70	67,1 % ** N=73	77,8 % *** N=90	70,5 % *** N=88

* $p<0,05$, ** $p<0,01$, *** $p<0,001$; Binomialverteilung, H0 : π = 0,5 **RT** Referenztrials, **TT** Testtrials

Tabelle 4. Identifikation des S+

TTT nach Training mit	Tier A		Tier B	
	RT	TT	RT	TT
1 Paar von Urinen	95,0 % *** N=20	10,1 % N=20	76,7 % ** N=30	25,0 % N=20
2 Paare von Urinen	85,0 % *** N=40	39,4 % N=33	71,4 % ** N=35	50,0 % N=34
3 Paare von Urinen	94,0 % *** N=50	88,1 % *** N=42	70,0 % * N=30	75,0 % * N=20
3 Paare 2. TTT	88,6 % *** N=35	66,7 % * N=42	82,2 % *** N=45	76,6 % *** N=47

* $p<0,05$, ** $p<0,01$, *** $p<0,001$; Binomialverteilung, H0 : π = 0,5; **RT** Referenztrials, **TT** Testtrials

Tabelle 5. Diskrimination von S+/S- und Identifikation des S+ (Panel 2)

TTT nach Training mit	Diskrimination S+/S-		Identifikation S+	
	RT	TT	RT	TT
1 Paar von Urinen	95,0 % *** N=60	81,6 % *** N=60	96,0 % *** N=29	95,0 % *** N=21
2 Paaren von Urinen	86,6 % *** N=60	83,3 % *** N=60	84,0 % *** N=32	83,3 % *** N=30
3 Paaren von Urinen	86,6 % *** N=60	83,3 % *** N=60	82,0 % *** N=34	81,0 % *** N=32

*** $p<0,001$; Binomialverteilung, H0 : $\pi = 0,5$; **RT** Referenztrials; **TT** Testtrials

Die hier berichteten Ergebnisse sprechen sehr stark für HLA-assoziierte Uringerüche beim Menschen. Die trainierten Versuchstiere konnten nach einem entsprechenden Training einen gemeinsamen Geruchsreiz für Personen, die in Klasse I Lokus A und Lokus B identisch sind, identifizieren. Zugegebenermaßen besteht eine Einschränkung: Einige der Urinspender waren in Klasse I Lokus A und B heterozygot (vgl. Tabelle 1). Dennoch läßt sich die Schlußfolgerung ziehen, daß für Menschen MHC-assoziierte Uringerüche existieren.

HLA-spezifische Körpergerüche

Wir haben 400 Frauen nach Besonderheiten ihrer Wahrnehmung von Körpergerüchen anderer Personen im Verlauf ihrer Schwangerschaft und/oder ihres Menstruationszyklus befragt. Unter ihnen konnten wir 19 (5%) Frauen identifizieren, die folgende Kriterien erfüllten:

1. Wahrnehmung intensiver Körpergerüche von wenigstens 2 anderen Personen (männlich oder weiblich; Verwandte oder Partner wurden von der Untersuchung ausgeschlossen; Effekte der Körperhygiene oder von Parfüms bzw. Rasierwassern wurden ebenfalls kontrolliert).
2. Das Einverständnis aller indizierten Personen einschließlich der benennenden Frauen, an der Untersuchung teilzunehmen, mußte vorliegen (d.h. diese Personen sollten 20 ml Blut für die HLA-Typisierung spenden).

Im folgenden wollen wir die benennenden Frauen als "Nasen" bezeichnen. Insgesamt wurden 51 Personen (31 Männer, 20 Frauen) genannt, die über ihren Körpergeruch aufgefallen waren. Zusätzlich nannten uns die "Nasen" 23 Kontrollpersonen, deren Körpergeruch für sie nicht auffällig war. Verglichen mit einer repräsentativen deutschen Stichprobe ergab unsere Datenanalyse eine erhöhte Frequenz für bestimmte HLA-Allele (vgl. Abb. 2-4).

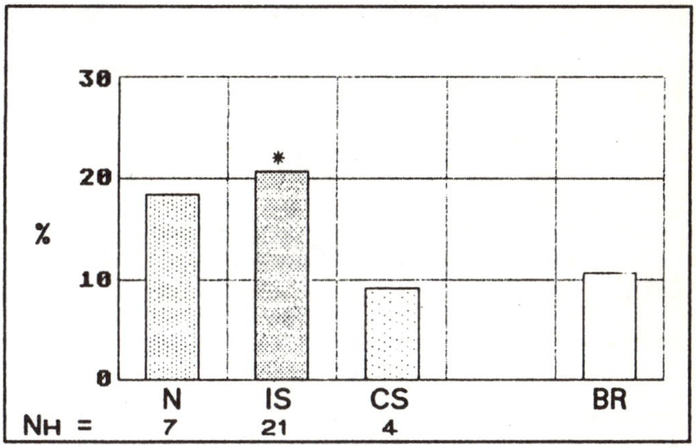

* = p<0.05, Binomialverteilung, H_O: π = 0.1065

Abb. 2. Häufigkeiten des A9(A23, A24)-MHC-Allels (**N** "Nasen", 19 Frauen, 38 Haplotypen; **IS** indizierte Personen, 51 Personen, 102 Haplotypen; **CS** Kontrollstichprobe, 22 Personen, 44 Haplotypen; **BR** Basisrate in einer repräsentativen Stichprobe (N = 10 000); **NH** Anzahl der A9 Haplotypen)

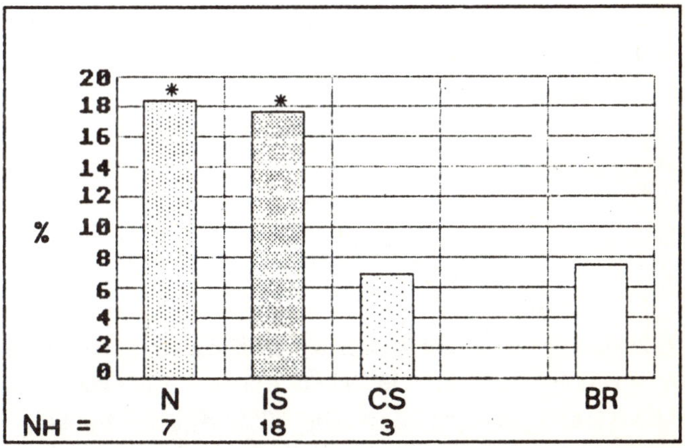

* = p<0.05, Binomialverteilung, H_O: π = 0.0745

Abb. 3. Häufigkeiten des B15(B62, B63)-MHC-Allels (**N** "Nasen", 19 Frauen, 38 Haplotypen; IS indizierte Personen, 51 Personen, 102 Haplotypen; **CS** Kontrollstichprobe, 22 Personen, 44 Haplotypen; **BR** Basisrate in einer repräsentativen Stichprobe (N = 10 000); **NH** Anzahl der B15 Haplotypen)

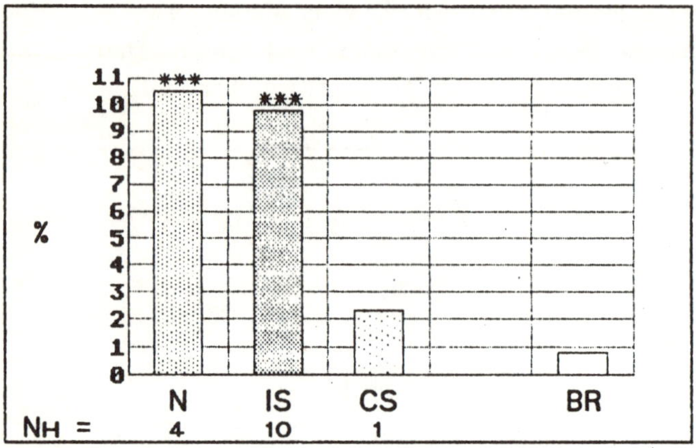

*** = p<0.001, Binomialverteilung, H_0: π = 0.0079

Abb. 4. Häufigkeiten der A19B15-MHC-Allelkombinationen (**N** "Nasen", 19 Frauen, 38 Haplotypen; **IS** indizierte Personen, 51 Personen, 102 Haplotypen; **CS** Kontrollstichprobe, 22 Personen, 44 Haplotypen; **BR** Basisrate in einer repräsentativen Stichprobe (N = 10 000); **NH** Anzahl der A9B15 Haplotypen)

Zehn der 19 (55%) "Nasen" gehören zu der HLA-Klasse-I A9(A23, A24) und/oder -B15(B62, B63).

Neunundzwanzig der 51 (60%) indizierten Personen gehören zu der HLA-Klasse-I-A9(A23, A24) und/oder -B15(B62, B63).

In der Gruppe der 23 Kontrollpersonen, die uns von den "Nasen" genannt wurden, waren lediglich 6 (23%) mit diesem Gewebetypus.

Diskussion

Entsprechend unseren eigenen wie den Überlegungen von Brown et al. (1987, 1989) und Singh et al. (1987, 1988) läßt sich folgendes Modell für die Produktion MHC-assoziierter Körpergerüche postulieren. Membranständige Moleküle der Klasse I und II werden in löslicher Form in das Blut ausgeschieden. Die Halbwertszeit der löslichen Klasse I Moleküle im Serum beträgt 2,7 h. Die Hauptquelle für ungefähr 50% dieser Moleküle sind die Zellen der Monozyten-Makrophagenlinie, die aus dem hämatopoetischen System des Knochenmarks stammen. In über 90% der Fälle erscheinen diese Moleküle in degradierter Form im Urin (Brown et al. 1987), möglicherweise aber auch in Tränen, Speichel, Schweiß und anderen flüssigen Körperausscheidungen. Vermutlich sind flüchtige Komponenten der degradierten MHC Moleküle oder flüchtige Stoffe, die mit ihnen eng assoziiert sind, konstitutiv an der

Ausprägung immungenetisch spezifischer Geruchssignale beteiligt. Im Gegensatz zu Brown et al. (1989) hat sich unsere eigene Forschungsarbeit bisher auf die klassischen Klasse-I-MHC-Differenzen konzentriert. Zukünftige Arbeiten sollen aber auch Klasse-II-assoziierte Geruchsspezifitäten untersuchen.

Darüber hinaus muß festgehalten werden, daß immunspezifische Geruchssignale nicht die einzige Quelle von Körpergerüchen sein können. Die biochemische Analyse von flüchtigen Urinkomponenten bei Nagetieren (Albane 1984) ergab, daß verschiedene Substanzen, die für sich selbst geruchsbildend sind, im Urin auftauchen. Dazu kommt, daß Schweiß u. a. Buttersäure und variable Konzentrationen von Harnsäure enthält (Kussin u. Bösel 1988). Während diese Bestandteil von Körperflüssigkeiten für viele Säugetierarten gemeinsam sind, also daraus keine individuelle Spezifität von Gerüchen ableitbar ist, betrachten wir die MHC-spezifische Geruchsinformation als den wirklich einzigartigen spezifischen Anteil in der Geruchsgestalt eines Individuums.

Welche Verhaltenseigenschaften oder welche Wahrnehmungsbesonderheiten sind aber mit dem individuellen menschlichen Körpergeruch verbunden? An dieser Stelle lassen sich mindestens 3 Phänomene der menschlichen Kommunikation anführen, für die häufig ein Einfluß von Körpergerüchen diskutiert wird.

1. Gut dokumentiert ist der Einfluß von Körpergerüchen auf die wechselseitige Attraktivität von Partnern. Immungenetische Daten von HLA-Gruppierungen bei Partnern sind aus Studien von Nordlander et al. (1983), Giphart u. D'Amaro (1983), und Rosenberg et al. (1983) bekannt. Während die letzten beiden Arbeiten die Hypothese der Präferenz bestimmter HLA-A-HLA-B- und HLA-C-Typen bei der Partnerwahl favorisieren, konnten Nordlander und seine Mitarbeiter keine bevorzugte HLA-Kombination bei verheirateten Paaren dokumentieren. Obwohl in diesen Arbeiten der Beitrag von Körpergerüchen zu der Partnerwahl nicht explizit diskutiert wurde, bleibt dennoch die Möglichkeit offen, daß die Geruchswahrnehmung in enger Verbindung mit der individuellen Attraktivität steht. An dieser Stelle sollte man auch einmal die Überlegung anstellen, inwieweit Parfums möglicherweise die individuelle immungenetische Information überdecken oder - auch dies wäre denkbar - als die individuelle Duftidentität verstärkende Faktoren wirksam werden (vgl. Stoddart 1988).
2. Sehr gut ist die Rolle von Körpergerüchen bei der Mutter-Kind-Interaktion dokumentiert (Cernoch u. Porter 1985; Kaitz et al. 1987; Porter et al. 1983). Bereits wenige Tage nach der Geburt können Mütter ihre neugeborenen Kinder anhand der von ihnen getragenen Hemdchen geruchlich identifizieren (Porter et al. 1983). Wenn MHC-assoziierte Körpergerüche zumindest z.T. für dieses Phänomen verantwortlich sind, läßt sich darüber

spekulieren, daß diese Identifikation durch eine olfaktorische "Selbst"identifikation vermittelt wird. Mutter und Kind haben ja einen Haplotyp ihres Genoms gemeinsam. Daher wäre es denkbar, daß ein möglicherweise immungenetisch determinierter Geruch für diese "Selbst"identifikation verantwortlich ist.

3. Wie Lord u. Kasprzak (1989) gezeigt haben, konnten 74 von 100 Collegestudenten ihr eigenes T-Shirt aus 10 von anderen Personen getragenen herausriechen. Auch in dieser Studie wurden Effekte von Seifen, Parfums, Deodorants etc. kontrolliert. Ihre Resultate sprechen abermals für die Idee, daß Menschen einen konstanten Geruchsmarker produzieren und tragen, der von ihnen selbst wahrgenommen und identifiziert werden kann. Lord u. Kasprzak diskutieren, ob diese Geruchskennzeichen einer Person dazu beitragen, ihre Singularität in einer Population zu definieren. Dazu kommt, daß eine ganze Serie von Arbeiten dafür spricht, daß diese Identitätsphänomene direkt von der Expression genetisch determinierter Information abhängen und mit dem Grad der Verwandtschaft zwischen Individuen variieren ("Recognition of identity-genes", vgl. Holmes u. Sherman 1983; Wells 1987; Porter u. Moore 1981; Bowers u. Alexander 1967; Brown u. Johnston 1983; Kalmus 1955).

Wie wir bereits in der Einführung betont haben, sind wir davon überzeugt, daß die Präzision der menschlichen olfaktorischen Wahrnehmung weit höher ist und über das hinausgeht, was in den 3 erwähnten Mythen beschrieben wird. Aber nicht nur die Geruchswahrnehmung des Menschen bedarf einer gründlichen Neukonzeptualisierung. Die Tatsache, daß Menschen Geruchsreize produzieren, die unmittelbar zu ihrem Genom in Verbindung stehen und möglicherweise an der interpersonellen Kommunikation und der sozialen Wahrnehmung beteiligt sind, weist auf die dringende Notwendigkeit zusätzlicher Untersuchungen. In diesen Arbeiten sollten die biologischen Grundlagen von sozialen Prozessen untersucht werden, die bislang häufig als rein kognitiv psychologische Phänomene verstanden wurden.

Die bisherigen Forschungsarbeiten zur MHC-assoziierten Geruchsausprägung haben einige Implikationen für die klinisch-psychologische Forschung.

1. Die zunehmende Zahl von allogenen Knochenmarktransplantationen und allogenen Transplantationen anderer Organe beim Menschen sollte durch Untersuchungen über die möglichen psychobiologischen Nebenwirkungen dieser medizinischen Interventionen ergänzt werden. Man müßte untersuchen, ob bei Knochenmark- oder anderen Organempfängern eine Veränderung im Körpergeruch bzw. seiner Produktion auftritt. Unseres Wissens nach existiert bislang kein entsprechender Bericht. Da Körpergerüche bekanntermaßen auf die Mutter-Kind-Interaktion einwirken,

könnte es bei Kindern, die eine Knochenmarktransplantation erhalten haben, zu Problemen derart kommen, daß der nunmehr neugebildete Körpergeruch mit vorhandenen Kommunikationsmustern zwischen Mutter und Kind interferiert.

2. In den letzten Jahren wurde die Gewebetypisierung auch dazu eingesetzt, mögliche genetische Marker für eine Reihe von Krankheiten und Störungen zu entdecken. Zum Beipsiel haben verschiedene Autorengruppen (Müller et al. 1989; Cazzullo 1989) auf die Tatsache hingewiesen, daß schizophrene Patienten zu einem bestimmten Cluster von HLA-A, -B- und -C-Spezifitäten gehören. Bereits 1960 haben Smith u. Sines nachweisen können, daß Versuchstiere in einem Y-Laufgang darauf trainiert werden können, Schweißproben medikamentenfreier schizophrener Patienten von Schweißproben von Kontrollpersonen zu unterscheiden. Auch Versuchspersonen waren zu derselben Wahrnehmungsleistung fähig. In Diskussionen erwähnen ältere berufserfahrene Psychiater häufig einen schizophrenietypischen Körpergeruch. Liddell (1976) beschreibt das Phänomen kovariierender Körpergerüche für Schizophrenie aber auch für eine Reihe anderer Erkrankungen. Obwohl diese Autoren selbstverständlich dieses Phänomen auf dem Hintergrund metabolischer oder humoraler Faktoren als möglicher Geruchsquellen diskutiert haben, wäre es unserer Meinung nach den Versuch wert, die Relation immungenetischer Marker mit der Expression von Körpergerüchen für eine Reihe unterschiedlicher Erkrankungen und psychischer Störungen in Verbindung zu bringen.

3. Die Rolle der individualspezifischen Geruchswahrnehmung für die Partnerwahl und ihr genetischer Hintergrund wurden bereits ausführlich diskutiert. Für Untersuchungen im Bereich der Klinischen Psychologie verbleibt jedoch die Frage, wie dieses Phänomen auf der Basis psychobiologischer Befunde erklärt werden kann und welche Rolle die geruchliche Identifikation im Verlauf von Partnerschaftskonflikten hat. Speziell die sexuelle Attraktivität hängt von der gegenseitigen Körpergeruchswahrnehmung ab. Es existieren anekdotische Berichte, denen zufolge die Wahrnehmungsqualität von Körpergerüchen, d.h. ihre Valenz von positiv nach negativ wechseln kann. Hierfür könnten Attributionsprozesse verantwortlich sein, die einschneidende Auswirkungen auf die soziale Interaktion besitzen (vgl. Engen 1988). Wir meinen daher, daß es den Versuch wert wäre, diese sozialen Wahrnehmungsphänomene im Zusammenhang mit jenen Körpergerüchen zu untersuchen, die mit immungenetischen Unterschieden assoziiert sind.

Literatur

Albane ES (1984) Mammalian semiochemistry: the investigation of chemical signals between mammals. Wiley, New York

Beauchamp G, Gilbert A, Yamazaki K, Boyse EA (1986) Genetic basis for individual discriminations: The major histocompatibility complex of the mouse In: D Müller-Schwarze, RM Silverstein (eds) Chemical signals in vertebrates IV. Plenum Press, New York, pp 413-422

Beauchamp GK, Yamazaki K, Boyse EA (1985) The chemosensory recognition of genetic individuality. Sci Am 253:86-93

Beauchamp GK, Yamazaki K, Bard J, Boyse EA (1988) Preweaning experience in the control of mating preferences by genes in the major histocompatibility complex of the mouse. Behav Gen 18:537-547

Beauchamp GK, Yamazaki K, Wysocki CJ, Slotnick BM, Thomas L, Boyse EA (1985) Chemosensory recognition of mouse major histocompatibility types by another species. Proc Natl Acad Sci USA 82:4186-4188

Bowers JM, Alexander BK (1967) Mice: individual recognition by olfactory cues. Science 158:1-208-1210

Boyse EA, Beauchamp GK, Yamazaki K (1987) The genetics of body scent. Trends Gen 3:97-102

Boyse EA, Beauchamp GK, Yamazaki K (1983) The sensory perception of genotypic polymorphism of the major histocompatibility complex and other genes: some physiological and phylogenetic implications. Hum Immunol 6:177-183

Boyse EA, Yamazaki K, Yamaguchi M, Thomas L (1980) Sensory communication among mice according to their MHC types. In: G Doria, A Eshkol (eds) The immune system: functions and therapy of dysfunctions. Academic Press, New York, pp 45-53

Brown DS, Johnston RE (1983) Individual Discrimination on the basis of urine in dogs and wolves. In: D Müller-Schwarze , RM Silverstein (eds) Chemical signals in vertebrates, 3. Plenum Press, New York, pp 343-346

Brown RE, Roser B, Singh PB (1989) Class I and class II regions of the major histocompatibility complex both contribute to individual odors in congenic inbred strains of rats. Behav Gen 19:659-674

Brown RE, Singh PB, Roser B (1987) The major histocompatibility complex and the chemosensory recognition of individuality in rats. Physiol Behav 40:65-73

Bruce H (1959) An exteroceptive block to pregnancy in the mouse. Nature 184:105

Cazzullo CL (1989) Brain and the immune system in mental disorders In: CN Stefanis, CR Soldatos, AD Rabavilas (eds) Psychiatry today. VIII World Congress of Psychiatry, Excerpta Medica, Amsterdam

Cernoch JM, Porter RH (1985) Recognition of maternal axillary odors by infants. Child Develop 56:1593-1598

Engen T (1982) The perception of odors. Academic Press, New York

Engen T (1988) The acquisition of odor hedonics. In: S van Toller, GH Dodd (eds) Perfumery: The psychology and biology of fragrance. Chapman Hall, London, pp 79-90

Ferstl R, Eggert F, Luszyk D (1988) Die experimentelle Untersuchung der olfaktorischen Diskriminationsleistung bei Ratten. In: W Schönpflug (Hrsg) Bericht über den 36. Kongreß der Deutschen Gesellschaft für Psychologie in Berlin 1988, Bd 1. Hogrefe, Göttingen, S 425-426

Ferstl R, Welzel C, Florian M, Blank M, Müller-Ruchholtz W (1988) Ist das Knochenmark der einzige Ursprung körpereigener Duftkomponenten? Ein Beitrag zur Immunopsychologie. Z Exp Angew Psychol 35:201-217

Gilbert AN, Yamazaki K, Beauchamp GK, Thomas L (1986) Olfactory discrimination of mouse strains (Mus musculus) and major histocompatibility types by humans (Homo sapiens). J Comp Psychol 100:262-265

Giphart MJ, D'Amaro J (1983) HLA and reproduction? J Immunogen 10:25-29

Goldstein EB (1989) Sensation and perception. Wadsworth, Behmont

Holmes WG, Sherman PW (1983) Kin recognition in animals. Am Sci 71:46-55

Kaitz M, Good A, Rokem AM, Eidelman AI (1987) Mothers' recognition of their newborns by olfactory cues. Develop Psychobiol 20:587-591

Kalmus H (1955) The discrimination by the nose of the dog of individual human odours and in particular of the odours of twins. Br J Animal Behav 3:25-31

Kussin S, Bösel R (1988) Inhaltsstoffe des Achselschweißes bei emotions- und kognitionsbezogenem Coping. In: W Schönpflug (Hrsg) Bericht über den 36 Kongreß der Deutschen Gesellschaft für Psychologie in Berlin 1988, Bd 1. Hogrefe, Göttingen, S 113-114

Liddell K (1976) Smell as a diagnostic marker. Postgrad Med J 52:136-138

Lord T, Kasprzak M (1989) Identification of self through olfaction. Percept Mot Skills 69:219-224

Luszyk D, Eggert F, Ferstl R, Blank M, Müller-Ruchholtz W (1989) Der Austausch des hämatopoetischen Systems verändert die chemosensorische Identität. Z Exp Angew Psychol 36:239-250

Müller N, Hofschuster E, Ackenheil M, Eckstein R, Mempel W (1989) Immune function and immunogenetics in endogenous psychoses. In: CN Stefanis, CR Soldatos, AD Rabavilas (eds) Psychiatry today, VIII World Congress of Psychiatry. Excerpta Medica, Amsterdam

Nordlander C, Hammarström L, Lindblom B, Smith CIEE (1983) No role of HLA in mate selection. Immunogen 18:429-431

Porter RH, Moore JD (1981) Human kin recognition by olfactory cues Physiol Behav 27:493-495

Porter RH, Cernoch JM, McLaughlin FJ (1983) Maternal recognition of neonates through olfactory cues. Physiol Behav 30:151-154

Rosenberg LT, Cooperman D, Payne R (1983) HLA and mate selection. Immunogen 17:89-93

Schwende FJ, Jorgenson WJ, Novotny M (1984) Possible chemical basis for histocompatibility-related mating preference in mice. J Chem Ecol 10:1603-1615

Singh PB, Brown RE, Roser B (1987) MHC antigens in urine as olfactory recognition cues. Nature 327:161-164

Singh PB, Brown RE, Roser B (1988) Class I transplantation antigens in solution in body fluids and in the urine: Individuality signals to the environment. J Exp Med 168:195-211

Smith K, Sines JO (1960) Demonstration of a peculiar odor in the sweat of schizophrenic patients. Arch Gen Psychiat 2:184-188

Sobottka B, Eggert F, Ferstl R, Müller-Ruchholtz W (1989) Veränderte chemosensorische Identität nach experimenteller Knochenmarktransplantation: Erkennung durch eine andere Spezies Z Exp Angew Psychol 36:654-664

Stoddart DM (1980) The ecology of vertebrate olfaction. Chapman Hall, London

Stoddart DM (1988) Human odour culture: A zoological perspective. In: S van Toller, GH Dodd (eds) Perfumery: The psychology and biology of fragrance. Chapman Hall, London, pp 3-18

Wells PA (1987) Kin recognition in humans. In: DJC Fletcher, CD Michener (eds) Kin recognition in animals. Wiley, New York, pp 395-415

Yamaguchi M, Yamazaki K, Boyse EA (1978) Mating preference tests with the recombinant congenic strain BALBHTG. Immunogenetics 6:261-264

Yamaguchi M, Yamazaki K, Beauchamp GK, Bard J, Thomas L, Boyse EA (1981) Distinctive urinary odors governed by the major histocompatibility complex of the mouse. Proc Natl Acad Sci USA 78:5817-5820

Yamazaki K, Beauchamp GK, Kupniewski D, Bard J, Thomas L, Boyse EA (1988) Familial imprinting determines H-2 selective mating preferences. Science 240:1331-1332

Yamazaki K, Beauchamp GK, Kupniewski D, Stahlbaum C, Bard J, Thomas L, Boyse EA (1987) Relation of MHC-related mating preferences to post-natal chemosensory imprinting. Chem Sens 12:711

Yamazaki K, Beauchamp GK, Thomas L, Boyse EA (1985) The hematopoietic system is a source of odorants that distinguish major histocompatibility types. J Exp Med 162:1377-1380

Yamazaki K, Beauchamp GK, Wysocki CJ, Bard J, Thomas L, Boyse EA (1983) Recognition of H-2 types in relation to the blocking of pregnancy in mice. Science 221:186-188

Yamazaki K, Boyse EA, Mike V, Thaler HT, Mathieson BJ, Abbott J, Boyse J, Zayas ZA, Thomas L (1976) Control of mating preferences in mice by genes in the major histocompatibility complex. J Exp Med 144:1324-1335

Yamazaki K, Yamaguchi M, Baranoski L, Bard J, Boyse EA, Thomas L (1979) Recognition among mice: Evidence from the use of a y-maze differentially scented by congenic mice of different mayor histocompatibility types. J Exp Med 150:755-760

Yamazaki K, Yamaguchi M, Beauchamp GK, Bard J, Boyse EA, Thomas L (1981) Chemosensation: An aspect of the uniqueness of the individual. In: RH Cagan, MR Kare (eds) Biochemistry of taste and olfaction. Academic Press, New Yoek, pp 85-91

Yamazaki K, Yamaguchi M, Boyse EA, Thomas L (1980) The major histocompatibility complex as a source of odors imparting individuality among mice. In: D Müller-Schwarze, RM Silverstein (eds) Chemical signals: vertebrates and aquatic invertebrates. Plenum Press, New York, pp 267-273

Klinisch-psychologische Behandlung von Anfallsleiden: Eine kontrollierte Studie*

N. Birbaumer, T. Elbert, B. Rockstroh, I. Daum, P. Wolf und A. Canavan

Eine mögliche Strategie zur Entwicklung klinisch-psychologischer Behandlungsmaßnahmen besteht darin, die biologischen und psychologischen Wirkmechanismen einer effektiven medizinischen Behandlung zu studieren und die verhaltenspsychologischen Maßnahmen danach zu "modellieren". So haben wir z.B. die Behandlung der Skoliose und Kyphose mit orthopädischen Stützkorsetten untersucht und dabei festgestellt, daß weniger passive Stützfunktionen von diesen Korsetten ausgeübt werden, als daß sie vermutlich ihre Wirkung über einen lernpsychologischen Mechanismus entfalten: bei Haltungsänderungen, die mit einer Verkrümmung der Wirbelsäule einhergehen, kommt es zum Auftreten kontingenter Schmerzreize durch verstärkten Kontakt bestimmter Körperteile mit dem Korsett. Diese Schmerzreize wirken als kontingente Bestrafung für die eingenommene Fehlhaltung, der die Patienten durch rasche Haltungskorrektur entgehen. Auf der Basis dieser Analyse wurde ein "psychologisches Korsett" entwickelt, das ohne Schmerzreize auskommt und über einen positiven Verstärkungsvorgang dieselben Effekte erzielt (Dworkin et al. 1985).

Eine ähnliche Vorgangsweise wurde bei der Entwicklung von neuen Behandlungskonzepten zur klassischen und gewöhnlichen Migräne gewählt (Miltner et al. 1986): Bei der prophylaktischen Behandlung einer Kopfschmerzattacke werden vor Einsetzen eines Anfalls durch die Einnahme vasokonstriktorischer Substanzen die extreme Dilatation und die damit einhergehende chemische Veränderung der Kopfarterien verhindert. In der psychologischen "Übersetzung" dieses neurochemischen Mechanismus lernen die Patienten über die Rückmeldung der Dehnung bzw. Konstriktion ihrer Kopfgefäße oder auf dem Wege der Selbstwahrnehmung, rechtzeitig vor dem Anfall eine übermäßige Dehnung der verantwortlichen Gefäße zu verhindern.

Im Rahmen der *Anfallserkrankungen* sind Alternativen und Ergänzungen zur pharmakologischen Behandlung von großer Bedeutung. Umso erstaunlicher ist die Tatsache, daß die Literatur zur psychologischen und psychophysiolo-

---

* Die Forschungsarbeiten wurden von der Deutschen Forschungsgemeinschaft (SFB 307) und der Stiftung Michael unterstützt.

gischen Behandlung von Anfallsleiden im Vergleich zu den neuropharmakologischen Ansätzen praktisch vernachlässigbar ist. (s. Übersicht bei Birbaumer et al. 1990; Elbert et al. 1984). Dies, obwohl ein Drittel aller Patienten mit Anfallsleiden auf die heute gebräuchlichen pharmakologischen Behandlungen nicht ansprechen und etwa ein weiteres Drittel der Patienten starke Nebenwirkungen der notwendigen Langzeitbehandlungen aufweisen. Ein Großteil der Antiepileptika wirkt über eine Stärkung des "Hemmpotentials" kortikaler und subkortikaler Nervenzellverbände. So stimulieren etwa Benzodiazepine die Rezeptoren von GABAergen Neuronen, die damit eine ausgedehnte Hemmung in den von der Übererregung betroffenen Hirnregionen auslösen. Andere Substanzen stärken das Hemmpotential über eine Beeinflussung der am Membranpotential beteiligten biophysikalischen Vorgänge, vor allem den Membraneigenschaften für K^+-Ionen. Praktisch alle im Einsatz befindlichen antikonvulsiven Medikamente üben ihre dämpfende Wirkung diffus in vielen, vom epileptischen Geschehen auch nicht betroffenen Hirnregionen aus. Die Konsequenz sind durchgehend desaktivierende Wirkungen auf kognitive Funktionen wie Aufmerksamkeit und Gedächtnis. Die Wirkungen auf den Rest des Organismus sowie die Einschränkung der Lebensführung und allergische Reaktionen sollen hier nur erwähnt werden.

Da lernpsychologisch herbeigeführte Änderungen des physiologischen Geschehens in der Regel spezifisch sind und darüber hinaus keine Nebenwirkungen entfalten, scheint uns die Entwicklung solcher Verfahren für die Anfallserkrankungen, an denen immerhin etwa 1% der Bevölkerung leiden, von größter Bedeutung. In diesem kurzen Bericht sollen erste Schritte einer neurophysiologisch fundierten und z.T. an den Medikamenteneffekten "modellierten" psychologischen Therapie vorgestellt werden.

Langsame Hirnpotentiale (LP), Anfallsgeschehen und Antiepileptika*

Unser Vorgehen konzentrierte sich zunächst auf die Suche nach einem neurophysiologischen Substrat epileptischer Anfälle, das 1. spezifische und lokale Veränderungen umschriebener Hirnregionen und nicht nur globale Erregungsänderungen des gesamten Gehirns widerspiegelt und 2. nicht invasiv im Rahmen üblicher psychophysiologischer Methodik meßbar ist und 3. die

* Die im folgenden vorgestellten Studien wurden unter Mitarbeit von Dipl.-Biol. I.V. Bülow, Dipl.-Psych. A. Düchting-Röth, Dipl.-Psych. K.E. Graf, PD Dr. W. Lutzenberger, Dipl.-Psych. A. Linden, Dipl.-Pharm. B. Körner und Dipl.-Psych. F. Zwießele durchgeführt. Die untersuchten Patienten wurden neurologisch von Prof. Dr. P. Wolf, Dr. med. E. Altenmühller, Prof. Dr. J. Dichgans, Prof. H.-C. Diener und Dr. med. E. Scholz betreut. Unser besonderer Dank gilt den betreuenden und überweisenden Neurologen und Hausärzten der einzelnen Patienten. Weitere Aspekte dieses Forschungsprojekts sowie Einzelfalldarstellungen finden sich in Elbert et al. (1990).

Effekte wirksamer pharmakologischer Behandlung der Epilepsie abzubilden vermag, und 4. durch Lernvorgänge langfristig beeinflußbar sein muß.

Die 4 angeführten Kriterien werden von langsamen Hirnrindenpotentialen (LP) erfüllt. Dies haben wir in vorausgegangenen Untersuchungen der letzten 15 Jahre nachweisen können.

LP, eine Verschiebung der mittleren EEG-Linie über Sekunden bis Minuten hinweg nach negativ, lassen sich in Erwartungs- und Vorbereitungssituationen, wenn also eine motorische oder kognitive Reaktion vorbereitet wird, aus dem Oberflächen-EEG filtern (neuere Überblicke über die Forschung zu LP bei Rockstroh et al. 1989; Birbaumer et al. 1990; McCallum 1988). Neurophysiologisch repräsentieren LP Depolarisation in den apikalen Dendritenbäumen kortikaler Pyramidenzellen. Entsprechend können LP als Indikator kortikaler Erregbarkeit, als Indikator *präaktivierter* neuronaler Verbände verstanden werden (Elbert u. Rockstroh 1987; Elbert 1987; Birbaumer et al. 1990). Die Modulation der Erregbarkeit verzweigter neuronaler Netzwerke muß reguliert werden, um eine sich - quasi in einer Art Kettenreaktion - ausbreitende Erregung zu verhindern. Explosionsartige Überregung des gesamten Großhirns kommt in einem epileptischen Anfall zum Ausdruck (Braitenberg 1978; Elbert u. Rockstroh 1987). Tatsächlich lassen sich im Tierexperiment ebenso wie in Patientenstudien im Zusammenhang mit epileptischen Mustern im EEG kurz vor und während Anfällen extrem ausgeprägte negative LP (über 100μV) beobachten (Caspers et al. 1984; Speckmann u. Elger 1987; Chatrian et al. 1968; von Bülow et al. 1989). Abbildung 1 demonstriert dies an einem Patienten vor, während und nach Hyperventilation, die zu epileptischen Entladungen (paroxysmalen Depolarisationen) führt.

Das 1. Kriterium, nämlich die örtliche Spezifität, das langsame Hirnpotentiale von pharmakologischen Mechanismen abheben soll, wurde von uns in einer Reihe von Untersuchungen nachgewiesen. Negativierungen und Positivierungen einzelner Großhirnabschnitte ändern sich *lokal* je nach den psychologischen und motorischen Leistungsanforderungen an eine bestimmte Hirnregion bzw. eine Kombination verschiedener "Hirnmodule" wie sie für die meisten Verhaltensleistungen gegeben sind. So konnten wir etwa zeigen, daß vor der Durchführung arithmetischer Denkaufgaben linkstemporale Negativierungen, vor Gestaltrotationsaufgaben rechtstemporale Negativierungen auftreten. (Birbaumer et al. 1981). Darüber hinaus konnte gezeigt werden, daß auch die Beeinflussung der langsamen Hirnpotentiale (s.u.) über psychologische Prozesse lokal und spezifisch erfolgt.

Auch das 2. Kriterium der nichtinvasiven Registrierung ist bei langsamen Hirnpotentialen gegeben, wenngleich die methodischen Probleme, die dabei auftreten, schwieriger zu beherrschen sind als bei der Registrierung des üblichen klinischen EEG oder evozierter Potentiale (zur Methodik s. Lutzenberger et al. 1985).

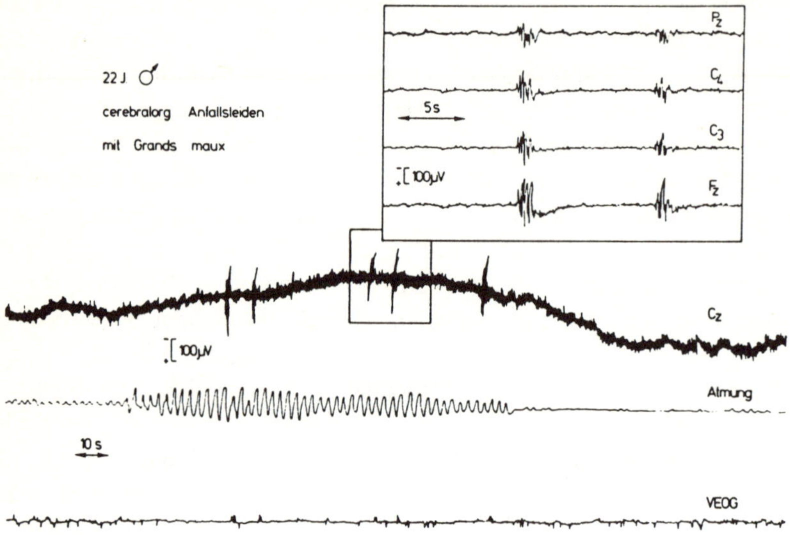

Abb.1. EEG eines Patienten mit Grand mal Epilepsie. Obere Ableitung: EEG (DC-shift in µV, Negativität nach oben) vom Vertex (C_z) während 1 min Baseline mit normaler Atmung, 3 min Hyperventilation und 3 min Erholung mit normaler Atmung. Mittlere Ableitung: Atmung. Untere Ableitung: vertikales Elektrooculogramm (VEOG). Rechts oben eingefügt ist das EEG von frontalen (Fz), zentralen (C3, C4) und parietalen (Pz) Ableitungen (andere Zeitskala). Auffallend ist, daβ epileptische Aktivität ("Spikes") auf dem negativen DC-Shift aufgesetzt ist. Aus Elbert et al. 1990, mit Genehmigung

Vor der Entwicklung eines lernpsychologischen Behandlungsprogramms muβte allerdings gezeigt werden, daβ eine wirksame pharmakologische Behandlung der Epilepsie sich deutlich in entsprechenden Veränderungen langsamer Hirnpotentiale abbildet. Wenn dies nicht der Fall wäre, sind die Chancen auf anhaltende neurophysiologische Veränderungen nach lernpsychologischen Modifikationen gering. Wir führten daher einige Untersuchungen über die Effekte wirksamer Antiepileptika auf langsame Hirnpotentiale und das EEG bei Normalpersonen und epileptischen Patienten durch (Rockstroh et al. 1991). Abbildung 2 zeigt, daβ die Negativierung langsamer Hirnpotentiale ein gutes Maβ für die durch Antiepileptika herbeigeführte Senkung der neokortikalen Erregbarkeit darstellt. Sowohl bei Normalpersonen als auch bei Personen mit Anfallsleiden verhindern die Antiepileptika generell und unspezifisch das Anwachsen negativer Hirnpotentiale über bestimmte Schwellen. Dieser Effekt verstärkter Positivierung und damit Hemmung durch Antiepileptika tritt aber nicht nur vor und während der Anfälle, sondern in allen Situationen des täglichen Lebens, in denen eine Mobilisierung für Verhalten und kognitive Akte erfolgen muβ, auf. Wie bei allen Psychopharmaka sind die

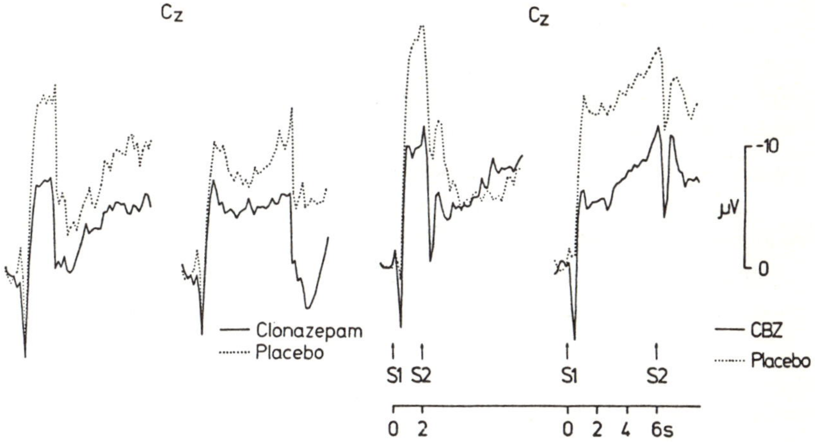

Abb.2. Langsame kortikale Potentiale (C_z)mit Hilfe eines Zwei-Stimulus-Paradigmas zwischen einem Signalstimulus (S1) und einem imperativen Stimulus (S2) abgeleitet. Das antizipatorische Intervall dauert 2 s (linke Abbildungen) oder 6 s (rechte Abbildungen). Die Ableitungen sind gemittelt über gesunde Versuchspersonen, die ein Placebo bekamen (gepunktete Linien), über Versuchspersonen, die das Antikonvulsivum Clonazepam erhielten (Abbildungen links), sowie über Versuchspersonen, die das Antikonvulsivum Carbamazepin (CBZ, rechte Abbildungen) erhielten. Negativität nach oben. Bemerkenswert ist die Reduktion der antizipatorischen Negativität (CNV) bei der Gabe von Antikonvulsiva im Vergleich mit der Placebo-Bedingung. Aus Rockstroh et al. 1991, mit Genehmigung

neuronalen Effekte unspezifisch und unselektiv in bezug auf das zu behandelnde gestörte Verhalten.

Das 4. oben angeführte Kriterium, daß die neurophysiologische Grundlage epilepsiefördernder oder -hemmender Potentiale des Großhirns durch lernpsychologische Anordnungen beeinflußbar sind, konnte in zahlreichen Studien in unserem Labor nachgewiesen werden und inzwischen auch in anderen Laboratorien repliziert werden (Elbert 1978, 1986; Elbert et al. 1979, 1980; Rockstroh et al. 1984; Rockstroh 1987; Roberts et al. 1988; Trimmel 1986; Ueda et al. 1985; Schneider et al. 1990). Gesunde Versuchspersonen können nach Rückmeldung und instrumenteller Konditionierung lernen, ihre langsamen Hirnpotentiale von verschiedenen Stellen des Großhirns in Richtung erhöhter oder erniedrigter Negativierung zu verändern. Diese Veränderungen gehen mit einer Reihe von Wirkungen auf das Verhalten einher: so führt z.B. rechtszentrale Veränderung zu Verbesserung der taktilen Reaktionszeitleistung der linken Hand und umgekehrt linkszentrale gelernte Negativierung zur Veränderung der taktilen Sensibilität und Reaktionszeitleistung der rechten Hand.

Abbildung 3 zeigt die zum instrumentellen Erlernen langsamer Hirnpotentiale verwendete Anordnung, wie sie auch bei der nachfolgend berichteten Studie an epileptischen Patienten zum Einsatz kam.

Der Proband erhält unmittelbare und kontinuierliche Rückmeldung seiner LP während Intervallen von 8 s; die Rückmeldung erfolgt über ein visuelles Signal. Diskriminative Reize (z.B. der Buchstabe A oder B), gleichzeitig mit dem Rückmeldungssignal dargeboten, signalisieren, ob eine Erhöhung der Oberflächennegativität oder deren Unterdrückung bzw. eine positive LP Verschiebung unter das Baselineniveau belohnt werden.

Mißt man die signifikante Differenzierung der LP in Abhängigkeit der diskriminativen Reize für Negativierungserhöhung und -unterdrückung, so zeigen gesunde Probanden innerhalb von 2 Sitzungen (d.h. 60-120 Rückmeldungsdurchgängen) Kontrolle ihrer LP.

Selbstregulation langsamer Hirnpotentiale bei Patienten mit Epilepsie

Das erhöhte Hirnpotential kortikaler und subkortikaler Zellverbände in der Epilepsie wird als Folge eines teilweise defekten negativen Feedbackmechanismus in der Regulation kortikaler und subkortikaler Erregungsschwellen aufgefaßt (s. Birbaumer et al. 1990). Die Labilität des Hirnpotentials tritt dann auf, wenn es zu extern oder intern ausgelösten raschen Änderungen des Erregungsniveaus (nach oben oder unten) in einem hinreichend großen Zellverband kommt.

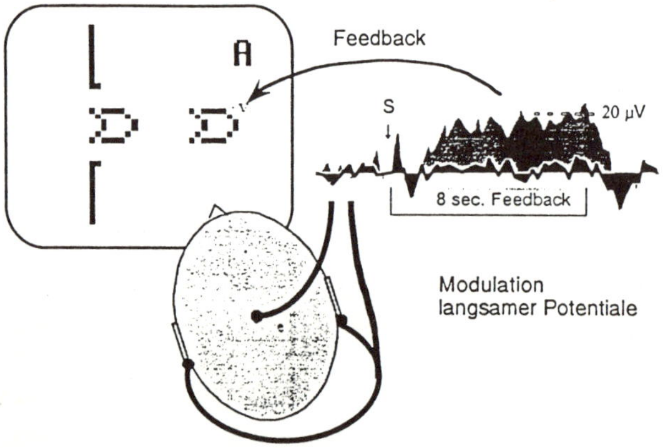

Abb.3. Das EEG wird von C_z gegen verbundene Ohrläppchen abgeleitet. Die Auslenkung der Rakete ist proportional zum integrierten EEG zu jedem Zeitpunkt während des 8sekündigen Rückmeldeintervalles, bezogen auf den Mittelwert einer 4sekündigen Baseline. Der Buchstabe **A** oder **B** am oberen rechten Bildschirmrand dient als diskriminativer Stimulus, signalisiert, ob Negativität gegenüber der Baseline erhöht oder reduziert werden soll. Nach Blöcken von je 30 Durchgängen mit Rückmeldung wird der Lernerfolg in "Transferdurchgängen" überprüft, in denen keine kontinuierliche visuelle Rückmeldung mehr erfolgt, sondern nur die diskriminativen Reize für Negativierungserhöhung oder -unterdrückung dargeboten werden

Abgesehen von Veränderungen des Bewußtseinsniveaus im Rahmen der Schlaf-Wach-Periodik gehen wir davon aus, daß die Mehrzahl, wenn nicht alle plötzlichen Erregungsänderungen durch Reize und Reaktionen bedingt sind, die psychologisch bedeutsam und psychologisch beschreibbar sind. Diese Reize verursachen zunächst einen kurzfristigen Anstieg der Negativierung, der, wenn nicht effektiv gehemmt, rasch zu der oben beschriebenen explosionsartigen Ausbreitung der Erregung führen kann.

Aufgabe einer effektiven Behandlung der Epilepsie ist daher 1. rechtzeitige *Wahrnehmung* und *Diskrimination* interner und externer anfallsauslösender Reize und 2. rasche Begrenzung der sich ausbreitenden Senkung der Erregungsschwelle durch *Positivierung* der betroffenen Hirnareale.

In 2 dem eigentlichen Trainingsprogramm vorausgehenden Untersuchungen wurde die Hypothese geprüft, ob bei Anfallsleiden in der Tat eine gestörte Regulation der Erregungsschwellen vorliegt.

In der 1. Studie nahmen 11 und in der 2. Studie 7 Patienten mit zumeist Temporallappenepilepsien an 2 Sitzungen des oben beschriebenen Biofeedbacktrainings teil. Während Normalpersonen innerhalb von 2 Sitzungen mit und ohne Feedbackkontrolle über ihre langsamen Hirnpotentiale von zentralen Hirnarealen erreichen, war dies in der 1. Untersuchung nur bei einem Patienten von 11 und in der 2. Untersuchung bei keinem von 7 Patienten der Fall. Abbildung 4 zeigt das Ergebnis der 2. Sitzung bei gesunden, parallelisierten Kontrollpersonen und epileptischen Patienten.

Beide Studien bestätigen hiermit, daß eine gestörte Regulation langsamer Hirnpotentiale bei Epilepsiepatienten vorliegt. Die Ergebnisse sind unabhängig davon, ob die Patienten mediziert oder nicht mediziert, ob sie gut oder schlecht eingestellt waren. Abbildung 5 zeigt, daß es sich bei der Störung der Erregungsmodulation nicht um einen unveränderlichen strukturellen pathologischen Vorgang handelt, sondern daß auch Epilepsiepatienten in der Lage sind, nach intensivem Training eine gewisse Regulation zu erreichen. Abbildung 5 zeigt die LP-Kontrolle für die 2. Sitzung derselben 7 Patienten wie auf Abbildung 4 (links) und nachdem sie die 28. Trainingssitzung absolviert haben (rechts).

Das Trainingsprogramm und der Versuchsplan der Doppelblindstudie

Das Trainingsprogramm umfaßt eine mindestens 8wöchige Baselinephase, in der die Anfallsfrequenz und -charakteristik über Tagebücher und Fragebögen erfaßt wird. Anschließend absolviert jeder Patient 20 Trainingssitzungen der oben geschilderten Rückmeldungsanordnung. Es folgt eine 8wöchige Interimsphase, in der der Patient mindestens 5mal pro Tag die gelernten, im Training erfolgreichen Strategien der LP-Kontrolle einsetzt bzw. übt. Anschließend folgt

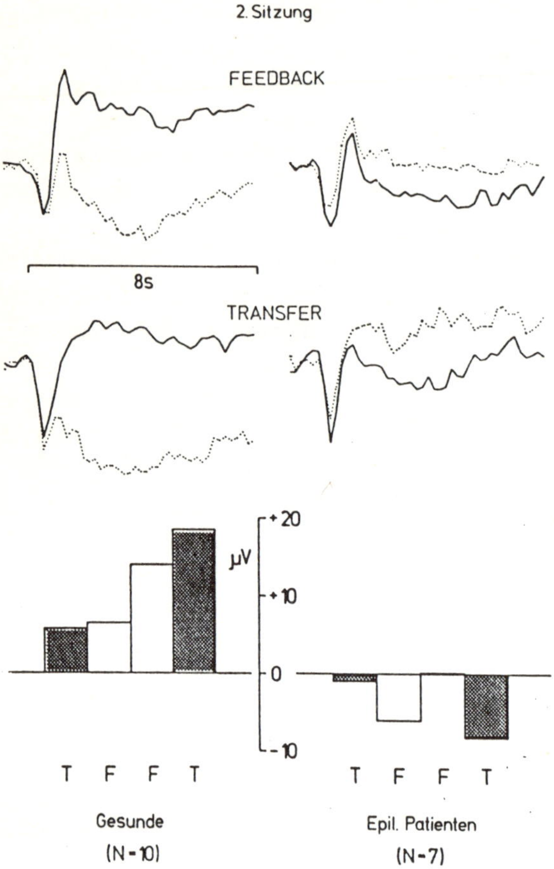

Abb.4. Gemittelte EEG-Verläufe von der zentralen Elektrode (C_z) relativ zu kurzgeschlossenen Elektroden an beiden Ohrläppchen für 10 gesunde Versuchspersonen (**links**) und 7 behandlungsresistente epileptische Patienten (**rechte Seite**). Dargestellt ist die 2. Sitzung des Selbstregulationstrainings für langsame Hirnpotentiale. Die langsamen Hirnpotentiale sind getrennt über 8-s-Intervalle für Durchgänge mit geforderter Negativierung (**ausgezogene Linien**) und Durchgänge mit geforderter Unterdrückung der Negativierung (**gepunktete Linien**) dargestellt. Die Blockdiagramme unten illustrieren die mittlere Differenzierung zwischen Negativierung und Positivierung für die beiden Gruppen getrennt für Transferdurchgänge (**T**) ohne Feedback und Durchgänge mit Feedback (**F**). Nach oben weisende Blöcke zeigen erfolgreiche Selbstkontrolle an. Man beachte, daß erfolgreiche Differenzierung über die Blöcke von Durchgängen bei gesunden Versuchspersonen zunimmt, während die erreichte Differenzierung bei den epileptischen Patienten in die Gegenrichtung verläuft. (Aus Elbert et al. 1990)

eine 2.8 Sitzungen umfassende Trainingsphase im Labor. Von der 11. Trainingssitzung an wird während des Trainings Radiomusik eingeblendet, mit dem Ziel einer Annäherung an ablenkende Bedingungen des täglichen Lebens, in denen ebenfalls LP-Kontrolle möglich sein sollte. Übungen zuhause und Tagebuchaufzeichnungen werden nach Abschluß des Trainings mindestens für ein Jahr fortgesetzt. Zur Überprüfung des Lerntransfers wird jeder Patient 4

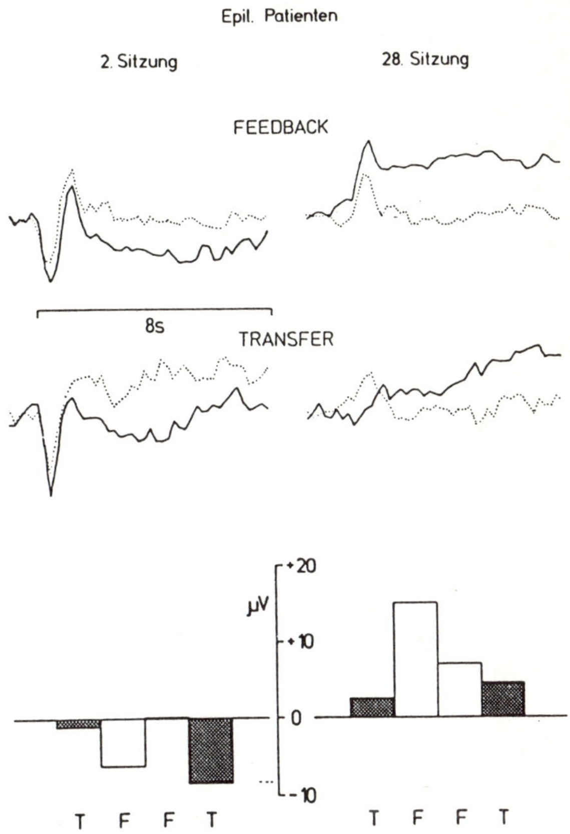

Abb.5. Lernfortschritt einer Gruppe von Epilepsiepatienten von der 2. zur 28. Sitzung des Trainings zur Rückmeldung langsamer Hirnpotentiale. Wie in Abb. 4 handelt es sich um das zentrale EEG (C_z) über die Versuchspersonen gemittelt, getrennt für Durchgänge mit Rückmeldung der langsamen Hirnpotentiale (**oben**) und darauffolgende Durchgänge ohne Rückmeldung langsamer Hirnpotentiale (Transfer). Wie auf Abb. 4 ist verlangte Negativierung als **durchgezogene Linie**, verlangte Positivierung als **gepunktete Linie** dargestellt. (Aus Elbert et al. 1990)

Monate nach Abschluß der Trainingsphase in einer der Trainingssituation unähnlichen Situation untersucht. Das EEG wird registriert, während der Patient - seine häusliche Übungsstrategien realisierend - Negativierungserhöhung oder -suppression induziert. Verschiebungen der EEG-Mittellinie gelten als Indikator *generalisierter* LP-Kontrolle.

Zur Kontrolle möglicher unspezifischer oder Placeboeffekte erhält eine Patientengruppe LP-Rückmeldung, die andere Hälfte der Stichprobe Rückmeldung über Aktivität im 9-15-Hz-Band (SMR bzw. Alphabereich). Die Gruppenzuweisung erfolgt in Doppelblindanordnung nach Zufallsprinzip. Für die Patienten der "Alphagruppe" wird in Abhängigkeit der diskriminativen Reize die Zunahme oder Unterdrückung der Aktivität im Frequenzband

9-15 Hz rückgemeldet und verstärkt. Für alle Patienten erfolgt die Rückmeldung aus dem unipolar, zentral (C_z) abgeleiteten EEG. Die Art der Rückmeldung ist völlig identisch mit der in der Experimentalgruppe.

Nachuntersuchungen der Patienten erfolgen 1 und 2 Jahre nach Abschluß der Behandlung. Bis zur 1. Nachuntersuchungen müssen die Patienten die Anfallsfrequenz registrieren. Vor und nach der Behandlung wird der Behandlungserfolg nicht nur über die Anfallsfrequenz, sondern auch über eine umfangreiche neuropsychologische Testbatterie geprüft.

Obwohl die Studie zum Zeitpunkt der Abfassung dieses Berichtes nicht abgeschlossen ist, lassen sich bereits *vorläufige Daten* berichten.

Ergebnisse

An der laufenden Studie haben bisher 27 medikamentenresistente Patienten (14 weibliche und 13 männliche im Alter zwischen 15 und 42 Jahren) teilgenommen. Die mittlere Krankheitsdauer schwankt zwischen 3 und 15 Jahren, die mittlere Anfallsfrequenz zwischen 1 pro Woche und mehreren Absencen pro Tag. Aufgenommen wurden primär psychomotorische Anfälle, Grand mal- und Petit-mal-Anfälle. Patienten mit progressiven neurologischen Störungen, raumfordernden Prozessen, psychogenen Anfällen und psychiatrischen Komplikationen wurden nicht in die Studie aufgenommen.

Abbildung 6 zeigt einen Ausschnitt aus einer Sitzung außerhalb des Laboratoriums, nachdem der Patient erfolgreich über 28 Sitzungen Kontrolle der langsamen Hirnpotentiale erworben hat. Während der 28 Trainingssitzungen war geforderte Negativierung am Bildschirm der Rückmeldeanordnung immer mit einem Buchstaben A gekoppelt gewesen, geforderte Positivierung mit dem Buchstaben B. Der Patient hat außerhalb des Laboratoriums immer dann, wenn er glaubte, daß sich ein Anfall entwickelt würde, B gedacht.

Zwanzig Patienten wurden der LP-Gruppe zugeordnet, 8 der Alphagruppe.* Für die LP-*Gruppe* ergibt sich eine Abnahme der Anfälle, im Mittel auf 60% der Baselinewerte, während die Anfallsfrequenz in der Alphagruppe bei 2.4/Woche praktisch unverändert bleibt (Mann-Whitney-U-Test: $Z = -1{,}9$, $p = 0{,}05$). Bei genauerer Betrachtung (Abbildung 7) zeigt sich jedoch, daß dabei die Abnahme in der LP-Gruppe keineswegs gleichmäßig über die Patienten verteilt ist, sondern daß Patienten mit Anfallsfreiheit solchen mit weitgehend unverändertem Befund gegenüberstehen. In der Alphagruppe zeigte keiner der untersuchten Patienten eine deutliche Veränderung der Anfallsfrequenz.

---

* Nachdem eine Zwischenauswertung für 14 Patienten (7 pro Gruppe) bei den Patienten der Alphagruppe keine Anfallsveränderung anzeigte, wurde das Gruppendesign aus ethischen Gründen aufgegeben.

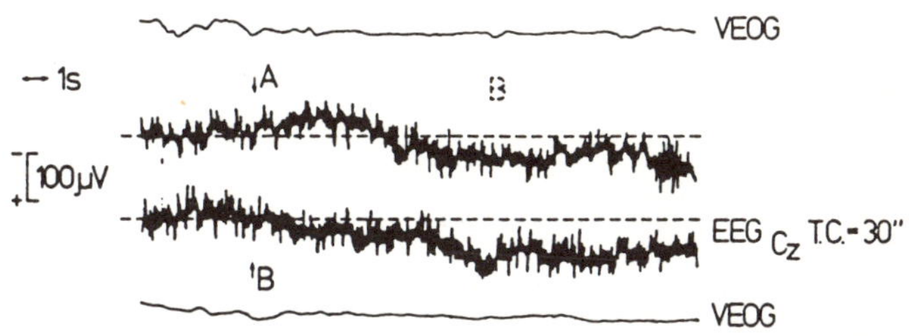

Abb.6. Beispiel der Generalisierung der Kontrolle langsamer Hirnpotentiale für einen Patienten mit Epilepsie. Roh-EEG-Kurve und EOG für 2 Zeitpunkte, während denen der Patient willentlich zuerst ein A (Negativitätsanstieg) induzierte und daraufhin B (Negativierungsunterdrückung) auslöste. In der **unteren Kurve** versuchte der Patient B alleine zu erreichen. Man beachte die hohen Spannungsveränderungen, die dieser Patient erzielt. Der Patient hatte einen Mitelwert von 5 Anfällen pro Woche vor dem Training und war nach Ende des Trainings anfallsfrei und blieb dies für 2 Jahre nach Abschluß des Trainings. (Aus Elbert et al. 1990)

Berechnet man pro Versuchsperson den t-Wert der Aufspaltung, so kann man nach z-Transformation die Werte für jede Gruppe agglutinieren (Mittelwert durch Wurzel N). Auch bei dieser Analyse zeigt die LP-Gruppe ($N=20$) signifikante LP-Kontrolle (mit $z \approx 4{,}8/6{,}5$ unter Rückmeldung, $z \approx 2{,}3/2{,}7$ unter Transferbedingungen ($p<0{,}05$), nicht aber die Alphagruppe ($N=8$). Für die Alphaleistung sind die Verhältnisse tendenziell umgekehrt, d.h. Patienten der Alphagruppe erzielen eher eine systematische Modulation der Alphaaktivität als jene der LP-Gruppe; diese Alphakontrolle in der Alphagruppe wird allerdings nicht signifikant ($z=1{,}3$). Insgesamt ergibt sich eine eindeutige Abhängigkeit vom Lernerfolg in der LP-Kontrolle. Dies ist in Abb. 7 a,b dargestellt.

Es zeigt sich, daß auch in unserer Untersuchung ähnlich wie in den Arbeiten von Sterman (1984) 2 negative Haupteinflüsse auf den Erfolg zu verzeichnen sind, nämlich Alter und Medikation. Mit zunehmendem Alter wird der Erfolg der Selbstregulation geringer und damit auch die Chance eines möglichen Einflusses auf das Anfallsgeschehen. Patienten über 40 haben große Schwierigkeiten, Kontrolle ihrer langsamen Hirnpotentiale zu erwerben, bzw. benötigen extensive Sitzungszahlen. Zur Medikation ist nur allgemein zu sagen, daß Personen, die sehr hoch mediziert sind, verschiedene Medikamente mit unterschiedlichem Wirkspektrum einnehmen und häufig die Medikamente wechseln müssen, deutlich geringere Erfolge im Training und auch eine geringere Anfallsreduktion aufweisen. Inwieweit die Lokalisation des epileptischen Fokus einen Einfluß auf die Selbstregulation und den Therapieerfolg hat, kann bei dieser Gruppe kaum gesagt werden, bisher ergeben sich allerdings keine systematischen Trends.

a Zusammenhang zwischen LP-Differenzierung und Veränderung in der Anfallsfrequenz

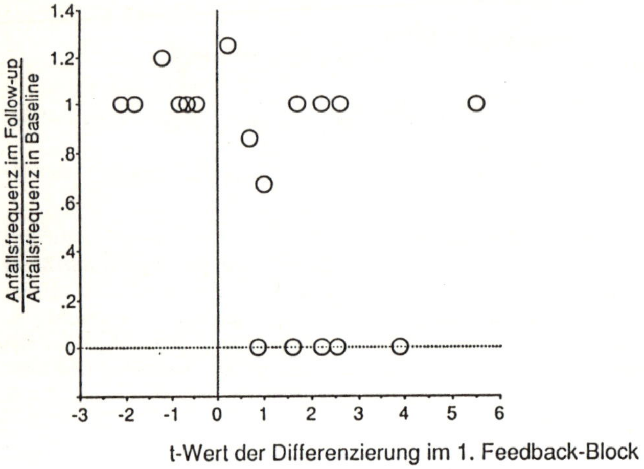

b Zusammenhang zwischen Lernzuwachs und Veränderung in der Anfallsfrequenz

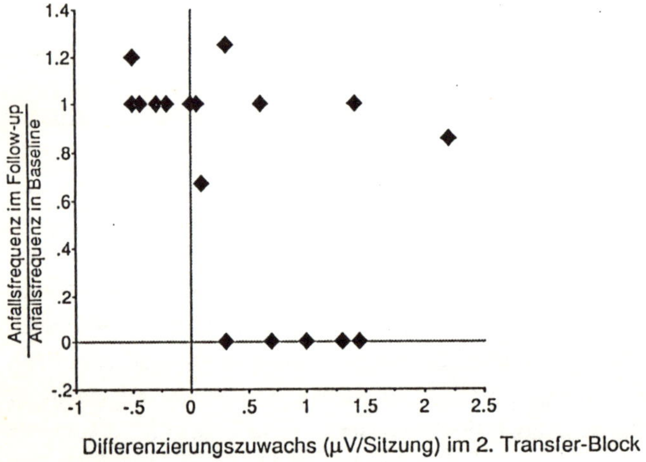

Abb.7 a,b. Werte um 1 auf der Ordinate bedeuten, daβ sich die Anfallshäufigkeit nach dem Training nicht geändert hat. **Abszisse** t-Werte über 2 bedeuten, daβ von diesem Patienten die LP-Kontrolle signifikant beherrscht wird. Deutlich zeigt sich, daβ bei Patienten mit LP-Kontrolle eine Chance zur Anfallsreduktion oder sogar -freiheit besteht. Jeder Punkt repräsentiert eine Person. Angegeben sind Werte für jene Patienten für die Katamnesedaten über 1 Jahr vorliegen (davon 8 Patienten der Alphagruppe)

Zusammenfassende Interpretation und Ausblick

Obwohl die bisherigen Ergebnisse dieser Studie als vorläufig zu betrachten sind, lassen sich im Kontext dieser und der wenigen bisher in der Literatur berichteten Untersuchungen zur klinisch-psychologischen Behandlung von Anfallsleiden einige generalisierende Feststellungen machen. (Bezüglich ähnlicher Untersuchungen s. Dahl et al. 1985; Forster 1977; Fried et al. 1984; Lubar 1982, 1984; Sterman 1984, 1986).

Unabhängig von der Art des neurophysiologischen oder verhaltenspsychologischen theoretischen Ansatzes scheint die zentrale Größe beim Erlernen von Selbstkontrolle über epileptische Anfälle in einer Zunahme der *Sensibilität* für anfallsauslösende externe und interne Ereignisse zu sein. Diese Zunahme der Diskriminationsfähigkeit ist in den seltensten Fällen bewußt und wird von Patient zu Patient subjektiv unterschiedlich empfunden und beschrieben. Da die beteiligten Hirnprozesse in der Regel sprachlichen Analysen nicht zugänglich sind, ist auch nicht zu erwarten, daß die bewußte und sprachliche Auskunft über die zur Wahrnehmung verwendeten Strategien über Patienten hinweg systematisch wäre. Angesichts der Tatsache, daß bei den wenigen in der Literatur berichteten kontrollierten Untersuchungen ganz unterschiedliche Verhaltensweisen und Strategien zur Kontrolle der Anfälle eingesetzt wurden, scheint der aktuelle Bewältigungsversuch von geringerer Bedeutung zu sein als die Diskrimination der den Anfällen vorausgehenden Schwankungen der kortikalen und subkortikalen Erregbarkeit. Die zukünftige Forschung müßte sich daher primär auf die Klärung der für die Wahrnehmung und Diskrimination anfallsauslösender Vorgänge verantwortlichen Mechanismen bemühen.

Da nur eine begrenzte Anzahl von Patienten mit spezifischen Charakteristiken für psychologische Behandlungsmaßnahmen geeignet sind, ist vor allem die Klärung und Unterbrechung des Circulus vitiosus zwischen Medikation und Lernerfolg zu untersuchen. Welche Medikation in welcher Dosis bei welchen Patienten erlaubt einen Lernfortschritt und welche Medikation ist unvereinbar mit dem Erlernen von Selbstregulationsstrategien? Da bis auf stimulierende Psychopharmaka praktisch alle auf das zentrale Nervensystem dämpfend einwirkende Substanzen zum Teil erhebliche Beeinträchtigungen von Lern- und Wahrnehmungsleistungen nach sich ziehen, ist hier keine Lösung dieses Problems, sondern nur ein Mittelweg zwischen absoluter Kontraindikation für psychologische Behandlung und Gerade-noch-Erträglichkeit zu erwarten. Da klinisch-psychologische Behandlungs- und Grundlagenstudien ein Vielfaches an finanziellem und personellem Aufwand als Pharmakostudien erfordern und in der Finanzierung meist auf staatliche Quellen angewiesen sind, ist nicht mit einem raschen Fortschritt zu rechnen.

Literatur

Birbaumer N, Elbert T, Rockstroh B, Lutzenberger W (1981) Biofeedback of event-related slow potentials of the brain. Int J Psychol 16:389-415

Birbaumer N, Elbert T, Canavan A, Rockstroh B (1990) Slow potentials of the cerebral cortex and behavior. Physiol Rev 70:1-41

Braitenberg V (1978) Cell assemblies in the cerebral cortex. In: R Heim, G Palm (eds) Theoretical Approach to Complex Systems. Springer, Berlin Heidelberg New York, pp 171-188

Caspers H, Speckmann E-J, Lehmenkuehler A (1984) Electrogenesis of slow potentials of the brain. In: T Elbert, B Rockstroh, W Lutzenberger, N Birbaumer (eds) Self-regulation of the brain and behavior. Springer, Berlin Heidelberg New York Tokyo, pp 25-41

Chatrian GE, Somasundaram M, Tassinari CA (1968) DC-changes recorded transcranially during "typical" 3/sec spike and wave discharges in men. Epilepsia 9:185-209

Dahl J, Brorson L-O et al (1985) Effects of a broad-spectrum behavior modification treatment program on children with refractory epileptic seizures. Epilepsia 26:303-309

Dworkin B, Miller NE, Dworkin S, Birbaumer N, Brines M, Jonas S, Schwenkter E, Graham J (1985) Behavioral method for the treatment of idiopathic scoliosis Proc Natl Acad Sci USA 82:2492-2497

Elbert T (1978) Biofeedback Langsamer Kortikaler Potentiale. Minerva, München

Elbert T (1986) Externally and self-induced CNV patterns of the brain hemispheres - a sign of task-specific preparation. Hum Neurobiol 5:67-69

Elbert T (1987) Regulation kortikaler Erregbarkeit: Im EEG ein deterministisches Chaos? In: HM Weinmann (ed) Zugang zum Verständnis höherer Hirnfunktionen durch das EEG. Zuckschwerdt, München, pp 93-107

Elbert T, Birbaumer N, Lutzenberger W, Rockstroh B (1979) Biofeedback of slow cortical potentials: self-regulation of central autonomic patterns. In: N Birbaumer, HD Kimmel (eds) Biofeedback and Selfregulation. Erlbaum, Hillsdale, NJ, pp 321-342

Elbert T, Rockstroh B, Lutzenberger W, Birbaumer N (1980) Biofeedback of slow cortical potentials J Electroenc Clin Neurophysiol 48:293-301

Elbert T, Rockstroh B, Lutzenberger W, Birbaumer N (eds) (1984) Self-Regulation of the Brain and Behavior. Springer, Berlin Heidelberg New York Tokyo

Elbert T, Rockstroh B (1987) Threshold regulation - a key to the understanding of the combined dynamics of EEG and event- related potentials. J Psychophysiol 1:33-69

Elbert T, Rockstroh B, Birbaumer N, Canavan A, v Bülow I (1990) Selfregulation of slow cortical potentials and its role in epileptogenesis. In: JG Carlson, R Seifert (eds) Biobehavioral Self-Regulation and Health. Plenum Press, New York, 65-94

Forster FM (1977) Reflex epilepsy, behavioral therapy, and conditional reflexes. Thomas, Springfield, IL

Fried R, Rubin SR, Carlton RM, Fox MC (1984) Behavioral control of intractable idiopathic seizures: I Self- regulation of end-tidal carbon dioxide. Psychosom Med 46:315-332

Lubar J (1982) EEG operant conditioning in severe epilepsy Controlled multidimensional studies In: L White, B Tursky (eds) Clinical biofeedback. Guilford, New York, pp 288-310

Lutzenberger W, Elbert T, Rockstroh B, Bierbaumer N (1985) Das EEG. Springer, Berlin Heidelberg New York Tokyo

McCallum WC (1988) Potentials related to exepctancy, preparation and motor activity. In: TW Picton (ed) Human event-related potentials. Handbook of electroencephalography and clinical neurophysiology, v 3. Elesevier, Amsterdam, pp 427-453

Miltner W, Birbaumer N, Gerber WD (1986) Verhaltensmedizin. Springer, Berlin Heidelberg New York Tokyo

Roberts L, Rockstroh B, Lutzenberger W, Elbert T, Birbaumer N (1988) Self-reports during feedback regulation of slow cortical potentials. Psychophysiology 26:392-403.

Rockstroh B (1987) Operant control of slow brain potentials. In: JN Hintgen, D Hellhammer, G Huppmann (eds) Advanced methods in psychobiology. Hogrefe, Toronto

Rockstroh B, Elbert T, Lutzenberger W, Birbaumer N (1984) Operant control of slow brain potentials: a tool in the investigation of the potential's meaning and its relation to attentive dysfunction. In: T Elbert, B Rockstroh, W Lutzenberger, N Birbaumer (eds) Self-regulation of the brain and behavior. Springer, Berlin Heidelberg New York Tokyo, pp 227-239

Rockstroh B, Birbaumer N, Elbert T, Lutzenberger W (1984) Operant control of EEG, event-related and slow potentials. Biofeedb Self-Reg 9:139-160

Rockstroh B, Elbert T, Lutzenberger W, Altenmüller E (in press) Effects of anticonvulsants on event-related potentials in humans. In: Brunia et al. Proceedings of the IX International Conference on Event-Related Potentials Tilburg University Press, 1991

Rockstroh B, Elbert T, Canavan A, Lutzenberger W, Birbaumer N (1989) Slow Cortical Potentials and Behavior, 2nd ed. Urban & Schwarzenberg, München

Schneider F, Heiman H, Mechela B (1991) Self-regulation of slow cortical potentials in schizophrenic patients (in press)

Speckmann EJ, Elger J (1987) Introduction to the neurophysiological basis of EEG and DC potentia. In: E Niedermeyer, F Lopes da Silva (eds) Electrencephalography, 2nd edition. Urban & Schwarzenberg, Baltimore, pp 1-14

Sterman MB (1984) The role of sensorimotor rhythmic EEG activity in the etiology and treatment of generalized motor seizures. In: T Elbert, B Rockstroh, W Lutzenberger, N Birbaumer (eds) Self-regulation of the brain and behavior. Springer, Berlin Heidelberg New York Tokyo, pp 95-106

Sterman MB (1986) Epilepsy and its treatment with EEG feedback. Ann Behav Med Soc 8:21-25

Trimmel M (1986) DC potentials of the brain. In: D Papakostopoulos, S Butler, I Martin (eds) Clinical and experimental neuropsychology. Croom Helm, London, pp 312-338

Ueda M, Furumitsu I, Kakigi S (1985) Self-regulation of contingent negative variation (CNV) using immediate feedback. Jpn J Physiol Psychol Psychophysiol 3:1-9

Autorenverzeichnis

Sachverzeichnis

Druck: Weihert-Druck GmbH, Darmstadt
Bindearbeiten: Buchbinderei Schäffer, Grünstadt